अंकुर भारद्वाज *बिज़नेस स्टैंडर्ड* के पत्रकार हैं। फ़िल्मों, भोजन और राजनीति के प्रति उत्साही हैं, और उन्हें भारत की स्वाभाविक समझ है, क्योंकि उन्हें प्रौद्योगिकी से जुड़ी अनेक नौकरियों का बहुत व्यापक अनुभव है। हरियाणा से एमबीए करने के बाद वे टेलीफ़ोन-बिक्री के लिए पंजाब और उत्तर प्रदेश पहुंचे, और फिर पाठकों को विचार बेचने के लिए देश भर में घूमे।

सीमा चिश्ती *द इंडियन एक्सप्रेस* की पत्रकार हैं। ब्रिटेन में वे बीबीसी में टेलीविज़न और रेडियो पत्रकार के रूप में काम कर चुकी हैं, और फिर प्रौद्योगिकी के हिसाब से विपरीत दिशा में चलते हुए आख़िरकार भारत में प्रिंट मीडिया से जुड़ गईं। राजनीति में घिरी रहने वाली सीमा को भारतीय समाज, इसके विरोधाभासों और जाति, वर्ग तथा धर्म से परे इसके संवाद में गहन दिलचस्पी है। भारतीय राजनीति और संस्कृति पर उनके लेखन में समाज के बारे में उनकी समझ की झलक मिलती है।

सुशांत सिंह *द इंडियन एक्सप्रेस* के पत्रकार हैं। वे रणनीति, प्रतिरक्षा, विदेश नीति और राजनीति के मामलों पर लिखते हैं। हर राजनीतिक और सामाजिक चीज़ में उनकी दिलचस्पी है, और सेना अधिकारी के रूप में बीस वर्षों के अनुभव से उन्होंने भारत को अनोखी नज़र से देखा है। राजनीति और कविताओं के प्रति अपने प्यार का श्रेय वे आगरा में बिताए अपने शुरुआती वर्षों को देते हैं। उन्होंने मिशन ओवरसीज़ नाम की किताब लिखी है, जो भारतीय सशस्त्र सेनाओं के तीन समुद्रपार मिशन के बारे में है।

इतिहास और संगीत की जुगलबंदी

फ़िल्मी गीतों में झलकती मुल्क की आवाज़

अंकुर भारद्वाज
सीमा चिश्ती
सुशांत सिंह

भूमिका : श्याम बेनेगल

अनुवाद : महेन्द्र नारायण सिंह यादव

MANJUL
मंजुल पब्लिशिंग हाउस

MANJUL

मंजुल पब्लिशिंग हाउस

कॉरपोरेट एवं संपादकीय कार्यालय

• द्वितीय तल, उषा प्रीत कॉम्प्लेक्स, 42 मालवीय नगर, भोपाल-462 003

विक्रय एवं विपणन कार्यालय

• सी-16, सेक्टर 3, नोएडा, उत्तर प्रदेश, 201301

वेबसाइट : www.manjulindia.com

वितरण केन्द्र

अहमदाबाद, बेंगलुरू, कोच्चि, कोलकाता, चेन्नई,
हैदराबाद, मुम्बई, नई दिल्ली, पुणे

अंकुर भारद्वाज, सीमा चिश्ती और सुशांत सिंह द्वारा लिखित मूल अंग्रेजी पुस्तक
नोट बाय नोट : द इनसाइड स्टोरी 1947-2017 का हिन्दी अनुवाद

Note by Note: The India Story 1947-2017
by Ankur Bhardwaj, Seema Chishti and Sushant Singh – Hindi edition

सर्वप्रथम मंजुल पब्लिशिंग हाउस प्रा. लि. द्वारा 2025 में
हार्पर कॉलिन्स पब्लिशर्स इंडिया प्रा. लि. के सहयोग से प्रकाशित

यह हिन्दी संस्करण 2025 में पहली बार प्रकाशित

ISBN 978-93-91242-95-4

अनुवाद : महेन्द्र नारायण सिंह यादव

मुद्रण व जिल्दसाज़ी : सौरभ प्रिंटर्स प्रा. लि.

हमारे समय के महानतम प्रयोग -
भारतीय गणराज्य के संस्थापकों को और उन लोगों को समर्पित,
जिन्होंने इस प्रयोग को एक सफल और जीवंत
हक़ीक़त में साकार किया

अनुक्रम

1960 *का दशक : दो युद्ध और तीन प्रधानमंत्री*

1970 *का दशक : लोकतंत्र का पतन और उदय*

1980 *का दशक : मुश्किल वक़्त में कठिन सफ़र*

2010 *का दशक : वाट्सएप का समय*

भूमिका

भारतीय लोकप्रिय सिनेमा में 1928 में ध्वनि के आगमन के समय से ही गाने उसके अनिवार्य अंग रहे हैं। भारतीय फ़िल्मों ने 'बोलना' शुरू करने से पहले गाना शुरू कर दिया था। हर शुरुआती फ़िल्म में कम से कम सात गाने होते ही थे, जबकि उन्नीसवीं सदी के मध्य के नाटक *इंद्र सभा* पर 1932 में बनी फ़िल्म में आश्चर्यजनक सत्तर गाने थे!

भारतीय फ़िल्मों में गाने आमतौर पर कहानी के पात्रों की भावनाओं, उद्गारों और इच्छाओं को प्रकट करने के लिए साधन का काम करते हैं (अधिकतर उन्हीं पात्रों के द्वारा गाए जाते हैं), अथवा कहानी में कोई परिस्थिति जिस तरह का रूप ले रही है, उस पर टिप्पणी के रूप में इस्तेमाल होते हैं या बताते हैं कि कहानी किस दिशा में जा रही है। दृश्यों और घटनाओं के सिलसिले के बीच विराम-चिह्नों के रूप में; किसी परिस्थिति का महत्त्व बताने या कथानक में किसी मोड़ की संभावना बताने के लिए उनका बार-बार इस्तेमाल होता है।

फ़िल्मी गाने, ख़ासतौर पर हमारे महान समकालीन कवियों के लिखे गीतों में हमारे रोज़मर्रा के अस्तित्व से संबंधित, सामाजिक, राष्ट्रीय और वैश्विक सरोकारों को रूपकों या उपमाओं के ज़रिए प्रकट किया गया है।

इस पुस्तक में स्वतंत्र भारत की घटनापूर्ण और प्राय: अशांत यात्रा की अनोखी प्रस्तुति है, जिसमें हरेक साल का प्रतिनिधित्व एक फ़िल्मी गीत करता है। ये गीत वो हैं, जो उस साल और घटनाओं को अपने में समाहित किए हुए हैं और उनके घुमावदार दर्पण हैं, और इन गीतों ने हमारे देश की लगातार जारी ऐतिहासिक यात्रा में हमारे लोगों को गहराई से प्रभावित किया है।

श्याम बेनेगल

प्रस्तातना

आपके हाथों में क्या हिंदी फ़िल्मी गीतों की किताब है? या फिर यह आज़ादी के बाद के भारत की किताब है? नहीं, ये दोनों ही नहीं है। इस पुस्तक को पढ़ना एक तरह से पुराने बायोस्कोप को देखना है, जिसमें भारत की पिछले सात दशकों की कहानी के चित्रों को हिंदी फ़िल्म संगीत के साथ दिखाया जाता है। या फिर आप इसे स्वतंत्रता के बाद से भारत की यात्रा का वृतांत कह सकते हैं, जिसमें आपके हर मील का पत्थर पार करते समय हिंदी फ़िल्म संगीत स्थाई रूप से आपके साथ रहता है।

हिंदी फ़िल्म संगीत और स्वतंत्र भारत के विकास के बीच संबंध क्षीण दिखता है, लेकिन गहराई से देखने पर पता चलता है कि एक की झलक दूसरे में मिलती है; कई मौक़ों पर ये एक दूसरे को प्रभावित भी करते हैं। वास्तव में, भारत के साथ हिंदी फ़िल्म संगीत का संबंध वैसा ही है, जैसा किसी एक फ़िल्म के साथ होता है। गानों का अपना स्वतंत्र अस्तित्व होता है, लेकिन वे एक बड़ी कहानी का हिस्सा भी होते हैं। ज़्यादातर तो संगीत कहानी से जुड़ा होता है, लेकिन कई बार यह बेमौक़ा भी लगता है, हालांकि इसके बावजूद इसे सुनना अपने आप में कानों को बेहद पसंद आता है।

इस पुस्तक में आज़ादी के बाद के इकहत्तर घटनापूर्ण वर्षों में हरेक वर्ष में रचे गए, सुने गए और चर्चित हुए गाने के बारे में बताया गया है। हालांकि विस्तारपूर्वक जुड़े इन गीतों को उस साल का स्तुति गीत भर नहीं कहा जा सकता, बल्कि यह भारत की सालों की कहानी से भी जुड़े होते हैं। गाने की कहानी के साथ आगे बढ़ते हुए यह गीत स्वतंत्र भारत के इकहत्तर सालों में से हर साल की कहानी कहता है : ज़्यादातर दोनों इतिहास के पलों से मिलते और अलग होते हुए समानांतर रूप से चलते हैं। पुस्तक के सभी इकहत्तर अध्यायों में से हरेक हिंदी फ़िल्मी गाने और आधुनिक भारतीय इतिहास का सुव्यवस्थित मिश्रण है, भारत के सफ़र पर टिप्पणी है। यह हिंदी फ़िल्म संगीत की ताल पर बजाई आधुनिक भारतीय इतिहास की धुन है।

भारत में पिछले सात दशकों में जो हुआ है, उसी की कहानी गानों के माध्यम से इस पुस्तक में शामिल है। प्रत्येक वर्ष का चित्रण करते हुए, हमने ऐसे गीत को चुना, जो उस साल के समग्र मूड और माहौल के बारे में हमें समझा सकता हो। हर साल के लिए जिस गाने को चुना गया है, उसका सर्वाधिक लोकप्रिय या चर्चित होना ज़रूरी नहीं समझा गया, और कई बार ऐसे गाने को चयन हद से ज़्यादा कठिन भी रहा। गाने के चयन का मापदंड अलग-अलग रहा, लेकिन कुल मिलाकर कोशिश ऐसे गीत को चुनने की रही, जो उस दौर के भारत की बड़ी घटनाओं का प्रतीक हो, लेकिन कई बार गाने का मिजाज़ और मानसिकता घटनाओं के एकदम विपरीत भी रखा गया। किताब में दिए इकहत्तर गानों में से हरेक अपने दौर की मानसिकता के रचनाकार हैं, प्रत्यक्षदर्शी हैं, और अपने साल के दृष्टांत के रूप में उभरते हैं।

पिछले सत्तर सालों में हरेक साल के सारे उतार-चढ़ाव और मोड़ों के साथ-साथ, एक कहानी भी कहने को है और एक विचार भी साझा करने को है। हर साल में राजनीतिक बदलाव, सामाजिक मुक्ति और आर्थिक विकास की कहानी है, जो भुला दी गई है; हमारी यादों में पीछे धकेल दी गई है। उन यादों को ताज़ा करने की ज़रूरत थी। हिंदी फ़िल्म संगीत के आवरण में यह आज़ाद भारत की कहानी है, 'समूची या पूरी तरह से मापी भले ही नहीं गई हो, लेकिन बहुत मज़बूत ज़रूर है।'

♫

1947 में, जब इस महाद्वीप का दो टुकड़ों में विभाजन हुआ, तो भारत ने अपनी सफलता की तलाश करने, अपने जोश, और अपने आधार की तलाश करने का सफ़र शुरू किया। शायद यह केवल एक हिस्सा था, लेकिन पर्याप्त था, जैसा कि भारत के पहले प्रधानमंत्री जवाहरलाल नेहरू ने टिप्पणी की थी – एक युवा राष्ट्र जो भले ही एक आदर्श इकाई नहीं हो, लेकिन वह अपने भाग्य को अपनाने और एक होने की भावना हासिल करने के लिए पहुंचा। औपनिवेशक दासता को उखाड़ फेंकने के साथ ही, भारत स्थापित हो गया था, आशा और अपेक्षा के दशक की, *नए दौर* की तलाश शुरू हो गई थी। तब भारत ने विशाल और निराशाजनक रूप से विविध निर्धन देश की अपनी सभी विशेषताओं के लिए घरेलू और वैश्विक, दोनों रूप से बड़े सपने देखे; जैसा कि भारत में अमेरिका के राजदूत और जाने-माने अर्थशास्त्री जॉन केनिथ गैलब्रैथ ने भी इसे 'कामकाजी अराजकता' कहा था।

भारत की उभरती आकांक्षाओं की असाधारण उड़ान को इसके ख़ुद की जनता द्वारा दिए गए आधुनिक और प्रगतिशील संविधान से बेहतर कोई और बयान नहीं कर सकता, जो इसे 1950 में गणराज्य बनने के बाद मिला है। योजना आयोग जैसी भारत के शासन की बुनियादी संस्थाएं अस्तित्व में आईं। यहां तक कि भाषाई राज्यों की उभरती मांगों को पूरा करने के लिए भारत के आंतरिक मानचित्र को भी फिर से

तैयार किया गया। इन राज्यों ने लोकतंत्र के अपने आरंभिक प्रयोग भी शुरू कर दिए थे; केरल को विश्व की पहली कम्युनिस्ट निर्वाचित सरकार बनाने का श्रेय मिला। 1950 के दशक में बड़े-बड़े बांध, ऊर्जा संयंत्र, इस्पात मिलें बनाई गईं, भारत का अंतरिक्ष कार्यक्रम भी आकार लेने लगा था; तभी भारतीय प्रौद्योगिकी संस्थानों की भी स्थापना हुई।

1960 के दशक में दो पड़ोसी देशों के साथ युद्ध हुए, और दोनों ने भारत को कुछ न कुछ झटके दिए। इसी दशक में जवाहरलाल नेहरू जैसे दिग्गज का देहांत भी हुआ। हरित क्रांति के बीज भी बोए गए, और देश की राजनीति ने कई प्रांतों में अल्पकालीन ग़ैर-कांग्रेसी सरकारों का उदय भी देखा। हालांकि इस सबके कारण इंदिरा गांधी अपनी पार्टी के बंधनों से भी मुक्त हुईं और एक स्वतंत्र नेता के रूप में वे उभरीं।

राजनीतिक रूप से देखें, तो 1970 के दशक में भारत को एकदलीय शासन से पहली बार छुटकारा मिला और केंद्र में पहली बार ग़ैर-कांग्रेसी सरकार का गठन हुआ। ऐसा भारत के निर्बाध और नियमित लोकतंत्र में पहली और एकमात्र बाधा के बाद हुआ; आपातकाल के परिणामस्वरूप, पांचवर्षीय चुनावों में बाधा आई। हालांकि इसी दशक में भारत ने एक युद्ध भी जीता, परमाणु परीक्षण भी किया, बैंकों का राष्ट्रीयकरण किया और खाद्यान्न उत्पादन में आत्म-निर्भरता भी हासिल की।

1980 के दशक की घटनाओं ने जो निशान भारत पर छोड़े, वे दशकों तक क़ायम रहने वाले थे। सिख उग्रवाद, एक प्रधानमंत्री की हत्या, सिख-विरोधी दंगे और कश्मीर में अशांति; इन सबने भारत को किनारे पर धकेल दिया। हृदयस्थल उत्तर प्रदेश में अयोध्या में एक मस्जिद को लेकर, एक बढ़ते आंदोलन के द्वारा धार्मिक बंटवारा हुआ और तर्क दिया गया कि भारत के सबसे बड़े समुदाय को वास्तव में हाशिये पर धकेला जा रहा है, और अल्पसंख्यकों का तुष्टिकरण किया जा रहा है। उत्तर भारत में मध्य जातियों के उभार के कारण भी माहौल में टकराव और संघर्ष को बढ़ावा मिला। 1984 में राजीव गांधी द्वारा अभूतपूर्व और भारी चुनावी जनादेश हासिल करने के कुछ ही साल बाद दंगे, बंद और उथल-पुथल की शुरुआत हो गई थी। हालांकि उन्होंने भारत को आधुनिकता की ओर बढ़ाने में भी बड़ा योगदान दिया, और संचार तथा कंप्यूटरों ने देश का भविष्य बदलकर रख दिया।

1990 का दशक चुनौतीपूर्ण था, जिसमें दुनिया में प्रलयकारी परिवर्तन देखने को मिले। दूसरी दुनिया ताश के पत्तों के महल की तरह ढह गई; भारत ने भी अपनी अर्थव्यवस्था के द्वार खोल दिए और वृहद एकीकरण की तलाश शुरू कर दी। यह कदम शायद अपरिहार्य हो गया था, लेकिन इसका स्वाद खट्टा-मीठा रहा। राजनीति में भी स्वर्गीय वी.पी. सिंह के ज़रिए भारत का 'सामाजिक गठबंधन' उभरने लगा। राजनीतिक दलों का अप्रत्याशित रूप से इधर-उधर आवागमन और गठबंधन सरकारों

का गठन आम हो गया। विनाशकारी नतीजों वाली और हज़ारों की जान लेने वाली अनेक घटनाओं के बाद बाबरी मस्जिद ढहा दी गई। इसी दशक में राजीव गांधी की हत्या के बाद शोक की लहर दौड़ गई और कांग्रेस पार्टी को अपने पुराने नेताओं को चुनकर आगे लाने पर मजबूर होना पड़ा।

नई सहस्राब्दी के पहले दशक में, भारत में अटल बिहारी वाजपेयी के नेतृत्व में अपना कार्यकाल तक़रीबन पूरा करने वाली पहली ग़ैर-कांग्रेसी सरकार देखी, जो कि 2004 तक श्री वाजपेयी के इस्तीफ़ा देने तक चली। 2002 में भारत को एक बड़ा झटका गुजरात में लगा, जब वहां के दंगों में तक़रीबन 2,000 लोग मारे गए। 2004 में हालांकि कांग्रेस ने दोबारा सत्ता हासिल कर ली, लेकिन इसमें उसकी भूमिका गठबंधन सरकार के मुखिया की थी। कांग्रेस पार्टी के इतिहास में पहली बार ऐसा हुआ था। उच्च आर्थिक वृद्धि और अमेरिका के साथ बढ़ती दोस्ती के बीच संयुक्त प्रगतिशील गठबंधन के एक दशक के शासन में संविधान में जनता को दिए अधिकारों को पुनर्जीवित किया; आजीविका, मर्यादा, सूचना, रोज़गार और खाद्यान्न के अधिकार लागू किए गए।

इक्कीसवीं सदी के दूसरे दशक में निर्माणाधीन राष्ट्र का उतार-चढ़ाव वाले पथ पर आगे बढ़ना जारी रहा, क्योंकि नरेंद्र मोदी के प्रधानमंत्री बनने के साथ ही देश में एक दल फिर से सत्ता पर काबिज़ होने में सफल रहा। यात्रा जारी है।

♫

इन सारे गुज़रे सात दशकों के दौरान ऐसा नहीं था कि हिंदी फ़िल्म संगीत की रफ़्तार धीमी हुई हो। भारत में जो कुछ भी हो रहा था, हिंदी फ़िल्म संगीत उसके साथ सुर-ताल मिलाते हुए आगे बढ़ रहा था। 1940 और 1950 के दशकों में इच्छा मौन शब्दों में व्यक्त की जाती थी - पर्दे के पीछे से दबे - छिपे सुरों में व्यक्त की जाती थी, संयम के साथ और शास्त्रीय रागों के माध्यम से या ग़ज़लों के माध्यम से व्यक्त की जाती थी। 1960 के दशक में जब सामाजिक और राजनीतिक उथल-पुथल देखने को मिली, तो हिंदी फ़िल्म संगीत में जाज़ और रॉक संगीत के प्रभाव ने उस मनोदशा को ज़ाहिर किया।

1970 के दशक में एक सामाजिक बदलाव अपने आपको प्रकट करने लगा, एकल मातृत्व, आस्था और नैतिकता के बारे में गंभीर प्रश्न गीतों के ज़रिए सामने आने लगे। 1970 और 1980 के दशकों में भारतीय हृदयों की धड़कन में तेज़ी देखी गई और एंग्री यंग मैन भी अपनी फ़िल्मों में गीतों के बिना नहीं रह सके। राजनीतिक भाषणों में भी घिसे-पिटे और मिले-जुले बोलों का सुर प्रतिबिंबित होने लगा था।

जब भारत ने आर्थिक और सामाजिक रूप से वैश्विक परिदृश्य में उपस्थिति बनाई, तो अनगिनत प्रभाव, ताल और धुनें संगीतमय प्रस्तुतियों में अभिव्यक्त होने लगे। जब भारत हर उस चीज़ को प्रेम करने लगा था, जो चमकदार, निस्तारण-योग्य और आकर्षक थी, तो उसी तरह की तेज़ आवाज़ और गीत भी तैयार होने लगे थे, लेकिन वापस ले जाने वाले पल भी थे, पुराने दिनों की याद भी थी, और यह सब इतना ज़्यादा था कि कई फ़िल्मों के नाम तक पुराने हिंदी फ़िल्मी गीतों से लिए गए थे।

इस सब उथल-पुथल में बंबई शहर की महत्त्वपूर्ण भूमिका थी। व्यापार, शिक्षा और राजनीति का शहर था। धनी लोग यहीं रहते थे, काम करते थे, और यहीं पर समृद्ध हुए थे; यही वह जगह थी, जहां नवजात फ़िल्म जगत खिल रहा था और बढ़ रहा था। यह ना तो 'उद्योग' था और ना ही पूरी तरह से वाणिज्य था, बल्कि नए और उत्साही माध्यम में रचनात्मक प्रयोगों की एक श्रंखला था। सात दशक पहले, लाहौर जैसे कुछ और भी शहरों में फ़िल्में बनती थीं, लेकिन बहुत कम में ये काम जारी रह पाया, जबकि बंबई की फ़िल्मी दुनिया साल-दर-साल फलती-फूलती गई।

लाहौर और बंबई फ़िल्म उद्योगों में पिछले सात दशकों में भारत और पाकिस्तान के विकास पथ की झलक मिलती है। व्यावसायिक रूप से व्यावहारिक, व्यापक रूप से स्वीकार्य रचनाशील उद्योग अपने आप में सिमटे रहने वाले पाकिस्तानी समाज में संभव नहीं था, जबकि धर्म, भाषा, लोग और संस्कृति की अपनी विविधता पर गर्व करने वाले समावेशी भारत में हिंदी फ़िल्म उद्योग को फलने-फूलने के लिए समृद्ध वातावरण मिला।

स्वतंत्रता के बाद के आरंभिक वर्ष बंबई फ़िल्म उद्योग के लिए बहुत अच्छे रहे। इस दौरान यहां कवि आए, कुछ लोग भविष्य बनाने आए, और बाक़ी रोजी-रोटी कमाने आए, लेकिन ज़्यादातर नई तुकों और गीतों की रचना करने के मौक़े तलाशने आए, जो उन्हें हिंदी फ़िल्मी गीतों के रूप में मिल सकते थे। इसका कारण यह था कि हिंदी फ़िल्मों की भाषा, ख़ासकर इसके गानों की भाषा हिंदुस्तानी थी, हिंदी नहीं। स्पष्ट तौर पर यह वैसी सरकारी हिंदी तो नहीं थी, जिसके बारे में एक बहुत मशहूर मज़ाक़ चलता था, जिसमें आकाशवाणी के समाचार बुलेटिनों की पहली लाइन '*अब आप हिंदी में समाचार सुनिए*' को व्यंग्यात्मक रूप से पलटकर कहा जाता था : '*अब आप समाचारों में हिंदी सुनिए।*' हिंदी फ़िल्मों की भाषा हिंदुस्तानी थी, जिस पर उर्दू का गहरा असर था। उर्दू के इस प्रभाव को हमेशा उतना ही स्वीकार किया जाता था, जितना कि वह व्यावसायिक रूप से स्वीकार्य हो। साहिर की मशहूर नज़्म '*कभी-कभी*' को लोकप्रिय हिंदी फ़िल्मी गीत बनाने के लिए सरल भाषा में दोबारा लिखना पड़ा था।

शुद्ध हिंदी भाषा का मामला किसी न किसी तरह से हिंदी फ़िल्म संगीत की शुद्धता से भी जुड़ा हुआ था। 1952 में आकाशवाणी ने हारमोनियम की धुन वाले

किसी भी संगीत के साथ-साथ हिंदी फ़िल्म संगीत के प्रसारण पर भी रोक लगा दी। ऐसा तत्कालीन सूचना एवं प्रसारण मंत्री बी.वी. केसकर के कारण किया गया था, जो कि एक कट्टर ब्राह्मण और शास्त्रीय संगीत की शुद्धता के पक्षधर थे। उनका मानना था कि हिंदी फ़िल्म संगीत अश्लील, घटिया और अत्यधिक पश्चिमीकृत होता है। इस पाबंदी के फलस्वरूप रेडियो सीलोन की हिंदी फ़िल्म संगीत सेवा का जन्म हुआ। रेडियो सीलोन की स्थापना मूल रूप से सीलोन यानी श्रीलंका सरकार ने एशियाई व्यावसायिक सेवा के रूप में की थी। कुछ दशकों तक भारत के लोग हिंदी फ़िल्म संगीत सुनने के लिए रेडियो सीलोन पर आश्रित रहे, जो शॉर्ट वेब रेडियो पर प्रसारित होता था, जिसकी गुणवत्ता घटती-बढ़ती रहती थी। इस स्टेशन ने *बिनाका गीतमाला* के नाम से हिंदी फ़िल्मी गीतों का एक साप्ताहिक काउंटडाउन शुरू किया, जो जितना अपने गानों के लिए मशहूर था, उतना ही मशहूर इसकी पहचान बन चुके प्रस्तुतकर्ता अमीन सयानी के लिए था।

वैसे तो *बिनाका गीतमाला* रेडियो सीलोन के अंग्रेज़ी संगीत के बिनाका काउंटडाउन शो पर आधारित था, लेकिन हिंदी फ़िल्मी गाने अनोखी चीज़ थे, और 1980 के दशक में एमटीवी के ज़रिए म्यूजिक़ वीडियो आने तक, पूरी दुनिया में और कहीं नहीं मिलते थे। हर फ़िल्म में कहानी को गीतों के ज़रिए टुकड़ों में बाँटा जाता था, जिन्हें फ़िल्मी सितारे पर्दे पर गाते थे, और कहानी में कुछ सुकून भी इनसे मिलता था, और साथ ही ये कहानी का हिस्सा भी होते थे। शुरुआत में तो अभिनेता ही गीत गाते थे, लेकिन जल्द ही एक लुभावना नया तरीक़ा पार्श्वगायन के रूप में शुरू हो गया और फ़िल्मी गीत मुख्य कहानी का हिस्सा होते हुए भी, एक अलग इकाई बन गए। निस्संदेह ये बहुत ज़्यादा लोकप्रिय हुए और आज भी बने हुए हैं।

जिस दिन से फ़िल्मों में आवाज़ शामिल होने लगी और ये 'टाकीज़' में बदल गईं, उसी दिन से इन्होंने भारतीय लोगों के जीवन पर गहरा असर डाला। हर तरह की फ़िल्में बनने लगीं, जिनमें पौराणिक, ऐतिहासिक, एक्शन, म्यूजिक़ल, प्रेम कहानियां, पारिवारिक कहानियां शामिल थीं। कुछ लोग इन्हें देखते थे, कुछ नहीं भी देखते थे, लेकिन इन हिंदी फ़िल्मों के गानों ने सभी पर असर डाला और सभी के मन में जगह बनाई। अपने विभिन्न आयामों में इन गीतों ने भारत और भारतीय होने का मतलब दिखाया और समझाया। राजनीतिक और सामाजिक उथल-पुथल, मोहब्बत, बिछोह, प्यार की असंभवता, भारत की ग़रीबी, अन्याय, संघर्ष और इसकी अन्य कठोर सच्चाइयों को हिंदी फ़िल्मी गीतों में वाकई आवाज़ मिलने लगी।

कई और भी शानदार तथा अच्छी फ़िल्में और फ़िल्म संगीत परंपराएं थीं, जिन्हें कई लोग ज़्यादा बेहतर भी कहेंगे, मसलन, बंगाली, तमिल और मराठी फ़िल्में। इसके बावजूद, पता नहीं कैसे? हिंदी फ़िल्मी गीतों ने अन्य की तुलना में भारत के गीतों के विचार को बेहतर तरीक़े से पेश किया। शायद इसका कारण यह रहा कि हिंदी

का बाज़ार ज़्यादा बड़ा था, या फिर यह कि बंबई लोक और स्थानीय-कई तरह की परंपराओं का घर था।

'परिवर्तन ही शाश्वत है' एक अत्यधिक प्रयुक्त कहावत है, लेकिन अन्य कहावतों की तरह इसमें सच्चाई का अंश भी है। पिछले सात दशकों में भारत में बदलाव हुए, जिसे कई लोग नाटकीय बदलाव कहेंगे, लेकिन इसके बावजूद कई चीज़ें स्थिर रहीं। ये चीज़ें स्थिर इसलिए रहीं, क्योंकि समय के साथ-साथ इनमें भी बदलाव हुआ। हिंदी फ़िल्म संगीत भी इनमें से एक रहा, जो कि भारत की अनोखी परंपरा है। आप क्रिकेट के बिना भारत की कल्पना कर सकते हैं, क्योंकि वैसे भी 1970 के दशक तक हॉकी का खेल ज़्यादा लोकप्रिय था, लेकिन आप हिंदी फ़िल्म संगीत के बिना भारत की कल्पना नहीं कर सकते।

♫

भारत में शायद ही कोई ऐसी पीढ़ी हो, जो हिंदी फ़िल्म संगीत सुनते हुए बड़ी नहीं हुई हो। अगर कुछ भारतीयों को साथ में बैठाया जाए, तो वे जितनी बहस और असहमति राजनीति पर करेंगे, उतनी ही बहस हिंदी फ़िल्म संगीत पर करेंगे। क्या साहिर, शैलेंद्र की तुलना में ज़्यादा बेहतर गीतकार थे? क्या मोहम्मद रफ़ी, किशोर कुमार की तुलना में ज़्यादा बहुमुखी प्रतिभा के धनी थे? क्या संगीतकार के रूप में ख़य्याम को पर्याप्त सम्मान नहीं मिला? क्यों किसी देव आनंद या किसी राजेश खन्ना के गाने दशकों तक सर्वश्रेष्ठ बने रहते हैं? क्या लता मंगेशकर ने सालों तक अपने प्रतिस्पर्धियों को पनपने नहीं दिया? 1990 के दशक में संगीत में गिरावट कैसे आई? नए गीतों की तुलना में पुराने गीत क्यों ज़्यादा यादगार होते हैं? सवाल कभी ख़त्म ही नहीं होते।

एक तरह से लोग उन सवालों को उठाते हैं, जो पिछले सात दशकों की भारत की यात्रा के बारे में पूछे जाते हैं। क्या नेहरू वाकई उतने ही महान थे, जितना बताया जाता है? क्या शास्त्री को भारत के राजनीतिक इतिहास में यथोचित स्थान मिला? इंदिरा गांधी को बांग्लादेश निर्माण के लिए याद किया जाएगा या आपातकाल लगाने के लिए? जनता को प्रयोगों से क्या हासिल हुआ? क्या बाबरी मस्जिद ढहाए जाने के बाद भाजपा का उत्थान अपरिहार्य हो गया था? भारत ने अपनी तमाम अराजकताओं को कैसे पराजित किया? भारत की अर्थव्यवस्था का कायापलट कब हुआ? क्या यूपीए ने उन विचारों को स्वीकार नहीं करते हुए समाज में कुछ ज़्यादा ही वामपंथी रुझान अपनाया? प्रश्न अनगिनत हैं।

अगर ये प्रश्न समानांतर चलते हैं, तो इनके उत्तर भी समानांतर ही हैं। हिंदी फ़िल्म संगीत की यात्रा ख़ास तरीक़े से स्वतंत्र भारत की जीवन गाथा को प्रदर्शित करती है। यह पुस्तक समानांतर रेखाओं पर चलती है, और दोनों जुड़वां रास्तों के बीच

संबंध पर प्रकाश डालती है। हिंदी फ़िल्मी गीत भारत की पृष्ठभूमि का हिसाब-किताब है, जिस पर कई बार ध्यान दिया गया और कई बार नहीं भी दिया गया, लेकिन यह मौजूद हमेशा रहे, कई बार नाटकीयता शामिल कराने वाले रहे, साथ ही घटनाओं में उलझते भी रहे। अपने समय के लिए लिखे गए गीत भारत की कहानी के साथ सही मूल भाव उपलब्ध कराते हैं, कई बार भारत को एक ख़ास तरीके से आगे बढ़ाते हैं, और दूसरे युगचेतना की झलक मात्र दिखाते हैं।

♫

जैसे कि कहा जाता है कि रोम एक दिन में नहीं बन गया था, वैसे ही आधुनिक भारत भी एक दिन में नहीं बना था। नागरिकता के, राष्ट्रीयता के विचार की रचना करने का यह अनोखा प्रयोग था, जिसमें कोई एक धर्म या एक भाषा नहीं थी, बल्कि प्रगतिशील मूल्यों और विचारों को लेकर सब लोग साथ आए थे। आरंभिक दशकों में भारत पर नज़र रखने वालों का मानना था कि यह कुछ सालों से ज़्यादा नहीं टिक सकेगा। यद्यपि, अपनी तमाम उथल-पुथल, अशांति और अव्यवस्था के बावजूद, भारत उन लोगों को मुंह चिढ़ाते हुए फला-फूला, जिन्होंने इसके असमय काल का ग्रास बनने की भविष्यवाणी की थी।

यह पुस्तक ऐसे भारत के बारे में है, जिसके बारे में सोचा गया था और जिसे कठिन संघर्ष और अनगिनत अस्मिताओं के सचेत सामंजस्य के ज़रिए एक-एक ईंट और एक-एक ज़िंदगी जोड़कर बनाया गया था। सोवियत संघ के विपरीत, बोल्शेविक क्रांति के बाद एक और बहु-राष्ट्रीय और बहु-जातीय विचार को एक साथ जोड़ते हुए, भारत का विचार किसी हिंसक क्रांति के माध्यम से नहीं उभरा। हरेक वयस्क नागरिक द्वारा हर पांच साल में अपने जनप्रतिनिधियों के चुनाव का चुनावी लोकतंत्र का विचार हालांकि अपूर्ण था, लेकिन उतना ही क्रांतिकारी भी था।

संविधान में परिलक्षित साहसिक विचार और नाटकीय दृष्टि का उभार अचानक नहीं हुआ; स्वतंत्रता संग्राम के वर्षों में उन पर चर्चा हुई, बहस हुई और उन्हें ठीक तरह से समझा गया। उच्च आदर्श हमारी असफलताओं के नहीं, बल्कि उन सपनों के प्रतीक हैं, जो हमारे उन लक्ष्यों की आकांक्षा के लिए हैं, जिनके लिए हमें प्रयास करने की आवश्यकता है। पिछले सात दशकों में बहुत कुछ सोचा गया, बहुत कुछ हासिल किया गया और बहुत कुछ किया गया। काफ़ी कुछ नहीं किया गया, कई सारे सपने टूट गए, और बहुत कुछ ऐसा है, जिसका हमें उत्तर देना है।

यह पुस्तक उन लोगों के लिए एक छोटी-सी श्रद्धांजलि है, जिन्होंने सपने देखने की हिम्मत की और फिर उन्हें साकार किया; उन लोगों को भी श्रद्धांजलि है, जिन्होंने आरंभिक सालों की अस्थिरता के बावजूद आख़िरकार भारत को बनाया और भारत

के इस विचार में विश्वास बनाए रखा, इन लोगों में राष्ट्र-निर्माता, नेता, कर्मचारी, उद्यमी, विद्यार्थी, शिक्षक, सैनिक, कलाकार भी हैं या फिर वो लोग भी हैं, जिन्होंने अपने आपको व्यवस्था से बाहर महसूस किया, लेकिन फिर भी विश्वास बनाए रखा।

गीतकारों, गायकों और संगीतकारों ने तीन मिनट के गानों से परे हमें बहुत कुछ दिया है। उन्होंने हमें अपनी कुछ गहरी इच्छाओं, प्रसन्नता और दुःस्वप्नों को व्यक्त करने के लिए आनंद, चिंतन, ख़ुशी, उदासी वाले शब्द और धुनें दीं।

कुछ अमूर्त हैं, और समझने में कठिन हैं, लेकिन बहुत कुछ मौजूद है, जो ऐसे समाज का निर्माण करता है, जो भारत को बांधे रखता है और इसे प्रेरित करता है। अनिवार्य रूप से यह पुस्तक इस असाधारण गणराज्य भारत के लिए एक आदरांजलि है, जिसे हर एक भारतीय ने अपने तरीक़े से बनाया और आकार दिया है।

प्राक्कथन

यदि भारत मौजूद नहीं होता, तो किसी के भी मन में इसका आविष्कार करने का विचार नहीं आता। 1947 में यह अपने समय से बहुत आगे का साहसिक और क्रांतिकारी विचार था। जवाहरलाल नेहरू ने भारत का 'एक प्राचीन चर्मपत्र के रूप में याद ताज़ा कराने वाला वर्णन किया, जो अक्सर इस आश्चर्यजनक तथ्य को छिपाने का प्रयास करता है कि 1947 अतीत से एक बड़े बंटवारे को निरूपित करता है। इस चर्मपत्र पर विचारों और श्रद्धा की परत-दर-परत उकेरी गईं और इसके बाद भी पूर्व की कोई परत ना तो पूरी तरह से मिटाई जा सकी और ना ही छिपाई जा सकी।'

इस विशाल भूमि को न केवल पहली बार भारत के रूप में एक साथ लाया गया था, बल्कि ग़रीबी, बड़े पैमाने पर अशिक्षा और उप-महाद्वीपीय पैमाने पर इतनी बड़ी विविधता के साथ लोगों ने लोकतंत्र का चयन किया था। आदर्श अचानक नहीं उभरे थे, बल्कि दशकों से चले आ रहे आज़ादी के आंदोलन में ये निहित थे, जिसके दुस्साहसिक आदर्शवाद और सपने देखने की इच्छा की कोई और मिसाल नहीं है।

1947 में यह कोई ऐसी जगह नहीं थी, जिसे द्वितीय विश्व युद्ध के दौरान बहुत नुक़सान हुआ हो। भारत उपनिवेशवाद के ख़ात्मे की पहली ही लहर में इस तरह के अशांत समय में पैदा तो हुआ था, लेकिन इसने खुद को किसी भी तरह से पीड़ित मानने से इंकार कर दिया था। भारतीयों के लिए यह अतीत से टूटने, अपने भविष्य को आकार देने और अपने सपनों को जीवंत करने का अवसर था। यह गौरवशाली आशा का क्षण था। हालांकि अतीत अब भी वर्तमान से चिपका हुआ है, लेकिन इसे रास्ता भी दिखाता है, और कई बार भारत के भविष्य को डराता भी है।

इसमें कोई शक नहीं है कि 15 अगस्त, 1947 भारत की यात्रा में एक महत्त्वपूर्ण मोड़ था। हालांकि जैसा कि नेहरू ने हमें अपने मध्यरात्रि के प्रसिद्ध भाषण में याद दिलाया था, 'अब निर्णायक बिंदु भी अतीत हो चुका है, हमारे लिए नए सिरे से वो

इतिहास शुरू हो गया है। जिस इतिहास को हम बनाएंगे, और जिसके बारे में दूसरे लिखेंगे।' यह उस इतिहास को याद करने का समय है, जिसे भारतीयों ने पिछले सात दशकों में जिया है, और जिसमें काम किया है।

1940 का दशक : राष्ट्र के जन्म की पीड़ा

जिया बेक़रार है

उथल-पुथल, आशा, साहस, और नियति के साथ साक्षात्कार की दिशा में लड़खड़ाते क़दम

1. और 2. अगस्त, 1947 में भारत के विभाजन के बाद नव-निर्मित पाकिस्तान से लाखों लोगों का दोनों तरफ़ से पलायन हुआ। विभाजन के दौरान सांप्रदायिक हिंसा के चलते उसमें लाखों लोग मारे गए।

3. 30 जनवरी, 1948 को महात्मा गांधी की हत्या कर दी गई। लोगों ने दिवंगत नेता को अंतिम श्रद्धांजलि दी।

4. जवाहरलाल नेहरू संसद के केंद्रीय कक्ष में भारत के 'नियति के साथ साक्षात्कार' वाला आधी रात का भाषण देते हुए।

1.

2.

3.

4.

1947 : *अफ़साना लिख रही हूं*

अफ़साना लिख रही हूं
दिल-ए-बेकरार का
आंखों में रंग भरके
तेरे इंतज़ार का

गीत : शकील बदायूंनी
संगीत : नौशाद
गायन : उमा देवी
फ़िल्म : दर्द

1947 की मंदी के दौरान समय थम-सा गया था। अंग्रेज़ अपने बोरिया-बिस्तर बांधकर वापस अपने घर लौट गए थे, और भारत में अविश्वसनीय संभावनाओं की सुबह हो चुकी थी।

स्वतंत्रता के उज्ज्वल प्रकाश का वादा करने वाली चमकीली सुबह आई, लेकिन उसकी परछाइयां भी साथ थीं। भारत के राष्ट्र-निर्माताओं ने जितना सोचा था, उससे कहीं ज़्यादा काले बादल छाए थे। लोगों के साथ विभाजन की पीड़ा भी आई थी, अलग होने का दर्द भी था, जो देश के भारत और पाकिस्तान के रूप में दो टुकड़ों में विभाजन से पैदा हुआ था। हालांकि अगस्त के उस दिन के बाद से, वह कहावत ख़त्म हो गई कि 'उस साम्राज्य में सूर्य कभी अस्त नहीं होता।'

हां! 15 अगस्त, 1947 ने आज़ादी को अनेक भाषाओं में व्यक्त किया था; स्वतंत्रता, आज़ादी, सुदंडीराम, स्वाधीनता। यह कोई रूसी क्रांति नहीं थी, और भारत

पर समाजवादी लोकतंत्र होने का ठप्पा लगने वाला था। हालांकि उस दिन के बारे में आशावादी होने की वजह कम ही थी।

यह एक नया दिन था, और नई राह थी।

'अफ़साना लिख रही हूं' को 1947 का सबसे ज़्यादा यादगार गीत माना जा सकता है। इसकी परिचित धुन को आज भी सुना जाता है। ऐसे गीत का चयन आसान नहीं था, जिसमें 1947 की कहानी कही गई हो, या उसमें ये कहानी समाहित हो। इस महाद्वीप में किसी बॉम्बे ब्लॉकबस्टर से भी ज़्यादा तेज़ गति से और ज़्यादा चौंकाने वाले तरीक़े से घटनाएं घट रही थीं। इसी साल भारत का अफ़साना शुरू हो रहा था। इसकी शुरुआत भी कैसी थी। अगस्त में महात्मा गांधी और ख़ान अब्दुल ग़फ़ार ख़ान कोलकाता में सांप्रदायिक दंगे रोकने की कोशिश कर रहे थे, तो जवाहरलाल नेहरू दिल्ली में थे। सारे उपद्रव के बीच हरेक आधुनिक भारत के विचार को मूर्त रूप देने में लगे थे, दोनों साथ भी थे, और अलग-अलग भी। तो, पीड़ा और आशा के बीच, भारत का अफ़साना शुरू हुआ था।

टुनटुन के नाम से मशहूर हिंदी सिनेमा की संभवत: सबसे पहली हास्य अभिनेत्री उमा देवी ने दर्द फ़िल्म के लिए शकील बदायूंनी के बोलों को नौशाद की बनाई धुन पर इसे गाया था। वह अभिनेत्री बनना चाहती थीं। बचपन में ही अपने माता-पिता को गंवा चुकी उमा देवी घर से भागकर, सीधे नौशाद के दरवाज़े पहुंची थीं और उनसे ब्रेक दिलवाने का अनुरोध किया। नौशाद ने कहा कि वह अभिनेत्री के रूप में ब्रेक नहीं दिला सकते, लेकिन उनकी गायन क्षमता को देखते हुए उन्होंने उमा देवी को पार्श्वगायन की सलाह दी।

शकील बदायूंनी 1946 में मुंबई पहुंचे ही थे, जो बाद में सबसे बेहतरीन गीतकार बने। नौशाद भी इस लाइन में नए ही थे। शुरुआती समीक्षाओं में उनका मज़ाक़ भी बनाया गया था। हालांकि दर्द फ़िल्म शानदार तरीक़े से हिट रही।

करदार स्टूडियोज़ में निर्मित, और स्थापित निर्देशक ए.आर. करदार द्वारा निर्देशित दर्द एक ऐसी 'मुस्लिम सामाजिक' कहानी थी, जिसमें दो महिलाएं एक डॉक्टर से प्यार करती हैं। बाद में इनमें से एक महिला मर जाती है, जिसका किरदार सुंदर अभिनेत्री सुरैया ने निभाया था। ए.आर. करदार का खुद का जीवन भी कई तरह से फ़िल्मी ही था, जिनके बारे में आगे कई बार बताया जाएगा; पड़ोसी पाकिस्तान के पहले क्रिकेट टेस्ट कप्तान उनके भाई थे, उन्होंने अपने एक और भाई को दर्द फ़िल्म में लिया था और जो बाद में पाकिस्तान चले गए थे। कई मायनों में, करदार की कहानी अपने आप में अभी तक बँटे हुए भाइयों की कहानी है।

उथल-पुथल के बावजूद, हैरानी की बात है कि बहुत सारी हिंदी फ़िल्में बनाई गईं और हिंदी फ़िल्मी गाने लोकप्रिय होते गए। वह साल साम्राज्यवादी जुए को

उखाड़कर आशा जगाने वाला भी था, साथ ही ज़मीन के बँटवारे के बाद हुए रक्तपात और तबाही का भी था।

यही वह साल था, जिसमें संगीत के दिग्गज़ के.एल. सहगल का देहांत हुआ और एक युग का समापन हुआ। उनकी आख़िरी फ़िल्म *परवाना* इसी साल रिलीज़ हुई थी। मोहम्मद रफ़ी ने जुगनू फ़िल्म में नूरजहां के साथ गाए *'बदला वफ़ा का'* गीत के साथ सफलता की ऊंचाइयों पर चढ़ना शुरू किया था। जुगनू के लिए गाने रिकॉर्ड करने के बाद जल्द ही नूरजहां पाकिस्तान चली गईं, यह भी एक बड़ी घटना थी। गीता दत्त ने *दो भाई* फ़िल्म के गानों के साथ स्टारडम की तरफ़ तेज़ी से बढ़ना शुरू कर दिया था।

1947 में भारत भविष्य की 'मुलाक़ात' और इसके मूल को हिला देने वाले मंथन के बीच अविश्वसनीय गति से गुनगुना रहा था।

पिछले सालों में कांग्रेस और मुस्लिम लीग के संबंध तक़रीबन पूरी तरह से टूटते देखे गए थे। प्रधानमंत्री जवाहरलाल नेहरू और वित्तमंत्री लियाक़त अली ख़ान की अंतरिम सरकार काम नहीं कर रही थी। ब्रिटिश कैबिनेट मिशन में विचार-विमर्श जारी था, और फ़रवरी, 1947 में ब्रिटिश प्रधानमंत्री क्लीमेंट एटली ने घोषणा की कि ब्रिटिश शासन जून, 1948 तक ख़त्म हो जाएगा।

इस सब काम को आगे तेज़ी से (और ख़तरनाक ढंग से) निपटाने के लिए किंग के रिश्ते के भाई लॉर्ड लुइस माउंटबेटन को वाइसरॉय नियुक्त किया गया, और उनके पूर्ववर्ती वाइसरॉय लॉर्ड वैवेल से अधिक स्वायत्तता दी गई। जून, 1947 में लॉर्ड माउंटबेटन ने समझौते का फ़ॉर्मूला घोषित किया, जिसके तहत दोनों नए बनने वाले देशों को सत्ता हस्तांतरण की तारीख़ 15 अगस्त, 1947 तय की गई। इस उप-महाद्वीप के संवैधानिक, सामाजिक, सैन्य और बुनियादी ढांचे के बँटवारे के लिए दस सप्ताह पर्याप्त माने गए, जैसा कि इतिहासकार जॉन केय ने हिकारत के भाव से कहा भी था।

4 जुलाई, 1947 को ब्रिटिश संसद में पारित भारतीय स्वाधीनता अधिनियम में कहा गया; 'पंद्रह अगस्त उन्नीस सौ सैंतालीस को भारत में दो स्वतंत्र देश स्थापित किए जाएंगे, जो कि क्रमश: भारत और पाकिस्तान कहलाएंगे।'

इतिहासकार मानते हैं कि लॉर्ड माउंटबेटन ने पास की तारीख़, 15 अगस्त का चयन अपने स्वयं के इतिहास के कारण किया था। बाद में फ्रीडम एट मिडनाइट में माउंटबेटन के हवाले से कहा था; 'जो तारीख़ मैंने चुनी थी, वह अप्रत्याशित थी। मैंने एक प्रश्न के जवाब के रूप में इसे चुना था। मैं यह दिखाने के लिए संकल्पित था कि मैं ही इस पूरे घटनाक्रम का कर्ता-धर्ता हूं। जब उन्होंने तारीख़ के बारे में पूछा, तो मुझे पता था कि कोई पास की तारीख़ ही रखनी है। तब तक मैंने ठीक से तय नहीं किया था, मैंने अगस्त या सितंबर के बारे में सोचा और फिर मैंने 15 अगस्त की तारीख़ तय कर दी। क्यों? क्योंकि इसी दिन जापान के समर्पण करने की दूसरी सालगिरह थी।'

भारत और पाकिस्तान के विभाजन के लिए भयंकर मानवीय क़ीमत चुकानी पड़ी, और क़रीब एक करोड़ लोगों को एक जगह से दूसरी जगह जाना पड़ा जो कि इंसानी इतिहास में सबसे बड़ा पलायन था। क़रीब दस लाख लोग मारे गए। कश्मीर के 'अधूरे काम' के बारे में तो काफ़ी कुछ कहा जा चुका है, लेकिन इस पर बहुत कम ध्यान दिया जाता है कि जब अंग्रेज़ अपना सामान बांध रहे थे, तब और क्या-क्या किया गया था।

15 अगस्त के दो दिन बाद तक यानी 17 अगस्त तक सर सिरिल रेडक्लिफ़ सीमा आयोग ने अंतरराष्ट्रीय सरहदें ही उपलब्ध नहीं कराई थीं। अंग्रेज़ों ने जिस जल्दबाज़ी में भारत से जाने का फ़ैसला किया था, उसी के कारण रेडक्लिफ़ 8 जुलाई, 1947 को भारत आया था, और केवल पांच माह में उसे सुनिश्चित करना था कि दोनों आयोग अपनी सरहदें तय कर दें, जिनमें से एक पंजाब के लिए हो, दूसरी बंगाल के लिए। हालांकि दिलो-दिमाग़ की सरहदें तब तक मजबूती से खिंच चुकी थीं और लोग चाहे-अनचाहे, डर के मारे भागने लगे थे।

कराची में एक समारोह 14 अगस्त को नए देश के क़ायदे-ए-आज़म (सर्वोच्च नेता) मुहम्मद अली जिन्ना ने आयोजित कराया था। लॉर्ड माउंटबेटन इसमें शामिल हुए थे, और फिर रात में होने वाले भारतीय समारोह के लिए वापस आ गए थे। दिलचस्प बात यह है कि पाकिस्तान, आधिकारिक तौर पर कुछ वर्षों तक, यह स्वीकार करता रहा कि उसे भी स्वतंत्रता 15 अगस्त को ही मिली थी - जैसा कि जुलाई, 1948 के उत्तरार्ध में जारी उसके डाक टिकट में भी यही बताया गया था। हालांकि बाद में, ब्रिटिश भारत से अलग होने और स्वतंत्र भारत से अलग दिखने के उत्साह में उसने अपनी यौमे-आज़ादी 14 अगस्त को कर ली। भारत में, पहले प्रधानमंत्री ने 'आधी रात को ठीक बारह बजे' अपना सबसे यादगार भाषण 'नियति के साथ साक्षात्कार' दिया और स्वतंत्रता की सुबह का स्वागत किया। भारत को विश्वमंच पर साहसपूर्वक स्थापित करने के लिए उठाए गए क़दमों में भारत के विचार और विश्व इतिहास में उस क्षण के महत्त्व के बारे में उनकी शांत अभिव्यक्ति थी।

वैसे तो पूरा देश ही जल रहा था, लेकिन विभाजन के असली शिकार पंजाब और बंगाल को भयंकर हिंसा सहन करनी पड़ी। कला, कहानियों और सिनेमा में भी ये पीड़ा पीढ़ियों तक दिखाई देती रही। चाहे सआदत हसन मंटो की कहानियां हों, भीष्म और बलराज साहनी के संस्मरण हों या ऋत्विक घटक के *मेघे ढाका तारा* के यादगार दृश्य हों या ख़ुशवंत सिंह की ट्रेन टु पाकिस्तान हो, नुक़सान की वह भावना हर कहीं महसूस की गई और ज़ाहिर की गई, जो 1947 में भारत और इसके नए पड़ोसी पाकिस्तान को झेलना पड़ा।

फ़िल्म संगीत की भाषा में कहें तो उस साल कुछ अन्य महत्त्वपूर्ण घटनाएं भी हुईं। 1947 जिस कठिनाई को प्रतिनिधित्व करता है, 'मज़ा और खिलवाड़ को (भी) वैध बनाया गया था।' जब *शहनाई* फ़िल्म के लिए सी. रामचंद्र ने *'आना मेरी जान संडे के संडे'* गीत की धुन रची थी, तब लेखक गणेश अनंतरामन ने यही बात कही थी। बंबई में अपने पैर जमाने आईं लता मंगेशकर ने *आपकी सेवा में* फ़िल्म के ज़रिए हिंदी फ़िल्मों में अपनी शुरुआत की, और बाद में कम से कम चार पीढ़ियों के लिए उन्होंने गीत गाए।

1948 : *सारी दुनिया के सरताज*

देश हुआ आज़ाद मगर
न पहना तूने ताज
तेरा अमर रहेगा राज़
सारी दुनिया के सरताज

गीत : ईश्वर चंद्र कपूर
संगीत : पंडित गोविंदराम
गायन : शमशाद बेगम
फ़िल्म : *घर की इज़्ज़त*

शमशाद बेगम ने 1948 में घर की इज़्ज़त फ़िल्म के लिए एक देशभक्तिपूर्ण गीत को स्वर दिया था, जिसमें महात्मा गांधी की तसवीरों के साथ युवा लड़कियां भी पर्दे पर थीं। इस गीत में महात्मा गांधी की इस बात के लिए प्रशंसा की गई थी कि उन्होंने स्वतंत्रता हासिल करने के लिए कठिन संघर्ष किया, लेकिन फिर भी सत्ता नहीं संभाली। हालांकि इस गीत में उत्तर चिंतन था।

राम दरयानी की *घर की इज़्ज़त* में दिलीप कुमार और मुमताज़ शांति मुख्य भूमिकाओं में थे। यह कहानी एक दब्बू बेटे की है, जो अपनी पत्नी को अपनी मां के तानों से बचा पाने में असमर्थ रहता है, और शराब पीने लगता है। इसके ज़रिए संयुक्त परिवारों के बारे में पहली बार सवाल उठाने की शुरुआत हुई और यह संदेश गया कि लड़कियों के लिए संयुक्त परिवारों में विवाह करना ठीक नहीं रहता। हालांकि 30 जनवरी को हुई महात्मा गांधी की हत्या ने देश को इतना डरा दिया था कि इस

गाने को जोड़ना ज़रूरी समझा गया। ईश्वर चंद्र कपूर ने ये गीत लिखा था और पंडित गोविंदराम ने इसका संगीत तैयार किया था।

यह एक औसत फ़िल्म थी, जिसे समीक्षकों ने उस समय खारिज़ कर दिया था। अप्रैल, 1949 के अंक में फ़िल्म इंडिया ने इसे 'बेतुकी कहानी', 'बिलकुल कचरा' और 'प्रतिक्रियावादी' कहानी बताते हुए इसकी तीखी आलोचना की थी। यहां तक कि इसके ज़रिए गांधी को श्रद्धांजलि देने की भी अनदेखी कर दी गई।

हालांकि उपमहाद्वीप के टुकड़े करने वाले रक्तपात भरे विभाजन की डरावनी घटनाओं को बीते 1948 में ज़्यादा समय नहीं हुआ था, और उस समय भारत के अंदर भी गंभीर नतीजों की कड़वाहट बाक़ी थी।

जनवरी में हिंदू महासभा और राष्ट्रीय स्वयंसेवक संघ, महात्मा गांधी पर सबसे तीखे हमले कर रहे थे, और उनके ख़िलाफ़ माहौल बनाने में लगे थे। जिस तरह से विभाजन हुआ था, गांधी उसके पहले ही ख़िलाफ़ थे, और बंगाल तथा पंजाब में भड़के सांप्रदायिक दंगे रोकने में अपनी असमर्थता से वे बेहद आहत महसूस कर रहे थे। उपमहाद्वीप के मुस्लिम सांप्रदायिकतवादियों को एक देश मिल चुका था, और वे इसे न्यायोचित मानते थे, वहीं हिंदू सांप्रदायिकतावादी देख रहे थे कि मज़बूत भारत के लिए संकल्पित कांग्रेस की प्रेरणा और निर्देशन के अनुसार एक आधुनिक और धर्मनिरपेक्ष राष्ट्र आकार ले रहा है, जो कि पाकिस्तान की तरह बहुसंख्यकवादी नहीं था।

गांधी की हत्या के बाद आरएसएस पर प्रतिबंध लगाने वाले उपप्रधानमंत्री वल्लभभाई पटेल ने उस घृणा के बारे में बताया था, जो दोनों तरह से फैलाई गई थी–सड़कों पर भी और कानाफूसी के ज़रिए भी। महात्मा गांधी की हत्या से कुछ दिन पहले भी उनकी हत्या का एक प्रयास किया गया था, जो कि उन्हीं ताक़तों ने किया था; जो उन्हें 'मुस्लिम-समर्थक' बताने की कोशिश कर रही थीं। 20 जनवरी को किसी मदनलाल पाहवा ने एक बम फेंका था। बम जहां फेंका गया था, उससे तक़रीबन 20 मीटर की दूरी पर गांधी बैठे थे।

हालांकि गांधी की हत्या के परिणामस्वरूप आरएसएस को झटका लगा और उस पर प्रतिबंध लगाया गया, जो कि स्वतंत्र भारत की एक और महत्त्वपूर्ण घटना थी। *द आरएसएस ऐंड द बीजेपी, अ डिवीज़न ऑफ़ लेबर* में ए.जी. नूरानी ने लिखा है–'संघ परिवार को भारत के विभाजन का बहुत फ़ायदा हुआ। गांधी की हत्या ने उस प्रवृत्ति पर रोक लगा दी। अपने पैरों पर कुल्हाड़ी मारने से हुआ घाव अब तक नहीं भरा है। आरएसएस-बीजेपी को कुछ इज़्ज़त हासिल करने में 30 साल लगे, जिसका श्रेय आपातकाल को दिया जा सकता है। इसी तरह से केंद्र में सत्ता हासिल करने में उसे 40 साल लग गए।'

वर्ष 1948, पिछले साल के घटनापूर्ण वर्ष की छाया से अलग नहीं रह सका, क्योंकि कश्मीर को लेकर पाकिस्तान के साथ कश्मीर की लड़ाई तेज़ हो गई थी। अक्टूबर, 1947 में कबाइलियों के छापे के तौर पर शुरू हुई यह लड़ाई पूरे साल चली और फिर 1949 में ही थम पाई थी। रामचंद्र गुहा कश्मीर की चढ़ाई के बारे में प्रतिस्पर्धी विचारों को अच्छी तरह से समझाते हैं। वे बताते हैं कि भारतीय पक्ष ब्रिटिश गवर्नर जनरल की तरफ़ अंगुली उठाता है, क्योंकि वे इस मामले को संयुक्त राष्ट्र ले गए थे, और भारतीय सेना के ब्रिटिश जनरल की भी आलोचना करता है, जिन्होंने अपने सैनिकों को उत्तरी कश्मीर जाने से रोक दिया था। हालांकि पाकिस्तानी माउंटबेटन को भी दोषी ठहराते हैं, क्योंकि उनका सोचना है कि माउंटबेटन ने रेडक्लिफ़ के साथ मिलकर भारतीयों को गुरदासपुर जिला दे दिया, जिससे नई दिल्ली को कश्मीर के लिए रास्ता मिल गया।

शेख़ अब्दुल्ला और नौशेरा में पाकिस्तान के ज़ोरदार हमले का बहादुरी से सामना करते हुए, बाद में जुलाई में शहीद हो जाने वाले भारतीय सेना के ब्रिगेडियर मोहम्मद उस्मान जैसे महत्त्वपूर्ण प्रतीकों के साथ कश्मीर ने भारत की धर्मनिरपेक्ष, आधुनिक छवि का निर्माण किया, और धार्मिक तथा संकीर्ण विचारों वाले पाकिस्तान से उसकी पहचान अलग बनी।

पाकिस्तान से अपनी सेना वापस बुला लेने के बाद, भारत सरकार नवंबर में जूनागढ़ रियासत का विलय कराने में सफल रही। हैदराबाद रियासत सितंबर में भारतीय संघ में शामिल हुई, हालांकि इसके लिए हैदराबाद के निज़ाम के साथ अधिक हिंसक संघर्ष करना पड़ा, क्योंकि वो भारत में विलय का विरोध कर रहे थे। तेलंगाना में किसानों के साथ-साथ कम्युनिस्ट भी सफलतापूर्वक संघर्ष कर रहे थे, और यह संघर्ष जारी रहा तथा तीन साल बाद ही ख़त्म हो सका।

1948 में कलकत्ता में उस समय के प्रमुख विपक्षी दल, भारतीय कम्युनिस्ट पार्टी के महासचिव पी.सी. जोशी ने बी.टी. रणदिवे के लिए जगह ख़ाली कर दी और इस तरह से उसने अपना रंग बदल लिया था। नेताओं के व्यक्तित्वों में उल्लेखनीय परिवर्तन के अलावा, जोशी ने गांधी की हत्या के बाद हिंदू पुनरुत्थानवादी ताक़तों का जिस तरह से विरोध किया था, उससे एक बहुत ही संकीर्ण पार्टी लाइन पैदा हुई। इसमें आग्रह किया गया कि कांग्रेस शासन पर सामान्य हड़तालों और किसानों के आंदोलनों के ज़रिए हमला किया जा सकता है।

जब एक साल पहले औद्योगिक विवाद अधिनियम लागू किया गया था, तब कारख़ाना अधिनियम और न्यूनतम मज़दूरी अधिनियम उन क़ानूनों में से थे, जो अब उस समय देश की एक बड़ी प्रतिकार शक्ति माने जाने वाले मज़दूर वर्ग की उचित मज़दूरी और सुरक्षा सुनिश्चित करने के लिए लागू किए गए थे। कामगारों को

स्पष्ट रूप से संरक्षण देने वाले अन्य महत्त्वपूर्ण आर्थिक क़ानूनों में कोयला खान भविष्य निधि और विविध प्रावधान अधिनियम और कर्मचारी राज्य बीमा अधिनियम शामिल थे।

आगे चलकर 1948 एक ऐतिहासिक वर्ष साबित होने वाला था, क्योंकि तब तक बंबइया संगीत को स्वरूप देने वाली चीज़ों ने अंततः अपना स्थान हासिल कर लिया था। लेखक साहिर लुधियानवी ने लाहौर छोड़कर बंबई में बसने का फ़ैसला किया था। संगीत निर्देशक ओ.पी. नैयर भारत आ गए थे। बिग-टिकट के धुन निर्माता और संगीतकार गुलाम हैदर ने इसी साल अपनी आख़िरी फ़िल्म शहीद बनाई और उन्होंने पाकिस्तान जाने का फ़ैसला किया।

यह राज कपूर और देव आनंद के लिए भी एक बड़ा साल रहा, जिन्हें कई दशकों तक दिलों और हिंदी सिनेमा पर राज करना था। राज कपूर ने अपने निर्देशन की शुरुआत फ़िल्म *आग* से की, जिसका निर्माण भी उन्होंने ही आर.के. फ़िल्म्स के बैनर तले किया था। यह फ़िल्म हिट नहीं हुई, लेकिन इसमें पहली बार राज कपूर और नरगिस की शानदार जोड़ी पर्दे पर आई। *ज़िद्दी* फ़िल्म देव आनंद की पहली हिट फ़िल्म थी, जिसमें उसके संगीत का बड़ा योगदान था। किशोर कुमार ने इसी फ़िल्म से गायक के रूप में शुरुआत की, हालांकि *'मरने की दुआएं क्यों मांगूं'* जैसे गीतों में उन पर के.एल. सहगल का प्रभाव स्पष्ट रूप दिख रहा था। आगे चलकर कुछ समय बाद उन्होंने गाने की अपनी शैली विकसित की।

इसी साल स्वतंत्र भारत ने द्वितीय विश्व युद्ध की समाप्ति के बाद लंदन में हुए पहले ओलिंपिक खेलों में प्रतिस्पर्धा करने के लिए उन्यासी खिलाड़ियों का दल भेजा था। भारत की हॉकी टीम का फ़ाइनल में मुक़ाबला इंग्लैंड से हुआ था। कभी देश के मालिक रहे इंग्लैंड से पहली बार भारतीय टीम भिड़ रही थी, और कुशलतापूर्वक वह जीतने और स्वर्ण पदक हासिल करने में सफल रही थी।

1949 : *जिया बेकरार है*

जिया बेकरार है
छाई बहार है
आ जा मोरे बालमा
तेरा इंतज़ार है

गीत : हसरत जयपुरी
संगीत : शंकर–जयकिशन
गायन : लता मंगेशकर
फ़िल्म : *बरसात*

1940 का दशक ख़त्म होते–होते नरगिस का झुकाव निर्देशक–अभिनेता राज कपूर की ओर होने लगा और दोनों ने साथ में कई और फ़िल्में कीं। राज कपूर की आर.के. फ़िल्म्स के लोगो के रूप में दोनों का एक रोमांटिक दृश्य अमर होने जा रहा था। यह म्यूजिक़ल हिट फ़िल्म *बरसात* संगीत निर्देशक शंकर और जयकिशन की पहली फ़िल्म थी। यह फ़िल्म उस समय की हिंदी सिनेमा में सबसे ज़्यादा कमाई करने वाली फ़िल्म थी। राज कपूर की यह पहली बड़ी हिट फ़िल्म थी, जो उनके अपने स्वतंत्र बैनर तले बनी दूसरी फ़िल्म थी।

'जिया बेकरार है, छाई बहार है, आजा मोरे बालमा, तेरा इंतज़ार है', एक समूह गीत था, जिसे लता मंगेशकर और साथियों ने गाया था। इसमें लोक शब्दों का आसान इस्तेमाल किया गया था, और यह शास्त्रीय, ग़ज़ल या उस समय प्रचलित अन्य कड़े परंपरागत रूपों से मुक्त था। इंतज़ार और मिलन की आस के गीत वैसे तो ख़ुशी की धुन के साथ सही बैठते हैं, और देश की मानसिकता के तक़रीबन प्रतीक के

रूप में देखे जाते हैं – देश को भी इंतज़ार था और आशा भी थी, क्योंकि आज़ादी के दो साल बाद इसे उन बुराइयों से लड़ने की ज़रूरत थी और राष्ट्र-निर्माण के कठिन काम में लगना था।

इस साल का चरमोत्कर्ष 26 नवंबर को शुरू हुआ, जब संविधान की प्रस्तावना को औपचारिक रूप दिया गया। 'हम भारत के लोग' आख़िरकार संप्रभु हो चुके थे, और सचमुच, समुद्रपारीय राजशाही के चंगुल से मुक्त हो चुके थे। भारत गणतंत्र बनने की राह पर था। ज़्यादातर रियासतों ने प्रभावी रूप से अधिकार छोड़ दिए, क्योंकि प्रस्तावना में उनके आधुनिक, लोकतांत्रिक गणराज्य के ढांचे के तहत आने का संकेत दिया गया था, जिसमें सत्ता विरासत में नहीं मिलने वाली थी।

1858 में ब्रिटिश संसद में भारत के मामलों का फ़ैसला करने के क़ानून पारित होने के बाद भारत की कमान ब्रिटिश राजशाही द्वारा संभालने के बाद से यह अंतिम वर्ष था। इसने भारत के स्वराज के लिए स्पष्ट रूप से मंच तैयार किया, जो अगले वर्ष से काम शुरू कर देने वाला था।

ऐसा नहीं था कि आज़ादी के बाद से लगातार बढ़ती जा रही समस्याओं से भारत मुक्त होने जा रहा था। कतई नहीं। यह बस अपने पैरों पर खड़े होने की बात थी और अपनी समस्याओं से ख़ुद जूझने की बात थी।

वर्ष 1949 में संविधान सभा की उग्र, लेकिन लोकतांत्रिक और प्रबुद्ध बहसें हुईं, जिनमें एक विषय, भाषा का मुद्दा, काफ़ी प्रमुख बन गया था, क्योंकि हिंदीभाषियों को राष्ट्रभाषा बनाम राजभाषा के सवाल पर ग़ैर-हिंदीभाषियों के विरोध का सामना करना पड़ा। दोनों पक्ष अपने-अपने रवैये पर अड़े रहे, लेकिन किसी भी राष्ट्र भाषा पर ज़रूरी सहमति नहीं बन सकी। अंग्रेज़ी जारी रही। संविधान की प्रारूप समिति के अध्यक्ष डॉ. बी.आर. अंबेडकर ने बहस के समापन पर टिप्पणी की – 'हमें याद रखना चाहिए कि आख़िरकार अगर हिंदी उन लोगों (दक्षिण भारतीय राज्यों के लोगों) को स्वीकार करना है, तो वे करेंगे; और आख़िर ऐसा क्या है, जिसने इतने विवाद को जन्म दे दिया है? मैं सोच रहा था कि हमें एक छोटे से मामले पर इतना समय क्यों लगाना चाहिए, इतनी चर्चा क्यों करनी चाहिए।'

हालांकि भाषा किसी भी तरह से 'छोटा-सा मामला' तो नहीं थी। इसी समय भाषाई स्वायत्तता के आंदोलन उठ खड़े हुए। संयुक्त कर्नाटक, संयुक्त महाराष्ट्र और ऐक्य केरल आंदोलन के साथ-साथ महागुजरात आंदोलन को भी काफ़ी समर्थन मिला। प्रधानमंत्री जवाहरलाल नेहरू भाषाई आधार पर विभाजन के पक्ष में नहीं थे। अलग-अलग भाषा-भाषी लोगों को एकजुट करने वाले इन आंदोलनों की तीव्रता से नेहरू काफ़ी स्तब्ध थे। भाषा और धर्म के आधार पर सिख राज्य की मांगों से लोगों में और ज़्यादा उग्रता आ गई।

इसी वर्ष भारत और पाकिस्तान संयुक्त राष्ट्र आयोग द्वारा किए गए संघर्ष विराम के साथ ही कश्मीर को लेकर हो रहा संघर्ष बंद हुआ। कराची समझौते में 27 जुलाई को युद्ध विराम रेखा तय की गई। इस वर्ष की एक और महत्त्वपूर्ण घटना भारतीय सेना के कमांडर-इन-चीफ़ के रूप में एक भारतीय की नियुक्ति की हुई। भारत में हुए दो फ़ील्ड मार्शलों में से एक जनरल के.एम. करियप्पा ने 15 जनवरी को थल सेनाध्यक्ष का पदभार संभाला था। इस दिन को अब सेना दिवस के रूप में मनाया जाता है।

नवंबर में ही महात्मा गांधी की हत्या के लिए नाथूराम गोडसे और नारायण आप्टे को फांसी पर लटकाया गया था। तत्कालीन उपप्रधानमंत्री वल्लभभाई पटेल ने महात्मा गांधी की हत्या के बाद आरएसएस पर लगाए गए प्रतिबंध को इस वर्ष हटा दिया था, लेकिन इसके लिए शर्त रखी गई थी कि संघ के प्रमुख एमएस गोलवलकर अपने लोगों को भारत के संविधान और राष्ट्रीय ध्वज के प्रति निष्ठा रखने के लिए कहें और संघ की गतिविधियां 'हिंसा या गोपनीयता का त्याग करके केवल सांस्कृतिक क्षेत्र तक सीमित रहें।' (रामचंद्र गुहा : इंडिया ऑफ़्टर गांधी)। यह एक जाना-माना तथ्य है कि नागपुर के संघ मुख्यालय पर दशकों तक तिरंगा नहीं, बल्कि भगवा झंडा फहराया जाता रहा है।

1949 को भारतीय रिज़र्व बैंक के राष्ट्रीयकरण के लिए भी जाना गया।

राष्ट्र के निर्माण के लिए ईंटें रखी जाने लगी थीं। इतिहासकार बताते हैं कि सोवियत संघ के बाद, यह राष्ट्र-निर्माण की सबसे बड़ी कवायद थी, जिसमें भाषा, नस्ल, धर्म, जाति की तमाम सारी विविधताएं थीं।

विदेशी मुद्रा की कमी और खाद्य संकट ने प्रधानमंत्री नेहरू को गहरी चिंता में डाल दिया था। इंदर मल्होत्रा बताते हैं कि उस साल नवंबर में नेहरू ने ज़बरदस्त स्वागत के बीच अमेरिका की अपनी पहली यात्रा की थी। हैरी ट्रूमैन के साथ बातचीत के दौरान उन्होंने भारत में खाद्यान्न की कमी का जिक्र किया। ट्रूमैन का जवाब सकारात्मक था। हालांकि नौकरशाही में रुकावटें, अमेरिकी संसद में प्रतिरोध, प्रक्रियागत देरी और अन्य कठिनाइयां थीं, जिनमें रणनीतिक सामग्रियों के बदले गेहूं देने की अमेरिकी कोशिश भी शामिल थी। इस वजह से कोई समझौता नहीं किया जा सका था, भले ही अमेरिका में गेहूं काफ़ी मात्रा में था। भारत का कहना था कि अमेरिका 'अशिष्ट' और 'लालची' है। भारत को सबसे ज़्यादा नाराज़गी इस वजह से थी कि अमेरिका ने खाद्य सहायता को 'नीतिगत साधन' के रूप में इस्तेमाल करने की कोशिश की थी। उधर, अमेरिकी अधिकारियों को शिकायत थी कि भारत सरकार ने ट्रूमैन के लिए नेहरू के अस्पष्ट अनुरोध के बाद 'बात आगे नहीं बढ़ाई।'

संगीत की दृष्टि से देखें, इस वर्ष अंदाज़ और बरसात फ़िल्मों ने भारी सफलता पाई, जिसमें मुख्य योगदान उनके गीतों का ही था। *दुलारी* फ़िल्म के साथ ही लता

सफलता की ऊंचाइयों पर चढ़ने लगीं, और संगीतकार नौशाद की सफलता की यात्रा जारी रही। राज कपूर और देव आनंद जैसे अभिनेताओं को अहसास हुआ कि उनकी क़िस्मत में गानों का महत्त्व है और वे धीरे-धीरे यह तय करने में दख़ल देने लगे कि उनके लिए कौन-सा गीत और कौन-सा गायक बेहतर रहेगा। एक ओर, इस साल बेहद मधुर आवाज़ के स्वामी मोहम्मद रफ़ी ने प्रेमिका के इंतज़ार को चित्रित करने वाला बहुत ही सुंदर गीत *'सुहानी रात ढल चुकी, ना जाने तुम कब आओगे'* गाया। वहीं दूसरी ओर, सी. रामचंद्र ने अपनी अपरंपरागत धुनें बनाना जारी रखा, मसलन *'मेरे पिया गए रंगून, वहां से किया है टेलीफ़ून'* (पतंगा)। यह गीत बीस से तीस साल तक की उम्र के युवाओं की पसंद के रूप में सहस्राब्दी के हिट गीतों की सूची में शामिल हुआ।

1950 का दशक : एक संवैधानिक क्रांति

सुहाना सफ़र

भारत ने अपना संविधान तैयार किया तथा उद्योग, योजना और शिक्षा की आधारशिला रखी।

1. पहले भारतीय प्रौद्योगिकी संस्थान (आईआईटी) का 1951 में खड़गपुर में उद्घाटन हुआ।

2. पहले आम चुनाव 1952 में हुए : दो बैलों की जोड़ी के चुनाव चिह्न वाली कांग्रेस सत्ता में आई।

3. आधुनिक भारत के मंदिर : जवाहरलाल नेहरू हीराकुड बांध के स्थल का दौरा करते हुए।

4. 1950 के दशक के दिलों की धड़कनें : नरगिस, राज कपूर और दिलीप कुमार फ़िल्म *अंदाज़* में।

1.

2.

3.

4.

1950 : *गोरे गोरे ओ बांके छोरे*

रोज़ रोज़ मुलाक़ात अच्छी नहीं
प्यार में ऐसी बात अच्छी नहीं
थोड़ा-थोड़ा मिलना थोड़ी सी जुदाई
सदा चांदनी रात अच्छी नहीं

गीत : राजेंद्र कृष्ण
संगीत : सी. रामचंद्र
गायक : लता मंगेशकर और अमीरबाई कर्नाटकी
फ़िल्म : *समाधि*

परदे पर ख़ुश और शांत दिख रहे अशोक कुमार और नलिनी जयवंत पर फ़िल्माया गया और युवा लता मंगेशकर और अमीरबाई कर्नाटकी के सुरों से सजा पश्चिमी तर्ज वाला मौज-मस्ती भरा गीत, *'गोरे गोरे, ओ बांके छोरे'* कई मायने में उस समय के पैमाने के हिसाब से एक अपवाद था। यह उस ज़माने की बात थी, जब शास्त्रीय संगीत और पारंपरिक धुनों को किसी गाने की लोकप्रियता और लंबी उम्र के लिए महत्त्वपूर्ण माना जाता था।

'गोरे गोरे', अपने भीतर एक अलग ही सुर-ताल और अनुभूति को समेटे हुए था, जो पहली बार *समाधि* फ़िल्म में सुनने को मिला, और इसका श्रेय काफ़ी हद तक सी. रामचंद्र और गीतकार राजेंद्र कृष्ण की शानदार जोड़ी को जाता है। दोनों ही अपने-अपने फ़न के उस्ताद थे, लेकिन जब साथ आते तो चार चांद लगा दिया करते थे। राजेंद्र कृष्ण ने अपनी ज़िंदगी का सफ़र शिमला में एक क्लर्क के तौर पर शुरू

किया था, लेकिन लड़कपन से ही हिंदी के साथ-साथ उर्दू शेरो-शायरी को उन्होंने जिस गहराई तक जाकर पढ़ा था और फिर उनके भीतर की जो स्वाभाविक प्रतिभा थी, उसने तय कर दिया था कि उनका क्लर्क का जीवन लंबा चलने वाला नहीं है।

1940 के दशक में वो एक लेखक के तौर पर बंबई आए और पटकथा लेखन की शुरुआत की। 1947 के बाद उन्होंने कई फ़िल्मों के लिए गीत भी लिखे। तमिल भाषा के माहिर होने की वजह से वो एवीएम प्रोडक्शंस के साथ व्यस्त रहा करते थे। इस गीत में सी. रामचंद्र के साथ उनका बेहतरीन तालमेल साफ़ तौर पर झलकता है, भले ही आलोचक कहते हैं कि इसकी धुन 1945 में रिलीज़ हुए एक हिट गाने से मिलती है। 1951 की तमिल फ़िल्म, *ओर इरावु* (मूल रूप से सी.एन. अन्नादुरई-अन्ना के लिखे नाटक पर आधारित) का एक गाना है *'ओ सामी'*, जो इसी धुन पर आधारित है। ऐसा अक्सर हुआ करता था, क्योंकि हिंदी और तमिल फ़िल्मों की अपनी-अपनी मज़बूत अलग पहचान के बावजूद, कई मायनों में उनमें एक दूसरे की झलक दिखती थी, और इस वजह से मद्रास और बंबई सिनेमा के अलग-अलग तेवरों के बावजूद दोनों एक-दूसरे से जुड़े हुए लगते थे।

'गोरे गोरे' में प्रमुख भूमिका निभाती महिलाएं मंच पर पूरे आत्मविश्वास के साथ हावी हैं, और भूमिकाएं जेंडर से बंधी नहीं दिखती, वहीं अशोक कुमार इस गीत में सचमुच जान डाल देते हैं। भले ही उस साल की अहमियत को देखते हुए ऐसा लग सकता है कि मौज-मस्ती, छेड़छाड़ और ख़ुशियों से भरे सुर-ताल वाले इस गीत को याद करना सही नहीं होगा, जो पश्चिम के रंग में रंगे थे। हालांकि अपनी लंबी उम्र, लोकप्रियता, उमंग और दमखम के कारण ये गीत शायद सबसे सही है, क्योंकि भारत ने अपनी पहचान बनाने और 1947 के भारतीय स्वतंत्रता अधिनियम के तहत औपनिवेशिक शासन की बेड़ियों से आज़ाद होने की दिशा में महत्त्वपूर्ण क़दम बढ़ा दिए थे।

26 जनवरी, 1950 को भारत के संविधान को अपनाया गया। दुनिया के सबसे लंबे-चौड़े संविधानों में से एक, यह भारत की जटिलताओं और उसके ताज़ा इतिहास की समस्याओं का सामना जिस कुशलता, करुणा और दूरदर्शिता के साथ करता है, वह आज भी आश्चर्य का विषय है। इसे लोकतंत्र और सामाजिक तथा आर्थिक सुधार का एक 'अंतहीन जाल' बताया गया था। यह भारत का निर्माण करने वाले अनेक सूत्रों को आपस में बुनकर एक सामाजिक क्रांति का आरंभ करने वाला था।

इसकी बुनियाद तीन प्रमुख बातों पर आधारित थी – 1935 का भारत सरकार का अधिनियम, अन्य देशों के संविधान और आख़िर में, वह उद्देश्य प्रस्ताव जिसे दिसंबर, 1946 के संविधान सभा के सत्र में अपनाया गया था, और जिसमें पिछले दो दशकों के कांग्रेस के प्रस्तावों की प्रमुख बातें शामिल थीं। उद्देश्य प्रस्ताव का

सार दोहरा था – भारतीय संघ की सत्ता और शक्ति का स्रोत भारत के लोग होंगे, और इसके साथ ही अल्पसंख्यकों, कमज़ोर और 'पिछड़े' वर्गों, अविकसित तथा जनजातीय क्षेत्रों के लोगों के लिए सुरक्षा के पर्याप्त उपाय किए जाएंगे।

जहां तक भारत का संबंध है, तो अपने आप को एक संप्रभु, लोकतांत्रिक गणराज्य घोषित करना उसके लिए ऐसी सोच थी, जो काफ़ी दूरदर्शी थी, और पहले राष्ट्रपति के रूप में, गणतंत्र दिवस पर जब राजेंद्र प्रसाद पहली सलामी लेने के लिए खड़े हुए, तो वह इस उपमहाद्वीप के लिए ऐतिहासिक दिन था। उस दिन भारत अपने प्रत्येक नागरिक को एक व्यक्ति के सभी अधिकार दे रहा था। इसके साथ ही वह अपने संदर्भ और सामूहिक पहचान को भी अच्छी तरह समझ रहा था।

देश के राष्ट्रपति का चुनाव उस समय देश में सत्ता के दो केंद्रों – जवाहरलाल नेहरू और वल्लभ भाई पटेल, के बीच ज़बरदस्त राजनीतिक खींचतान का विषय था, जबकि दोनों ही महात्मा गांधी के बेहद क़रीब और उनके चहेते थे। गांधी की हत्या के बाद के कुछ महीनों के दौरान दोनों ने अपने-अपने मतभेद भुला दिए थे, लेकिन दुनिया को लेकर उनकी सोच का बड़ा अंतर सामने आ गया था। नेहरू जहां राष्ट्रपति पद के लिए गवर्नर जनरल सी. राजगोपालाचारी के पक्ष में थे, वहीं पटेल चाहते थे कि उनके सहयोगी और सामाजिक परंपरावादी, राजेंद्र प्रसाद राष्ट्रपति बनें। ऐसा लगता है, जैसे नेहरू इस बात से पूरी तरह बेख़बर थे कि राजेंद्र प्रसाद के लिए पार्टी के भीतर पटेल कितना समर्थन जुटा चुके थे और जब पहले राष्ट्रपति को लेकर चर्चा हुई, तब तक नेहरू को पटेल बहुत पीछे छोड़ चुके थे। राजेंद्र प्रसाद को भारत के गणतंत्र के पहले नागरिक के रूप में शपथ दिलाई गई।

एक दिन पहले ही, 25 जनवरी को संविधान के अनुच्छेद 324 के अंतर्गत भारत का निर्वाचन आयोग अस्तित्व में आ चुका था, जो एक सदस्यीय स्वायत्त आयोग था, जिस पर स्वतंत्र और निष्पक्ष चुनाव कराने तथा चुनावों के बाद सत्ता के सुगम और रक्तहीन हस्तांतरण को सुनिश्चित करने की जिम्मेदारी थी। अब तक भारत समय-समय पर (1976-77 के बीच कुछ समय के विलंब के सिवाय) इसे संभव बनाता आया है, जबकि उसी समय के आसपास स्वतंत्रता पाने वाले अधिकतर देश आज तक इसे हासिल नहीं कर सके हैं।

1950 का साल भारत-पाकिस्तान संबंधों के लिए भी काफ़ी महत्त्वपूर्ण था। दोनों देशों ने शत्रुता समाप्त करने का औपचारिक वचन दिया और अपने-अपने देश के अल्पसंख्यकों की सुरक्षा के उपाय करने पर सहमत हुए। 8 अप्रैल को नेहरू-लियाकत समझौते पर हस्ताक्षर हुए। पूर्वी पाकिस्तान में अनगिनत दंगे हुए और बड़ी संख्या में बंगाली हिदुओं ने भारत की ओर पलायन किया। दंगों की कड़वाहट के बीच, माना जाता है कि प्रधानमंत्री नेहरू ने पाकिस्तान के प्रधानमंत्री को सुझाया कि वे दोनों

साथ मिलकर प्रभावित इलाक़ों का दौरा करें, लेकिन पाकिस्तान की सरकार को यह व्यावहारिक नहीं लगा। हालांकि लियाकत अली दिल्ली आने और एक समझौते पर दस्तख़त के लिए तैयार हुए, जिससे दोनों देश अपने-अपने देश के अल्पसंख्यकों के साथ उचित व्यवहार का वचन देने वाले थे। जिन विषयों पर चर्चा हुई उनमें ज़बरन धर्मांतरण, संपत्ति के अधिकार और उन महिलाओं के अधिकार शामिल थे, जिन्हें बंटवारे की हिंसा के दौरान अगवा कर लिया गया था।

यदि 1950 का साल भारत के लिए संविधान लागू होने के कारण महत्त्वपूर्ण है, तो इसमें पहला संशोधन भी उसी वर्ष हुआ था। 26 जनवरी, 1950 को, जब भारत के उच्चतम न्यायालय का उद्घाटन हुआ, तब मुख्य न्यायाधीश हरिलाल कानिया ने दूरदर्शिता के साथ कहा था, 'संविधान के विभिन्न हिस्से एक दूसरे के साथ क्रिया और प्रतिक्रिया करेंगे और अदालत को ऐसी परिस्थितियों में उठने वाले प्रश्नों का हल निकालना होगा।' ग्रानविले ऑस्टेन ने अपनी बेहतरीन रचना, वर्किंग अ डेमोक्रेटिक कॉन्स्टीट्यूशन में पहले संशोधन के विषय में लिखा है, 'संविधान पर संरक्षण के अधिकार को लेकर संसद और उच्चतम न्यायालय के बीच अब जिस बड़े टकराव की शुरुआत होगी, उसमें यह स्थिति को अधिक स्पष्ट बनाएगा।'

यही वह वर्ष भी था, जब नेहरू के वरिष्ठतम सहयोगी, उपप्रधानमंत्री और गृहमंत्री सरदार पटेल का निधन (15 दिसंबर) हुआ। इसके साथ ही एक ऐसे दिलचस्प और घटनाओं से भरे रिश्ते का समापन हो गया, जो आरंभिक भारतीय राजनीति, नीतियों और अपने होने की भावना का स्पष्ट वर्णन करता है।

1951 : आवारा हूं

आबाद नहीं, बर्बाद सही
गाता हूं ख़ुशी के गीत मगर
ज़ख्मों से भरा सीना है मेरा
हंसती है मगर ये मस्त नज़र
दुनिया... मैं तेरे तीर का या तक़दीर का मारा हूं
आवारा हूं, आवारा हूं
या गर्दिश में हूं आसमान का तारा हूं

गीत : शैलेंद्र
संगीत : शंकर-जयकिशन
गायन : मुकेश
फ़िल्म : *आवारा*

1951 का साल आवारा के गीतों के लिए जाना जाता है। *'सैंयां दिल में आना रे'* (बहार), *'तदबीर से बिगड़ी हुई'* (बाज़ी), *'शोला जो भड़के'* (अलबेला), *'तुम ना जाने किस जहां में खो गए'* (सज़ा) या *'बचपन के दिन भुला न देना'* (दीदार) जैसे विविध और रोमांटिक गानों से भरपूर और कड़ी प्रतिस्पर्धा के बावजूद 'आवारा हूं' को आशा के सच्चे प्रतीक, आपके होने का आनंदयुक्त बयान और आसान गीत का दर्जा दिया जा सकता है, जो कि भविष्य पर दांव लगाने के लिए तैयार है।

शंकर-जयकिशन, शैलेन्द्र के साथ राज कपूर की आवाज़ बन चुके मुकेश का जो साथ इस गीत के साथ शुरू हुआ, वह अगले दशक तक छाया रहा। चार्ली चैपलिन की शैली का अनुकरण करने वाले राज कपूर, बाद के दशकों में हिंदी सिनेमा पर हावी होने वाले अमीर या नाराज़ या हाफ़-विलेन नायकों से एकदम अलग थे। उसकी जेब ख़ाली थी, शहर में नया भी था, लेकिन उसके अंदर आत्मविश्वास और मासूमियत थी, खुद को आवारा बताकर वह ख़ुशी महसूस करता था, उदास होते हुए भी सितारे की तरह चमकता था।

शंकर-जयकिशन के संगीत और हसरत जयपुरी तथा शैलेंद्र के गीतों ने 1950 के दशक के ज़्यादातर हिस्से को परिभाषित करने के लिए संगीत के नए स्वरूप का निर्माण किया और नौशाद की 'शास्त्रीयता के लिए पूरक' उपलब्ध कराया। गणेश अनंतरामन ने बॉलीवुड मेलोडीज़ में कहा भी कि उन्होंने अपनी ताक़त ऐसी धुनों की रचना करके हासिल की जिन्हें 'राष्ट्र गुनगुनाता' था।

राज कपूर की पर्दे पर उपस्थिति और मुकेश को उनकी आवाज़ के रूप में स्वीकार किए जाने से इसे सर्वाधिक यादगार गाना बनने में और ज़्यादा सहायता मिली। यह सोवियत संघ, चीन, जापान और मध्य एशिया में लोकप्रिय हुआ और आज भी इसे भारत के गीत के रूप में पहचाना जाता है; यह दुनिया भर में सबसे अजीब जगहों पर गाया जाता है।

मस्तमौला और आत्मविश्वास से भरे राज कपूर जिस धुन के साथ शहर में प्रवेश करते हैं, वह उस साल की भारत की कई महत्त्वपूर्ण घटनाओं को प्रतिबिंबित करती है। यह साल कम से कम कहने के लिए तो ज़रूर ही महत्त्वपूर्ण था।

1950 में भारत के संप्रभु, लोकतांत्रिक गणराज्य बनने के बाद 1951-52 में पहले आम चुनाव हुए जो 25 अक्टूबर, 1951 से 21 फ़रवरी, 1952 तक, चार माह तक चले। वयस्क मताधिकार के आधार पर इक्कीस वर्ष से अधिक की उम्र के 17 करोड़ 30 लाख मतदाताओं ने अपने मताधिकार का प्रयोग किया। लोकसभा और राज्य विधानसभाओं के चुनाव एक साथ कराए गए थे। मतदाताओं के पंजीकरण के लिए सावधानीपूर्वक घर-घर जाकर सर्वेक्षण कराए जाने के बाद 2,24,000 मतदान केंद्र बनाए गए थे, और इस तरह से तक़रीबन हर एक हज़ार मतदाताओं पर एक मतदान केंद्र बनाया गया था। 70 प्रतिशत से ज़्यादा मतदाता निरक्षर होने के कारण, उम्मीदवारों की पहचान करने के लिए चुनाव चिह्न दिए गए थे। लोगों ने चुनावों को एक त्यौहार की तरह लिया था; और अवैध वोटों का प्रतिशत बहुत कम - सिर्फ़ 3 से 4 प्रतिशत रहा।

महान छवि के नेहरू के नेतृत्व की भव्य और विशाल कांग्रेस के मुख्य विरोधी दल भारतीय कम्युनिस्ट पार्टी और भारतीय जनसंघ थे। नेहरू ने शानदार अभियान के

दौरान असीम ऊर्जा का प्रदर्शन किया, जिसमें उन्होंने अपने सार्वजनिक भाषणों को जन शिक्षा की प्रक्रिया के रूप में जारी रखने की अपनी कवायद को जारी रखा, और बकौल उनके जीवनीकार एस. गोपाल, 'लोगों को यह बताने की कोशिश की कि उनके पास दिमाग़ है, जिसका उन्हें इस्तेमाल करना चाहिए।'

इस समय सुदूर कोरिया की घटनाओं ने भारत पर असर डाला। जून, 1950 में 38वें समानांतर (अक्षांश) से कोरिया के उत्तर कोरिया और दक्षिण में कोरिया के विभाजन का असर 1951 तक जारी रहा। दुनिया में भारत के स्थान के बारे में अपने विचारों के साथ भारत की तरफ़ से नेहरू शांति के पक्ष में आक्रामक रूप से मुखर हुए। एक समय तो भारत उत्तर और दक्षिण कोरिया के बीच एकमात्र संचार संपर्क था। अमेरिका में समाचार पत्रों ने इस नए स्वतंत्र देश की अहम भूमिका के बारे में लिखा, जो उसने इस ख़तरनाक संघर्ष के दौरान निभाई थी। नेहरू ने सक्रिय गुटनिरपेक्षता के अपने विचारों को ना केवल तटस्थता के सिद्धांत के रूप में, बल्कि शीत युद्ध के बाहर जगह की विचारशील मांग के रूप में धार दी। जनरल थिमैया की अगुवाई में तटस्थ राष्ट्रीय प्रत्यावर्तन आयोग की स्थापना की गई थी, और उनके अधीन बने भारतीय अभिरक्षक बल को दोनों पक्षों के बीच सैनिकों के प्रत्यावर्तन का काम सौंपा गया। जैसा कि बिपन चंद्र और अन्य ने इंडिया सिन्स इंडेपेंडेन्स में लिखा, भारत ने 'पहले निर्लिप्त भाव से चीन और सोवियत संघ की शत्रुता का सामना किया, क्योंकि उसने उत्तर कोरिया को आरंभिक हमलावर घोषित करने के पक्ष में मतदान किया था। इसके बाद भारत ने युद्ध में पश्चिमी हस्तक्षेप का साथ देने से इंकार किया और चीन को हमलावर घोषित करने से इंकार किया, तथा इस तरह से उसने अमेरिका की नाराज़गी मोल ले ली।'

1951 में स्वतंत्र भारत ने अपनी पहली जनगणना करवाई। इसके अनुसार, केवल 18 प्रतिशत भारतीय साक्षर थे, और जीवन प्रत्याशा केवल बत्तीस साल थी। हालांकि हिंदी, पंजाबी और उर्दू को एक ही भाषा माना गया था, तब भी हिंदीभाषी लोगों की आबादी कुल आबादी की केवल 42 प्रतिशत से कुछ ही अधिक निकली। तेलुगु, तमिल, मराठी, बांग्ला और अन्य को अन्य भाषाओं के रूप में जगह दी गई, जिससे इसी दशक में जल्द ही एक अन्य बड़ा प्रश्न खड़ा हो गया। भारत की शानदार विविधता को जनगणनाओं के आंकड़ों के रूप में मान्यता हासिल हुईं, और यह अहसास भी हुआ कि बहुत कुछ करने की ज़रूरत है।

इसी साल संविधान में पहला संशोधन हुआ।

प्रख्यात पत्रकार रोमेश थापर मद्रास से प्रकाशित होने वाली वामपंथी पत्रिका क्रॉस रोड्स पर प्रतिबंध का विरोध करते हुए, सर्वोच्च न्यायालय गए और संविधान के अनुच्छेद 19 के तहत, अपनी मर्ज़ी से कुछ भी लिखने के उनके अधिकार के संरक्षण की मांग की। न्यायालय ने उनके अधिकार को क़ायम रखा।

उसी समय, एक दक्षिणपंथी प्रकाशन ऑर्गेनाइज़र में प्रकाशित कार्टूनों पर मुकदमा चलाने का एक और मामला सामने आया। सुप्रीम कोर्ट ने इसे अनुच्छेद 19 का उल्लंघन बताया, जिसके तहत राज्य को ऐसे मामलों में कार्रवाई करने का अधिकार है, जो सुरक्षा को कमज़ोर करता हो या राज्य के विरुद्ध विद्रोह की जिसकी प्रवृत्ति हो। सर्वोच्च न्यायालय के फ़ैसले के बाद संसद ने संशोधन किया - जो कि भारतीय संविधान का पहला संशोधन था। इसने वाणी की स्वतंत्रता को 'उचित' प्रतिबंधों और 'सार्वजनिक व्यवस्था' के अधीन बना दिया। सर्वोच्च न्यायालय ने एक और फ़ैसले में ज़मींदारों के अधिकारों को बरकरार रखा, इसलिए ज़मींदारी उन्मूलन क़ानून की वैधता सुनिश्चित करने के लिए संविधान के पहले संशोधन को अलग शब्दों में लिखा गया।

इसके अलावा, संसद ने अनुच्छेद 15 (3) के पुनर्विचार को यह सुनिश्चित करने के लिए विस्तारित किया कि शैक्षिक, सामाजिक और आर्थिक रूप से पिछड़े वर्गों के साथ अलग व्यवहार किया जाए, लेकिन इसमें ध्यान रखा जाएगा कि समानता का सिद्धांत प्रभावित नहीं हो।

पहली पंचवर्षीय योजना (1951 से 1956 तक) इसी वर्ष तैयार की गई थी। प्रधानमंत्री की अध्यक्षता वाले योजना आयोग ने जुलाई में अपनी पहली योजना प्रकाशित की और यह राज्यों और क्षेत्रों में संसाधनों के आवंटन और अनुमोदन के लिए मानदंड बन गई।

जवाहरलाल नेहरू ने राष्ट्र निर्माण के लिए प्रशिक्षित इंजीनियरों और तकनीकी कर्मियों के महत्त्व पर बार-बार ज़ोर दिया। इसे ध्यान में रखते हुए पहले भारतीय प्रौद्योगिकी संस्थान (आईआईटी) का औपचारिक उद्घाटन तत्कालीन शिक्षा मंत्री मौलाना अबुल कलाम आज़ाद ने 18 अगस्त, 1951 को किया था। जैसा कि इसकी वेबसाइट में कहा गया है, 'आईआईटी खड़गपुर ने पुराने हिजली डिटेंशन कैंप से अपनी यात्रा शुरू की थी, जहां हमारे कुछ महान स्वतंत्रता सेनानियों ने हमारे देश की स्वतंत्रता के लिए संघर्ष किया और अपने जीवन का बलिदान दिया था। आईआईटी खड़गपुर का इतिहास इस प्रकार हिजली डिटेंशन कैंप के इतिहास से जुड़ा हुआ है। पूरी दुनिया में बहुत कम संस्थान ऐसे होंगे, जो किसी जेल भवन से शुरू हुए हों।'

मार्च, 1951 में नई दिल्ली में पहले एशियाई खेलों का आयोजन हुआ, जो कि 'एशियाड' के विचार पर आधारित थे, जिसमें एशिया में नए उभरते और स्वतंत्र देशों के बीच पारस्परिक शक्ति, सहयोग और उत्कृष्टता को पूरी अभिव्यक्ति मिली। ग्यारह देशों और 489 एथलीटों ने पुराने किले के पास के इलाक़े में हुए इन खेलों में हिस्सा लिया था।

प्रधानमंत्री नेहरू धर्मनिरपेक्षता के बड़े भारी समर्थक थे, और उन्होंने महसूस किया कि यह विविधतापूर्ण भारत की रीढ़ है, और राज्य के मामलों से धर्म को अलग रखने का प्रयास किया। हालांकि उनकी और राष्ट्रपति राजेंद्र प्रसाद की सोच एक समान नहीं थी। डॉ. राजेंद्र प्रसाद गुजरात में पुनर्निर्मित सोमनाथ मंदिर के उद्घाटन में भाग लेने गए थे। नेहरू का तर्क था कि राज्य के प्रमुख के रूप में राजेंद्र प्रसाद को मंदिर के उद्घाटन जैसे अति धार्मिक कार्य का समर्थन नहीं करना चाहिए। राजेंद्र प्रसाद अपने प्रधानमंत्री से असहमत थे और उन्होंने उनकी अवहेलना की तथा 11 मई, 1951 को समारोह में भाग लिया। भारतीय राज्य कितना धार्मिक हो, या धर्म से संबद्धता से बचता रहे, यह विवादास्पद चर्चा आने वाले वर्षों में जारी रही।

ढाका में जन्मे भारतीय बॉडी बिल्डर मंतोष राय इसी साल मिस्टर यूनिवर्स बनने वाले पहले भारतीय ही नहीं, पहले एशियाई भी बने थे।

1952 : *मन तड़पत*

मन तड़पत हरि दर्शन को आज
मोरे तुम बिन बिगड़े सगरे काज
हो बिनती करत हूं रखियो लाज
मन तड़पत हरि दर्शन को आज

गीत : शकील बदायूंनी
संगीत : नौशाद
गायन : मोहम्मद रफ़ी
फ़िल्म : *बैजू बावरा*

शास्त्रीय राग मालकौंस पर आधारित इस सर्वश्रेष्ठ को शास्त्रीय गायन की सबसे मधुर और उपयुक्त आवाज़ों में शामिल महान गायक मोहम्मद रफ़ी ने गाया था, जो सबसे अप्रत्याशित तरीक़े से हिट हुआ था।

पिछले कुछ वर्षों में फ़िल्म संगीत में लोक धुनों के साथ-साथ जाज तथा पॉप धुनों की स्वर लहरियों के प्रयोग देखे गए थे। हालांकि अब, शास्त्रीय संगीत में नौशाद की क्षमता और दिलचस्पी को सफलता मिली थी। जहां अकबर के दरबारी संगीतकार तानसेन को पराजित करने की युवा बैजू की इच्छा पर आधारित फ़िल्म *बैजू बावरा* के सभी गीत बेहद लोकप्रिय हुए, वहीं इस गीत को आज भी बड़े चाव से सुना जाता है। ऐसी लोकप्रियता बहुत कम गीतों को मिली है। इस भजन की मधुरता को एक और आयाम इस बात से भी मिला कि भगवान हरि की आराधना के इस भजन को लिखने वाले, धुन बनाने वाले और गाने वाले, सभी मुस्लिम ही थे।

नौशाद की ताक़त शास्त्रीय धुनों और विषयों की पकड़ में थी। उन्हें अपनी प्रतिभा बाहर निकालने और अपना कौशल पेश करने का शानदार अवसर मिला। रफ़ी के गायन ने सुनिश्चित किया कि सब कुछ सुंदर रूप से खिल उठे। ऐसा कहा जाता है कि जब फ़िल्म बॉम्बे के ब्रॉडवे थिएटर में अपनी रजत जयंती मना रही थी, तब नौशाद इतने भावुक हो गए थे कि उन्होंने फ़िल्म के निर्माता विजय भट्ट से कहा था – 'जब मैं पहली बार बंबई आया था, तो मैं इसी थिएटर के सामने फुटपाथ पर सोया करता था। सड़क पार करके यहां तक पहुंचने में मुझे सोलह साल लग गए।'

बैजू बावरा और ख़ासकर इस भजन की सफलता; नौशाद के जीवन में निर्णायक साबित हुई और शास्त्रीय संगीत में उनका विश्वास फिर से क़ायम हो गया। *बॉलीवुड मेलोडीज़* में जी. अनंतरामन बताते हैं, उन्होंने 'शहनाई और अकॉर्डियन' को छोड़ते हुए 'सारंगी, जलतरंग, वायलिन, सितार और तबला' का स्वागत किया। उन्हें मुग़ल-ए-आज़म के रूप में दूसरी बड़ी सफलता पाने में एक दशक लग गया, लेकिन इस दशक में उन्होंने शास्त्रीय संगीत से प्रेरित बहुत सारे गाने दिए, मसलन, *'मन की बीन मतवारी बाजे'*, *'इंसाफ़ का मंदिर है ये'*, *'मधुबन में राधिका नाचे रे'* और ऐसे ही कई और गीत।

इस लिहाज़ से, इस साल भी भारत में शास्त्रीय और कुछ आरंभिक बदलावों की कोशिश देखी गई, जिससे भारत एक क़दम और आगे बढ़ गया।

पिछले साल अक्टूबर में शुरू हुए चुनाव इस साल पूरे हुए; क़रीब 46.6 प्रतिशत मतदाताओं ने मताधिकार का इस्तेमाल किया और स्वतंत्र भारत की पहली संसद की बैठक 13 मई, 1952 को हुई। इन चुनावों को दुनिया भर में स्वतंत्र, निष्पक्ष और प्रतिनिधित्वपूर्ण माना गया और सभी ने स्वीकार किया कि ये व्यवस्थित तरीक़े से कराए गए थे। भारत के पहले मुख्य निर्वाचन आयुक्त सुकुमार सेन को कई एशियाई और अफ़्रीकी देशों ने सलाहकार और विशेषज्ञ के तौर पर आमंत्रित किया। कांग्रेस पार्टी ने 364 सीटें हासिल कीं, और 23 सीटों वाली कम्युनिस्ट पार्टी मुख्य विपक्षी दल बनी। जनसंघ ने तीन सीटें हासिल की थीं। सोशलिस्ट पार्टी और जनसंघ का चुनावी प्रदर्शन बहुत अच्छा नहीं रहा, लेकिन ख़ासकर 1947 की हिंसा और अशांति के तुरंत बाद, कुछ वर्षों पहले तक विभाजित रहीं, सभी प्रकार की विचारधाराओं का चुनावी ढांचे में शामिल होना भारतीय प्रणाली की एक बहुत महत्त्वपूर्ण उपलब्धि थी।

भारत ने और भी कई बहुत महत्त्वपूर्ण उपलब्धियां हासिल कीं। 1952 के सिनेमैटोग्राफ़ अधिनियम के तहत केंद्रीय फ़िल्म प्रमाणन बोर्ड (सीबीएफ़सी) की स्थापना सुनिश्चित हुई। भारत ने इसी साल जनवरी में अपना पहला अंतरराष्ट्रीय फ़िल्म समारोह आयोजित किया।

यह वही साल भी थाजब सभी कैलेंडर समाप्त करके एक भारतीय कैलेंडर बनाने के इरादे से वैज्ञानिक और औद्योगिक अनुसंधान परिषद के तहत एक कैलेंडर सुधार समिति की स्थापना की गई थी। वैज्ञानिक मेघनाद साहा इस समिति के अध्यक्ष थे। समिति ने 1955 में अपनी रिपोर्ट प्रस्तुत की। जवाहरलाल नेहरू ने रिपोर्ट की प्रस्तावना में लिखा था – 'वे (विभिन्न कैलेंडर) देश में पिछले राजनीतिक विभाजनों का प्रतिनिधित्व करते हैं... अब जबकि हम स्वतंत्रता हासिल कर चुके हैं, तो यह स्पष्ट रूप से वांछनीय है कि हमारे नागरिक, सामाजिक और अन्य उद्देश्यों के लिए कैलेंडर में एक निश्चित एकरूपता हो, और इस समस्या पर वैज्ञानिक दृष्टिकोण से काम किया जाना चाहिए।' एकीकृत राष्ट्रीय कैलेंडर (शकसंवत) आख़िरकार शक संवत 1879 के चैत्र मास की पहली तिथि यानी 22 मार्च, 1957 को प्रभावी हुआ।

पंचायती राज को एक तरह का प्रोत्साहन मिला। इस वर्ष को स्थानीय स्वशासन के लिहाज़ से महत्त्वपूर्ण वर्ष के रूप में देखा जाएगा। अक्टूबर, 1952 में पहले आम चुनाव के नौ महीने बाद सामुदायिक विकास कार्यक्रम शुरू किया गया। इसके पीछे उद्देश्य यह था कि ग्रामीण भारत के विकास पर भी ध्यान दिया जाए। इस कार्यक्रम ने ढांचा उपलब्ध कराने की मांग की, जिसके माध्यम से प्रशासन जिला, तहसील और तालुका स्तर तक पहुंचेगा। यह सुनिश्चित करना था कि प्रगति और विकास भारत के गांवों में लोगों तक पहुंचे और विकास में उनकी भागीदारी हो।

एक और महत्त्वपूर्ण घटना भारत के मानचित्र संबंधी थी कि यह कैसा दिखेगा। जहां भारत का ज़्यादातर राष्ट्रीय नेतृत्व भारत की विविधता और आसानी से फलने-फूलने का मौक़ा देने पर दिमाग़ लगा रहा था, उसी समय भाषा एक ऐसी चीज़ थी, जिस पर शायद ध्यान नहीं दिया गया। पहली जनगणना में हिंदी/हिंदुस्तानी बोलने वालों की संख्या ज़्यादा मालूम चली थी, लेकिन देश में अन्य भाषाएं भी विकसित और गौरवपूर्ण थीं। दक्षिण में भी सचमुच अपनी भाषा के बोलने को लेकर मज़बूत भाव था।

पहले भाषाई आंदोलन का नेतृत्व तेलुगुभाषी लोगों ने अपने राज्य के लिए किया था, जिसका नेतृत्व गांधीवादी पोट्टी श्रीरामुलु ने किया था। अलग तेलुगु राज्य की मांग नई नहीं थी, बल्कि 1910 से ही यह मांग चली आ रही थी। हालांकि तेलुगुभाषियों के लिए अलग राज्य के लिए पोट्टी के अनशन ने सभी को बेचैन कर दिया और आख़िरकार तीन महीने चले अनशन के बाद 16 दिसंबर को उनकी मौत हो गई। इससे भाषाई राज्यों के गठन के पूरे मुद्दे में उबाल आ गया और अगले साल न्यायमूर्ति फ़ज़ल अली की अध्यक्षता में प्रथम राज्य पुनर्गठन आयोग का गठन किया गया।

इस बीच भारतीय क्रिकेट टीम ने मद्रास के चेपक स्टेडियम में इंग्लैंड को हराकर अपनी पहली टेस्ट जीत हासिल की। 10 फ़रवरी को भारत ने एक पारी और आठ रन से इंग्लैंड को हराया था। वीनू मांकड़ ने पहली पारी में 1.41 के बेहद कम रन रेट के साथ आठ विकेट लिए थे। पाली उमरीगर और पंकज राय ने शतक बनाए थे। पहली विजय हासिल करने वाली भारतीय टीम की कप्तानी करने का सम्मान विजय हजारे को हासिल हुआ था। हालांकि यह श्रृंखला 1.1 से ड्रॉ रही थी। पाकिस्तानी क्रिकेट टीम भी 1952 में अपने गठन के बाद अपना पहला मैच खेलने के लिए भारत आई थी।

1952 में ही पहलवान खशाबा दादासाहेब जाधव ने ओलिंपिक खेलों में व्यक्तिगत स्पर्धा में पदक जीतने वाले पहले खिलाड़ी बने। हेलसिंकी में हुए ओलिंपिक खेलों में उन्होंने कांस्य पदक जीता था।

1953 : *मौसम बीता जाए*

अपनी कहानी छोड़ जा
कुछ तो निशानी छोड़ जा
कौन कहे इस ओर
तू फिर आए न आए
मौसम बीता जाए

गीत : शैलेंद्र
संगीत : सलिल चौधरी
गायन : मन्ना डे और लता मंगेशकर
फ़िल्म : *दो बीघा ज़मीन*

'*मौसम बीता जाए*' – यह गीत जितना मशहूर हुआ, उतनी मशहूर इसकी फ़िल्म *दो बीघा ज़मीन* है, जो करुणा से भरी तो है, लेकिन इसमें उम्मीद भी है। यह सामान्य लोगों के जीवन की कहानी है, जो उनकी दुखद परिस्थितियों के कारण और अधिक सामान्य बन गई थी। माना जाता है कि यह विट्टोरिया डिसिका के *बाइसकिल थीफ़* से प्रेरित है। विमल राय ने इस फ़िल्म के ज़रिए यथार्थवाद के सिनेमा को पेश किया। इसमें अपने समय की सच्चाई को व्यक्त किया गया है – कम ज़मीन वाले किसानों के ज़मीन और खेती के संबंध को दिखाया गया है। नाटक में इस तथ्य को भी दिखाया गया कि मुख्य रूप से कृषि प्रधान यह देश औद्योगीकरण की दिशा में तेज़ी से बढ़ रहा है।

अपने पास जो बहुमूल्य और सुंदर है, उस पर पकड़ बनाए रखने के लिए बलराज साहनी द्वारा निभाया गया नायक का पात्र अपनी प्यारी भूमि को पीछे छोड़ देता है, और अपने क़र्ज़ चुकाने के लिए पर्याप्त धन इकट्ठा करने और अपनी दो बीघा ज़मीन बनाए रखने की उम्मीद करता है। कहानी का दुखद अंत इस गीत में स्पष्ट नहीं होता, क्योंकि उसके साथी किसान ज़मीन पर खेती करते हैं, फ़सल उगाते हैं और गांव के जीवन की ख़ुशहाल तसवीर दिखाई जाती है।

इस गीत की धुन द्वितीय विश्व युद्ध के समय रूस में लाल सेना के गीत *'पॉलुश्को-पोले'* के नाटकीय और भव्य जीवन की लय से प्रेरित है। सलिल चौधरी के संगीत ने गीत की आत्मा के साथ पूरा न्याय किया, जिसमें युद्ध का मैदान सैनिकों को बुलाता है, और सैनिक भी युद्ध के लिए तैयार होते हैं। इसे सोवियत संघ की गीत-पुस्तिका से लिया जाना कोई संयोग की बात नहीं थी; वह दौर सोवियत संघ में क्रांतिकारी परिवर्तनों से प्रेरित उत्तेजक परिवर्तनों के विचार से जुड़ने का था। इसमें समाजवाद, समतावाद और मौलिक रूप से सामंतवाद से अलग होने के साथ-साथ, हर भारतीय के एक दूसरे के बराबर होने के विचार थे, जो तुरंत हासिल होते दिखते थे।

दो बीघा ज़मीन फ़िल्म सलिल चौधरी द्वारा लिखित एक छोटी कहानी 'रिक्शावाला' पर आधारित थी, लेकिन इसका शीर्षक रवींद्रनाथ टैगोर की एक कविता से लिया गया था, जिसका शीर्षक था 'दुई बीघा जोमी।' यह फ़िल्म, इसका विषय, गीत और इसकी रचना उस समय के बंगाल के विषयों और संगीत और बंबइया सिनेमा पर उनकी छाप के लिए श्रद्धांजलि है।

यह वह समय था, जब ज़मींदारी व्यवस्था से लड़ाई पूरे ज़ोरों पर थी और इसे ख़त्म करने के लिए विभिन्न राज्यों में क़ानून बनाने के लिए संघर्ष चल रहा था। दो साल पहले सर्वोच्च न्यायालय ने ज़मींदारों के अधिकार को बरकरार रखा था, जिसके बाद भारत के संविधान में संशोधन करना पड़ा था, जिसके अनुसार ज़मीन के स्वामित्व को अधिक समतावादी बनाया गया था। *दो बीघा ज़मीन* तथा ऐसे और भी बहुत कुछ के बारे में हर भारतीय आदर्श रूप से सपना देखने के क़ाबिल हो सकता था।

इस साल कई और ऊंची आकांक्षाएं भी देखने को मिलीं, जो सचमुच साकार भी हुईं। दुनिया की सबसे ऊंची पर्वत चोटी माउंट एवरेस्ट पर 29 मई को एक भारतीय और एक न्यूज़ीलैंडवासी ने फ़तह हासिल की। तेनजिंग़ नॉर्गे और एडमंड हिलेरी इस चोटी पर पहुंचने वाले पहले इंसान बने, और इस तरह से महत्त्वाकांक्षा, प्रयास और उद्यम का मानक तय करते हुए दिलचस्प तरीक़ों से इतिहास रचा गया।

इसी साल अस्पृश्यता (अपराध) विधेयक पारित हुआ। सालों के सामाजिक और राजनीतिक अभियान के बाद भारत में अस्पृश्यता को अंततः पूरी तरह से हटाना बहुत महत्त्वपूर्ण और प्रगतिशील क़दम था।

भारत की एयरलाइंस का राष्ट्रीयकरण करने वाले एयर कॉरपोरेशन एक्ट के तहत इंडियन एयरलाइंस और एयर इंडिया की स्थापना हुई। इंडियन एयरलाइंस घरेलू यात्रा के लिए थी, तो एयर इंडिया अंतरराष्ट्रीय उड़ानों के लिए।

1953 का साल कम से कम दो राज्यों के लिए बहुत अहम रहा। आंध्रप्रदेश भाषाई आधार पर बनने वाला पहला राज्य बना। 1952 में पोट्टी श्रीरामुलु के तीन माह के अनशन के कारण हुई मौत के बाद ही तेलुगुभाषियों के लिए इस राज्य की स्थापना अपरिहार्य हो चुकी थी, लेकिन इसके कुछ गहरे परिणाम भी हुए। मराठी, गुजराती, कन्नड़ और मलयालम भाषा बोलने वालों की भाषाई आधार पर राज्यों के गठन की मांग के जवाब में राज्य पुनर्गठन आयोग ने भारत को भाषाई इकाइयों में विभाजित करने की अनुशंसा की, जो बुनियादी प्रशासनिक इकाइयां बनीं। नेहरू इससे ख़ुश नहीं थे, लेकिन भारत को ठीक तरह से चलाने और 'भाषा के सवाल' को काफ़ी हद तक सुलझाने के लिए यह व्यवस्था करनी पड़ी थी। हिंदी समर्थकों ने भी इसे उदारतापूर्वक स्वीकार नहीं किया, लेकिन कुल मिलाकर इसके परिणाम लाभदायक ही रहे।

जिस एक और राज्य में बदलाव हुआ, वह था जम्मू-कश्मीर। शेख़ अब्दुल्ला और प्रधानमंत्री नेहरू के संबंध बहुत मज़बूत थे, लेकिन इस साल उनमें दरार आनी शुरू हुई और फिर ये संबंध टूट गए, क्योंकि शेख़ अब्दुल्ला पूर्ण स्वतंत्रता की मांग की ओर मुड़ते दिख रहे थे, जिससे भारत सरकार बेचैन होने लगी थी। शेख़ ने सार्वजनिक रूप से स्वतंत्रता की मांग कर दी थी, जिससे उनके मंत्रिपरिषद के साथ और पार्टी सदस्यों ने एक के बाद एक उनकी बर्ख़ास्तगी की मांग करनी शुरू कर दी। सदर-ए-रियासत कर्ण सिंह ने अब्दुल्ला को बर्ख़ास्त कर दिया और फिर उन्हें जल्द ही गिरफ़्तार कर लिया गया। इस तरह से 1953 को कश्मीरी बहुत महत्त्वपूर्ण साल मानते हैं, क्योंकि इसी साल राज्य की स्वायत्तता का आधार बन गया था। बख़्शी गुलाम मोहम्मद ने शेख़ अब्दुल्ला की जगह ली और कश्मीर के लिए एक कठिन अध्याय की शुरुआत हुई।

पूर्व पेप्सू (पटियाला ऐंड ईस्ट पंजाब स्टेट्स यूनियन) ग़ैर-कांग्रेसी सरकार बनाने वाला पहला राज्य बना। एक चुनावी अधिकरण ने इसके मुख्यमंत्री ज्ञान सिंह रेवाला का चुनाव रद्द कर दिया और इस कारण मार्च 1953 में उन्होंने इस्तीफ़ा दे दिया। उन्होंने राज्य में यूनाइटेड फ्रंट की सरकार का नेतृत्व किया था।

इसी साल पहला पिछड़ा वर्ग आयोग का गठन किया गया, जिसका अध्यक्ष काका कालेलकर को बनाया गया था। दशकों बाद बी.पी. मंडल की अध्यक्षता में दूसरा पिछड़ा वर्ग आयोग बनाया गया, जो राजनीतिक रूप से संवेदनशील बना और उसने सामाजिक, शैक्षणिक तथा आर्थिक रूप से पिछड़े वर्गों के लिए आरक्षण और कोटा निर्धारित करने की अनुशंसा की थी।

इसी साल उच्च शिक्षा की सर्वोच्च नियामक संस्था विश्वविद्यालय अनुदान आयोग की स्थापना हुई। 1953 में जनवरी में संगीत नाटक अकादमी भी अस्तित्व में आई। अखिल भारतीय खादी और ग्रामीण उद्योग बोर्ड (जिसे अप्रैल, 1957 में आयोग का नाम दिया गया) भी इसी साल वजूद में आया था।

हिंदुस्तान मशीन टूल्स (एचएमटी) की स्थापना बंगलौर में उसी जगह हुई, जहां द्वितीय विश्वयुद्ध के दौरान हैंगर था। एचएमटी ने कई चीज़ों का उत्पादन किया, लेकिन सबसे यादगार उसकी कलाई घड़ियां रहीं।

कराची में जन्मे बंबई के आर्चबिशप, वैलेरियन ग्रेसियस को वेटिकन ने इसी साल कार्डिनल बनाया। कार्डिनल बनने वाले ग्रेसियस पहले भारतीय थे।

1954 : *तू छेड़ एक बार, मन का सितार*

रात बनी दुल्हन, भीगी हुई पलकें
भीनी भीनी ख़ुशबू से सागर छलकें
ऐसे में नैना से, नैना हों चार
ज़रा नैना हों चार, राही मतवाले

गीत : क़मर जलालाबादी
संगीत : अनिल विश्वास
गायन : तलत महमूद और सुरैया
फ़िल्म : *वारिस*

इस मधुर युगल गीत के संगीतकार अनिल विश्वास या अनिल-दा को 'संगीतकारों के संगीतकार' के रूप में भी जाना जाता था। जहां तक उनकी सभी धुनों और पूर्ण रचनाओं का सवाल है, तो आलोचक उन्हें बहुत कड़क स्वभाव के स्वामी के रूप में याद करते हैं। वे 'ताल की ज़्यादा परवाह नहीं करते थे' जिनका उस समय काफ़ी महत्त्व होता जा रहा था। पूर्वी बंगाल में पली-बढ़ी बाल-प्रतिभा थे, जो भटियाली नाव चलाने वाले और अपनी मां, दोनों के गीतों को सुनकर वे शास्त्रीय संगीतकार के रूप में प्रशिक्षित हुए थे। उन्होंने चार साल की उम्र में गाना सीख लिया था। उन्होंने स्वतंत्रता आंदोलन में भी भाग लिया था, परिणामस्वरूप उन्हें जेल में भी रहना पड़ा था। आख़िरकार 1930 के दशक में उन्होंने संगीत रचना शुरू कर दी थी। लोग कहते हैं कि अनिल-दा केवल अपनी पसंद का संगीत तैयार करते थे, और जब उन्हें लगा कि वे समय के साथ नहीं चल पा रहे हैं, तो उन्होंने संगीत की दुनिया से संन्यास ले लिया था। *'ओरे गृहबासी, खोल द्वार खोल'* की ज़ोरदार याद दिलाने वाला ये गीत

अनिल-दा पर रवींद्र संगीत के अमिट प्रभाव को दर्शाता है। यह गीत उनकी बेहतरीन रचनाओं में से एक है। तलत और सुरैया की आवाज़ों ने इस गीत की आत्मा की सही चमक प्रदान की और इसकी जिंदादिली, लेकिन मधुर मनोदशा को समृद्ध किया।

गीतकार क़मर जलालाबादी का जन्म जलालाबाद में हुआ था। उनका मूल नाम ओम प्रकाश भंडारी था, लेकिन उन्हें प्रोत्साहित करने वाले उनके गृहनगर के एक कवि ने उन्हें यह उपनाम (क़मर का अर्थ चांद होता है) दिया था। जलालाबादी ने स्नातक की पढ़ाई पूरी करने के बाद लाहौर स्थित समाचार पत्रों के लिए लेखन करते हुए पत्रकार के रूप में काम शुरू किया था। वे बहुमुखी प्रतिभा के धनी थे। उन्होंने सभी प्रकार के गीत लिखे, जिनमें इस गीत की तरह श्रंगार रस के गीत भी थे, और ऐसी कविताएं भी लिखीं जो लोगों को उद्वेलित करती थीं।

उस समय के हिंदी फ़िल्मी गीतों में प्रेमी के विरह और पीड़ा को काफ़ी दिखाया जाता था। इस गीत का 'सुखद' संस्करण काफ़ी उन्मुक्त और श्रांगारिक है, क्योंकि उसमें दोनों प्रेमी एकांत में एक दूसरे के साथ का आनंद ले रहे होते हैं। नायक और नायिका एक ट्रेन में यात्रा करते हैं। लड़की महिला डिब्बे में सफ़र करने से बचने के लिए सामान्य डिब्बे में यात्रा करने के इरादे से मर्दाना शर्ट पहने हुए पुरुष के वेश में रहती है।

पवित्र और उन्मुक्त प्रेम को दर्शाने वाला ये गीत इस वर्ष की एकदम उचित पहचान है, क्योंकि इसी साल विशेष विवाह अधिनियम, 1954 लागू हुआ था। यह एक ऐतिहासिक क़ानून था और इसने पुराने अधिनियम III, 1872 की जगह ली थी; जिसे अपर्याप्त पाया गया था। संसद के इस अधिनियम ने उन लोगों को सिविल मैरिज करने का मौक़ा दिया, जो सभी धर्मों का त्याग कर चुके हों, और किसी ईश्वर को साक्षी मानकर विवाह करने को तैयार नहीं थे। इसमें अंतर्धर्मीय विवाहों के साथ-साथ अंतर्जातीय विवाहों का और उनके पंजीकरण, तलाक़ और उत्तराधिकार का भी प्रावधान किया गया था। यह कई प्रकार से बहुत ही प्रगतिशील और अपने समय से आगे का क़दम था। अंतर्जातीय और अंतर्धर्मीय विवाहों को मान्यता देकर भारत ने प्रगतिशील विचार और एकीकरण को ज़ोरदार समर्थन दिया था।

यह वर्ष एक और बड़े क़दम के हिसाब से भी महत्त्वपूर्ण रहा, जो कि भारत सरकार ने पनबिजली और बांधों के निर्माण के बारे में उठाया था। भारत की पहली नदी घाटी परियोजनाओं में से एक, भाखड़ा बांध का उद्घाटन 1954 में सतलज नदी पर किया गया। इसे और नांगल बांध को भाखड़ा नांगल परियोजना के रूप में जाना जाता है। इसके उद्घाटन भाषण में प्रधानमंत्री नेहरू ने इस परियोजना के साथ-साथ वैज्ञानिक केंद्रों, इस्पात कारख़ानों और शैक्षिक संस्थानों को 'आधुनिक भारत के मंदिरों' की संज्ञा देकर, परंपरा को चुनौती दी थी। यह राष्ट्र निर्माण का एक महत्त्वपूर्ण अंग था, जिसकी नेहरू ने कल्पना की थी और जिसे आगे ले जाने में वे सक्षम थे।

1954 को चीन-भारतीय संबंधों के लिए भी महत्त्वपूर्ण वर्ष साबित होना था। भारत ने 29 अप्रैल, 1954 को भारत और तिब्बत के बीच व्यापार और अन्य गतिविधियों के बारे में चीन के साथ एक समझौते पर हस्ताक्षर किए। इस समझौते के तहत भारत ने ब्रिटिश राज से विरासत में मिले सभी अतिरिक्त-क्षेत्रीय अधिकारों और विशेषाधिकारों को छोड़ दिया और तिब्बत को चीन के हिस्से के रूप में मान्यता दे दी थी। तिब्बत के सवाल ने भारत और चीन के रिश्तों को ख़राब कर दिया है। हालांकि 2003 में प्रधानमंत्री अटल बिहारी वाजपेयी ने 1954 के समझौते की प्रतिबद्धता दोहराई थी और एक बार फिर से तिब्बत को पीपल्स रिपब्लिक ऑफ़ चाइना के अंग के रूप में मान्यता दी।

इस वर्ष भारतरत्न और पद्म पुरस्कार (विभिन्न क्षेत्रों में प्रतिष्ठित व्यक्तियों को दिए जाने वाले सरकारी पुरस्कार) शुरू किए गए। पहले भारत रत्न सम्मान सी. राजगोपालाचारी, एस. राधाकृष्णन और सी.वी. रमन को प्रदान किए गए।

भारतीय क्रिकेट टेस्ट टीम ने इसी साल पाकिस्तान का अपना पहला दौरा किया। 28 दिसंबर, 1954 को वीनू मांकड़ की कप्तानी में भारतीय टीम ने सीमा पार की। पाकिस्तान की टेस्ट टीम का नेतृत्व अब्दुल कारदार ने किया था। श्रंखला के सभी मैच ड्रॉ रहे।

यह साल सांस्कृतिक क्षेत्र की बहुत सारी गतिविधियों का था, क्योंकि 1953 के सिनेमा के साथ, इसी साल राष्ट्रीय फ़िल्म पुरस्कारों का उद्घाटन किया गया था। प्रह्लाद केशव आत्रे द्वारा निर्देशित मराठी फ़िल्म श्यामची आई को सर्वश्रेष्ठ फ़ीचर फ़िल्म के लिए स्वर्ण पदक दिया गया। वृत्तचित्र श्रेणी में फ़िल्म्स डिवीजन द्वारा निर्मित अंग्रेज़ी डॉक्यूमेंटरी महाबलीपुरम ने स्वर्ण पदक हासिल किया। इसमें सभी भाषाओं के लिए तीन श्रेणियां शुरू की गई थीं : फ़ीचर फ़िल्म, वृत्तचित्र और बाल फ़िल्म। इस वर्ष बाल फ़िल्मों के लिए किसी को स्वर्ण पदक नहीं दिया गया।

साहित्य अकादमी, ललित कला अकादमी और राष्ट्रीय आधुनिक कला संग्रहालय की स्थापना भी इसी वर्ष की गई थी। 1954 में भारत में फ़िल्मों, साहित्य, ललित कला और आधुनिक कला सभी को काफ़ी प्रोत्साहन मिला।

फ्रांसीसी भारत - या पूर्वी तथा पश्चिमी तटों में बिखरे फ्रांसीसी भारतीय क्षेत्र - पांडिचेरी, माहे, करिकाल और यनम - भारत को सौंप दिए गए और उन्हें पांडिचेरी नामक एक केंद्र शासित प्रदेश का रूप दे दिया गया। चांदेरननगोर (अब चंदननगर) को इसी साल पश्चिम बंगाल में मिला दिया गया।

भारत सही मायने में आगे बढ़ रहा था, और आधुनिक भारतीय राष्ट्र के निर्माण के लिए ज़रूरी, सीमा निर्धारण और मूल प्रबंधन से परे, कई सारी चीज़ें अपनी-अपनी जगह पर स्थान लेती जा रही थीं।

1955 : *अपलम चपलम*

टेढ़ा-मेढ़ा खेल है
ये प्यार जो मैं जानती
भूल के भी बात कभी
दिल की न मानती

गीत : राजेंद्र कृष्ण
संगीत : सी. रामचंद्र
गायन : लता मंगेशकर और उषा मंगेशकर
फ़िल्म : *आज़ाद*

यह गीत कई मायनों में बहनों के आपसी प्रेम का शानदार उदाहरण है। मुत्थुस्वामी पिल्लई की शिष्याओं और मद्रास की किशोर बहनों – सई और सुब्बुलक्ष्मी ने अरंगेट्रम यानी अपने पहले सार्वजनिक प्रदर्शन के क़रीब दो साल बाद आज़ाद फ़िल्म के सेटों पर भरतनाट्यम की धूम मचा दी थी, लेकिन इस फ़िल्म को दिलीप कुमार की ही फ़िल्म के रूप में जाना गया।

गीतकार राजेंद्र कृष्ण और संगीतकार सी. रामचंद्र की जोड़ी ने क्लिष्ट तमिल शब्द को आसान उत्तेजक हिंदुस्तानी में बदलकर अपलम चपलम कर दिया था, जिस वजह से यह गीत सर्वाधिक मधुर गीतों में शुमार हो गया।

सई और सुब्बुलक्ष्मी ने क़रीब तेरह तमिल फ़िल्मों और एक हिंदी फ़िल्म में काम किया। भरतनाट्यम के अलावा वे कथक और लोकनृत्य भी करती थीं, जो कई बार अस्वाभाविक लगता था, लेकिन यह भारत का प्रतीक था; जहां इसकी विविधता में

इतनी ताक़त थी कि शुद्धतावादी लोग भी किसी रूप या विचार की तलाश में कहीं से भी लेन-देन और साझेदारी कर लेते थे।

इस यादगार गीत की एक और ख़ासियत मंगेशकर बहनों की आवाज़ थी। मंगेशकर बहनों में अपेक्षाकृत कम मशहूर हुईं उषा ने अपने इस सर्वश्रेष्ठ गीत में अपनी बहन लता के साथ अपनी प्रतिभा का प्रदर्शन किया था। लता ने यहीं से महानता के उस शिखर पर चढ़ना शुरू किया था, जहां हम आज उन्हें देखते हैं।

आज़ाद फ़िल्म, एक साल पहले बनी तमिल फ़िल्म *मलइक्कलन* का रीमेक थी जिसका अर्थ होता है पहाड़ों का चोर। इस फ़िल्म के ज़रिए तमिल सिनेमा में रॉबिनहुड के विचार की शुरुआत हुई थी। मूल तमिल फ़िल्म के संवाद एम. करुणानिधि ने लिखे थे, और इसमें मुख्य भूमिकाएं निभाई थीं एम.जी. रामचंद्रन (एमजीआर) और भानुमती ने।

इस साल की शुरुआत सत्तारूढ़ कांग्रेस पार्टी के उस ऐलान से हुई, जिसमें उसने तमिलनाडु के अवाडी में हुए अपने अधिवेशन में 'समाज के समाजवादी स्वरूप' को अपना लक्ष्य बताया था। तब तक पहली पंचवर्षीय योजना लागू हो चुकी थी और समानता सुनिश्चित करने के उत्कृष्ट लक्ष्य पार्टी को समाजवाद की ओर ले जाते दिख रहे थे और इस कारण पार्टी ने 'अवाड़ी संकल्प' को स्वीकार किया था।

अप्रैल, 1955 में भारत ने इंडोनेशिया में हुए उन्तीस एशियाई और अफ्रीकी देशों के बांडुंग सम्मेलन में हिस्सा लिया, जिसका गहरा असर दुनिया की राजनीति में दशकों तक पड़ने वाला था। यह बेहद संभावनाओं का समय था, क्योंकि बीसवीं सदी के आरंभ और मध्य में उपनिवेशवादी शासन दुनिया के बड़े हिस्से से ख़त्म हो गया था। अब 'शीतयुद्ध' के बीच, बांडुंग सम्मेलन ने दुनिया को देखने का एक नया तरीक़ा प्रस्तुत किया था। इंडोनेशिया की अगुवाई में भारत, बर्मा और श्रीलंका ने आत्माभिव्यक्ति और आत्महित के नए फ्रेमवर्क बनाने की मांग की।

संयुक्त राष्ट्र घोषणा-पत्र और प्रधानमंत्री जवाहरलाल नेहरू के पंचशील सिद्धांतों (एक-दूसरे की क्षेत्रीय अखंडता और संप्रभुता के लिए आपसी सम्मान; एक-दूसरे के प्रति आक्रामक कार्रवाई का निषेध, एक-दूसरे के आंतरिक मामलों में हस्तक्षेप का निषेध, पारस्परिक लाभ के लिए समानता और सहयोग; और शांतिपूर्ण सह-अस्तित्व) से प्रेरित दस-सूत्रीय घोषणा-पत्र को सर्वसम्मति से स्वीकार किया गया। गुटनिरपेक्षता के सामने कई चुनौतियां थीं, लेकिन यह एक महत्त्वपूर्ण मानदंड रहा, जिसने दुनिया को भारत और उसके राजनीतिक नेतृत्व पर पहले ही ध्यान देने पर मजबूर किया, बाद में तो जीडीपी (सकल घरेलू उत्पाद), अर्थशास्त्र या 'मध्यम वर्ग' के कारण सबका ध्यान भारत की ओर गया ही। यह अपने लिए और अपनी स्वयं की छवि के लिए भारत के लक्ष्यों को बढ़ाने की कवायद थी; जिसने भारत को

विकसित होने और अपने आप पर निर्भर होने में मदद की। राजनीतिक स्वतंत्रता या उपनिवेशीकरण का इस विचार में विलय हो गया कि इन देशों के लोग खुद को किस रूप में देखते हैं और क्या बनना चाहते हैं?

इससे प्रधानमंत्री नेहरू का स्वदेश में भी करिश्मा फिर से क़ायम हो गया। उन्हें इसी साल राष्ट्रपति राजेंद्र प्रसाद ने भारत रत्न से सम्मानित किया।

1955 में भारत के अपने पहले 'कंप्यूटर' को मान्यता मिली। भारत का पहला कंप्यूटर 1953 में कलकत्ता स्थित भारतीय सांख्यिकी संस्थान में निर्मित एक छोटा-सा एनालॉग डिवाइस था, जिसका उपयोग रेखीय समीकरणों को हल करने के लिए किया जाता था। हालांकि इसी साल ब्रिटिश निर्मित एचईसी-2 एम को ब्रिटेन से 10 लाख रुपये में आयात किया गया था। कंप्यूटर विशाल आकार का था, जिसकी लंबाई 10 फ़ुट, चौड़ाई 7 फ़ुट और ऊंचाई 6 फ़ुट थी। इसमें कोई कीबोर्ड, मॉनिटर तो दूर की बात, कोई प्रोसेसर तक नहीं था। इसकी मेमोरी 3केबी की थी। छिद्रित कार्ड का उपयोग करके इसमें इनपुट फ़ीड किया गया था और आउटपुट को एक संलग्न प्रिंटर के माध्यम से प्रिंट किया जाता था। 16-अंकीय संख्या के वर्गमूल की गणना करने में इस कंप्यूटर को लगभग 15 मिनट लगते थे। हालांकि तब भी इसका इस्तेमाल टाटा इंस्टीट्यूट ऑफ़ फ़ंडामेंटल रिसर्च (टीआईएफ़आर) के होमी जहांगीर भाभा द्वारा संस्थान को भेजे गए जटिल अवकलनीय समीकरणों (तथा अन्य) को हल करने के लिए उपयोग किया गया था।

पंजाब के मोगा में पैदा हुए नरिंदर सिंह कपानी, पहले भारतीय आयुध कारख़ाना सेवा में काम करने गए, और फिर लंदन के इंपीरियल कॉलेज में पढ़ाई करने गए। कपानी ने आख़िरकार 1960 में साइंटिफ़िक अमेरिकन में एक लेख में 'फ़ाइबर ऑप्टिक्स' शब्द को गढ़ा। हालांकि इसी साल में हेरोल्ड हॉकिन्स के साथ उन्होंने ऑप्टिकल फ़ाइबर के माध्यम से चित्र-संचार के क्षेत्र में सफलता हासिल की।

1955 में ही उपमहाद्वीप के सबसे बड़े वाणिज्यिक बैंक इंपीरियल बैंक ऑफ़ इंडिया को भारतीय स्टेट बैंक में बदल दिया गया।

सिंधु घाटी सभ्यता कई मायनों में आज तक एक रहस्य बनी हुई है, क्योंकि उस समय मौजूद अन्य नदी घाटी सभ्यताओं के विपरीत, इसकी लिपि को अभी तक समझा नहीं जा सका है। इसके बारे में जितना सोचा गया था, उससे कहीं ज़्यादा बड़ी साबित हुई। गुजरात के अहमदाबाद जिले के प्राचीन स्थल लोथल में गोदी की खोज भी इसी वर्ष हुई थी।

इस साल आंध्र प्रदेश के एलुरु में भारत की राष्ट्रीय शतरंज चैंपियनशिप शुरू की गई। पहली चैंपियनशिप महाराष्ट्र के आर.सी. सप्रे और आंध्र प्रदेश के डी. वेंकैया ने जीती थी।

भारत पेट्रोलियम को तरलीकृत पेट्रोलियम गैस (एलपीजी) का निर्माण शुरू करना था और इस साल से सिलेंडर में इसकी बिक्री शुरू करनी थी। चूल्हे से बचने और खाना पकाना आसान करने की भारत की यात्रा का गैस सिलेंडर का अहम और तक़रीबन अपरिहार्य अंग रहा है, जो महिलाओं को घरेलू कामों से मुक्त करने से भी निकटता से जुड़ा हुआ है।

हिंदू विवाहों को संहिताबद्ध करने और कई अन्य सुधारवादी उपाय करने वाला हिंदू विवाह अधिनियम, 1955 इसी साल लागू हुआ। इसकी प्रक्रिया ब्रिटिश काल में शुरू हुई थी, और जवाहरलाल नेहरू के सुधारवादी उत्साह के कारण यह मामला आगे बढ़ सका। इसकी हिंदू दक्षिणपंथियों ने तीखी आलोचना की जिसका नेतृत्व श्यामा प्रसाद मुखर्जी कर रहे थे। बाद में मुखर्जी ने भारतीय जनसंघ की स्थापना की थी। विरोध के कारण नेहरू ने आम चुनावों के बाद के लिए इन योजनाओं को टाल दिया था। इसके विरोध में, बी.आर. अंबेडकर ने केंद्रीय मंत्रिमंडल से इस्तीफ़ा दे दिया।

नेहरू को सामाजिक रूढ़िवादी राष्ट्रपति राजेंद्र प्रसाद के विरोध का भी सामना करना पड़ा, लेकिन नेहरू इस बात पर दृढ़ रहे कि अल्पसंख्यक समुदायों के क़ानूनों में सुधार करने से पहले हिंदू क़ानून को सुधारना आवश्यक है। इसलिए, 1950 के दशक की शुरुआत में स्थगित किए गए ये विधेयक इस साल लाए गए। इनमें थे - विवाह; उत्तराधिकार; अल्पसंख्यक और संरक्षकता; और गोद लेने व रखरखाव संबंधी विधेयक। हिंदू विवाह अधिनियम सबसे पहले लाया गया।

नेहरू ने जून, 1955 में लिखा था - 'भले ही हमारे पास बहुत सारी समस्याएं और कठिनाइयां हैं, जो हमें घेरे हुए हैं और अक्सर भारी पड़ती दिखाई देती हैं, लेकिन इस देश में आशा की लहर है, अपने भविष्य में हमें विश्वास है और बुनियादी सिद्धांतों पर एक निश्चित निर्भरता है, जो अब तक हमें राह दिखाती आई है। सुबह की सांस है, भारत के लंबे और विविधतापूर्ण इतिहास में एक नए युग की शुरुआत की भावना है।'

एकदम तमिल लगने वाले शब्द *'अपलम चपलम'* को हिंदीभाषी प्रशंसक इतना ज़्यादा गा रहे थे कि इसकी गूंज में भारत का भाषा विवाद और अधिक उभर आया और इससे अगले साल भारत के नक़्शे में होने वाले बदलाव की परिस्थितियां बनीं।

1956 : *ऐ दिल है मुश्किल जीना यहां*

ऐ दिल है मुश्किल जीना यहां
ज़रा हटके ज़रा बचके
ये है बॉम्बे मेरी जान

गीत : मजरूह सुल्तानपुरी
संगीत : ओ.पी. नैयर
गायक : मोहम्मद रफ़ी और गीता दत्त
फ़िल्म : *सी.आई.डी.*

'ऐ *दिल है मुशकिल जीना यहां*' का श्रेय 1950 के दशक में धूम मचाने वाले तीन कलाकारों को जाता है – मोहम्मद रफ़ी के गाए इस गीत को हास्य कलाकार जॉनी वाकर पर फ़िल्माया गया था, जिसमें संगीत ओ.पी. नैयर ने दिया था। यह ख़ास गाना मौलिक नहीं था, क्योंकि यह जोशपूर्ण अमेरिकी पश्चिमी बैलड '*ओ माई डार्लिंग*, क्लेमेंटाइन' पर आधारित था। इस गीत की धुन मजरूह सुल्तानपुरी के गीत के भावों के विपरीत थी। गीत में बड़े शहर की अमानवीयता पर एक निराशावादी टिप्पणी है, और इसमें शहरी जीवन की अनिश्चितताओं को बताया गया है। वाकर की जिंद्रादिल मस्ती और अनोखी हंसी इसके तीखेपन को कम करते हैं, और बंबई की सड़कों पर तांगा की सवारी कर रहे दर्शक को ख़ुश कर देते हैं। गाने के उत्तरार्ध में कुमकुम जॉनी वाकर के साथ आती हैं, जिनके लिए पार्श्वगायन गीता दत्त ने किया है।

इस फ़िल्म का निर्माण गुरु दत्त ने किया था और लंबे समय तक उनके सहायक रहे राज खोसला ने इसके ज़रिए अपनी निर्देशन की पारी शुरू की थी। मुख्य जोड़ी देव आनंद और शकीला की थी, जबकि वहीदा रहमान इसके ज़रिए पहली बार हिंदी

फ़िल्मों में आई थीं। उस दौर में जॉनी वाकर पर फ़िल्माए गए ज़्यादातर गीत *प्यासा* की निराशावादी मानसिकता या किसी थ्रिलर फ़िल्म की तीव्रता से हास्य भरी राहत देने के इरादे से शामिल किए जाते थे। *सी.आई.डी.* में भी जॉनी वाकर ने एक जेबकतरे का किरदार निभाया था, जिनका असली नाम बदरुद्दीन जमालुद्दीनकाज़ी था – वे लोगों से टकराते हैं, और हर टक्कर के बाद वे लोगों का पर्स निकाल लेते हैं, लेकिन शहर के बारे में उनका दर्शन गंभीर है। जॉनी वाकर बंबई में बेस्ट की बस में कंडक्टर हुआ करते थे, और टिकट काटते समय वे सवारियों को मज़ेदार किस्से–कहानियां और चुटकुले सुनाते रहते थे। रास्ते में पड़ने वाले स्टॉप के नाम पुकारने की उनकी अनोखी शैली थी और बताया जाता है कि बेस्ट की बस में सफ़र करते समय अभिनेता बलराज साहनी की नज़र उन पर पड़ी थी, जो उस समय गुरुदत्त की फ़िल्म *बाज़ी* (1951) की पटकथा लिख रहे थे। जॉनी की मज़ेदार शैली से ख़ुश होकर बलराज ने गुरुदत्त से उनके नाम की सिफारिश कर दी। ऑडिशन में एक शराबी का किरदार निभाया और उसमें सफल रहने के बाद, तुरंत ही उन्हें *बाज़ी* में किरदार मिल गया, जो उस समय पूरी होने ही वाली थी। आशा के अनुरूप फ़िल्म में उन्हें शराबी का ही रोल दिया गया था और उनके अभिनय से प्रसन्न गुरुदत्त ने एक नया नाम दिया जॉनी वाकर, जो कि गुरुदत्त की पसंदीदा व्हिस्की का ब्रांड था। हालांकि काज़ी बदरुद्दीन शराब कभी नहीं पीते थे।

इस बीच, डॉ. बी.आर. अंबेडकर ने अपने क़रीब दो लाख अनुयायियों के साथ बौद्ध धर्म अपनाने का फ़ैसला किया। उन्होंने 1935 में ही कह दिया था कि वे हिंदू धर्म में पैदा ज़रूर हुए हैं, लेकिन इसमें मरेंगे नहीं। इसी वचन पर अमल करते हुए उन्होंने नागपुर में बौद्ध धर्म ग्रहण किया, जो बंबई से बहुत ज़्यादा दूर नहीं था। उसके दो माह बाद ही उनका निधन हो गया। उनके महानिर्वाण से पहले इसी साल जून में हिंदू उत्तराधिकार अधिनियम पारित हुआ था। इस अधिनियम में प्रावधान किया गया था कि बिना वसीयत की संपत्ति में पुरुष उत्तराधिकारियों के साथ–साथ महिला उत्तराधिकारियों को भी हिस्सा मिलेगा। यह हिंदू सुधार बिल का हिस्सा था, जिसे पारित कराने के लिए क़ानून मंत्री के रूप में अंबेडकर ने बहुत ज़ोर लगाया था, लेकिन तब उन्हें सफलता नहीं मिल सकी थी। नेहरू ने इस विधेयक को चार अलग–अलग विधेयकों में विभाजित किया और आरएसएस, हिंदू महासभा, भारतीय जनसंघ और कांग्रेस पार्टी के रूढ़िवादी तबके के विरोध के बावजूद उन्हें सफलतापूर्वक पारित कराया।

नवंबर में राज्य पुनर्गठन विधेयक संसद में पारित हुआ। इसमें चौदह राज्य और छह केंद्रशासित प्रदेशों के गठन का प्रावधान था। यह विधेयक 1953 में बने राज्य पुनर्गठन आयोग की अनुशंसाओं पर आधारित था। इस आयोग में न्यायमूर्ति फज़ल अली, के.एम. पणिक्कर और हृदयनाथ कुंजरू शामिल थे। आयोग ने अक्टूबर,

1955 में अपनी रिपोर्ट सौंपी थी। आयोग की अनुशंसाएं थोड़े-बहुत संशोधनों के साथ सरकार ने मोटे तौर पर स्वीकार कर ली थीं।

आयोग की अनुशंसाओं और इस अधिनियम पर सबसे कड़ी प्रतिक्रिया महाराष्ट्र में हुई जहां बड़े पैमाने पर दंगे भड़क गए और जनवरी में बंबई में पुलिस फ़ायरिंग में अस्सी लोग मारे गए। दबाव में आकर सरकार ने जून, 1956 में बंबई प्रांत को दो भाषाई राज्यों-महाराष्ट्र और गुजरात में बांटने, और बंबई को केंद्रशासित प्रदेश बनाने का निर्णय किया। इस फ़ैसले का भी महाराष्ट्रीय लोगों ने विरोध किया। जुलाई में नेहरू वापस द्विभाषी राज्य वृहद बंबई के निर्णय पर लौटे, लेकिन इस बार महाराष्ट्र और गुजरात दोनों की जनता ने इसका विरोध किया। तत्कालीन वित्तमंत्री सी.डी. देशमुख ने बंबई महाराष्ट्र को नहीं दिए जाने से नाराज़ होकर मंत्रिमंडल से इस्तीफ़ा दे दिया; उधर गुजराती लोग बंबई को अपने राज्य में चाहते थे। यह मामला बिगड़ता गया, और हिंसा तथा आगजनी की घटनाएं बढ़ती गईं, जिससे बंबई में कांग्रेस पार्टी के चुनावी आधार को भी नुक़सान पहुंचा।

इसी साल नेहरू ने नागालैंड के अलगाववादी आंदोलन पर कड़ाई से कार्रवाई की। 1956 में ए. ज़ेड. फिज़ो के नेतृत्व में अलगाववादियों ने स्वतंत्र राष्ट्र के गठन की घोषणा कर दी थी। नेहरू को उम्मीद थी कि तुरंत और मज़बूत सैन्य कार्रवाई से विद्रोहियों को लगेगा वे जीत नहीं सकते। इस उम्मीद में नेहरू ने शांति और व्यवस्था क़ायम करने के लिए नागालैंड में सेना भेज दी। इस कारण 1958 में पूर्वोत्तर के राज्यों में सशस्त्र सेना विशेष अधिकार अधिनियम (अफ़स्पा) की घोषणा कर दी गई, जो कि सशस्त्र सेना (विशेष अधिकार) अध्यादेश, 1942 पर आधारित था। इसका उद्देश्य 'सशस्त्र सेनाओं के कुछ विशिष्ट अधिकारियों को विशेषाधिकार देना' था। विडंबना की बात यह रही कि 1942 का अध्यादेश ब्रिटिश वॉइसराय ने भारत सरकार अधिनियम 1935 के अनुच्छेद 72 के तहत, कांग्रेस पार्टी के भारत छोड़ो आंदोलन को कुचलने के लिए जारी किया था।

जनवरी, 1956 में युगोस्लाविया के राष्ट्रपति जोसिप ब्रोज़ टीटो, मिस्र के राष्ट्रपति गामल अब्देल नासर और भारत के प्रधानमंत्री जवाहरलाल नेहरू के बीच युगोस्लाविया केब्रियोनी में हुई बैठक से गुटनिरपेक्ष आंदोलन का गठन हुआ। जब मिस्र ने अमेरिका और ब्रिटेन के गुटनिरपेक्ष नीति छोड़ने के दबाव के जवाब में स्वेज नहर का राष्ट्रीयकरण किया, तो भारत ने एक प्रस्ताव रखा, जिसमें कहा गया कि नहर पर मिस्र नियंत्रण, उपयोगकर्ताओं के लिए सलाहकार की भूमिका, और विवादों का निपटारा अगस्त के लंदन सम्मेलन में संयुक्त राष्ट्र घोषणा-पत्र के अनुसार हो। इस पर मिस्र ने तो सहमति जताई ही, साथ ही दुनिया भर में इसे व्यापक समर्थन मिला। बाद में जब फ्रांस और ब्रिटेन ने इजरायल को मिस्र पर हमला करने के लिए प्रेरित किया और स्वेज में अपने सैनिक उतारे, तो नेहरू ने इसे 'नग्न आक्रामकता' और

'अतीत के औपनिवेशिक तरीक़ों की वापसी' बताया। जब संयुक्त राष्ट्र की निगरानी में पश्चिमी देशों की सेना की वापसी हुई, तो शांति सेना में बड़ी संख्या में भारतीय सैनिकों ने भी भाग लिया।

जब सोवियत संघ ने अक्टूबर में हंगरी में अपनी सेना भेजी, तो भारत ने औपचारिक निंदा करने से परहेज किया, हालांकि नेहरू ने सोवियत संघ की आलोचना की और अपनी नाराज़गी जताने के लिए दो साल तक बुडापेस्ट में राजदूत नहीं भेजा। जवाब में सोवियत संघ भी संयुक्त राष्ट्र सुरक्षा परिषद में कश्मीर मुद्दा लाए जाने पर अनुपस्थित रहा। बाद में उसने स्वाभाविक रूप से अपने वीटो अधिकार का इस्तेमाल किया, लेकिन इस सबसे पता चला कि भारत कितनी दुविधापूर्ण स्थिति में था।

सोवियत संघ भिलाई इस्पात संयंत्र की स्थापना में सहायता करने के लिए फ़ौरन ही सामने आ गया, जबकि पश्चिमी देश, ख़ासकर अमेरिका सहायता करने में हिचक रहा था। औद्योगिकीकरण, ख़ासकर भारी उद्योगों की स्थापना की भारत की ज़रूरत उसे सोवियत संघ के क़रीब लाई। यह सब द्वितीय पंचवर्षीय योजना का हिस्सा था, जिसमें पी.सी. महलनोबिस की सोच के अनुरूप, औद्योगिक विकास पर ज़ोर दिया गया था, जिसमें पब्लिक सेक्टर की भूमिका अग्रणी हो।

सितंबर में जीवन बीमा व्यवसाय का राष्ट्रीयकरण किया गया और भारत का सर्वाधिक मुनाफ़े वाला और प्रतिष्ठित सार्वजनिक उपक्रम तेल एवं प्राकृतिक गैस निगम (ओएनजीसी) की स्थापना भी इसी महीने में की गई। अक्टूबर में नई दिल्ली में सरकारी स्वामित्व वाला अशोक होटल शुरू किया गया, जो भारत का पहला फ़ाइव स्टार डीलक्स होटल था। इसे यूरोप से बाहर पहली बार होने जा रहे यूनेस्को के सम्मेलन के प्रतिनिधियों के लिए बनवाया गया था। दिल्ली में अखिल भारतीय आयुर्विज्ञान संस्थान (एम्स) की भी स्थापना हुई, जिसके निर्माण के लिए न्यूज़ीलैंड सरकार ने धन उपलब्ध कराया था। आज भी यह देश का सबसे प्रमुख चिकित्सा संस्थान बना हुआ है।

इसी साल बलवीर सिंह सीनियर के नेतृत्व में भारतीय हॉकी टीम ने मेलबोर्न ओलिंपिक खेलों में स्वर्ण पदक जीता। तीन टेस्ट मैचों की श्रंखला खेलने के लिए ऑस्ट्रेलिया की क्रिकेट टीम भी पहली बार भारत आई, जिसमें वह 2.0 से जीती। देश के मुख्य विपक्षी दल भारतीय कम्युनिस्ट पार्टी (सीपीआई) ने पालघाट (अब पलक्कड़) कांग्रेस में अपनी स्थिति में दो बड़े बदलाव किए। उसने स्वीकार किया कि भारत ने 1947 में स्वतंत्रता जीती थी, और अब वह एक संप्रभु गणराज्य है। अब पार्टी ने माना कि सरकारी नीतियां पूंजीवाद के निर्माण की ओर अग्रसर हैं, लेकिन इसके लिए वह जन-विरोधी नीतियां अपना रही हैं, और साम्राज्यवादियों को रियायतें दे रही है। पार्टी का मुख्य कार्य कांग्रेस को हटाने के लिए एक 'लोकतांत्रिक मोर्चे'

का गठन करना है, लेकिन यह कांग्रेस-विरोधी नहीं होगा, क्योंकि कांग्रेस में कई लोकतांत्रिक नेता हैं, जिनका विश्वास जीता जाना चाहिए और उन्हें कांग्रेस के नेताओं से अलग करना चाहिए।

इस बीच भारत के और एशिया के भी पहले परमाणु रिएक्टर अप्सरा ट्रॉम्बे, बंबई में शुरू हो जाने से भारत ने परमाणु युग में प्रवेश कर लिया। इस शहर को पहली महिला महापौर सुलोचना मोदी पाने का भी सम्मान मिला, जिनका कार्यकाल केवल तीन माह का रहा। बॉम्बे घटनाओं का स्थान था, और लोगों को यही गुनगुनाते हुए यहां रहना था, *'ज़रा हटके, ज़रा बचके, ये है बॉम्बे मेरी जान।'*

1957 : *ये दुनिया अगर मिल भी जाए*

ये महलों, ये तख़्तों, ये ताजों की दुनिया
ये इंसां के दुश्मन समाजों की दुनिया,
ये दौलत के भूखे रवाजों की दुनिया,
ये दुनिया अगर मिल भी जाए तो क्या है?

गीत : साहिर लुधियानवी
संगीत : एस.डी. बर्मन
गायन : मोहम्मद रफ़ी
फ़िल्म : *प्यासा*

प्यासा को अब तक की सबसे बेहतरीन हिंदी फ़िल्मों में शुमार किया जाता है। यह हिंदी सिनेमा की परंपराओं के अंदर ही बनाई गई थी, लेकिन ये उनसे आगे निकलने में सफल रही। परिणामस्वरूप, फ़िल्म भारत के दर्शकों को भी पसंद आई और अंतरराष्ट्रीय दर्शकों ने भी इसे बेहद सराहा। टाइम पत्रिका ने इसे अवश्य देखी जाने वाली शीर्ष 100 फ़िल्मों की सूची में जगह दी। इसमें किस्सागोई, प्रदर्शन, कैमरावर्क, कविता, संगीत, बोल और शानदार गीतों के लिए बेहद प्रशंसा मिली, जो कि उचित ही था। यह फ़िल्म एक बेरोज़गार कवि की कहानी है, जिसका किरदार गुरुदत्त ने निभाया था। वह नाकाम माना जाता है, लेकिन जब उसे ग़लती से मरा मान लिया जाता है, तब उसे भारी सफलता मिलती है। वह अपनी ही स्मृति-सभा में पहुंचता है, लेकिन यह बताने के लिए कि वह दुनिया छोड़ रहा है, और इसके बाद वह वहां से चला जाता है।

फ़िल्म के गीतकार साहिर लुधियानवी बेहद प्रतिष्ठित कवि थे, और फ़िल्म के अंदर कवि की कथित मौत के बाद जो पुस्तक फ़िल्म में दिखाई जाती है, वह साहिर की ही पुस्तक परछाइयां थी। *प्यासा* के लिए साहिर के गीत सभी हिंदी फ़िल्मों के सर्वाधिक मशहूर और लोकप्रिय गीतों में से हैं। इन गीतों को एस.डी. बर्मन ने अपनी धुनों से सजाया था और ज़्यादातर गीत मोहम्मद रफ़ी तथा गुरुदत्त की पत्नी गीता दत्त ने गाए थे। दुर्भाग्य से, इस फ़िल्म के बाद बर्मन और साहिर ने आगे कभी साथ में काम नहीं किया, क्योंकि उनके बीच अहम का टकराव हो गया था।

रिचल ड्वायर ने लिखा है कि फ़िल्म में ईसाई चित्रों और संदर्भों का बहुत ज़्यादा इस्तेमाल किया गया है, जिसमें फ़िल्म के क्लाइमेक्स में आने वाला गाना *'ये दुनिया अगर मिल भी जाए'* शामिल है। इसे गाकर कवि दुनिया से दूर जाने का फ़ैसला करता है, जबकि उसकी सफलता का जश्न उसी की स्मृति-सभा में मनाया जा रहा था। इस महान सेट के हिस्से में, मोहम्मद रफ़ी द्वारा हल्के संगीत के साथ गाया गया कोरस मैथ्यू 16.26 का अनुवाद है – 'फ़ॉर वाट विल इट प्रॉफ़िट अ मैन, इफ़ ही गेन्स द होल वर्ल्ड, ऐंड लूज़ेज़ हिज़ ओन सोल?' फ़िल्म का सबसे प्रतिष्ठित दृश्य वह है, जिसमें गुरुदत्त इस गीत में ख़ाली क़ब्र के पास खड़े ईसा मसीह की तरह दरवाज़े पर खड़े दिखाई देते हैं। गीत धीरे-धीरे बहुत हल्के स्वर में शुरू होता है, और फिर चरम तक जाता है, जिसमें कवि की दुनिया को जलाने की इच्छा भी बाइबल से प्रेरित है, मैथ्यू 3.12 :'ही विल बर्न द चैफ़विद द अन्क्वेन्चबल फ़ायर...'

'ये दुनिया अगर मिल भी जाए' गुरुदत्त की कला पर महारत के कारण शास्त्रीय बन गया – फ़िल्मांकन, लयात्मक संपादन, हल्की रोशनी और वी.के. मूर्ति के कैमरे की अस्थिर गति, जिसने गीत और संगीत के प्रभाव को कई गुना बढ़ा दिया था। किसी फ़िल्मकार द्वारा आवाज़ और दृश्य को स्टोरीलाइन में बिना जोड़ के मिलाने का यह सर्वोत्तम उदाहरण है। जब प्यासा रिलीज़ हुई तो समीक्षकों ने दुखांत और मायूसी भरी फ़िल्म बताया और ज़्यादातर ने इसके बॉक्स ऑफ़िस पर सफल होने की संभावना नहीं जताई थी। हालांकि यह बॉक्स ऑफ़िस पर ऐसे साल में भी सुपर हिट रही, जिसमें *नया दौर, मदर इंडिया* और *मुसाफ़िर* जैसी फ़िल्में रिलीज़ हुई थीं।

इस वर्ष भारत की स्वतंत्रता को एक दशक हो गया, और प्यासा फ़िल्म में भ्रष्टाचार और अपने चारों ओर के पतन पर गुरुदत्त की प्रतिक्रिया *'जिन्हें नाज़ है हिंद पर वो कहां हैं'* में बहुत अच्छे ढंग से दिखाई। हालांकि उन्होंने राजनीतिक पतन से ज़्यादा नैतिक पतन को दिखाया। उन्होंने सुंदर कविता के ज़रिए अपने आस-पास की दुनिया के प्रति रोमांटिक और बेअसर प्रतिक्रिया दिखाई।

राजनीतिक निराशा पर नैतिक घृणा, स्वतंत्र भारत के पहले बड़े वित्तीय घोटाले मूंदड़ा मामले में सामने आई। 4 सितंबर को कांग्रेस के एक सांसद राम सुभाग सिंह ने एक समाचार पत्र की अस्पष्ट रिपोर्ट के आधार पर इस घटना के बारे में लोकसभा में

एक सवाल पूछा। जल्द ही यह पता चल गया कि जून, 1957 में भारतीय जीवन बीमा निगम (एलआईसी) ने कलकत्ता के एक व्यवसायी हरिदास मूंदड़ा के स्वामित्व वाली छह कंपनियों के 1.24 करोड़ रुपये के शेयर फ़र्ज़ी तरीक़े से ख़रीदे थे। एलआईसी के छोटे से इतिहास का यह सबसे बड़ा निवेश था, लेकिन नियमों के विपरीत, इसकी निवेश समिति से इस बारे में परामर्श नहीं किया गया था।

एलआईसी के इस फ़ैसले के लिए नेहरू से अलग रह रहे दामाद फिरोज़ गांधी द्वारा स्पष्टीकरण मांगने की लड़ाई छेड़ देने से मामले में नाटकीय मोड़ आ गया। लोकसभा में अपने आक्रामक भाषण में फिरोज़ गांधी ने आरोप लगाया कि प्रमुख वित्त सचिव एच.एम. पटेल, और वित्त मंत्री टी. टी. कृष्णामाचारी ने एलआईसी के निवेश में सहयोग दिया। जवाब में 1958 की शुरुआत में नेहरू ने बंबई उच्च न्यायालय के पूर्व मुख्य न्यायाधीश एम.सी. छागला का एक सदस्यीय जांच आयोग नियुक्त कर दिया।

छागला आयोग की सुनवाई सार्वजनिक रूप से की गई। सुनवाई में इतनी भारी भीड़ पहुंची कि अदालती कक्ष के बाहर खड़े लोगों के लिए लाउडस्पीकर का इंतज़ाम करना पड़ गया था। छागला ने बहुत तेज़ी से काम किया और एक महीने से भी कम समय में अपनी रिपोर्ट प्रस्तुत कर दी और उसमें कृष्णामाचारी की ओर इशारा किया, जिन्हें 18 फ़रवरी, 1958 को इस्तीफ़ा देना पड़ गया। मूंदड़ा को नई दिल्ली के क्लेरिज होटल से गिरफ़्तार किया गया और 22 साल के लिए जेल भेज दिया गया।

इससे पता चलता है कि हालांकि किसी नए राष्ट्र का निर्माण एक लंबी और निरंतर चलने वाली प्रक्रिया है, जिसके रास्ते में चुनौतियां, रुकावटें, व्यवधान और यहां तक कि उलटफेर तक आते रहते हैं। जैसा कि नेहरू ने कहा था, 'व्यक्तिगत रूप से मुझे लगता है कि सभी का सबसे बड़ा काम केवल भारत का आर्थिक विकास करना नहीं, बल्कि भारत के लोगों का मनोवैज्ञानिक और भावनात्मक एकीकरण करना ज़्यादा बड़ा काम है।'

उन चुनौतियों में एक भाषा के सवाल से भी संबंधित थी। 1956 में राजभाषा आयोग की रिपोर्ट सौंपे जाने के बाद, राजभाषाओं के मुद्दे पर गंभीर मतभेद उभर आए। आयोग ने अनुशंसा की थी कि हिंदी को केंद्र सरकार के विभिन्न कामकाज में धीरे-धीरे अंग्रेज़ी की जगह स्थापित किया जाएं, और 1965 तक यह काम पूरी तरह से कर लिया जाए। पश्चिम बंगाल और तमिलनाडु से आने वाले आयोग के दो सदस्य इससे असहमत थे, और उन्होंने आरोप लगाया कि अन्य सदस्य हिंदी समर्थन के पूर्वाग्रह से ग्रस्त थे और अंग्रेज़ी का इस्तेमाल जारी रखना चाहिए।

आयोग की रिपोर्ट एक विशेष संयुक्त संसदीय समिति के पास समीक्षा के लिए भेजी गई, लेकिन राम मनोहर लोहिया की संयुक्त सोशलिस्ट पार्टी और जनसंघ ने उग्र आंदोलन छेड़ दिया, जो लगभग दो वर्षों तक जारी रहा। लोहिया के अनुयायियों ने

बड़े पैमाने पर दुकानों और अन्य स्थानों पर लगे अंग्रेज़ी के साइनबोर्डों को ख़राब करने का तरीक़ा अपनाया। हालांकि नेहरू ने बड़ी सावधानी और होशियारी से इस मामले को संभाला, और बार-बार वादा किया कि राजभाषा देश के किसी भी क्षेत्र पर थोपी नहीं जा सकती है और ना थोपी जाएगी तथा हिंदी लागू करने की गति ग़ैर-हिंदीभाषी लोगों की इच्छाओं को ध्यान में रखते हुए तय की जाएगी।

देश में लोकतांत्रिक प्रणाली और प्रक्रियाएं गहरी जड़ें जमाती जा रही थीं और देश में लोकसभा और राज्य विधानसभाओं के लिए दूसरे आम चुनाव संपन्न हुए, जिनमें 1952 के 46 प्रतिशत की तुलना में कुछ ज़्यादा यानी 47 प्रतिशत मतदाताओं ने हिस्सा लिया। लगभग 19 करोड़ 30 लाख भारतीय मतदाता के तौर पर पंजीकृत किए गए, जिनमें 94 प्रतिशत वयस्क महिलाएं शामिल थीं। चुनाव तीन सप्ताह की अवधि में पूरे कराए गए और पिछले आम चुनावों की तुलना में, इनमें साढ़े 4 करोड़ रुपये कम ख़र्च हुए। यह चुनाव कांग्रेस पार्टी और उसकी सरकार पर एक जनमत संग्रह की तरह था, जिसमें कांग्रेस की तरफ़ से नेहरू मुख्य प्रचारक और मतदाताओं को आकर्षित करने वाले थे।

कांग्रेस पार्टी को मिले मत प्रतिशत में थोड़ी-सी कमी ज़रूर हुई, लेकिन उसने ज़्यादातर राज्यों में लोकसभा की ज़्यादातर सीटें भारी बहुमत से जीतीं, और कुछ राज्यों में कांग्रेस के आधिपत्य को हल्का नुक़सान पहुंचाने के बावजूद, ना तो दक्षिणपंथी दल और ना ही वामपंथी दल कांग्रेस के सामने कोई गंभीर चुनौती पेश कर पाए। वास्तव में, भारतीय कम्युनिस्ट पार्टी केरल में सरकार बनाने में सफल रही, जो कि लोकतांत्रिक तरीक़े से चुनी गई दुनिया की पहली कम्युनिस्ट सरकार थी। इस सरकार को 1959 में नेहरू ने बर्ख़ास्त कर दिया, जो उनके शानदार लोकतांत्रिक रिकॉर्ड पर दाग़ बन गया, और केरल में राष्ट्रपति शासन लागू कर दिया गया।

आम चुनावों के बाद जयप्रकाश नारायण ने राजनीति से संन्यास ले लिया और घोषणा कर दी कि भारत के लिए दलीय राजनीति उचित नहीं है। इसकी जगह उन्होंने दलविहीन लोकतंत्र की वकालत की। इस बीच नेहरू अपनी लोकप्रियता और जनता के स्नेह के चरम पर थे और उनके जन्मदिन को सरकारी तौर पर भारत का बाल दिवस घोषित कर दिया गया।

भारतीय सिक्का अधिनियम के ज़रिए दशमलविक सिक्के शुरू किए गए और स्वतंत्रता के एक दशक बाद, भारत ने 'नया पैसा' का चलन शुरू किया; बाद में 1964 में इसके नाम से 'नया' हटा दिया गया। डाक टिकट और डाक स्टेशनरी भी दशमलव पद्धति में शुरू किए गए। नया राष्ट्रीय कैलेंडर भी स्वीकार किया गया, जो कि ईसा युग से अठहत्तर साल पीछे था।

बेहतर साहित्य की रचना और उचित दामों पर उसकी उपलब्धता के लिए नेशनल बुक ट्रस्ट की स्थापना की गई। इसी साल केंद्रीय भंडारण निगम और निर्यात जोख़िम बीमा निगम भी स्थापित किए गए।

मुख्य रूप से हिंदी फ़िल्मी गाने प्रसारित करने वाले रेडियो सीलोन का मुक़ाबला करने के लिए आकाशवाणी ने नई सेवा, विविध भारती शुरू की जो बेहद लोकप्रिय हुई।

इसी साल भारत की ज़मीन पर पहली बार डेविस कप खेला गया, जिसमें रामनाथन कृष्णन के नेतृत्व वाली भारतीय टीम विजयी रही।

नवंबर में राष्ट्रपति राजेंद्र प्रसाद ने द्वितीय विश्वयुद्ध में अपने जीवन का बलिदान करने वाले 25,000 भारतीय सैनिकों की स्मृति में इंडिया गेट पर राष्ट्रीय युद्ध स्मारक का अनावरण किया। स्वतंत्रता आंदोलन या स्वतंत्रता के बाद अन्य युद्धों में शहीद हुए लोगों के लिए युद्ध स्मारक बनने का आज तक इंतज़ार ही है। वो लोग जो चले गए, उनके लिए यही कहना है, *'ये दुनिया अगर मिल भी जाए तो क्या है...'*

1958 : सुहाना सफ़र

सुहाना सफ़र
और ये मौसम हसीं
हमें डर है कि
हम खो न जाएं कहीं

गीत : शैलेंद्र
संगीत : सलिल चौधरी
गायन : मुकेश
फ़िल्म : *मधुमति*

पुनर्जन्म की कहानी बताने वाली शुरुआती फ़िल्मों में से एक *मधुमति* ने अपने दर्शकों को विषय-वस्तु और संगीत के ज़रिए मंत्रमुग्ध किया, और हिंदी सिनेमा में गुणवत्ता का मानदंड स्थापित किया। बाद में ऐसी फ़िल्मों का दौर ही शुरू हो गया, जो कई दशकों तक चला। मधुमति फ़िल्म से जुड़े लोगों के नाम ही काफ़ी कुछ कह देते हैं - कहानी और पटकथा ऋत्विक घटक, संवाद राजेंद्र सिंह बेदी, सिनेमेटोग्राफ़ी दिलीप गुप्ता, संपादन ऋषिकेश मुखर्जी, संगीत सलिल चौधरी, और इन सबको संभालने वाले निर्देशक थे विमल राय। विमल राय अपनी शुरुआती बेहतरीन फ़िल्मों के लिए मशहूर हो चुके थे, जिनमें *दो बीघा ज़मीन* (1953), *बिराज बहू* (1954) और *देवदास* (1955) शामिल थीं। *देवदास* की समीक्षकों ने तो प्रशंसा की थी, लेकिन व्यावसायिक रूप से यह सफल नहीं रही थी। इस कारण विमल राय पर काफ़ी दबाव था। हालांकि *मधुमति* ने सफलता का नया कीर्तिमान स्थापित किया, और 4 करोड़

रुपये की कमाई करके, वह उस साल की सबसे ज़्यादा कमाई वाली फ़िल्म बन गई थी। आज के हिसाब से देखें तो वे 4 करोड़, क़रीब 500 करोड़ रुपये के बराबर होते हैं।

इस फ़िल्म ने सर्वश्रेष्ठ हिंदी फ़ीचर फ़िल्म का राष्ट्रीय फ़िल्म पुरस्कार जीता और साथ ही, नौ फ़िल्मफ़ेयर पुरस्कार भी जीते – जिनमें सर्वश्रेष्ठ फ़िल्म, सर्वश्रेष्ठ निर्देशक, सर्वश्रेष्ठ संगीत निर्देशन, सर्वश्रेष्ठ पार्श्वगायन, सर्वश्रेष्ठ संवाद, सर्वश्रेष्ठ कला निर्देशन, और सर्वश्रेष्ठ सिनेमेटोग्राफ़र के पुरस्कार शामिल थे। उस दौर में पहली बार किसी फ़िल्म ने एक साथ इतने सारे पुरस्कार जीते थे। इस ब्लॉकबस्टर फ़िल्म की जान उसका जादुई और कालातीत संगीत था। फ़िल्म में पैसा लगाने वाले वितरक संगीत निर्देशक के तौर पर सलिल चौधरी को नहीं लेना चाहते थे, क्योंकि वे अपशकुनी माने जाते थे; मुख्य भूमिका निभाने वाले दिलीप कुमार की भी यही राय थी और वे चाहते थे कि नौशाद इस फ़िल्म के लिए संगीत दें। हालांकि विमल राय ने सलिल चौधरी को ही मौक़ा देने का निर्णय किया, और दिलीप कुमार को यह कहकर मनाया कि अगर उनका संगीत सही नहीं लगा, तो उन्हें हटा दिया जाएगा। मधुमति फ़िल्म के रिलीज़ होने के बाद, सलिल चौधरी ने एक के बाद एक उन्नीस फ़िल्में साइन की थीं; सब उनका अपशकुन झेलने के लिए तैयार हो गए थे!

विमल राय की बेटी रिंकी भट्टाचार्य ने अपनी किताब, विमल रायज़ मधुमति : अनटोल्ड स्टोरीज़ फ़्रॉम बिहाइंड द सीन्स, में सलिल चौधरी के बेटे संजय के हवाले से बताया है कि किस तरह से फ़िल्म की सिग्नेचर धुन, 'सुहाना सफ़र और ये मौसम हसीं' की रचना की गई थी। संजय कहते हैं : 'बाबा और शैलेंद्र एक दिन खंडाला रवाना हुए। जब दोनों खंडाला घाट पर ऊंचाई पर खड़े थे, तो उन्हें एक चरवाहा दिखाई दिया, जो अपनी भेड़-बकरियों को इकट्ठा करने की कोशिश कर रहा था। वह आदमी जो आवाज़ निकाल रहा था, वह कुछ ऐसी थी, ''उर्रर्रर्रर्रर्रर्र।'' वहीं मौक़े पर ही बाबा ने *''सुहाना सफ़र''* के लिए चरवाहे की आवाज़ की नक़ल पर आरंभिक धुन बना डाली।'

रिंकी भट्टाचार्य बताती हैं कि यह गीत पहले मुकेश को नहीं तलत महमूद को गाना था : 'माना जाता है कि इस महान गीत को पहले तलत महमूद से गवाने का इरादा था। मुकेश उस वक्त आर्थिक तंगी में लग रहे थे। उनकी हालत देखकर तलत महमूद ने सुझाव दिया कि यह गीत मुकेश को दे दिया जाए।' उस दौर का माहौल ऐसा होता था, जो कि 29 अप्रैल को नेहरू के कांग्रेस संसदीय दल को लिखे पत्र में भी देखा गया।

नेहरू उस समय लोकप्रियता और जनस्वीकार्यता के मामले पर चरम पर थे। उन्होंने लिखा था – '...मुझे इस सरकार का हिस्सा बने साढ़े ग्यारह साल से ज़्यादा हो चुका है, और साढ़े दस साल मुझे प्रधानमंत्री बने हो चुके हैं। ...ये साल काम और समस्याओं को लेकर काफ़ी भारी रहे हैं... प्रधानमंत्री के काम में कोई छुट्टी नहीं

मिलती; यह निरंतर और लगातार चलने वाला काम है... शांत होकर बैठने का भी समय नहीं मिलता। अब मुझे लगता है कि मुझे भी इस दिनचर्या के बोझ को हटाकर, प्रधानमंत्री के बजाय, एक भारतीय नागरिक के रूप में सोचने का समय मिलना चाहिए... मैंने पार्टी में अपने साथियों के बीच खुलकर अपने विचार रखे हैं, और मैं इस हिसाब से काम करने के लिए उनकी अनुमति चाहता हूं। मुझे यह भी कहना है कि मैंने राष्ट्रपति को भी यह बात बता दी है, लेकिन अंतिम निर्णय पार्टी को लेना है।'

कांग्रेस पार्टी ने इस मसले पर विचार किया और 3 मई को नेहरू ने पार्टी की इस इच्छा को सिर झुकाकर स्वीकार कर लिया कि वे प्रधानमंत्री पद से इस्तीफ़ा देने के विचार को अपने दिमाग़ से निकाल दें।

नेहरू के दबाव में शेख़ अब्दुल्ला को 8 जनवरी को जेल से रिहा कर दिया गया। 1953 में जब उन्होंने कश्मीर की आज़ादी की मांग सार्वजनिक रूप से उठाई थी, तब उनकी सरकार बर्ख़ास्त करके उन्हें गिरफ़्तार कर लिया गया था। हालांकि रिहाई के आदेश के बाद जब उन्होंने फिर से अपना अलगाववादी अभियान शुरू किया, तो तीन माह बाद उन्हें फिर से गिरफ़्तार कर लिया गया।

इस बीच केरल की कम्युनिस्ट सरकार शिक्षा सुधार बिल को लेकर विवादों में घिर गई, और ईसाई पादरी बिल के विरोध में सड़कों पर उतर आए। लोकतांत्रिक तरीक़े से निर्वाचित कम्युनिस्ट सरकार विदेशी पर्यवेक्षकों के लिए रहस्य बनी रही। भारत की यात्रा करने वाले हंगेरियन लेखक जॉर्ज माइक्स ने पूछा, 'लोकतांत्रिक केंद्र सरकार किसी कम्युनिस्ट राज्य में क्या करे?' माइक्स ने सवाल किया, 'मान लीजिए, बेहद अप्रत्याशित घटना के ही रूप में सही, पर अगर कैलिफ़ोर्निया या विसकोन्सिन अचानक कम्युनिस्ट हो जाएं? और फिर, कम्युनिस्ट सरकार भी अपने सिर पर सवार इन लोकतांत्रिक अधिपतियों के साथ क्या व्यवहार करेगी?'

वामपंथियों की तरफ़ से ये प्रश्न उठाए जा रहे थे, तो वहीं राजाजी के नाम से लोकप्रिय सी. राजगोपालाचारी दक्षिणपंथ में विकल्प तलाश रहे थे। एक साल पहले ही, 1959 में उन्होंने स्वतंत्र पार्टी का गठन किया था। मई में उन्होंने एक लेख प्रकाशित किया, जिसका शीर्षक था 'वॉन्टेड : इंडेपेंडेन्ट थिंकिंग।' उन्होंने दलील दी कि भारत में 'स्वतंत्र सोच के पतन का मुख्य कारण शायद बिना किसी महत्त्वपूर्ण विपक्ष के लोकप्रिय पसंदीदा व्यक्तियों की लंबे समय तक चली सत्ता था।' हालांकि स्वस्थ लोकतंत्र के लिए 'ऐसा विपक्ष ज़रूरी है, जो अलग तरीक़े से सोचता हो, और केवल उत्साही सोच के नागरिकों के समूह की तरह नहीं सोचता हो, जिनका उद्देश्य सामान्य कल्याण होता है, और ना ऐसा हो जो कथित वंचितों के और ज़्यादा वोट पाने के लिए उससे भी ज़्यादा देने का वादा करे, जो सत्तारूढ़ दल देता हो। विपक्ष ऐसा हो जो तर्क की अपील करता हो...'

इस बीच, केंद्र सरकार ने उच्च शिक्षा के संस्थानों की स्थापना पर ज़ोर देना जारी रखा, ख़ासकर विज्ञान और प्रौद्योगिकी के संस्थानों पर उसका ज़्यादा ध्यान था। जुलाई में आईआईटी बंबई का उद्घाटन हुआ और उसके पहले साल के बैच में 100 छात्र थे, जिनकी कक्षाएं वरली में सिल्क और आर्ट सिल्क मिल्स रिसर्च एसोसिएशन के एक हिस्से में लगती थीं, क्योंकि पोवई की इमारत तब तक तैयार नहीं हुई थी। अगस्त में मराठवाड़ा विश्वविद्यालय का उद्घाटन हुआ, और इसी तरह से अक्टूबर में गंगटोक में तिब्बत अध्ययन संस्थान शुरू हुआ। नवंबर में भारत का पहला विस्फोटक कारख़ाना गोमिया में शुरू हुआ, जो आज के झारखंड में है।

अंततः सर्वोच्च न्यायालय के पास अपनी इमारत हो गई, जो दिल्ली के हृदय में भारतीय-शास्त्रीय वास्तुशिल्प शैली में बनाई गई थी। इसका गुंबद 117 फुट (35.66 मीटर) ऊंचा था, और इसके तल का कुल क्षेत्रफल 18.85 लाख वर्ग फ़ुट (175,116 वर्ग मीटर) था।

गांधी जयंती पर सरकार ने मीट्रिक पद्धति अपनाने का फ़ैसला किया, जो कि तब तक वैश्विक पैमाना बन चुकी थी।

इस साल देश में बहुत सारे काम पहली बार हुए। जाने-माने गांधीवादी विनोबा भावे को प्रथम मैगसैसै पुरस्कार दिया गया, जबकि विल्सन जॉन ने विश्व आमेचर बिलियर्ड्स चैंपियनशिप जीतकर पहला व्यक्तिगत ख़िताब जीतने वाले पहले भारतीय बने। अप्रैल में भारतीय नौसेना के प्रथम अध्यक्ष के रूप में वाइस एडमिरल आर.डी. कटारी की नियुक्ति हुई। चुनौतियों भरे परिदृश्य में कई सारे ख़ुशनुमा पलों को समेटे इस साल में यह वही समय था, जब गुनगुनाया जा सकता था 'सुहाना सफ़र और ये मौसम हसीं।'

1959 : *वक्त ने किया क्या हसीं सितम*

वक्त ने किया
क्या हसीं सितम
तुम रहे न तुम
हम रहे न हम

गीत : कैफ़ी आज़मी
संगीत : एस.डी. बर्मन
गायन : गीता दत्त
फ़िल्म : *काग़ज़ के फूल*

ऐसी बहुत कम फ़िल्में हैं, जिन्हें रिलीज़ के समय दर्शकों ने एकदम नकार दिया, लेकिन आगे चलकर बहुत बाद में उन्हें सर्वकालीन क्लासिकल फ़िल्म माना गया। हिंदी सिनेमा के इतिहास में *काग़ज़ के फूल* ऐसी ही फ़िल्मों में से है। रिलीज़ के समय यह व्यावसायिक रूप से और समीक्षकों की नज़र में बेकार साबित हुई, लेकिन 1980 के दशक में इसने क्लासिक फ़िल्म की ख्याति अर्जित की और अब इसे हिंदी सिनेमा की महानकृति माना जाता है। *काग़ज़ के फूल* फ़िल्म विस्मयकारी रूप से सफल और समीक्षकों की प्रशंसा प्राप्त *प्यासा* के बाद बनी थी, और गुरुदत्त ने इसे बनाने में दो साल का समय लिया था। फ़िल्म की असफलता से गुरुदत्त को इतना सदमा लगा था कि उन्होंने आगे किसी भी फ़िल्म में अपना नाम निर्देशक के तौर पर नहीं देने का फ़ैसला किया था, और व्यक्तिगत स्तर पर भी वे बिलकुल टूट गए थे।

फ़िल्म उद्योग की अनिश्चितताओं के बीच, *काग़ज़ के फूल* क्लासिक मानी जाती है, लेकिन इसका गीत-संगीत उतना बेहतरीन नहीं था, जितना कि गुरुदत्त की

अन्य फ़िल्मों में रहता था। हालांकि *'वक़्त ने किया क्या हसीं सितम'* एक कालातीत गीत है, जिसे गीता दत्त के करियर का संभवत: सर्वश्रेष्ठ गीत माना जाता है।

अपेक्षाकृत साधारण धुन को जब धीरे-धीरे ऊंचा स्वर देती हैं, तो उनकी आवाज़ का दर्द स्वाभाविक लगता है। इस गीत को लिखने वाले कैफ़ी आज़मी ने मुन्नी कबीर से कहा था : 'एस.डी. बर्मन ने बुनियादी धुन बनाई जिसे हर किसी ने पसंद किया था। लेकिन इस फ़िल्म में इस गीत के लायक़ कोई दृश्य नहीं था। जैसा कि हिंदी फ़िल्मों में अनगिनत मौक़ों पर होता था, गीत गुरुदत्त के कहने पर ही लिखा गया था।' आज़मी ने मात्राओं के अनुकूल गीत के दो प्रारूप लिखे थे, लेकिन दोनों खारिज़ कर दिए गए। गुरुदत्त ने इसके बाद किसी अन्य फ़िल्म में धुन इस्तेमाल करने का सुझाव दिया, लेकिन तभी एक नई और उचित परिस्थिति का विचार मन में आया, जिसके बाद आज़मी ने तुरंत गीत के बोल लिख डाले और वह गीत अमर हो गया।

'वक़्त ने किया' में एक यादगार शॉट भी है, जिसमें नायिका वहीदा रहमान के चेहरे को हाइलाइट करने के लिए छत से नीचे की ओर आते चमकते प्रकाश की पारभासी समानांतर किरण का इस्तेमाल किया गया। *काग़ज़ के फूल*, सिनेमास्कोप में शूट की जाने वाली पहली भारतीय फ़िल्म थी और वी.के. मूर्ति इसके सिनेमेटोग्राफ़र थे। मूर्ति ने बाद में बताया था – 'अगर मैं फ़ोकस स्पॉटलाइट का इस्तेमाल करता, तो इससे अलग और समानांतर किरण नहीं मिल पाती।' दस दिन की शूटिंग के तीसरे दिन, मूर्ति ने बताया, 'मैंने प्रोडक्शन वालों से क़रीब 4 बाई 3 फुट के दो बड़े दर्पण लाने को कहा। एक दर्पण मैंने छत पर रखा और उसके माध्यम से मैंने अंदर वाले दर्पण पर प्रकाश को प्रतिबिंबित किया, जो कैटवॉक पर रखा गया था। दूसरे दर्पण से मैं प्रकाश को किसी भी कोण पर मोड़ने में सक्षम हो गया, जो मुझे चाहिए था। मैंने थोड़ी सी धूल और धुएं का इस्तेमाल किया।' और सर्वकालीन क्लासिक गीत शूट हो गया।

उस साल का सबसे ज़्यादा हिट संगीत भी एस.डी. बर्मन ने ही दिया था, लेकिन वो विमल राय की सुजाता के लिए था, जिसमें बिना किसी उपदेश के, अस्पृश्यता के ख़िलाफ़ गांधीवादी लड़ाई का समर्थन किया गया था। यह फ़िल्म लेखक-पत्रकार सुबोध घोष के इसी नाम के उपन्यास पर आधारित थी। सुबोध पहले महात्मा गांधी के साथ काम कर चुके थे, लेकिन इस साल की शुरुआत एक अन्य गांधी, इंदिरा गांधी के साथ हुई, जिन्होंने फ़रवरी में कांग्रेस पार्टी के अध्यक्ष का पद संभाला था। पार्टी की वह चौथी महिला अध्यक्ष थीं, और वैसे तो उनकी पहचान स्वतंत्रता संग्राम सेनानी और कांग्रेस कार्य समिति की सदस्य के तौर पर थी, लेकिन नेहरू ने कहा था – 'मुझे इस बारे में किसी ने पहले नहीं बताया, और मेरे लिए यह आश्चर्य की बात थी। मैंने इस मसले पर बहुत ज़्यादा सोचा और फिर निष्कर्ष निकाला कि मैं इस मसले से अपने को दृढता के साथ अलग रखूंगा, और तब तक किसी भी तरह से इसे

प्रभावित करने का प्रयास नहीं करूंगा, जब तक कि आमतौर पर और सभी लोग इसे नुक़सानदायक नहीं मानने लगें।'

नेहरू का विचार था कि 'सामान्य तौर पर कहें तो जब मैं प्रधानमंत्री हूं, तो मेरी बेटी का कांग्रेस अध्यक्ष बनना अच्छी बात नहीं है।' हालांकि इंदिरा का चयन करने वाली पार्टी पर उनके इस विचार का बहुत ज़्यादा फ़र्क़ नहीं पड़ा। उनके अध्यक्ष रहने के दौरान ही, और उनके ही आग्रह पर, नेहरू ने अपने लोकतांत्रिक इतिहास पर सबसे बड़ा दाग़ लगवाया : शिक्षा नीति पर विपक्षी दलों के हिंसक प्रदर्शन के बाद उन्होंने केरल की कम्युनिस्ट सरकार को बर्ख़ास्त कर दिया।

इस साल भारत-चीन संबंधों में एक बड़ी उथल-पुथल देखने को मिली, और तिब्बत में बड़े विद्रोह के बाद दलाई लामा अपने हज़ारों अनुयायियों के साथ भारत भाग आए। भारत भूमि में उन्होंने अपनी पहली रात तवांग में बौद्ध मठ में बिताई, और फिर उसके बाद तेज़पुर की ओर बढ़ गए। तीन सप्ताह के अंदर उन्हें नेहरू से मुलाक़ात के लिए दिल्ली ले जाया गया। हालांकि भारत ने 1954 की संधि के ज़रिए तिब्बत पर चीन का अधिकार स्वीकार कर लिया था, फिर भी नेहरू ने दलाई लामा और उनके अनुयायियों को राजनीतिक शरण दे दी। हालांकि उन्हें निर्वासित सरकार की स्थापना की अनुमति नहीं दी गई और राजनीतिक गतिविधियां चलाने पर भी रोक लगा दी गई। हालांकि चीन इससे नाख़ुश था और उसने जल्द ही लद्दाख के पास कोंगका दर्रे के पास भारतीय गश्ती टुकड़ी पर गोलीबारी कर दी और पांच पुलिसकर्मियों को मार दिया तथा एक दर्जन पुलिसकर्मियों को पकड़ लिया। भारत-चीन सीमा पर और भी झड़पें हुईं और इससे मजबूर होकर सरकार को अपनी सीमा नीति की समीक्षा करनी पड़ी; उसने नई 'फ़ॉरवर्ड पॉलिसी' लागू करने का फ़ैसला किया, जिसमें भारतीय सुरक्षा बलों ने अपने भौगोलिक अधिकार के दावे पर ज़ोर देने के लिए सीमा के पास या सीमा के साथ कई सारी छोटी चौकियां स्थेपित कीं।

चीन की बढ़ती आक्रामकता के कारण नेहरू के मित्र और रक्षामंत्री वी.के. कृष्ण मेनन के साथ तीखी कहा-सुनी के बाद थल सेनाध्यक्ष जनरल के.एस. थिमैया ने अपने पद से इस्तीफ़ा दे दिया; तब नेहरू को काफ़ी शर्मिंदगी उठानी पड़ी। मेनन इस बात पर अड़े थे कि भारत को असली ख़तरा चीन से नहीं, पाकिस्तान से है, लेकिन थिमैया और अन्य वरिष्ठ अधिकारियों के साथ मेनन के कठोर व्यवहार से संकट गहरा गया। 31 अगस्त को, थिमैया ने नेहरू को पत्र लिखकर बताया कि कैसे 'मेरे और अन्य दो सेनाध्यक्षों को रक्षामंत्री के तहत अपनी जिम्मेदारियां निभाना असंभव होता जा रहा है।' यह ख़बर लीक हो गई और मामला संसद में उठ गया। तब नेहरू ने थिमैया को अपने ऑफ़िस बुलाया और दो बार की लंबी बातचीत में उन्हें इस्तीफ़ा वापस लेने के लिए मनाया।

भारत के चीन के साथ तनाव के बावजूद, कांग्रेस पार्टी अपने कार्यक्रम के रूप में वामपंथ की ओर आगे बढ़ी और नागपुर अधिवेशन में पार्टी ने प्रस्ताव पारित किया कि 'भविष्य की खेती का तरीक़ा सहकारिता संयुक्तखेती के रूप में होना चाहिए।' आरंभिक सेवा सहकारिता संस्थाएं बनाई जानी थीं, जिन्हें आख़िरकार पूरी तरह से स्वैच्छिक आधार पर, कृषि सहकारिता संस्थाओं में बदला जाना था। इसके अतिरिक्त, ज़मीन के स्वामित्व पर सीलिंग लगनी थी, और खाद्यान्न की सरकारी ख़रीदी होनी थी। इन निर्णयों का पार्टी के अंदर और बाहर विरोध हुआ, कुछ प्रयोग असफल हुए, और ज़मीन की सीलिंग के अलावा, अन्य प्रस्ताव चुपचाप रद्द कर दिए गए। 15 सितंबर को राष्ट्रपति ने देश में टेलिविजन सेवा का उद्घाटन किया, जिसके लिए फ़िलिप्स ने सरकार को उपकरण मुहैया कराए थे। यह सेवा दिल्ली में एक छोटे ट्रांसमीटर और एक अस्थाई स्टूडियो के ज़रिए स्थापित की गई, और शुरुआत में इसने एक सप्ताह में मंगलवार और शुक्रवार को एक-एक घंटे के दो कार्यक्रम शुरू किए थे।

जर्मन सहयोग से स्थापित आईआईटी मद्रास का 31 जुलाई को उद्घाटन हुआ, जबकि आईआईटी कानपुर की भी स्थापना इसी साल हुई।

जुलाई में महिलाओं की पत्रिका फ़ेमिना का भी शुभारंभ हुआ, और आइरीन टेलरख़ान इसकी संपादक बनाई गई। 50 पैसे की क़ीमत वाली इस पत्रिका का आरंभिक सर्कुलेशन 21,000 प्रतियों का था। आने वाले चार दशकों में इसकी सर्कुलेशन दस लाख को पार कर गया, साथ ही मिस इंडिया पीजेंट के आयोजन से जुड़कर इसने अलग ख्याति हासिल की। अमेरिकी राष्ट्रपति ड्वाइट डी. आइज़नहावर इस साल के अंत में भारत आए, और इस तरह से भारत आने वाले वे पहले अमेरिकी राष्ट्रपति बने। अमेरिकी नागरिक अधिकार नेता मार्टिन लूथर किंग जूनियर इससे पहले, फ़रवरी में ही भारत यात्रा कर चुके थे।

इस बीच, भारतीय वायुसेना को एक नया बैज मिला, जिसमें एक गोलाकार पदक में एक हिमालयी बाज था, साथ ही इसके ऊपर राष्ट्रीय प्रतीक था और नीचे इसका आदर्श वाक्य *नभ स्पर्श दीप्तम* लिखा था। इस आदर्श वाक्य का मतलब था - गर्व के साथ आसमान छूना, जो कि वायुसैनिकों की आकांक्षाओं का प्रतीक था। इसके साथ ही, उपनिवेशी ब्रिटिश प्रतीकों से स्वतंत्र भारत का एक और संबंध टूट गया। शायद अंग्रेज़ ऐसे वक्त यही गुनगुना रहे होंगे, *'वक्त ने किया क्या हसीं सितम।'*

1960 का दशक : दो युद्ध और तीन प्रधानमंत्री

ऐ मेरे प्यारे वतन

दो युद्ध, तीन प्रधानमंत्री, राज्यों का पुनर्गठन, मोहभंग, हरित क्रांति का आगाज़।

1.

1. कला-संरक्षक : जवाहरलाल नेहरू नृत्यांगना मृणालिनी साराभाई के साथ।

2. भारत की अंतरिक्ष यात्रा का शुभारंभ : थुंबा भूमध्यीय रॉकेट प्रक्षेपण केंद्र (तिरुवनंतपुरम) में पहले रॉकेट प्रक्षेपण की तैयारी।

3. नेहरू के उत्तराधिकारी चुने गए प्रधानमंत्री लालबहादुर शास्त्री एक स्कूल का उद्घाटन करते हुए।

4. 1962 के भारत-चीन युद्ध की याद : हक़ीक़त फ़िल्म का पोस्टर।

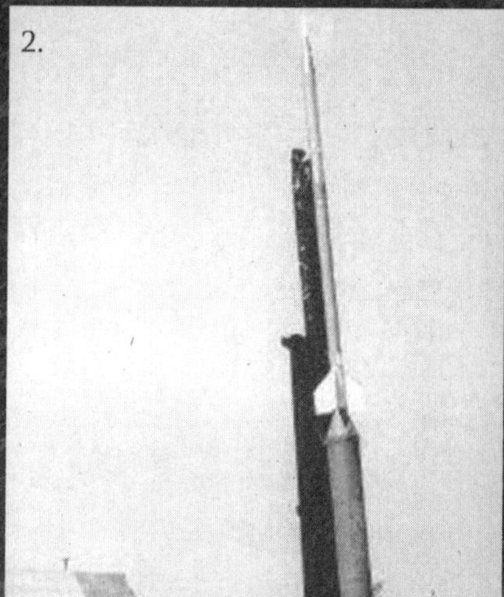
2.

3.

4.

1960 : *प्यार किया तो डरना क्या*

प्यार किया तो डरना क्या
प्यार किया कोई चोरी नहीं की
छुप-छुप आहें भरना क्या
पर्दा नहीं जब कोई ख़ुदा से
बंदों से पर्दा करना क्या

गीत : शकील बदायूंनी
संगीत : नौशाद
गायन : लता मंगेशकर
फ़िल्म : *मुग़ल-ए-आज़म*

शीशमहल में सैकड़ों घूमती हुई छवियों के बराबर में चमकती मधुबाला उभरती हैं और आर.डी. माथुर की दिलचस्प सिनेमेटोग्राफ़ी इस साल *मुग़ल-ए-आज़म* में स्थान पा लेती है। *मुग़ल-ए-आज़म* और इसके गानों को भव्य और महंगे सेटों और शानदार तरीक़े के फ़िल्मांकन के लिए आज भी याद किया जाता है।

'प्यार किया तो डरना क्या' को शकील बदायूंनी के सबसे बेहतरीन गीतों में शुमार किया जाता है। एक नर्तकी सीधे बादशाह अकबर की भूमिका निभा रहे पृथ्वीराज कपूर की आंखों में निडर होकर देखते हुए इस गीत की पंक्तियां, *'पर्दा नहीं जब कोई ख़ुदा से/बंदों से पर्दा करना क्या', गाती है,* और अकबर को अपनी नज़रें झुकाने पर मजबूर कर देती है। ऐसा उस गीत का सिनेमाई जादू था।

यहां तक कि शहज़ादा सलीम की एक मामूली नर्तकी से मोहब्बत मुग़ल साम्राज्य में दरार को उजागर करती है। उस समय भारत भी 1960 के बाद क़ानूनों में बदलाव, अनिश्चितता और मंथन के दशक में प्रवेश करता है।

उस फ़िल्म के दशकों बाद पैदा हुई पीढ़ियां भी जब भारत में प्यार पर पाबंदियों का विरोध करती हैं, तो अब भी यही कहती हैं कि *'प्यार किया तो डरना क्या।'* *मुग़ल-ए-आज़म* की कहानियां भी उतनी ही मशहूर हैं, जितनी कि यह फ़िल्म। इसलिए 2004 में रंगीन बनाने के लिए पहली फ़िल्म के रूप में इसे चुना गया, तो किसी को कोई हैरत नहीं हुई।

एक कहानी यह है कि संगीत निर्देशक नौशाद को शकील ने दो तरह के गीत के दिए थे। शाम से सुबह तक चली एक बैठक में नौशाद ने गीतकार को उत्तर प्रदेश के किसी ऐसे लोकगीत पर विचार करने को कहा, जो चोरी पर नहीं हो, बल्कि प्यार पर हो, और सत्ता के सामने इसी तरह की चुनौती और त्याग को पेश करता हो।

इस फ़िल्म के निर्माण में वर्षों लगे थे। इसके निर्देशक के. आसिफ ने 1944 की शुरुआत में इस अप्रामाणिक घटना पर एक नाटक पढ़ा था, जिसके बाद ये विचार उनके दिमाग़ में बैठ गया था। आख़िरकार बिना किसी मार-धाड़ के दृश्य के, के. आसिफ़ ने जब यह फ़िल्म बनाई, तब ये सबसे महंगी फ़िल्म थी। एक-एक गीत की लागत उतनी थी, जितने में तो एक पूरी फ़िल्म बन जाती थी। *'मोहे पनघट पे नंदलाल छेड़े गयो रे'* जैसी लोकधुनों ने फ़िल्म के बहुआयामी गीत-संगीत में और भी आयाम जोड़ दिए, जिसमें शास्त्रीय संगीत के दिग्गज़ बड़े गुलाम अली ख़ान ने दो गाने गाए थे, *'प्रेम जोगन बन के'* और *'शुभ दिन आयो।'*

हालांकि *'प्यार किया तो डरना क्या'* को इस साल अदालत के एक ऐतिहासिक मुकदमे *के.एम. नानावटी बनाम महाराष्ट्र राज्य* में एक अद्‌भुत गूंज मिली, जिसके परिणामस्वरूप भारत में जूरी प्रणाली समाप्त हो गई।

1959 से बंबई में आईएनएस मैसूर के सेकंड-इन-कमांड एक आकर्षक और बहुत प्रतिष्ठित नौसेना अधिकारी की अपनी अंग्रेज़ पत्नी सिल्विया ने जब प्रेमी (प्रेम आहूजा) से प्रेम के बारे में क़बूल किया, तो इस अधिकारी ने उसके ही बेडरूम में उस प्रेमी का ख़ून कर दिया। इसके बाद नाटकीय तरीक़े से नानावटी पास के पुलिस थाने पहुंचे और वहां अपना जुर्म क़बूल कर लिया।

इस घटना के बाद भारी शोरगुल मचा और अप्रत्याशित तरीक़े से जनसुनवाई हुई, जिसमें बहुत कम लोग उस परिस्थिति में इस ख़ून को सही मान रहे थे। आमतौर पर लोगों ने इस हत्या की निंदा की थी। टेब्लॉइड ब्लिट्ज़ की बेहद मशहूर संपादक रूसी करंजिया ने नौसेना अधिकारी और उसकी पत्नी के प्रेमी के बारे में गहन और अक्सर सनसनीखेज़ रिपोर्टिंग के ज़रिए इस हत्या की निंदा की। जब जूरी ने सत्र

अदालत के स्तर पर उसे दोषी नहीं माना, तो बंबई हाईकोर्ट में इसके ख़िलाफ़ अपील की गई। मुंबई फेबल्स के लेखक ज्ञान प्रकाश ने नानावटी केस को भारत का पहला मीडिया ट्रायल माना और इसे 'अपनी तरह का "ओजे" केस बताया' (कुछ समय पहले के ओजे केस में अमेरिका में अश्वेत एथलीट ओ.जे. सिंपसन ने अपनी पूर्व पत्नी और उसके प्रेमी की हत्या कर दी थी)। माना जाता है कि जिस तरह से ब्लिट्ज़ ने इस घटना के बारे में लिखा और 'जनमत' को प्रभावित किया, उससे साबित हुआ कि किस तरह से 'लोगों' को हथियार बनाया जा सकता है और कारगर तरीक़े से उनका समर्थन हासिल किया जा सकता है। उस समय की अदालतों ने माना कि जूरी भी नानावटी के समर्थन में बड़ी संख्या में लोगों के एकजुट होने से प्रभावित हुई थी। इसके बाद में जूरी सिस्टम को ही ख़त्म कर दिया गया।

5 सितंबर, 1960 को सर्वोच्च न्यायालय ने के.एम. नानावटी की याचिका पर आदेश जारी किया। इस सुनवाई के कई चरणों में अभियोजन पक्ष की सहायता कर रहे एक क़ाबिल क्रिमिनल लॉयर राम जेठमलानी भी पेश हुए थे। आख़िरकार, तीन साल की जेल के बाद नानावटी को राज्य की राज्यपाल विजय लक्ष्मी पंडित ने प्रेम आहूजा की बहन की सहमति के बाद क्षमादान दे दिया।

बाद में, इस सच्ची घटना से प्रेरित होकर कम से कम तीन फ़िल्में, *ये रास्ते हैं प्यार के* (1963), *अचानक* (1973), और *रुस्तम* (2016) बनीं।

इस महत्त्वपूर्ण मुकदमे के अलावा, अख़बारों में 1960 के असम बनाम बंगाली के दंगों के बारे में भी बहुत ज़्यादा लिखा गया था। विवाद की जड़ यह थी कि असम के असमी भाषी निवासियों को लगता था कि रोज़गार के सारे अवसर विभाजन के बाद आए बंगालियों द्वारा हड़पे जा रहे हैं। जल्द ही मामला हाथ से निकल गया और गृहमंत्री लाल बहादुर शास्त्री को असम जाना पड़ा और राजभाषा के रूप में असमी के इस्तेमाल का बार-बार आश्वासन देना पड़ा, लेकिन साथ में उन्होंने यह भी कहा कि जहां बांग्लाभाषी बहुसंख्यक हैं, वहां बांग्ला इस्तेमाल की जाएगी। बाद में भारत में आने वाले दशकों में यह मसला फिर से उठता रहा और परेशानी पैदा करता रहा।

इसी साल बंबई का भाषाई आधार पर विभाजन हुआ और गुजरात तथा महाराष्ट्र दो नए राज्य बने। हालांकि बंबई देश की आर्थिक राजधानी बना रहा।

1960 का दशक सांस्कृतिक और राजनीतिक रूप से अंतरराष्ट्रीय स्तर पर सरगर्मी भरा रहा। ऐसा लगता है कि भारत पर भी इसका दूरगामी असर पड़ा। हालांकि दशक के पहले साल में ऐसा कुछ ख़ास नहीं था, जिससे लगे कि 1950 के आशा भरे दशक के बाद इस दशक में उथल-पुथल और बेचैन करने वाले सवाल सामने आएंगे।

भारतीय खेलों के लिए भी यह साल काफ़ी घटनापूर्ण रहा। भारतीय हॉकी को रोम ओलिंपिक खेलों में झटका लगा। 1928 के बाद, पहली बार ऐसा हुआ, जब

भारतीय टीम स्वर्ण पदक नहीं जीत पाई। इतना ही नहीं, फ़ाइनल में पाकिस्तान के हाथों शिकस्त झेलनी पड़ी।

एथलेटिक्स में मिल्खा सिंह की दौड़ स्वदेश में एक किंवदंती की तरह छा गई, जबकि यहां ट्रैक इवेंट्स की ज़्यादा चर्चा होती ही नहीं थी। 400 मीटर की दौड़ के फ़ाइनल में मिल्खा सिंह 45.6 सेकेंड के समय के साथ चौथे नंबर पर रहे थे। चवालीस सालों तक यह भारतीय रिकॉर्ड बना रहा।

इसी साल गुरुदत्त की हिट फ़िल्म *चौदहवीं का चांद* रिलीज़ हुई, जिसमें इसके शीर्षक गीत ने धूम मचा दी। बॉक्स ऑफ़िस पर बुरी तरह से असफल रही *काग़ज़ के फूल* के बाद संगीतकार एस.डी. बर्मन ने गुरुदत्त के साथ काम करने से इंकार कर दिया था, जिस कारण चौदहवीं का चांद में संगीत निर्देशन रवि ने किया था। लखनऊ के नवाबों की पुरानी दुनिया के प्रेम-त्रिकोण की इस फ़िल्म का यह गीत भारत के महत्त्वपूर्ण हिस्से को प्रस्तुत करता था, जो पुरानी सामंती व्यवस्था से परिचित था और उसे लेकर भावुक था।

1961 : *ऐ मेरे प्यारे वतन*

ऐ मेरे प्यारे वतन
ऐ मेरे बिछुड़े चमन
तुझपे दिल क़ुर्बान

गीत : प्रेम धवन
संगीत : सलिल चौधरी
गायन : मन्ना डे
फ़िल्म : *काबुलीवाला*

बैगी पेंट, पठानी लिबास, चेहरे पर दाढ़ी, इस सब को हल्के से पैन होता कैमरा अफ़ग़ान पात्रों की तरफ़ शिफ़्ट होते हुए क़ैद करता है। ये लोग कलकत्ता में एक कमरे में उदास और बेचैन मुद्रा में बैठे हैं। कैमरा बलराज साहनी पर फ़ोकस होता है, और अपने वतन काबुल को याद करते हुए वो मन्ना डे की आवाज़ में गाने लगते हैं। '*ऐ मेरे प्यारे वतन*,' और रवींद्रनाथ टैगोर की कहानी 'काबुलीवाला' का मनोभाव 4 मिनट 58 सेकेंड के इस गीत में सजीव हो उठता है।

यह कहानी एक ड्राई-फ़्रूट बेचने वाले की कहानी है, जो रोज़ी-रोटी कमाने कलकत्ता आता है, जहां उसे एक छोटी-सी लड़की को देखकर अपनी बेटी की याद आ जाती है, जिसे वह अपने घर पर छोड़कर यहां आया है। यह फ़िल्म जिस फ़िल्म पर आधारित थी, वह मूल रूप में बंगाली में बनी थी, जिसका संगीत रविशंकर ने दिया था और बर्लिन फ़िल्म समारोह में संगीत का पुरस्कार जीत चुकी थी, जबकि उस फ़िल्म में एक भी गीत नहीं था। हिंदी रीमेक के लिए 'ऐ मेरे प्यारे वतन' जैसे गीतों के लिए जगह बनाई गई। हालांकि यह फ़िल्म इस अर्थ में भिन्न थी कि इसमें कोई

रोमांटिक गाना नहीं था, जबकि 1950 और 60 के दशकों में फ़िल्मों में रोमांटिक गाने बहुत अहम होते थे। इस गाने की असली ताक़त सलिल चौधरी की धुन के अलावा, मन्ना डे के गायन की शैली भी थी। मदन मोहन ने इसे तक़रीबन फुसफुसाने की शैली में गाया हुआ बताया था, जिसमें अत्यधिक दुख की मानसिकता के बावजूद शाश्वत शांति की भाव संप्रेषित होता है। बताते हैं कि रिकॉर्डिस्ट बी.एन. शर्मा ने तो मन्ना डे से पूछ भी लिया था कि क्या उनकी आवाज़ में कोई परेशानी है।

इस गीत की रचना प्रेम धवन ने की थी, जिन्होंने आगे चलकर *शहीद* तथा *पूरब और पश्चिम* जैसी गीतों के लिए भी देशभक्तिपूर्ण गीतों की रचना की। इस यादगार फ़िल्म के निर्माण में उनकी अहम भूमिका थी। धवन ने 1946 में फ़िल्मी गीत रचना की शुरुआत की थी, लेकिन वे कोरियोग्राफ़र भी थे और उन्होंने शास्त्रीय संगीत की शिक्षा ली थी। इसके पहले उन्होंने ब्रिटिश सरकार के ख़िलाफ़ कई राजनीतिक अभियानों में भी हिस्सा लिया था और बंबई में भारतीय कम्युनिस्ट पार्टी और इप्टा (इंडियन पीपल्स थिएटर एसोसिएशन) के सदस्य के तौर पर उनकी ख्याति थी।

इस गीत का कमाल और परिस्थिति ऐसी थी कि यह इतना हिट हुआ कि यह भारतीय देशभक्ति का प्रतीक बन गया, जबकि यह अफ़गानी फल विक्रेता के बारे में था, जो अपने वतन काबुल को याद कर रहा था।

देशभक्ति का विचार जल्द ही भारत में और ज़्यादा जटिल हो गया और चीन के पहलू का भी इस पर असर दिखने लगा। चीन के साथ सीमा विवाद पर मुश्किल सवाल उठने लगे थे। यह विवाद ना केवल प्रधानमंत्री नेहरू के अंदर बेचैनी पैदा कर रहा था, बल्कि उनकी पार्टी के अंदर और बाहर भी इसको लेकर असहजता थी। चाऊ एनलाई के साथ हुई बैठक असफल रही थी। भारत सरकार ने एक के बाद एक कई श्वेत पत्र इस बारे में जारी किए थे।

इस साल संसद में ना केवल सोशलिस्ट आचार्य कृपलानी और जनसंघ के अटल बिहारी वाजेयी जैसे विपक्षी नेताओं ने बल्कि कांग्रेस के सांसदों ने भी अपने भाषणों के ज़रिए नेहरू की दुविधा बढ़ा दी। यह साल प्रधानमंत्री के लिए आसान नहीं रहा, जिनके बारे में माना जाता था कि वे चीन के साथ संबंध मधुर करने में दिलचस्पी रखते थे। वे विवाद बढ़ाने के इच्छुक नहीं थे। ज़मीन पर हो रही घटनाओं और रक्षामंत्री कृष्ण मेनन के आंखों पर पट्टी बांधे रहने के कारण जनता में भी नेहरू के प्रति धारणा बदल रही थी।

इतिहासकार श्रीनाथ राघवन ने इस साल की शुरुआत में मंत्रिमंडल की विदेश मामलों की समिति की बैठक के बारे में लिखा है, जिसमें कृष्ण मेनन ने एक 'टेढ़ा-मेढ़ा' रास्ता सुझाया था, जिसके अनुसार चीन द्वारा भारतीय क्षेत्र के अंदर चौकियां स्थापित करने के जवाब में, उन इलाक़ों में भारतीय चौकियां स्थापित करने का सुझाव

दिया था, जिन इलाक़ों पर चीन दावा तो करता है, लेकिन वास्तव में उन पर उसने. कब्ज़ा नहीं किया है। हालांकि राघवन लिखते हैं, 'कोई कार्रवाई नहीं की गई, जिसका कारण सेना द्वारा सामान की ढुलाई में आने वाली कठिनाइयों को माना गया।' भारत की दौलत बेग ओल्डी चौकी से पूर्व दिशा में केवल चार किलोमीटर की दूरी पर चिप चाप घाटी में चीन द्वारा चौकी स्थापित करने से भारत में बढ़ रही चिंताओं के कारण प्रधानमंत्री ने 2 नवंबर, 1961 को अपने सैन्य और नागरिक सलाहकारों के साथ बैठक की और एक 'फ़ॉरवर्ड पॉलिसी' तैयार की, जिसका इरादा 'चौकियां स्थापित करके और गश्त सुनिश्चित करके चीन को और आगे बढ़ने से रोकना' था।

हालांकि 'फ़ॉरवर्ड पॉलिसी' ठीक तरह से लागू नहीं हुई, जैसा कि नेहरू ने संसदीय भाषणों में बताया, और समस्याएं दोनों तरफ़ से थीं; नेहरू और मेनन ने 1960 और 1962 के बीच सैन्य बजट में वास्तव में कटौती कर दी थी, और उपकरण ख़रीदने की सेना की मांग की अनदेखी कर दी थी। हालांकि सेनाध्यक्ष जनरल पी.एन. थापर और चीफ़ ऑफ़ ग्राउंड स्टाफ़ बी.एम. कौल ने भी और ज़्यादा रक्षा उपकरण ख़रीदने की तत्काल आवश्यकता के बारे में सही तरीक़े से नहीं बताया था। निश्चित रूप से भारत ने इस बात के सटीक और केंद्रित संस्थानिक सहयोग में चूक कर दी थी कि 'सीमित टकराव' का सही-सही मतलब क्या है, या कैसे चीनी सैनिकों और उनके जुटाए साजो-सामान से कैसे निपटा जाए।

इस बीच, पश्चिमी तट पर ज़्यादा सैन्य कार्रवाई हुई। पुर्तगाल से गोवा छोड़ देने की मांग के क़रीब एक दशक के अहिंसक प्रयासों के बाद भारत ने गोवा मुक्ति के लिए 18 दिसंबर को सैन्य कार्रवाई शुरू कर दी। डेढ़ दिन के ऑपरेशन विजय के बाद पुर्तगाली गवर्नर ने समर्पण कर दिया और गोवा स्वतंत्र भारत का हिस्सा बन गया।

इस साल को भारत के विभाजन के बाद पहले प्रमुख और बड़े हिंदू-मुस्लिम दंगे के लिए भी जाना जाता है। जबलपुर में भड़के सांप्रदायिक दंगों में जुलाहे और बीड़ी मज़दूरों पर भारी असर पड़ा और बड़ी संख्या में जानें गईं। क़रीब एक दशक अपेक्षाकृत रूप से शांति से बीतने के बाद हुए इन दंगों का असर दूरगामी था। इससे सांप्रदायिक हिंसा भड़काने के तरीक़े प्रभावित हुए और इस दशक में परेशान करने वाली कई घटनाओं का स्वरूप स्थापित हो गया।

इस साल *प्यारे वतन* की घेरेबंदी हो रही थी और बहुत ज़्यादा घटनापूर्ण दशक की शुरुआत होने जा रही थी। गुरुदत्त की *साहिब बीवी और गुलाम* के साथ ही लोकप्रिय संगीत नई ऊंचाइयां छू रहा था, जिसमें सामंती युग में प्रेम त्रिकोण की उदास, लेकिन आकर्षक तसवीर का चित्रण किया गया था। इसका संगीत इसकी दुखभरी विषय-वस्तु से मेल खाता था और आज भी इसके गीत दिल को अंदर तक छू जाते हैं। किशोर कुमार अपने भाई अशोक कुमार के कहने पर एक सफल हास्य

कलाकार की भूमिकाएं निभाने के साथ-साथ गाने भी गा रहे थे। सलिल चौधरी जैसे संगीतकार शास्त्रीय और लोक संगीत के प्रभाव की सीमाओं से परे जाते रहे; *हाफ़ टिकट* में *'वो एक निगाह क्या मिली, तबीयत ही मचल गई'* गीत किशोर कुमार और हेलन पर फ़िल्माया गया था, जिस पर पश्चिमी संगीत का गहरा असर था। फ़िल्म *छाया* में तलत महमूद और लता मंगेशकर ने जो गीत गाया, वह मोज़ार्ट सिंफ़नी से ही प्रेरित था।

1962 : *कहीं दीप जले कहीं दिल*

दुश्मन हैं हज़ारों यहां जान के
ज़रा मिलना नज़र पहचान के
कई रूप के हैं क़ातिल
ज़रा देख ले आकर परवाने

गीत : शकील बदायूंनी
संगीत : हेमंत कुमार
गायन : लता मंगेशकर
फ़िल्म : *बीस साल बाद*

'कहीं दीप जले कहीं दिल' तक़रीबन रद्द ही हो चुका था। अस्थमा और साइनस से परेशान लता मंगेशकर ने पेशेवर गायन से ब्रेक ले लिया था, और अपनी आवाज़ खो देने के भारी डर के बीच उन्होंने यह गाना गाया था।

जो उतार-चढ़ाव और विरह की भावना उन्होंने इस गीत में डाली उसका कारण शायद यह भी था कि असल जीवन में भी वह काफ़ी कमज़ोर महसूस कर रही थीं। शकील बदायूंनी के बोलों ने इसे पूर्ण बना दिया था, और *'भुतहापन और बेकरारी'* की भावनाओं को गीत में शामिल किया। इस फ़िल्म में सर आर्थर कानन डायल के द हाउंड ऑफ़ द बास्करविलेज़ का बहुत सराहनीय तरीक़े से रूपांतरण किया गया और यह गीत आज भी हिट है। हेमंत कुमार के खाते में कई शानदार और असाधारण धुने हैं, लेकिन उन्हें प्रेस में उतना महत्त्व कभी नहीं मिला जितना एस.डी. बर्मन और सलिल चौधरी को मिला। हालांकि रवींद्र संगीत में उनकी प्रवीणता से उन्हें बहुत मदद मिली और वे अपने संगीत में गहराई ला पाए।

यह गीत ऐसी महिला की बात कहता था, जो मुश्किलों के दलदल से निकलने में असमर्थ हैं, और आने वाले ख़तरों से आगाह करती है – *'दुश्मन हैं हज़ारों यहां जान के, कई रूप के हैं क़ातिल।'* इन बोलों को उन परेशानियों के प्रतीक के रूप में देखा जा सकता है, जो इस साल जवाहरलाल नेहरू के सामने आने वाले थे, जबकि वे तीसरे आम चुनावों में जीत हासिल भी कर चुके थे। चीन से बदला ले पाने में उनकी असमर्थता और उसे बहुत ज़्यादाढील देने को लेकर और आख़िर में देश के सबसे बड़े पड़ोसी के साथ युद्ध की स्थिति में आने को लेकर पार्टी के अंदर और बाहर उन पर ताने मारे जाने लगे थे।

हालांकि फ़रवरी का महीना काफ़ी ख़ुशनुमा था और एक सप्ताह चले मतदान के बाद स्वतंत्र भारत ने तीसरी बार अपनी सरकार चुनी थी, और जवाहरलाल नेहरू प्रधानमंत्री बने थे। कुल 494 लोकसभा सीटों में से कांग्रेस को 361 पर जीत मिली थी। 1952 और 1957 के लोकसभा चुनावों में कुछ दो सदस्यीय लोकसभा क्षेत्र होते थे (मौजूदा दौर में चलने वाले सीटों के आरक्षण से पहले), लेकिन 1962 के चुनावों में कोई भी दो सदस्यीय लोकसभा क्षेत्र नहीं था। भारतीय कम्युनिस्ट पार्टी संसद में दूसरी सबसे बड़ी पार्टी और प्रमुख विपक्षी दल बनी, लेकिन उसकी सीटें कांग्रेस से बहुत ज़्यादा कम, मात्र उन्तीस थीं। यह आख़िरी आम चुनाव था, जिसमें कम्युनिस्ट पार्टी अविभाजित रूप में लड़ी थी।

इन चुनावों में वोट डालने वाले मतदाताओं की पहचान के लिए उनकी अंगुलियों पर अमिट स्याही का पहली बार इस्तेमाल किया गया था। बहुत बाद में इक्कीसवीं सदी के दूसरे दशक में इस सरल प्रक्रिया को कई अन्य देशों ने अपनाया।

इसी समय अकाली दल और द्रविड़ मुनेत्र कड़गम (डीएमके) ने लोकसभा में प्रवेश किया, जो कि क्षेत्रीय आकांक्षाओं के मज़बूत होने का संकेत था। भाषाई आधार राज्यों के गठन के तुरंत बाद ऐसा होना ही था। कांग्रेस से कई वरिष्ठ नेता अलग हो गए थे, लेकिन इस चुनावी जीत के बाद कांग्रेस फिर से मज़बूत हो गई थी।

हालांकि इस साल का अक्टूबर का मौसम उतना सुहावना नहीं रहा। तिब्बत में अक्साई चिन से होकरमार्ग हासिल करने के लिए बेचैन चीन भारतीय चौकियों की तरफ़ बढ़ता आ रहा था, और भारत अपने पहले बड़े युद्ध में उलझ गया। सीमा विवाद के कारण भारत–चीन संबंधों में असहजता आ ही चुकी थी, और भारत के दलाई लामा के साथ संबंध भी इसमें एक कारण थे, क्योंकि तिब्बत पर दावा करने के बाद चीन ने इसे सहजता से नहीं लिया था। '24 अक्टूबर तक चीन ने उत्तरी और मध्य लद्दाख के इलाक़े पर 1960 के अपने दावे के अनुसार कारगर रूप से नियंत्रण कर लिया। नॉर्थ–ईस्ट फ्रंटियर एजेंसी (नेफ़ा) में भी उसने मैकमोहन लाइन से लगी भारत के ठिकानों पर क़ब्ज़ा कर लिया।'

अक्टूबर का महीना काफ़ी कठिनाई भरा था, क्योंकि रक्षामंत्री वी.के. कृष्ण मेनन का भारी विरोध होने लगा था और उनके इस्तीफ़े या बर्ख़ास्तगी की उग्र मांग बार-बार उठने लगी थी। आख़िरकार, नेहरू को उनका त्यागपत्र स्वीकार करना पड़ गया। स्वतंत्र भारत में राजनीतिक माहौल में अचानक बदलाव का भी यह बेहतरीन उदाहरण था। मात्र एक साल पहले, गोवा विलय की शानदार उपलब्धि के बाद, मेनन ने उत्तर बंबई लोकसभा सीट के उपचुनाव में आचार्य कृपलानी जैसे अपराजेय दिग्गज को बड़ी आसानी से हरा दिया था। हालांकि अब भारत-चीन युद्ध के लिए भारत की अपर्याप्त तैयारी की नैतिक ज़िम्मेदारी उन्हें लेनी पड़ी थी और केवल एक साल के अंदर ही उन्हें मंत्रिमंडल से हटना पड़ गया था।

वी.के. कृष्ण मेनन गुट निरपेक्ष नीति के प्रबल समर्थक थे और कड़े रवैये के कारण पश्चिमी देशों के नेता उन्हें नापसंद करते थे। उन्हें बहुत ही हाज़िर जवाब, मज़बूत और कुशल वक्ता माना जाता था, लेकिन साथ ही लोग उन्हें घमंडी तथा बड़बोला कहकर उनकी आलोचना भी करते थे। वे एकमात्र भारतीय मंत्री थे, जो सिमॉन और गारफंकेल के गीत *'अ सिंपल डेज़ल्टरी फ़िलिपिक'* (1965) गीत गा सकते थे।

अब प्रधानमंत्री नेहरू पर रक्षा मंत्रालय संभालने का भारी दबाव था। हालांकि उन्होंने सेनाध्यक्षों से कहा था, 'हमारी व्यापक रणनीति तो राजनीतिक कारकों से तय होगी, लेकिन विस्तृत रणनीति-ख़ासकर दांव-पेंच सैन्य रूप से परखी जानी चाहिए', लेकिन विश्लेषकों का कहना है कि जिस महत्त्वपूर्ण मौक़े पर राजनेता अपनी भूमिका निभा चुके हों, उसमें सेनाध्यक्षों को शामिल करने का फ़ैसला विनाशकारी साबित हुआ। इस बीच, चीन ने भारत को आक्रमणकारी बताया और चाऊ एनलाई ने भारत के सामने तीन सूत्रीय समाधान का प्रस्ताव दिया। हालांकि भारत को लगा कि इस प्रस्ताव को स्वीकार करने का मतलब चीन द्वारा जबरन क़ब्ज़ाई ज़मीन पर उसके अधिकार को मान्यता देना होगा। युद्ध जारी रहा। नेहरू की सोवियत संघ के प्रधानमंत्री निकिता ख़ुश्चेव से अपील अनसुनी रह गई। नेफ़ा में चीन पहले ही आ चुका था और अब असम की तरफ़ बढ़ रहा था। हालांकि नेहरू ने अमेरिकी राष्ट्रपति जॉन एफ़ कैनेडी से मदद मांगी, तब चीन ने 21 नवंबर को युद्धविराम की घोषणा कर दी, जिससे भारत और ज़्यादा शर्मिंदगी झेलने से बच गया।

हालांकि इस हार से भारत को बहुत बड़ा झटका लगा। भारतीयों ने ही नहीं, पूरी दुनिया ने इसे महसूस किया। 26 दिसंबर से शुरू हुई कश्मीर के मसले पर पाकिस्तान और चीन के साथ बैठक में पाकिस्तान 1948 से पूर्व के अपने रवैये पर लौट आया और ज़ुल्फ़िकार अली भुट्टो ने भारतीय विदेश सचिव से कह दिया - 'आपका देश पराजित हो चुका है, आपको पता नहीं?'

इस हार से भारत के अंदर भी जवाहरलाल नेहरू की स्थिति को नुक़सान पहुंचा। कुछ समय पहले तक जिन नेताओं की नेहरू के सामने कोई औकात नहीं थी, वे तक तैयारी की कमी और कुप्रबंधन को लेकर उन्हें खरी-खोटी सुनाने लगे। निर्धन देशों के साथ मित्रता के नेहरू के विश्वास को कड़ी चोट पहुंची। बांडुंग नीति कमज़ोर लगने लगी थी और 1949 में चीनी क्रांति के बाद से ही अंतरराष्ट्रीय मंचों पर भारत चीन को जो समर्थन देता रहा था, वह शांतिपूर्ण सह-अस्तित्व के पंचशील के सिद्धांतों के साथ अचानक अनुपयुक्त लगने लगा था। सोवियत संघ द्वारा भारत का खुलकर साथ नहीं देना भी कई लोगों को बहुत अखरा।

भारतीय कम्युनिस्ट पार्टी इस मोड़ पर गंभीर आंतरिक मतभेदों के कारण कमज़ोर हो गई। महासचिव अजय घोष के निधन और नेहरू सरकार का समर्थन करने वाले एस.ए. डांगे के उदय से पार्टी में मतभेद और गहरा गए। एक बड़े तबके को लगने लगा था कि सीमा पर आक्रामकता की ज़रूरत नहीं थी और पड़ोसी के साथ सशस्त्र संघर्ष से नहीं, बल्कि बातचीत के ज़रिए समाधान निकाला जाना चाहिए था। इसलिए, भारतीय कम्युनिस्ट पार्टी सरकारी लाइन का समर्थन करने के पक्ष में नहीं थी। हमले के कई दिनों तक पार्टी की चुप्पी से उनके रवैये के बारे में संदेह और गहरा गया। देश की मानसिकता आहत होती जा रही थी, और ऐसे में कम्युनिस्ट इस मानसिकता के साथ चलते नहीं दिख रहे थे। 26 अक्टूबर को घोषित आपातकाल के बाद हज़ारों कम्युनिस्टों को गिरफ़्तार कर लिया गया। देश में पहली बार संविधान के अनुच्छेद 352 का इस्तेमाल किया गया।

समानांतर रूप से, जनसंघ ने भी 'राष्ट्रवाद' की इस भावना को भुनाना शुरू किया और महात्मा गांधी की हत्या करने वाले हिंदू उग्रवादियों का तो इसे साथ था ही। अटल बिहारी वाजपेयी जैसे नेताओं ने अपनी भाषण कला से इसका प्रभाव और ज़्यादा बढ़ाया।

संयोग से, अप्रैल में ही मीट्रिक भार को एकरूप बना दिया गया और पूरे देश में इसे स्वीकार कर लिया गया।

1963 : चलो इक बार फिर से

चलो इक बार फिर से, अजनबी बन जाएं हम दोनों
वो अफ़साना जिसे अंजाम तक लाना न हो मुमकिन
उसे एक ख़ूबसूरत मोड़ देकर छोड़ना अच्छा

गीत : साहिर लुधियानवी
संगीत : रवि
गायन : महेंद्र कपूर
फ़िल्म : *गुमराह*

सामाजिक बदलाव और साहसिक विषयों पर फ़िल्में बनाने वाले निर्देशक बी.आर. चोपड़ा ने गुमराह में एक मार्मिक प्रेम त्रिकोण की कहानी का निर्देशन किया, और इसका गीत, *'चलो एक बार फिर से, अजनबी बन जाए हम दोनों'*, कई कारणों से आज भी यादगार बना हुआ है।

गहरे किंतु अधूरे प्यार के बुनियादी इंसानी ज़ज्बात को सरल तरीक़े से पेश करने वाला यह गीत साहिर लुधियानवी के काव्य-संग्रह 'तल्खियां' से लिया गया था। उनकी जीवनीकार अक्षय मनवानी बताते हैं कि पहले यह *'ख़ूब़सूरत मोड़'* शीर्षक से प्रकाशित हुआ था।

इस गाने में केंद्र में पियानो के इर्द-गिर्द तीनों अभिनेता दिखाई देते हैं, और कुछ ही मिनटों के अंदर अपने मुश्किल हालात को पूरी शिद्दत से चित्रित करते हैं। फ़िल्म का पूरा भाव समझने के लिए यही एक गाना देखना काफ़ी है। उन दिनों ऐसे कई सारे गाने 'परिवार' के ड्राइंगरूम में रखे पियानो के साथ फ़िल्माए जाते थे, जिससे निर्देशक को भावनात्मक उतार-चढ़ाव दिखाने का काफ़ी मौक़ा मिल जाता था।

पर्दे पर इस गीत को गाने वाले पात्र की भूमिका सुनील दत्त ने निभाई थी। वो माला सिन्हा से प्यार करते हैं, लेकिन उसकी शादी एक वकील अशोक कुमार से हो चुकी है, जो अपने काम में बहुत ज़्यादा व्यस्त रहता है। पति को अपनी पत्नी पर संदेह हो जाता है, और वह इस सिचुएशन के ज़रिए दोनों का आमना-सामना करवाकर उनके भाव समझना चाहता है। तीनों फ्रेम में अंदर-बाहर होते रहते हैं, और हर कोई गीत के बोलों के साथ-साथ हरेक अपने असली भाव छिपाने की कोशिश करते रहते हैं, जिसमें वे कभी कामयाब होते हैं, तो कभी नाकाम रहते हैं।

जहां गुमराह की कहानी विवाह की 'लक्ष्मण रेखा' के अंदर ही रही, लेकिन विवाह की सीमाओं से बाहर प्यार की तलाश को नैतिकता या अपराध के दायरे से बाहर माना जाना, भारत में चल रही बदलाव की लहर को भी दर्शाता है। तुलनात्मक रूप से कोशिश कमज़ोर रही, और फ़िल्म अंत में वैवाहिक रिश्ते को ही मान्यता देती है, लेकिन इस गीत में प्रेमी एक शादीशुदा महिला के साथ अपने अंतरंग रिश्ते को पूरी तरह से व्यक्त करता है और प्रेमिका भी उसकी भावनाओं को स्वीकार करती दिखती है।

महेंद्र कपूर द्वारा पूरी ख़ूबसूरती के साथ गाया यह गीत आज भी कई अधूरी रह गईं प्रेम कहानियों के गीत के रूप में बजता है। इस गीत की धुन रवि ने बनाई थी, जो 1960 की *चौदहवीं का चांद* के साथ पहले ही ऊंचाइयों पर पहुंच चुके थे।

आज तक यह अनुमान लगाया जाता है कि यह गीत साहिर के दिल के बहुत क़रीब था और इसे उन्होंने अपनी साथी कवयित्री अमृता प्रीतम के लिए लिखा था। साहिर अविवाहित थे और अमृता प्रीतम ने ख़ुद स्वीकार किया है कि वे दोनों काफ़ी क़रीब थे (अमृता का विवाह किसी और से हुआ था। साहिर के साथ लंबी और ख़ामोश मुलाक़ातों के बाद वे उनके फेंके हुए सिगरेट के टुकड़े उठाती थीं और उन्हें सुलगाकर पीती थीं)। क्या इसके पहले 1960 में उन्हें सुधा मल्होत्रा से प्यार हो गया था और उनकी ही बात इस गीत में की थी? कई जीवनीकार इसे ऐसा कोई सुझाव मानने में लगे रहे कि इस प्रेम कहानी को उस ख़ूबसूरत मोड़ पर छोड़ दिया जाए, जिसे अंजाम तक पहुंचाना या उसकी सार्वजनिक घोषणा मुमकिन नहीं है।

शक, अधूरा प्यार, कई तरह की प्रतिबद्धताएं, और साथ में भ्रम तथा बेचैनी के दौर से देश 1963 के आरंभ में गुज़र रहा था। चीन के साथ एक माह से कम चले युद्ध में हार का भारत पर बुरा असर पड़ा था। 1960 का दशक पहले से ही तनाव के संकेत दे रहा था, क्योंकि 1950 के दशक के वादे बहुत दूर थे।

फिर से निर्वाचित होने के एक साल के अंदर ही जवाहरलाल नेहरू उदासी में घिरे थे। उन घटनाओं से वे स्तब्ध थे, जिन्होंने उनके कई ऐसे बुनियादी सिद्धांतों को सवालों के घेरे में ला दिया था, जिनकी उन्होंने शपथ ली थी, और भारत के 'नियति से साक्षात्कार' वाले भाषण के पहले ही जिनके लिए वे लड़ते रहे थे।

1963 में नेहरू की चिंता एक तरफ़ थी, तो समाजवादियों और हिंदू पुनरुत्थानवादियों की स्थितियों में सुधार हो रहा था। अब यह महत्त्वपूर्ण है कि प्रजा सोशलिस्ट पार्टी के संस्थापक और समाजवादी दिग्गज राम मनोहर लोहिया नेहरू के विरोध में काफ़ी हल्के पड़ रहे थे और उन्होंने उपचुनाव में हिंदू पुनरुत्थानवादी जनसंघ के साथ गठबंधन किया। उन्होंने स्वतंत्र पार्टी और कम्युनिस्टों से भी नेहरू का विरोध करने की अपील की।

राजनैतिक मुख्यधारा में इस मौन आह्वान ने जनसंघ के पुनर्वास में काफ़ी मदद की जो कि अपने वैचारिक जनक आरएसएस की महात्मा गांधी की हत्या में भूमिका के कारण अब तक बैकफुट पर था। उपचुनावों के ज़रिए मीनू मसानी, आचार्य कृपलानी और राम मनोहर लोहिया लोकसभा पहुंच गए।

चीन के ख़िलाफ़ युद्ध में पराजय के बाद लोकसभा में पहला अविश्वास प्रस्ताव लाया गया, जिसे अगस्त, 1963 में आचार्य कृपलानी ने पेश किया था। हालांकि सरकार ने इस प्रस्ताव को आसानी से पराजित कर दिया, लेकिन चार दिनों तक चलने वाली उग्र बहस ने नेहरू सरकार की अजेयता के आभामंडल को छिन्न-भिन्न कर दिया।

तमिलनाडु के मुख्यमंत्री ने कथित 'कामराज योजना' पेश की, और मंत्रियों से त्यागपत्र देकर पार्टी के लिए काम करने का आह्वान किया। छह केंद्रीय मंत्रियों ने इस योजना के तहत इस्तीफ़ा दे दिया।

चीन के साथ युद्ध ने आर्थिक असुरक्षा भी बढ़ा दी। विदेशी मुद्रा भंडार में तेज़ी से आ रही गिरावट को थामने के लिए स्वर्ण नियंत्रण शुरू किया गया। वित्तमंत्री मोरारजी देसाई ने चौदह कैरेट से ज़्यादा के स्वर्ण आभूषणों के उत्पादन पर प्रतिबंध लगा दिया। इस क़ानून के तहत व्यक्ति और परिवार अधिकतम 2 किलोग्राम सोना और 4 किलोग्राम चांदी ही अपने पास रख सकते थे, जो कि आभूषणों के रूप में ही हो सकता था। आभूषणों की दुकान खोलने या बनाने के लिए लाइसेंस ज़रूरी कर दिया गया था। बंबई बुलियन एसोसिएशन इस कदर स्तब्ध था कि उसे अपने सदस्यों को हुए नुक़सान को पूरा करने के लिए झावेरी बाज़ार की अपनी सामने की इमारत तक बेचनी पड़ी।

जनवरी में मोर को देश का राष्ट्रीय पक्षी घोषित किया गया।

इसी साल भारत में पहली महिला मुख्यमंत्री भी बनी। उत्तर प्रदेश में सुचेता कृपलानी ने मुख्यमंत्री का पद संभाला। समाजवादी नेता आचार्य कृपलानी की पत्नी सुचेता ख़ुद भी स्वतंत्रता सेनानी रह चुकी थीं, और इंद्रप्रस्थ कॉलेज तथा सेंट स्टीफ़ंस कॉलेज में पढ़ाई करने के बाद, बनारस हिंदू विश्वविद्यालय में अध्यापन भी कर चुकी थीं। उन्होंने भारत छोड़ो आंदोलन में हिस्सा लिया था, और 1952 तथा 1957 में

सांसद निर्वाचित होने के बाद, 1962 में वे उत्तर प्रदेश विधानसभा की सदस्य निर्वाचित हुई थीं।

जहां उत्तर भारत में वर्ग/जाति और रोज़गार के मुद्दों को लेकर 1989 में जागृति आई, वहीं दक्षिण में इन सवालों को लेकर पहले से ही हलचल शुरू हो चुकी थी। 1962 में मैसूर राज्य ने घोषणा की कि समाज में पिछड़ी और अधिक पिछड़ी जातियां हैं, और पिछड़ी जातियों के लिए 68 प्रतिशत सीटें आरक्षित की जाएंगी। इसे 23 याचिकाकर्ताओं ने सर्वोच्च न्यायालय में चुनौती दी। इन लोगों का तर्क था कि पिछड़े वर्गों की सूची केवल जाति के आधार पर तैयार की गई है और असंवैधानिक है। अदालत ने फ़ैसला दिया कि 68 प्रतिशत का आरक्षण संविधान के अनुच्छेद 16 (4) के अनुरूप नहीं है। *एम.आर. बालाजी और अन्य बनाम मैसूर* राज्य मामले में यह निर्णय लिया गया कि पिछड़े वर्गों के लिए अधिकतम 50 प्रतिशत आरक्षण किया जा सकता है। बाद में इसमें संशोधन किया गया, लेकिन अपने समय में यह महत्त्वपूर्ण निर्णय था।

1963 में ही भारत का अंतरिक्ष युग भी आरंभ हुआ। ध्वनि रॉकेट ऊपरी वायुमंडलीय क्षेत्रों की पड़ताल और अंतरिक्ष अनुसंधान के लिए उपयोग किए जाने वाले एक या दो-स्तरीय ठोस प्रणोदक रॉकेट होते हैं। इस साल 21 नवंबर को तिरुवनंतपुरम के पास थुंबा से एक ध्वनि रॉकेट का प्रक्षेपण किया गया था।

दिसंबर के अंत में कश्मीर में हज़रत बल से पवित्र निशानियों (जिन्हें पैगंबर हज़रत मोहम्मद के बाल माना जाता था) की चोरी के बाद वहां फिर अशांति फैल गई। एक सप्ताह के अंदर इसकी रहस्यमय बरामदगी और ज़्यादा तनाव पैदा होने का संकेत थी, जिसके परिणाम जल्द ही सामने आने वाले थे।

1963 कई अहम तरीक़ों से भारत के लिए दर्दनाक, भ्रामक और धोखेबाज़ी भरा रहा, और देश जिस 'ख़ूबसूरत मोड़' की उम्मीद कर रहा था, वह मोड़ काफ़ी दूर था।

1964 : होके मजबूर मुझे उसने भुलाया होगा

ज़हर चुपके से दवा जानके खाया होगा
दिल ने ऐसे भी कुछ अफ़साने सुनाए होंगे
अश्क आंखों ने पिए और न बहाए होंगे

गीत : कैफ़ी आज़मी
संगीत : मदन मोहन
गायन : मोहम्मद रफ़ी, तलत महमूद, मन्ना डे और भूपिंदर
फ़िल्म : *हक़ीक़त*

इस साल कई सारी फ़िल्में रिलीज़ हुईं, जिनमें राज कपूर की महान कलाकृति *संगम* संगीत के लिहाज़ से सुपर हिट थी। *वो कौन थी*, *मिस्टर एक्स*, *दोस्ती* और *लीडर* के संगीत की भी काफ़ी चर्चा हुई। हालांकि 1962 के अवसाद और 1963 के हंगामे से गुज़र रहे देश की मानसिकता चेतन आनंद की फ़िल्म *हक़ीक़त* में ही ज़ाहिर हुई, जिसका नाम भी हालात के एकदम अनुकूल था। इसका संगीत मदन मोहन ने दिया था, और कैफ़ी आज़मी के लिए गीतों ने देश की बेचैनी और मनोभाव को व्यक्त किया था।

सबसे ज़्यादा मर्मभेदी गीत था, *'होके मजबूर मुझे उसने भुलाया होगा'*, जो सचमुच एक विलक्षण गीत था। इस गीत को कुछ सैनिकों पर फ़िल्माया गया था, जो युद्ध के दौरान अपने घर-परिवार को याद करते होते हैं। इसमें उस दर्द और दुख को दिखाया गया, जिससे प्रेमी गुज़रते हैं साथ ही अपने प्यार और अनुराग को छिपाने की कोशिश करते हैं।

कैफ़ी ने सरल शैली में, लेकिन कुशलतापूर्वक मोर्चे पर मौजूद सिपाहियों और घर में छूटे उनके प्रियजनों के दर्द को ज़ाहिर किया था। मदन मोहन का संगीत और कैंप में भयंकर सर्दी में मग हाथ में लिए चार पुरुष पात्रों पर इसे फ़िल्माने के बेहद असामान्य विचार ने इसे शानदार प्रस्तुति बना दिया, जिसमें सैनिक अपने प्यार को याद करते हैं –

दिल ने ऐसे भी कुछ अफ़साने सुनाए होंगे
अश्क आंखों ने पिए और न बहाए होंगे

1962 के युद्ध को दो साल बीत चुके थे, लेकिन भारत इसके परिणाम झेल रहा था, जवाहरलाल नेहरू अचानक बूढ़े लगने लगे थे और जो माहौल उन्होंने अकेले बनाया था, वह उनके हाथ से निकलता जा रहा था। इस साल की शुरुआत में उनके स्वास्थ्य को भी गंभीर झटका लगा था। ओडीशा में कांग्रेस की एक बैठक के दौरान ही वे बीमार पड़ गए थे।

हालांकि नेहरू की स्पष्ट अशक्तता और शारीरिक गिरावट के समानांतर कश्मीर संकट भी चल रहा था। नेहरू की सहायता के लिए लाल बहादुर शास्त्री को 'बिना विभाग का मंत्री' बनाया गया। उन्होंने पैगंबर की पवित्र निशानी कहे जाने वाले बाल ग़ायब होने के मसले पर अहम भूमिका निभाई। शास्त्री ने कठिन परिस्थिति को संभाला और बरामद हुई पवित्र निशानियों की प्रामाणिकता साबित करने के लिए 'दीदार' आयोजित करना राजनीतिक रूप से प्रतिष्ठा बचाने का प्रयास था।

अप्रैल में नेहरू सरकार ने सालों से जेल में पड़े शेख़ अब्दुल्ला को रिहा करने का निर्णय लिया, और अप्रैल तथा मई में कश्मीर में सर्वाधिक असाधारण गतिविधि और कोलाहल देखने को मिला।

शेख़ अब्दुल्ला मद्रास में सी. राजगोपालाचारी से मिले, जिन्होंने निजी बातचीत में एक 'सम्मानजनक समाधान' का प्रस्ताव रखा, जिसमें ना तो भारत की जीत हो, ना पाकिस्तान की, लेकिन साथ ही 'कश्मीर के लोगों के लिए सम्मानजनक स्थान' सुनिश्चित किया जा सके। बाद में प्रधानमंत्री नेहरू के साथ उनकी लंबी और विस्तृत बातचीत हुई, जिसमें तीन सदस्यों की टीम भी शामिल हुई, जिसमें विदेश सचिव, पाकिस्तान के उच्चायुक्त और अलीगढ़ मुस्लिम विश्वविद्यालय के कुलपति थे। राजाजी फ़ार्मूले और अन्य प्रस्तावों में जनमत संग्रह को ज़ोरदार तरीक़े से ख़ारिज कर दिया गया और भारत तथा पाकिस्तान को संयुक्त रूप से रक्षा और बाहरी मामलों को साझा करने के और अन्य मामलों पर कश्मीर की स्वायत्तता बनाए रखने अथवा भारत, पाकिस्तान और कश्मीर के बीच एक संभावित परिसंघ को बनाने के प्रयास किए गए।

शेख़ अब्दुल्ला को पाकिस्तान के राष्ट्रपति फ़ील्ड मार्शल अयूब ख़ान ने अपने देश की यात्रा का आमंत्रण दिया। उनकी सोच का कुछ-कुछ अंदाज़ा लगाते हुए शेख़ अब्दुल्ला को इसमें आशा की किरण दिखी। 20 मई को पाकिस्तान जाने से पहले उन्होंने नेहरू से लंबी मुलाक़ात की। इस समय पंडित नेहरू और शेख़ अब्दुल्ला के बीच स्वाभाविक विश्वास पैदा हुआ, जो एक दूसरे के इरादों और राजनीति के बारे में सार्वजनिक बयानों से ज़ाहिर हुआ।

पाकिस्तान में शेख़ अब्दुल्ला के सम्मान में कई स्वागत समारोह आयोजित किए गए। भारत की धर्मनिरपेक्षता के लिए उनकी स्पष्ट प्रतिबद्धता पाकिस्तानी अभिजात्य वर्ग को अखर रही थी, वहीं इस बात पर सहमति बनी कि अयूब ख़ान जून के मध्य में नेहरू से मिलेंगे। इसकी घोषणा शेख़ अब्दुल्ला ने 26 मई, 1964 को पाकिस्तान में की थी।

हालांकि 27 मई का दिन प्रधानमंत्री नेहरू कभी नहीं देख पाए। रात को उन्होंने नोटपैड पर रॉबर्ट फ्रॉस्ट के शब्दों में इच्छा व्यक्त की – 'मैं सोने से पहले सैकड़ों मील चलने का वादा करता हूं' – और फिर नेहरू इस दुनिया से चले गए। आकाशवाणी ने उनके निधन की ख़बर दोपहर के भोजन के बाद प्रसारित की।

गृहमंत्री गुलजारी लाल नंदा के अंतरिम प्रधानमंत्री की शपथ लेने के बाद कांग्रेस अध्यक्ष के. कामराज ने नेहरू का उत्तराधिकारी तलाशने के लिए सलाह-मशविरा शुरू कर दिया। मोरारजी देसाई के बारे में भी चर्चा हुई, लेकिन आख़िरकार सहमति बनी लाल बहादुर शास्त्री के नाम पर, जो कि जवाहरलाल नेहरू के निकट सहयोगी थे।

यह वर्ष बड़े पैमाने पर भड़के सांप्रदायिक दंगों का गवाह बना, जिसमें इस बात का खाका उजागर हुआ कि कैसे भीड़ हिंसा का तांडव मचा रही थी, और बिना सोचे-समझे और किसी भी तरह के दुष्परिणामों की चिंता किए बिना दूसरे समुदायों को अधिकतम आर्थिक नुक़सान पहुंचा रही थी। जमशेदपुर, राउरकेला और कलकत्ता के साथ-साथ पूर्वी भारत के अन्य हिस्सों में दंगे भड़के और गंभीर संकट पैदा हुआ। कई लोगों ने इसे पूर्वी पाकिस्तान से शरणार्थियों के आगमन और वहां के हिंदू अल्पसंख्यकों के ख़िलाफ़ अत्याचार की कहानियों से जोड़कर देखा। नेहरू का अंतिम संस्कार हुआ, तो विभाजन के दौरान हुई हिंसा की यादें फिर से ताज़ा हो गईं। 11 जून को, नेहरू की इच्छा के अनुसार, उनकी अस्थियां पूरे भारत में बिखेर दी गईं। यह शास्त्री के प्रधानमंत्री पद की शपथ लेने के दो दिन बाद हुआ। शास्त्री ने अपने अल्पकालिक, लेकिन महत्त्वपूर्ण युग की शुरुआत की। प्रधानमंत्री शास्त्री ने केंद्रीय मंत्रिमंडल में सूचना और प्रसारण मंत्रालय का मंत्री इंदिरा गांधी को उनकी अनिच्छा के बावजूद बनाया था।

1964 में देश में एक और महत्त्वपूर्ण घटना हुई। भारत का प्रमुख विपक्षी दल रही भारतीय कम्युनिस्ट पार्टी में विभाजन हो गया। पिछले दो सालों में पार्टी में चल रहे गंभीर वैचारिक मतभेदों को चरम पर पहुंचाते हुए 11 अप्रैल को कम्युनिस्ट पार्टी के बत्तीस सदस्यों ने मार्क्सवादी कम्युनिस्ट पार्टी का गठन कर लिया। ये मतभेद भारत को समाजवाद की ओर ले जाने के निर्णय के इर्द-गिर्द थे, लेकिन मुख्य मुद्दा कांग्रेस की घरेलू नीतियों के प्रति रवैये का था। यह बहस स्वतंत्रता के बाद से ही चली आ रही थी। सीपीआई में वह धड़ा था, जो मानता था कि कांग्रेस का शासन आख़िरकार भारत को समाजवाद की ओर ले जाएगा, जबकि पार्टी में विभाजन करके सीपीआई (एम) बनाने वाले धड़े का मानना था कि कांग्रेस की घरेलू नीतियां ज़मींदारी ख़त्म किए बिना, केवल पूंजीवाद को मज़बूत कर रही हैं।

इसी साल नवंबर में दिल्ली के उपनगरीय इलाक़े में एक गांव जौन्टी में हरित क्रांति की शुरुआत हुई, जहां गांव के 15 किसानों सोनोरा 64 गेहूं के बीज बोए। पश्चिमोत्तर दिल्ली के हरियाणा की सीमा से लगे गांव में इन लोगों ने क़रीब 70 एकड़ ज़मीन में मैक्सिकन के अर्ध बौनी प्रजाति के बीज बोए। इसके एक साल पहले ही भारतीय कृषि अनुसंधान संस्थान ने गेहूं की सोनोरा 63, सोनोरा 64, लेरमा रोजो 64-ए और मायो 64 प्रजातियों के क़रीब 100 किलोग्राम बीज आयात किए थे, और 1963-64 के रबी की फ़सल के मौसम में दिल्ली, लुधियाना, पंतनगर, कानपुर और इंदौर में प्रायोगिक खेतों में उन्हें बोया था। कई जगह किए प्रयोगों के नतीजों से उत्साहित होकर वास्तविक किसानों के खेतों में अधिक उपज वाले इन बीजों को अगले ही मौसम में टेस्ट करने का फ़ैसला किया गया।

इसी साल भारत ने विश्व हॉकी में आख़िरी बार अपनी सर्वोच्चता साबित की थी। टोक्यो ओलिंपिक खेलों में उसने स्वर्ण पदक जीता। इसके बाद भारत को केवल 1980 में ही स्वर्ण पदक मिल पाया, जहां मॉस्को ओलिंपिक खेलों में हॉकी खेलने वाले कई प्रमुख देशों ने इनका बहिष्कार किया था।

1957 में शुरू किए गए 'नया पैसा' को 1 जून, 1964 को 'पैसा' नाम दिया गया। इसी साल नेहरू की याद में 50 पैसे और 1 रुपया के निकेल के दो सिक्के शुरू किए गए। 1964 में ही भारत को पहला जेट ट्रेनर एचजेटी-16 हासिल हुआ, और इसकी उद्घाटन उड़ान हुई।

1965 : *आज फिर जीने की तमन्ना है*

कांटों से खींचके ये आंचल,
तोड़के बंधन बांधी पायल
कोई न रोको दिल की उड़ान को
दिल वो चला आ आ आ आ

आज फिर जीने की तमन्ना है
आज फिर मरने का इरादा है

गीत : शैलेंद्र
संगीत : एस.डी. बर्मन
गायन : लता मंगेशकर
फ़िल्म : *गाइड*

वहीदा रहमान ने इस फ़िल्म में रोज़ी नाम की सुंदर और प्रतिभाशाली नर्तकी का किरदार निभाया था, जो दिन-रात काम में लगे रहने वाले पुरातत्वविद की पत्नी थी। रोज़ी ने राजू गाइड बने देवानंद के साथ इस गाने को पर्दे पर प्रस्तुत किया, जो 1965 में लोगों के दिलो-दिमाग़ पर छा गया था।

इसी नाम के अंग्रेज़ी उपन्यास पर आधारित यह फ़िल्म अपने समय से बहुत आगे थी, और ख़ासकर इस गीत में महिलाओं के, पुरुषों के संबंधों और एक दूसरे के प्रति उनकी भूमिकाओं की अनगिनत संभावनाएं दिखाई गई थीं। यह फ़िल्म इस मायने में भी अनोखी थी कि इसे अंग्रेज़ी में भी बनाया गया था, हालांकि अमेरिका में इसे कमज़ोर ओपनिंग मिली थी, और आर.के. नारायण ने इसे 'मिसगाइडेड गाइड' कह

डाला था। हालांकि हिंदी में यह म्यूज़िकल हिट रही, और इसका हर गाना कहानी के मूल विषय को बताने वाला था।

माना जाता है कि देव आनंद और उनकी पत्नी कल्पना कार्तिक ने लेखक पर्ल एस. बक और फ़िल्म निर्माता टेड डेनियलेव्सकी को इस उपन्यास की प्रति दी थी। जब दोनों ने इसकी सिनेमाई संभावनाओं को बहुत अच्छा बताया तब देव आनंद ने फ़िल्म के अधिकार ख़रीदने के लिए नारायण को बुलाया था।

गाने लिखने के लिए पहले हसरत जयपुरी को चुना गया था, लेकिन एस.डी. बर्मन और निर्देशक विजय 'गोल्डी' आनंद को हसरत के लिखे गाने पसंद नहीं आए। उन्होंने शैलेंद्र से संपर्क किया, तो उन्होंने पूछा कि हसरत ने गाने लिखने के लिए कितने रुपये लिए थे। उन्होंने कहा कि वे उतने से एक लाख रुपये ज़्यादा दे सकें तो वे गाने लिख देंगे। 1964 में किसी गीतकार ने इतना ज़्यादा पारश्रमिक नहीं मांगा था, लेकिन शैलेंद्र ने यह कर दिखाया, और बाक़ी बातें फिर इतिहास हैं।

रोज़ी का लापरवाह पति खंडहर स्मारकों और अंधेरे गहरे गड्ढों में दिलचस्पी लेता है, जबकि इस पूरे गाने के दौरान रोज़ी धूप और हवा का फिर से खुलकर आनंद लेती है, तब भी राजू गाइड उसे हाथ तक नहीं लगाता है। हालांकि उनकी सहज मित्रता, और रोज़ी की ज़िंदगी में राजू की उपस्थिति का महत्त्व चतुराई के साथ कुछ प्रतीकों के रूप में दिखाई गई है, रोज़ी की चप्पलें राजू लकड़ी के ज़रिए उठाता है, और जब वह घास के ढेर से ख़तरनाक तरीक़े से गाड़ी पर झपटती है या किले की प्राचीन दीवार से झांकती हुई *'आज फिर जीने की तमन्ना है'* गाती है, तो राजू उसे बचाता दिखता है। इस सबके बीच वह उसे खुलकर मस्ती भी करने देता है। वास्तव में राजू का काम यह सुनिश्चित करना लगता है कि वह मौत के ऊपर ज़िंदगी का चयन करे।

1965 के भारत को भी ज़िंदगी और मौत के बीच चुनाव करने के लिए बहुत कुछ करना था।

यह वह साल था, जब नेहरू के बाद लाल बहादुर शास्त्री धीरे-धीरे कमान संभाल रहे थे। इस साल का गणतंत्र दिवस अहम साबित हुआ, और विरोध का नया दौर शुरू हुआ, जिसे शास्त्री को संभालना था।

संविधान स्वीकार किए जाने के पंद्रह वर्ष बाद हिंदी को संघ की राजभाषा घोषित किया जाना था। 1940 के दशक में इस सवाल पर बहुत सारी बहस हो चुकी थी, और संविधान सभा के दक्षिण भारतीय सदस्यों ने अपना कड़ा विरोध दर्ज कराया था। यह निर्णय पंद्रह सालों के लिए टाल दिया गया था। हालांकि हिंदी को 'राष्ट्र भाषा' घोषित करने के प्रयास उसी तरह से बेहद नाकाम रहे थे, जिस तरह से इसे एकमात्र राजभाषा घोषित करने के प्रयास नाकाम हुए थे।

दक्षिण में, ख़ासकर तमिलनाडु में बहुत तीखी प्रतिक्रिया हुई, और राज्य भर में व्यापक आंदोलन होने लगे। गणतंत्र दिवस से दस दिन पहले सी.एन. अन्नादुरई ने शास्त्री को पत्र लिखकर कहा कि अगर हिंदी को थोपना जारी रखा तो वे 26 जनवरी को 'शोक दिवस' मनाने पर मजबूर होंगे, लेकिन केंद्र सरकार अपने फ़ैसले पर आगे बढ़ती गई। आंदोलन पर क़ाबू करने के राज्य सरकार के प्रयास, पुलिस और केंद्रीय बलों की मौजूदगी के गंभीर राजनीतिक परिणाम होने थे। इससे सत्तारूढ़ कांग्रेस बैकफुट पर आ गई और द्रविड़ मुनेत्र कड़गम (डीएमके) के लिए यह मौक़ा एक बड़ा लॉन्चिंग पैड साबित हुआ।

कई तरीक़े से इन घटनाओं ने 1937 की याद दिला दी, जब सी. राजगोपालाचारी के नेतृत्व में मद्रास प्रेसीडेंसी ने हिंदी की अनिवार्य शिक्षा पर ज़ोर दिया था, और जस्टिस पार्टी के ज़रिए द्रविड़ आंदोलन को भारी ताक़त मिली थी। इस नीति को 1940 में वापस ले लिया गया था, लेकिन तब तक प्रांत के तक़रीबन हर हिस्से में आंदोलन होने लगे थे, और इस सबके बीच ई.वी. रामासामी (पेरियार) द्रविड़ आंदोलन के सबसे बड़े नेता के रूप में उभरकर आए थे।

1965 में जब हिंदी को देश की एकमात्र राजभाषा घोषित करने के लिए निर्धारित पंद्रह साल की अवधि ख़त्म हो रही थी, तो तमिलनाडु में फिर से आंदोलन होने लगे। इस समय तक हिंदी लागू करना, आर्य-द्रविड़ विभाजन का केंद्रीय विषय बन चुका था। उत्तर भारतीय आर्य दक्षिण भारतीय द्रविड़ों की संस्कृति पर कथित तौर पर हमला करने की कोशिश कर रहे थे।

लाल बहादुर शास्त्री को आश्वासन देना पड़ा कि अंग्रेज़ी दूसरी राजभाषा के रूप में जारी रहेगी, ताकि विरोध-प्रदर्शनों को शांत किया जा सके, जिनमें अक्सर हिंसा और आत्मदाह तक हो रहे थे। आंदोलन फ़रवरी तक चला, और तब भाषा नीति में परिवर्तन के बारे में घोषणा हुई। प्रधानमंत्री को प्रदर्शनों पर रोक लगाने के लिए 11 फ़रवरी को आकाशवाणी पर पांच सूत्रीय आश्वासनों की घोषणा करनी पड़ी। हालांकि वे निजी तौर पर हिंदी के समर्थक थे, लेकिन विरोध-प्रदर्शनों की उग्रता और तमिलनाडु से आने वाले दो केंद्रीय मंत्रियों के इस्तीफ़ों ने उनके हाथ बांध दिए थे। हालांकि बदलाव स्वीकार किए जाने के बाद, ख़ासतौर पर पश्चिमी भारत के दिग्गजों ने काफ़ी कुछ कहा। वास्तव में भारत को लगता था कि जो जिन्न शांत हो गए हैं, और भाषाई राज्यों के गठन से जिन्हें बोतल में बंद कर लिया गया है, वे फिर बाहर निकल आए थे, और उनका सामना करना ही था।

1965 का उत्तरार्ध भारत-पाकिस्तान के एक और युद्ध के कारण और भी ज़्यादा उथल-पुथल भरा रहा।

1962 में भारतीय सेना चीन से बुरी तरह से परास्त हुई थी, जिससे पाकिस्तानी सेना के अंदर छद्मश्रेष्ठता की भावना पैदा हो गई थी। चीन के सहयोग से भारत को

सबक़ सिखाने के इरादे से पाकिस्तान ने पाक अधिकृत कश्मीर में चीन को ज़मीन दे दी। कई सारे पश्चिमी सैन्य गठबंधनों का सदस्य होने के नाते पाकिस्तान को अमेरिकी सहायता और सैन्य उपकरण का भी फ़ायदा था ही। पाकिस्तान राजनीतिक रूप से स्थिर था, और उसकी अर्थव्यवस्था शीर्ष अर्थशास्त्रियों द्वारा संभाली जा रही थी, और अन्य विकासशील देशों के लिए उदाहरण बन रही थी।

अयूब ख़ान का मानना था कि 'सही समय पर, और सही जगह पर चोट की जाए हिंदू मनोबल ज़्यादा हमले नहीं सह सकेगा।' अप्रैल 1965 में कच्छ के रण में हुए सीमित टकराव में पाकिस्तान की सेना के प्रदर्शन से उनकी इस मान्यता को और बल मिल गया। अंतरराष्ट्रीय कच्छ प्राधिकरण ने 350 वर्ग किलोमीटर भूमि पाकिस्तान को देने का निर्णय सुनाया था, जिससे शास्त्री दबाव में आ गए थे।

इस बीच, भारत 1962 की पराजय के बाद अब भी अपनी सशस्त्र सेनाओं को मज़बूत करने और आधुनिकीकरण करने की प्रक्रिया में लगा था, और 1965 पाकिस्तान को आगे बढ़ने के लिए एक उचित मौक़ा लग रहा था। अयूब के युवा और महत्त्वाकांक्षी विदेश मंत्री ज़ुल्फ़िकार अली भुट्टो कश्मीर में अल्जीरिया की तरह की बग़ावत की बात कर रहे थे, जो 'विभाजन का अधूरा काम' को पूरा कर दे। ऑपरेशन जिब्राल्टर के पीछे भुट्टो का ही दिमाग़ था, जिसके पीछे पाकिस्तान का मक़सद बड़े पैमाने पर घुसपैठ, भितरघात और तबाही के ज़रिए जम्मू-कश्मीर में विद्रोह कराना था।

ऑपरेशन जिब्राल्टर की नाकामी के बाद पाकिस्तान ने जम्मू पर क़ब्ज़ा करने और शेष भारत से श्रीनगर को अलग करने के लिए ऑपरेशन ग्रैंड स्लैम शुरू किया। शास्त्री ने पाकिस्तान को हैरान करते हुए अंतरराष्ट्रीय सीमा पर युद्ध तेज़ करने का फ़ैसला किया। चीन के ख़तरे को समझते हुए, भारत ने पूर्वी पाकिस्तान को निशाना नहीं बनाया।

अयूब ख़ान और उनके सेनाध्यक्ष जनरल मूसा ख़ान को तो पक्का भरोसा था कि पाकिस्तानी सेना के सहयोग से कश्मीर में विद्रोही भारतीय हुकूमत को उखाड़ फेंकेगे, लेकिन जब भारत ने दूसरा मोर्चा खोल दिया तो वे स्तब्ध रह गए।

1965 का युद्ध 22 दिनों के अंदर तब समाप्त हुआ, जब जनरल जे.एन. चौधरी ने ग़लत अंदाज़ लगा लिया कि सेना के पास गोला-बारूद की कमी हो रही है और उसे टैंकों का भारी नुक़सान हुआ है। उन्होंने शास्त्री को युद्ध-विराम की सलाह दी, हालांकि प्रधानमंत्री की इच्छा थी कि युद्ध कुछ और चलने दिया जाए ताकि भारत को कुछ स्पष्ट जीत हासिल हो जाए।

लाल बहादुर शास्त्री ने 'जय जवान, जय किसान' का यादगार नारा दिया। 1 दिसंबर को सीमा सुरक्षा बल, बीएसएफ़ की स्थापना भी हुई।

इसी साल बिहार के धनबाद के पास धोरी में 28 मई को एक निजी खदान में सबसे भयंकर विस्फोट भी हुआ, जिसमें आग लगने से 268 लोग मारे गए गए।

1966 : *ओ हसीना ज़ुल्फ़ों वाली*

ओ हसीना ज़ुल्फ़ों वाली जाने-जहां
ढूंढ़ती हैं काफ़िर आंखें किसका निशां
महफ़िल-महफ़िल ऐ शमा फिरती हो कहां

गीत : मजरूह सुल्तानपुरी
संगीत : राहुलदेव बर्मन
गायन : मोहम्मद रफ़ी और आशा भोंसले
फ़िल्म : *तीसरी मंज़िल*

'ओ हसीना ज़ुल्फ़ों वाली' सुनकर आज भी राह चलते लोग रुक जाते हैं, तो इसके पीछे अनगिनत कारण भी हैं। ये 1966 में बनी थ्रिलर फ़िल्म तीसरी मंज़िल का गीत था। इसके संगीत में रॉक एन रोल की झलक थी। रफ़्तार भरे बोलों में गुणवत्ता और गहराई के साथ कोई समझौता नहीं किया गया था, बल्कि यह सुनिश्चित किया गया था कि आपके क़दमों के साथ दिल की धड़कन भी थम-सी जाए।

बर्मा में पैदा हुई वंडर डांसर हेलन के नृत्य की कोरियोग्राफ़ी हरमन बेंजामिन ने की थी, जो कि भारत के सबसे शुरुआती कोरियोग्राफ़रों में से एक थे, और 1960 के दशक के अंतिम सालों में उनका काम सर्वश्रेष्ठ रहा। मजरूह सुल्तानपुरी के गीतों के साथ राहुल देव बर्मन (पंचम) का संगीत भी बहुत स्पेशल था और पंचम की यह पहली मेगा हिट फ़िल्म थी। उन्होंने कहा था कि मजरूह की वजह से उन्हें पूर्णकालिक संगीत निर्देशक के रूप में पहला बड़ा ब्रेक मिला था, और दिग्गज पिता एस.डी. बर्मन की छाया से निकलकर, प्रतिभाशाली संगीतकार के रूप में उनकी छवि इसी फ़िल्म

से बनी थी। उनके संगीत में पश्चिमी प्रभाव और रुचि ने आने वाले बीस सालों तक हिंदी फ़िल्म संगीत को प्रभावित किया।

इस गीत में नायिका के साथ छेड़खानी की जाती है, जो एक रेस्टोरेंट में साड़ी में लिपटी हुई गंभीर मुद्रा में बैठी है। शम्मी कपूर हेलन के साथ उछल-कूद मचाते हैं। उसी समय हिंदी सिनेमा में शुरुआत करने वाली गंभीर शर्मिला टैगोर के साथ नर्तकी और कई बार खलनायिका बनने वाली हेलन ने भी अहम किरदार निभाया था, क्योंकि वो ऐसी भावनाएं ज़ाहिर कर लेती थीं, जो परंपरागत नायिकाओं के लिए संभव नहीं हो पाता था। 'वह ना कही जाने वाली बात बोलती थीं, विरह, वासना और अन्य भावनाओं को नायिका की तरफ़ से, और बहुत खुलकर व्यक्त करती थीं।' हेलन यह सब बेहद कुशलता से करती हैं। मजरूह के गीत, उनकी *काफ़िर आंखें*, आशा पारेख के ठंडे स्वभाव वाली लड़की के किरदार, शम्मी कपूर के किरदार की अनदेखी करना, सब कुछ कमाल का था। हेलन के ज़रिए शम्मी कपूर उनसे पूछते हैं कि सबकी निगाहें कहां जाकर रुकती हैं, *'महफ़िल महफ़िल ये शमा फिरती हो कहां।'* हेलन का पूरा शरीर उनके सवाल का जवाब देता है, जो किसी ऐसे प्रेमी की तलाश में है जो उसे संतुष्ट कर सके, कई रूपों को तोड़ने का संकेत देता है, और उसी दौर में देश, हादसे के ज़रिए भी, और बहुत कुछ नीति के ज़रिए भी, एक बिलकुल नए युग में प्रवेश करता है।

1966 का साल तेज़ गति से घटी घटनाओं के लिए जाना गया, जिनमें कई घटनाएं उत्साही रूप से पहली बार हुईं। रीता फ़ारिया मिस वर्ल्ड बनने वाली पहली भारतीय बनीं। एमबीबीएस की छात्रा रीता ने अपने साथी डॉक्टर से विवाह किया और ब्रिटेन में रहने लगीं।

छोटी-मोटी बातों को छोड़ दें, तो ये साल कठोरता के साथ शुरू हुआ था। प्रधानमंत्री लाल बहादुर शास्त्री, पाकिस्तान के अयूब ख़ान के साथ ताशकंद में थे और सोवियत संघ के प्रधान अलेक्सेई कोसिजिन द्वारा आयोजित सम्मेलन में भाग ले रहे थे। सम्मेलन के ज़रिए दोनों पड़ोसी देशों के बीच स्थाई शांति की तलाश की जानी थी। लंबी बातचीत और चर्चा के बाद ताशकंद घोषणा पत्र पर 10 जनवरी को हस्ताक्षर हुए। भारत हाजी पीर जैसे अहम स्थान को वापस करने पर सहमत हुआ, जिस पर उसने युद्ध के दौरान क़ब्ज़ा कर लिया था, और 5 अगस्त, 1965 की स्थिति पर लौटने को मान गया। क़ैदियों की वापसी और राजनयिक संबंधों की बहाली पर भी समझौता हुआ, और यह भी समझौता हुआ कि आगे किसी भी विवाद के निपटारे के लिए सेना का इस्तेमाल नहीं किया जाएगा। यह घोषणा-पत्र ख़ासतौर पर इसलिए भी अहम था, क्योंकि इसमें कश्मीर में किसी भी तरह के जनमत संग्रह के विचार को एकदम किनारे रख दिया गया था। इसमें 1949 की सीमाओं को स्वीकार किया गया था।

ताशकंद घोषणा के कुछ ही घंटों बाद रात में सोते समय हार्ट अटैक से लाल बहादुर शास्त्री का निधन हो गया और देश सदमे में आ गया। अगले दिन उनका पार्थिव शरीर भारत लाया गया और 12 जनवरी को उनका अंतिम संस्कार किया गया।

तत्कालीन सूचना और प्रसारण मंत्री इंदिरा गांधी ने पश्चिमी भारत के दिग्गज नेता मोरारजी देसाई को पीछे छोड़ते हुए, 19 जनवरी को भारत के प्रधानमंत्री पद की शपथ ली, और अपनी लंबी तथा तूफ़ानी पारी की शुरुआत की। इसी साल वरिष्ठ समाजवादी नेता राममनोहर लोहिया ने संसद में उन्हें गूंगी गुड़िया बोला था। इंदिरा गांधी ने प्रधानमंत्री बनने के बाद अमेरिका की सरकारी यात्रा पर जाने का फ़ैसला किया। भारत में खाद्यान्न संकट, और लगातार दो सालों से सूखे की स्थिति और अंतरराष्ट्रीय बाज़ार से खाद्यान्न ख़रीदने के लिए विदेशी मुद्रा के अभाव के कारण उन्होंने यूएस पब्लिक लॉ 480 (पीएल 480) के तहत गेहूं का समर्थन लेने का विकल्प चुना। लिंडन जॉनसन इंदिरा गांधी का स्वागत करते हुए भावुक हो गए, लेकिन इस मामले में जल्द ही राजनीति शुरू हो गई और गेहूं राजनीतिक फुटबॉल बन गया। इंदर मल्होत्रा के अनुसार – 'वियतनाम युद्ध के दौरान हनोई और हेइफ़ोंग में अमेरिकी बमबारी की भारत की आलोचना से नाराज़ टेक्सास वालों ने खाद्यान्न की खेप इस तरह की भेजी कि उसे भारतीयों को खाना मुश्किल हो गया था। हर ग्रास के साथ हमें कुछ अपमान भी गटकना पड़ा। जब कहा गया कि जो भारतीय कह रहे हैं, ठीक वही संयुक्त राष्ट्र महासचिव और पोप भी कह रहे हैं, तो जॉनसन ने पलटवार करते हुए कहा – "पोप और महासचिव को हमारे गेहूं की ज़रूरत नहीं है।" कई भारतीय भी मांग करने लगे थे कि हमें अमेरिकी गेहूं नहीं चाहिए।'

इस घटना ने, और इसी तरह की घटना नेहरू के प्रधानमंत्रित्व काल में होने से, खाद्य सुरक्षा और खाद्यान्न उत्पादन में आत्मनिर्भरता का विचार देश में आगे बढ़ा।

कृषि वैज्ञानिक डॉ. नॉर्मन बोरलॉग ने 1963 और 1964 में भारत की यात्राओं के दौरान प्रस्तावित हरित क्रांति का प्रस्ताव दिया था। उस प्रस्ताव को तब फिर से बल मिला जब लाल बहादुर शास्त्री ने सी. सुब्रमण्यम को कृषि मंत्री नियुक्त किया। आगे चलकर 1970 में नोबेल पुरस्कार पाने वाले नॉर्मन बोरलॉग ने मैक्सिको में नियुक्ति के दौरान गेहूं की अर्धबौनी, अधिक उपज वाली, और रोग-निरोधक प्रजातियां विकसित की थीं। हरित क्रांति के जनक कहे जाने वाले डॉ. एम.एस. स्वामीनाथन उस दौर को याद करते हुए कहते हैं – '1966 में हमने गेहूं, धान और बाजरा की अधिक उपज वाली प्रजातियों का प्रस्ताव किया। सरकार मान गई। 3 करोड़ 20 लाख हेक्टेयर में इन्हें उगाया गया। उसी समय हमने मैक्सिको से 18,000 टन बीजों की दो प्रजातियां आयात कीं, क्योंकि किसानों की मांग काफ़ी ज़्यादा थी। इसके बाद जो कुछ हुआ, उसे पंजाब का चमत्कार कहा गया।'

अगले साल होने वाले आम चुनावों से सात महीने पहले जून, 1966 में प्रधानमंत्री इंदिरा गांधी ने रुपये के अवमूल्यन की घोषणा कर दी। तब तक ब्रिटिश पाउंड के बराबर चल रहे भारतीय रुपये की क़ीमत अंतरराष्ट्रीय बाज़ार में 60 प्रतिशत गिर गई। इससे मौद्रिक घाटा बहुत बढ़ गया, तेल के दाम बेहद बढ़ गए और पश्चिमी देशों से आने वाली मदद बंद हो गई। इंदिरा को उम्मीद थी कि अवमूल्यन से निर्यात सस्ता हो जाएगा।

नवंबर में सैकड़ों नागा साधुओं ने गौहत्या पर प्रतिबंध लगाने की मांग को लेकर संसद तक जुलूस निकाला, जिससे अनुभवहीन इंदिरा गांधी चकित रह गईं। साधु संसद के परिसर में घुस गए और उन्हें तितर-बितर करने के लिए पुलिस को आंसू गैस के गोले छोड़ने पड़े और इस भगदड़ में छह लोगों की जान चली गई। यह मामला इतना गंभीर था कि इंदिरा को गृहमंत्री गुलजारी लाल नंदा को हटाना पड़ा, जिनके बारे में माना जाता था कि वे गौहत्या पर प्रतिबंध के पक्ष में रहते थे। इतना ही नहीं, इस घटना के बाद इंदिरा गांधी उस राजनीतिक राह पर चल पड़ी, जिसमें उनका साधुओं और जनसंघ से सीधा टकराव हुआ, जिसने इस मौक़े का इस्तेमाल देशभर में कांग्रेस विरोधी अभियान छेड़ने के लिए किया। गौहत्या पर प्रतिबंध लगाने के लिए क़ानून बनाने के समूचे मसले की पड़ताल के लिए इंदिरा गांधी ने एक उच्चस्तरीय समिति गठित की। इस समिति के सदस्य पूर्व मुख्य न्यायाधीश ए.के. सरकार थे, और वर्गीज़ कुरियन और आरएसएस प्रमुख एम.एस. गोलवलकर तथा कुछ अन्य इसके सदस्य थे। यह समिति सरकार को कोई भी रिपोर्ट देने में असफल रही।

शिक्षा नीति तैयार करने के लिए दो साल पहले गठित कोठारी आयोग ने 287 पृष्ठों की रिपोर्ट पेश की। इसमें भारत की शिक्षा नीति के बारे में कुछ बुनियादी सुझाव दिए, मसलन, 10+2+3 प्रणाली या स्कूलों में भाषाओं की पढ़ाई का त्रिभाषी फ़ॉर्मूला अब भी भारत में लागू है।

खेलों में इस साल भारत की पुरुष हॉकी टीम ने बैंकॉक में एशियाई खेलों में पाकिस्तान को हराकर स्वर्ण पदक जीता। टेनिस में भी, भारत पहली बार डेविस कप के फ़ाइनल में पहुंचा।

1967 : ऐसा मौक़ा फिर कहां मिलेगा

ऐसा मौक़ा फिर कहां मिलेगा
हमारे जैसा दिल कहां मिलेगा
आओ तुमको दिखलाता हूं
पेरिस की एक रंगीं शाम
देखो देखो देखो देखो, एन इवनिंग इन पेरिस

गीत : शैलेंद्र
संगीत : शंकर-जयकिशन
गायन : मोहम्मद रफ़ी
फ़िल्म : *एन इवनिंग इन पेरिस*

यूरोप में मौज़-मस्ती : शम्मी कपूर के साथ शर्मिला टैगोर डबल रोल में दिखीं, जिसमें एक में वह अच्छी लड़की बनी थीं, तो दूसरी में ख़राब। हीरो हेलीकॉप्टर से लटकता हुआ, तो हीरोइन स्विम सूट पहने फ्रेंच रिविएरा में वाटर स्कीइंग करती हुई। शैलेंद्र के गीत बुनियादी, आकर्षक और कभी ना ख़त्म होने वाली मस्ती का लालच देते हुए थे। इसी फ़िल्म के एक और गीत *'आसमान से आया फ़रिश्ता'* में शर्मिला टैगोर के सहज रूप से स्विम सूट पहनने से सुनिश्चित हो गया था कि यह फ़िल्म भारतीय फ़िल्मों के इतिहास में जगह बना लेगी, क्योंकि इस बार किसी खलनायिका या किसी सहयोगी किरदार ने नहीं, हीरोइन ने ही टू पीस स्विम सूट पहना था, जो कि पहली बार हो रहा था।

एन इवनिंग इन पेरिस एक मसाला फ़िल्म थी, जिसमें निर्देशक शक्ति सामंत ने सारी सीमाओं को तोड़ते हुए भरपूर मनोरंजन के साथ पेश किया था। शीर्षक गीत इत्तफ़ाक से जर्मनी के हैंबर्ग में फ़िल्माया गया था। यह दर्शकों को चैंप्स-इलीसिस पर रोमांटिक भ्रमण या प्लेस डि ला कॉनकॉर्ड की सैर के सुखद आकर्षण के लिए आमंत्रित करता है। फ़िल्म में कामनाओं को खुलकर चित्रित किया गया और उभारा गया – जैसा कि इसके अंग्रेज़ी में दिए नाम 'एन इवनिंग इन पेरिस' से ज़ाहिर है। उस दौर की फ़िल्मों की विशेषता – पलायनवाद को इसमें दिखाया गया था।

उस समय सबसे ज़्यादा ज़रूरत पलायनवाद की ही थी, क्योंकि 1967 में भारत को स्वतंत्र हुए बीस साल हो चुके थे। भारतीय राजनीति के रुझान के रूप में विवादास्पद मुद्दे सामने आए थे, जिन्हें बाद के दशकों में आगे बढ़ना था। हालांकि 1967 में भारत में सामान्य राजनीति के काम में पहली टूट दिखी – नेहरू की मृत्यु के बाद होने वाले पहले आम चुनाव के दौरान उनकी अनुपस्थिति में राजनीतिक रूप से बहुत कुछ पक रहा था।

यह महत्त्वपूर्ण है कि नए प्रधानमंत्री के कमान संभालने के साथ ही कांग्रेस में गहरा अंदरूनी झगड़ा शुरू हो गया था। इंदिरा गांधी पर उपप्रधानमंत्री मोरारजी देसाई की अगुवाई में पुराने दिग्गज नेताओं ने सीधा हमला बोल दिया था। मोरारजी मानते थे कि प्रधानमंत्री पद पर उनका हक़ है, जिसे इंदिरा ने हड़प लिया था।

फ़रवरी में हुए आम चुनावों में कांग्रेस चौथी लोकसभा में बहुमत हासिल करने में कामयाब रही, और उसे 282 सीटें और कुल मतदान के 40 प्रतिशत वोट हासिल हुए थे। पिछले चुनावों की तुलना में उसकी 70 सीटें कम रहीं। हालांकि विभाजन के बाद कम्युनिस्ट पार्टियां कमज़ोर हो गई थीं और उनमें से कोई भी अब प्रमुख विपक्षी दल की भूमिका में नहीं रह गई थीं। बाज़ार की पसंद और रूढ़िवादी विचारों की स्वतंत्र पार्टी ने चवालीस सीटों के साथ शानदार प्रदर्शन किया था। भारतीय जनसंघ भी थोड़ा आगे बढ़ा था। किसी भी विपक्षी दल का वोट प्रतिशत 10 प्रतिशत नहीं था, लेकिन कांग्रेस को बड़े राज्यों में भारी झटके लगे थे। निर्दलीय और अन्य दलों की स्थिति मज़बूत हुई थी, जिससे भारतीय राजनीति में बदलाव का संकेत मिलने लगा था। संयोग से इंदिरा गांधी ने लोकसभा का पहला चुनाव लड़ने के लिए वही रायबरेली सीट चुनी थी, जिससे उनके पति फ़िरोज़ गांधी लड़ते थे।

हालांकि 1967 को सबसे ज़्यादा याद किया जाता है विधानसभा चुनावों के लिए, जिनमें कांग्रेस के हाथ से छह राज्य निकल गए थे। इनमें से तमिलनाडु और पश्चिम बंगाल में ख़ासतौर पर यह पहली बार हुआ था। मात्र दो साल पहले तमिलनाडु में हुए हिंदी विरोधी दंगे के बाद, हुआ नुक़सान ऐसी पार्टियों के उदय की सूचना दे रहा था, जो क्षेत्रीय आकांक्षाओं को बेहतर तरीक़े से प्रकट करती थीं। भाषा, बढ़ती बेरोज़गारी के मुद्दे और पिछले कुछ सालों में राज्य भर में कड़ी मेहनत के मुद्दे पर

निरंतर और तेज़ अभियानों के बल पर द्रविड़ मुनेत्र कड़गम (डीएमके) मैदान में आ चुकी थी। इसका बहुत गहरा असर पड़ा, क्योंकि दशकों बाद भी उस राज्य में कांग्रेस फिर सत्ता में नहीं आ सकी।

पश्चिम बंगाल में भी नवगठित सीपीआई (एम) ने बांग्ला कांग्रेस और यूनाइटेड फ्रंट जैसी अन्य छोटी वामपंथी पार्टियों के साथ मिलकर कांग्रेस को पीछे छोड़ दिया, और इस अहम राज्य में पहली ग़ैर-कांग्रेसी सरकार बना ली। बांग्ला कांग्रेस के अजय मुखर्जी मुख्यमंत्री बने, और सीपीआई (एम) के ज्योति बसु उपमुख्यमंत्री।

अन्य घटनाओं में, पश्चिम बंगाल में यूनाइटेड फ्रंट-वाममोर्चा गठबंधन के कारण वामपंथी दलों के अंदर सरकार बनाने को लेकर बहस छिड़ गई। सरकार बनाने के पक्षधर ज्योति बसु की जीत हुई और वामदल सरकार में शामिल हो गए। हालांकि सिलिगुड़ी में नक्सलबाड़ी की घटनाओं ने भारतीय राजनीति के शब्दकोष में एक नया शब्द नक्सलवाद जोड़ दिया।

चाय बागान अर्थव्यवस्था, बड़े बागानों में काम करने वाले खेतिहर किसानों के शोषण पर आधारित थी। सीपीआई (एम) द्वारा नियंत्रित और क्रांतिकारी नेता कानू सान्याल के नेतृत्व में कृषक समिति ने ज़मीन के मालिकों से सीधी लड़ाई लड़ी। मार्च में शुरू हुए संगठित हिंसक विरोध प्रदर्शनों का पुलिस के साथ टकराव हुआ और एक कांस्टेबिल मारा गया। इसके बाद पुलिस और ज़्यादा उग्र हो गई, क्योंकि किसानों ने हथियार उठा लिए थे, और भूस्वामियों को मारने लगे थे।

यह स्थिति यूनाइटेड फ्रंट-वाममोर्चा गठबंधन सरकार के लिए मुश्किल साबित हुई, जिसने लड़ाकू किसानों पर कार्रवाई करनी शुरू की और नक्सलबाड़ी आंदोलन के कई नेताओं को जेल में डाल दिया गया।

उत्तरी भारत के कई राज्यों - उत्तर प्रदेश, बिहार, मध्य प्रदेश, और हरियाणा में कांग्रेस जीत तो गई, लेकिन काफ़ी कम अंतर-से। इस कारण संयुक्त विधायक दल का विचार पैदा हुआ। जनसंघ, स्वतंत्र पार्टी और सोशलिस्टों के गठबंधन के साथ कांग्रेस से अलग हुए विधायक भी आ गए, जिनका मक़सद मिलकर सत्ता हथियाना था।

उत्तर प्रदेश में यह किसान नेता चरण सिंह के नेतृत्व में हुआ। भारतीय राजनीति में एक और साहिसक क़दम संविद (संयुक्त विधायक दल) ऐसे समाजवादियों की धारा थी, जिसने जनसंघ (1948 में महात्मा गांधी की हत्या के बाद लगे प्रतिबंध के बाद से हाशिए पर पड़े और उपेक्षित आरएसएस की राजनीतिक शाखा थी, और वे सरकार में आने के लिए बहुत उत्सुक थे) से हाथ मिला लिया था। धीरे-धीरे कांग्रेस विरोध की धुरी तैयार होने लगी थी और यह केवल नेतृत्व के स्तर पर ही नहीं हो रहा था। किसानों और भू-स्वामियों के बीच की जातियां भी कई राज्यों में इस रास्ते से अपना दावा करने लगीं, क्योंकि इनका राजनीतिक सत्ता में हिस्सा नहीं था। राज्यों में कुर्मी,

लोध, यादव, वोक्कलिगा, वल्लाल, रेड्डी, कम्मा जैसी जातियों को इस प्रयोग के ज़रिए सत्ता में सीधी भागीदारी मिली। नेहरू और शास्त्री की मौतों के बाद कांग्रेस में उत्तराधिकार में जल्दबाज़ी से बनी कुछ अव्यवस्था से भी इस प्रक्रिया में मदद मिली, क्योंकि कांग्रेस का आधिपत्य ख़त्म करने के लिए समाजवादी किसी को भी साथ लेने को तैयार थे। उत्तर प्रदेश की राजनीति के दिग्गज मुलायम सिंह यादव इसी साल राममनोहर लोहिया के नेतृत्व वाली संयुक्त सोशलिस्ट पार्टी (संसोपा) के उम्मीदवार के रूप में पहली बार चुनावी राजनीति में उतरे।

बिहार में चुनावों के बाद सत्ता में आए 6 दलों के अस्थिर गठबंधन का गंभीर सूखे के बाद हुए अकाल से निपटने में प्रतिकूल प्रभाव पड़ा। जहां 1943 के बाद भारत इस तरह के गंभीर अकालों से बचने में सक्षम हो गया था, वहीं बिहार की स्थिति और केंद्र या राज्य सरकार की ज़िम्मेदारी लेने में असमर्थता के कारण लोग संकट में आ गए। पॉल ब्रास लिखते हैं, स्थानीय समाचार पत्र सर्चलाइट और इंडियन नेशन ने इस अकाल के बारे में काफ़ी ख़बरें छापीं और इसे राज्य का तब तक का सबसे बड़ा संकट बताया।

ओडिशा में भी कांग्रेस को स्वतंत्र पार्टी और संभ्रांत ज़मींदारों के एक तबके के हाथों चुनावी पराजय झेलनी पड़ी।

1967 में इंदिरा गांधी और सिंडिकेट कहलाने वाले कांग्रेस पार्टी के पुराने नेताओं के बीच लड़ाई तेज़ हो गई। मोरारजी देसाई तब वित्तमंत्री और उपप्रधानमंत्री थे। कांग्रेस अध्यक्ष के रूप में के कामराज का कार्यकाल पूरा हुआ तो उनकी जगह उन्हीं के गुट के एस. निजलिंगप्पा ने कमान संभाली, जो कि इंदिरा की पसंद नहीं थे। इंदिरा के निकट सहयोगी और लगातार ताक़तवर होते जा रहे नौकरशाहों की सलाह पर सिंडिकेट को मात देने के लिए इंदिरा ने वामपंथ की ओर बढ़ना शुरू कर दिया। इन नौकरशाहों में सर्वप्रमुख थे पी.एन. हक्सर।

मई, 1967 में कांग्रेस पार्टी ने दस-सूत्रीय एक कार्यक्रम पारित किया, जिसमें इंदिरा के नए समाजवादी अवतार की मज़बूत झलक मिल रही थी; इसने प्रिवीपर्स समाप्त करने, बैंकों के 'सामाजिक नियंत्रण', शहरी संपत्ति पर सीलिंग, व्यापारिक एकाधिकार रोकने – जैसे प्रस्तावों ने परंपरावादी सिंडिकेट को बेहद असहज कर दिया, लेकिन इंदिरा को इससे ऐसा वैचारिक विमर्श तय करने में मदद मिली, जो पुराने नेताओं से निपटने में उनके काम आया।

आंध्र प्रदेश में तेलंगाना और श्रीकाकुलम में भी भू-स्वामियों के शोषण के ख़िलाफ़, और कामगारों के लिए बेहतर हालात बनाने के लिए, प्रत्यक्ष कार्रवाई के आह्वान के बाद अशांति फैल गई।

मात्र तीन साल पहले बनी सीपीआई (एम) फिर से फूट के कगार पर खड़ी थी। भू-स्वामियों या 'वर्गशत्रुओं' और 'दक्षिणपंथी रुझान' के सीपीआई (एम) सदस्यों को शारीरिक रूप से ख़त्म करने में यक़ीन रखने वाले नेताओं और कार्यकर्ताओं ने सीपीआई (मार्क्सवादी-लेनिनवादी) बनाने के लिए पार्टी छोड़ दी।

नक्सलवादी माओत्से तुंग के 5 जनवरी, 1930 को क्रांतिकारियों को लिखे पत्र से काफ़ी प्रभावित दिखे। पत्र में लिखा था - 'हम यह भी देखेंगे कि साम्राज्यवादियों, सेनापतियों और भू-स्वामियों के विरुद्ध क्रांति के तेज़ लहर अपरिहार्य है, और बहुत जल्द दिखेगी। समूचा चीन सूखी लकड़ियों से अटा पड़ा है, जो जल्द ही लपटों में गिर जाएगा । कहावत ''एक चिंगारी घास के पूरे मैदान में आग लगा देती है'', इस बात का बढ़िया वर्णन है कि किस तरह से मौजूदा स्थिति बदलेगी।'

यह 'मैदानी आग' निश्चित ही नहीं लगी। नक्सलबाड़ी ने ऐसे विचार की ज्वाला पैदा की, जो भारतीय राष्ट्र के साथ लड़ाई के विचार का पर्याय बनी हुई है।

इसी साल भारत में पहला मुस्लिम राष्ट्रपति बना। जाने-माने शिक्षाविद् और स्वतंत्रता सेनानी डॉ. ज़ाकिर हुसैन ने 6 मई को गणराज्य के तीसरे राष्ट्रपति के रूप में शपथ ली।

1968 : *कजरा मोहब्बत वाला*

कजरा मोहब्बत वाला
अंखियों में ऐसा डाला
कजरे ने ले ली मेरी जान
हाय रे मैं तेरे कुर्बान

गीत : शम्सुल हुदा बिहारी
संगीत : ओ.पी. नैयर
गायन : शमशाद बेगम और आशा भोंसले
फ़िल्म : *क़िस्मत*

1960 का दशक आगे बढ़ रहा था और हिंदी फ़िल्म संगीत में, जिविंग, जाज़ या रॉक-ऐंड-रोल के रूप में 'आधुनिक' या पश्चिमी संगीत का प्रभाव दिखने लगा था। फ़िल्म संगीत इसे सहर्ष स्वीकार कर रहा था और भारतीय रूप में इसे पेश कर रहा था, हालांकि कई अन्य रुझान भी साथ में देखे जा रहे थे। इनका स्रोत भारत की समृद्ध परंपराएं थीं, और इन्हें दीर्घायु और मज़बूत बनाने के लिए इनमें सुधार किया जाता था। इससे ये गीत आज भी यादगार बने हुए हैं, और सबसे पहले इनके ही रीमिक्स वर्जन तैयार किए गए।

'कजरा मुहब्बत वाला' गीत यक़ीनन इस सूची में सबसे ऊपर है। इस गीत के बोल शम्शुल हुदा बिहारी ने लिखे थे, जो ऐसी प्रतिभा थे, जिन्हें आज के गीतकार भी शौक से याद करते हैं। उन्होंने कई ऐसी कविताओं को लोक रूपकों के साथ मिलाते हुए पेश किया था, जो समकालीन दौर की प्रतीक बन गईं।

ओ.पी. नैयर के संगीत में शमशाद बेगम और आशा भोंसले की असामान्य जोड़ी वाला यह गीत अपने समय में बहुत लोकप्रिय हुआ था और आज भी इसे क्लासिक माना जाता है। यदि इस अवधि में लता मंगेशकर की आवाज़ की मधुरता के श्रोता दीवाने रहे, तो शमशाद बेगम और आशा भोंसले की परिपक्व आवाज़ और विविधता को भी इस दौर में लगातार पसंद किया गया। इस गाने को जिस तरह से फ़िल्माया गया है, उससे उनकी सिग्नेचर वॉयस और भी बेहतर हो गई। फ़िल्मांकन बहुत ही असाधारण था, जिससे इस हिट गीत का आकर्षण और ज़्यादा बढ़ गया। नायक विश्वजीत, नक़ली स्तन, विग के साथ साड़ी का पल्लू सिर पर डाले थे, जिसके बारे में उन्होंने बताया कि रिहर्सल के दौरान वह 'कभी अपनी जगह नहीं टिकता' था, और उसे बार-बार खींचना पड़ता था। वहीं नायिका बबीता एक पठान के वेश में थीं। विश्वजीत ने यह भी बताया कि गीत में अदाएं और नखरे दिखाने में उन्हें कोई दिक़्क़त नहीं आई, क्योंकि उन्होंने आस-पड़ोस के नाटकों में कई बार पुरुषों को महिलाओं की भूमिकाएं निभाते हुए देखा था। फिर भी, काफ़ी अलग तरीक़े के इस गीत को मंचीय अभिनय के रूप में पेश किया गया था, जिसमें पी.एल. राजू की मज़ेदार कोरियोग्राफ़ी के साथ-साथ फ़िल्म निर्देशक मनमोहन देसाई भी एक सप्ताह तक चली रिहर्सल में सेट पर होते थे।

जहां 'कजरा मोहब्बत वाला' के साथ लोकधुन के सुंदर मेल के ज़रिए महिलाओं का दुनिया के प्रति नज़रिए को दिखाना, 1968 की उस शांत और कम काव्यात्मक संवेदनशीलता के लिए उपयुक्त था, जिसमें भारत अपने राजनीतिक नक़्शे में भारी परिवर्तन के बाद अपने को नए ढंग से समायोजित करने में लगा था।

1962 में भारत-चीन युद्ध के दौरान घोषित आपातकाल को आख़िरकार हटा लिया गया। इस बात पर बहुत कम लोगों का ध्यान गया है कि ना तो नेहरू और ना ही शास्त्री ने आपातकाल के प्रावधान ख़त्म करना ज़रूरी समझा था, और उनमें से अनेक प्रावधान तो नक्सलवाद जैसी चुनौतियों से निपटने के लिए इस्तेमाल किए गए थे। इंदिरा गांधी ने प्रधानमंत्री के रूप में अपने कार्यकाल के दूसरे साल आख़िरकार आपातकाल हटाया।

मद्रास राज्य में डीएमके की चुनावी सफलता से राजनीति में हुए उथल-पुथल भरे परिवर्तन के बाद राज्य में सत्तारूढ़ दल के आग्रह पर लोकसभा राज्य का नाम बदलने पर सहमत हुई और जनवरी, 1969 से मद्रास प्रांत का नाम तमिलनाडु हो गया।

कर्मचारी कल्याण के लिए आवश्यक माने जाने वाले पब्लिक प्रोविडेंट फ़ंड (पीपीएफ़) के लिए विधेयक इसी साल मई के महीने में पारित हुआ।

विज्ञान के क्षेत्र में, 1968 में कुछ दिलचस्प घटनाएं हुईं। अमेरिकी नागरिक बन चुके डॉ. हरगोविंद खुराना भारतीय मूल के थे, और उन्हें चिकित्सा तथा शरीर विज्ञान

के लिए नोबेल पुरस्कार मिलने की ख़ुशी भारत में ज़्यादा मनाई गई। स्वतंत्रता के बाद यह पहला मौक़ा था, जब किसी भारतीय मूल के व्यक्ति ने नोबेल पुरस्कार जीता था (रवींद्रनाथ टैगोर और सी.वी. रमन को पूर्व में नोबेल मिल चुका था, लेकिन वे स्वतंत्रता पूर्व की बात थी)।

भारत ने इस साल दिसंबर में केरल के थुंबा में अपना पहला मौसम-विज्ञान संबंधी उपग्रह मेनका का प्रक्षेपण किया। इसी साल डॉ. प्रफुल्ल कुमार सेन और उनकी टीम ने बंबई के केईएम अस्पताल में एशिया का पहला हृदय प्रत्यारोपण सफलतापूर्वक कर दिखाया।

यह साल तीसरी पंचवर्षीय योजना के समापन पर योजना आयोग द्वारा लिए गए तीन साल के योजना अवकाश का दूसरा साल था। 1966 में समाप्त हुईं पहली तीनों पंचवर्षीय योजनाओं के दौरान राज्यों को आवंटन बिना किसी ज़्यादा बहस या विचार-विमर्श के हो गया था, लेकिन अब राज्यों को संसाधनों के बंटवारे के बारे में नई सोच काम कर रही थी, जिसके तहत बंटवारा मापदंडों की श्रृंखला पर आधारित होना था ताकि आलोचना या शिकायत की गुंज़ाइश कम रहे। यह महत्त्वपूर्ण था, क्योंकि कई राज्यों में वे पार्टियां सत्ता में थीं, जो केंद्र में सत्तासीन कांग्रेस पार्टी की विरोधी थीं।

1969 : *तुम पुकार लो*

होंठ पे लिए हुए दिल की बात हम
जागते रहेंगे और, कितनी रात हम
मुख़्तसर सी बात है, तुमसे प्यार है
तुम्हारा इंतज़ार है
तुम पुकार लो

गीत : गुलज़ार
संगीत : हेमंत कुमार
गायन : हेमंत कुमार
फ़िल्म : *ख़ामोशी*

ख़ामोशी फ़िल्म 1959 की बांग्ला फ़िल्म *दीप ज्वले जाय* का रीमेक थी। यह हेमंत कुमार की, उनकी पत्नी बेला की, और संगीत प्रबंधक मनोहारी सिंह की संगीतकारों और गायकों के रूप में यह सर्वश्रेष्ठ फ़िल्म मानी जाती है। गुलज़ार के लिखे गीतों की हरेक लाइन दमदार और भावपूर्ण हिंदुस्तानी भाषा में थी, और हेमंत कुमार के रवींद्र संगीत की तालीम और शांति का एकदम सही प्रतिरूप थी। अब क्लासिक बन चुके 'तुम पुकार लो' ने अपने फ़िल्मांकन और संदर्भ के कारण एक नई राह दिखाई थी।

फ़िल्म में एक कामकाजी महिला के जीवन की जटिलताएं दिखाई गई हैं। वहीदा रहमान ने मानसिक रूप से अस्थिर लोगों के अस्पताल में काम करने वाली नर्स की भूमिका निभाई, जो अपने काम के दौरान संघर्ष करती है, और दो लोगों के साथ उसके भावनात्मक संबंध बन जाते हैं। दोनों मरीज़ों यानी राजेश खन्ना और धर्मेंद्र के

मनोभावों और पीड़ा की गहराई के साथ में वहीदा की बेचैनी बढ़ती जाती है, जिसमें गाने अहम भूमिका निभाते हैं।

बांग्ला संस्करण में बारीकी निर्देशक असित सेन ने दिखाई, उसे हिंदी संस्करण में सफलतापूर्वक रूपांतिरत किया गया। बांग्ला संस्करण में तो असित सेन ने ही वह किरदार निभाया था, जिसे हिंदी संस्करण में धर्मेंद्र ने निभाया। बांग्ला संस्करण ने जिस तरह से दर्शकों को मंत्रमुग्ध किया, उसी तरह से यह गीत भी सफल रहा। असित सेन 'एई रात तोमर आमार' की धुन इसमें इस्तेमाल करना चाहते थे, लेकिन हेमंत कुमार तो पांच साल पहले ही इस धुन को एक और गीत, *'ये नैन डरे डरे'* में इस्तेमाल कर चुके थे। उन्होंने *'एई रात'* की भावना से मिलती-जुलती एक धुन रचना की और एस.डी. बर्मन के लिए कई सारी फ़िल्मों में संगीत प्रबंधन कर चुके, बहुमुखी प्रतिभा के धनी सैक्सोफ़ोनिस्ट और अपने प्रतिभाशाली संगीत प्रबंधक मनोहारी सिंह की लंबी सीटी की धुन पेश की। कमल बोस की सिनेमेटोग्राफ़ी भी समय की रफ़्तार को कम करने में सफल होती है, जो लंबे-लंबे फ्रेमों पर आधारित है, जिनमें कुछ भी प्रकट रूप में होता नहीं दिखता। समय की गति मंद हो जाने से गुलज़ार और हेमंत कुमार की शब्दों, संगीत और प्रस्तुति की साझेदारी को पूरा मौक़ा मिल जाता है।

विभिन्न स्तरों पर अशांति और उथल-पुथल का संकेत देने वाले इस दशक के अंत में, 1969 में भारत भी ऐसे छोर पर था, जहां उसे विभिन्न दिशाओं में खींचा जा रहा था। विभाजन के बाद से ही देश में कभी सांप्रदायिक दंगे नहीं हुए थे, लेकिन 1960 के दशक में ये बड़े पैमाने पर भड़के। नेहरू के आश्वस्तकारी मज़बूत हाथ की अनुपस्थिति भी महसूस की जा रही थी। 1954 और 1966 के बीच, प्रतिवर्ष होने वाले सांप्रदायिक दंगों की औसत संख्या 70.2 थी। 1967 में काफ़ी बढ़ोतरी के साथ यह 209, फिर 1968 में 346 हुई, और 1969 में तो यह संख्या 519 तक पहुंच गई।

1969 के अहमदाबाद दंगों का उदाहरण तो शहरी बस्ती में सांप्रदायिक तनाव, मौतों और मारकाट के रूप में अब भी दिया जाता है, जिसने ना केवल सामाजिक ताने-बाने और सद्भाव को नष्ट किया था, बल्कि औद्योगिक अहमदाबाद में कामगारों की भारी संख्या जैसे वर्ग और राजनीतिक आधार पर विकसित शहरों के आधुनिक समीकरणों को भी ध्वस्त कर दिया था।

1967 के आम चुनावों के बाद कांग्रेस ने सरकार तो बना ली थी, लेकिन कांग्रेस को जो झटका लगा था, उससे इंदिरा गांधी भी अछूती नहीं रही थीं। इंदिरा गांधी जिस कुशलता के साथ अपने रंग में आईं, और पार्टी के पुराने नेताओं के परंपरागत विचारों के प्रति उनकी अनुमानित शत्रुता से आशंकित उनके उपप्रधानमंत्री मोरारजी देसाई ने कांग्रेस के अध्यक्ष एस. निजलिंगप्पा के साथ मिलकर यह सुनिश्चित कर दिया कि देश के राष्ट्रपति का चुनाव भारत की राजनीति पर नियंत्रण की स्पर्धा का बड़ा अखाड़ा बन गया।

मरहूम ज़ाकिर हुसैन की जगह लेने के लिए पार्टी ने अब इंदिरा गांधी की पकड़ से मज़बूती से दूर जाते हुए, आंध्र प्रदेश के पूर्व मुख्यमंत्री और तत्कालीन लोकसभा अध्यक्ष एन. संजीव रेड्डी को चुना, जो सिंडिकेट के पुराने समर्थक थे। इंदिरा गांधी भांप गईं कि पार्टी अध्यक्ष की अगुवाई में पार्टी के पुराने नेता और उनके तगड़े विरोधी प्रधानमंत्री के रूप में उनके कामकाज पर दमदार लगाम कसने की कोशिश कर रहे हैं। किसी को पता नहीं था कि भारत में क्या होने जा रहा है, क्योंकि तब तक राष्ट्रपति कार्यालय मोटे तौर पर प्रतीकात्मक पद माना जाता था, और निर्वाचित प्रधानमंत्रियों को हराने का तो उसका मक़सद कतई नहीं माना जाता था।

कोई गुंज़ाइश नहीं छोड़ने के मक़सद से, अखिल भारतीय कांग्रेस कमेटी की बंगलौर बैठक में इंदिरा गांधी ने संजीव रेड्डी की उम्मीदवारी का विरोध करने का निश्चिय किया और यह स्पष्ट कर दिया कि वे आंध्र प्रदेश से आने वाले एक अन्य नेता, तत्कालीन उपराष्ट्रपति वी.वी. गिरी को प्राथमिकता देंगी, जिनसे उनके व्यक्तिगत तौर पर निजी संबंध थे। हालांकि संजीव रेड्डी पार्टी के आधिकारिक उम्मीदवार बने रहे। बंगलौर में एआईसीसी की बैठक कई मायनों में महत्त्वपूर्ण थी, क्योंकि अपने मशहूर कश्मीरी पंडित सलाहकारों (डी.पी. धर, पी.एन. हक्सर और पी.एन. धर) की सलाह पर इंदिरा ने दिल्ली लौटते ही अपने को मज़बूती से मध्यमार्गी–वामपंथी नेता के रूप में पेश करने का निश्चय किया और पार्टी में जोशीले समाजवादियों के समूह युवा तुर्क को साथ लेकर कुछ फुर्तीले निर्णय ले डाले।

अपने मज़बूत विरोधियों पर सीधे हमला करते हुए उन्होंने अपने धुर विरोधी मोरारजी देसाई से वित्त विभाग छीन लिया। इसके अलावा, उन्होंने अपने दो साल पहले के दस–सूत्रीय प्रस्तावों पर आगे बढ़ते हुए एक अध्यादेश के ज़रिए देश के चौदह निजी बैंकों के राष्ट्रीयकरण का ऐलान कर दिया। उस समय उन्होंने तर्क दिया था कि देश में समान वृद्धि प्रोत्साहित करने के लिए, बैंकों पर 'सामाजिक नियंत्रण' ही पर्याप्त नहीं है। अगर बैंक सरकारी नियंत्रण में होंगे, तो वे केवल बड़े व्यावसायिक घरानों को ही नहीं, 'लाखों किसानों, दस्तकारों और अन्य स्वरोज़गार वाले लोगों' को क़र्ज़ देंगे।

बैंकों के राष्ट्रीयकरण को इंदिरा गांधी ने अख़बारों में दिए बयानों में ऐसा बड़ा क़दम बताया, जिसका 95 प्रतिशत भारतीयों ने समर्थन किया और केवल बड़े उद्योगपतियों के एक तबके ने विरोध किया, जिनका प्रतिनिधित्व अख़बार करते हैं। इस अध्यादेश को सर्वोच्च न्यायालय में चुनौती दी गई, जिसने अध्यादेश को रद्द कर दिया। अदालत के इस आदेश को पलटने के लिए ताज़ा अध्यादेश जारी किया गया।

अब अगस्त में होने वाले राष्ट्रपति पद की लड़ाई का मामला गर्माने लगा और इंदिरा गांधी ने पार्टी के आधिकारिक उम्मीदवार संजीव रेड्डी का समर्थन करने से इंकार कर दिया। इसके बजाय, उन्होंने निर्दलीय उम्मीदवार वी.वी. गिरी का चुपचाप समर्थन कर दिया। जब पुराने नेताओं को पता चला कि वे युवा कांग्रेसियों के माध्यम

से गिरी के लिए ख़ामोश, लेकिन प्रभावी अभियान चला रही हैं, तो कांग्रेस अध्यक्ष निजलिंगप्पा ने जनसंघ और स्वतंत्र पार्टी से संपर्क किया और उनसे आग्रह किया कि वे अपने उम्मीदवार सेवानिवृत्त न्यायमूर्ति के. सुब्बा राव के बजाय संजीव रेड्डी का समर्थन कर दें।

इंदिरा गांधी को नैतिक बल मिलने के लिए इतना काफ़ी था और उन्होंने सिंडिकेट पर पार्टी हितों के साथ धोखेबाज़ी करने का आरोप लगा दिया। पार्टी के बुज़ुर्ग नेताओं ने रेड्डी का सार्वजनिक समर्थन करने के लिए दबाव डाला, लेकिन उन्होंने इंकार कर दिया, और इसकी जगह चुनाव से कुछ ही दिन पहले उन्होंने 'अंतरात्मा के आधार पर मतदान' करने का आह्वान कर दिया। इस प्रकार, कांग्रेस के वरिष्ठ नेताओं ने रेड्डी के पक्ष में मतदान किया, वहीं इंदिरा गांधी ज़्यादातर पार्टी सांसदों के वोट गिरी को दिलाने में सफल रहीं और द्वितीय प्राथमिकता के वोटों के आधार पर गिरी चुनाव जीत गए।

सिंडिकेट को लगा यह करारा झटका पार्टी के अंदर संबंधों में टूट लाने वाला साबित हुआ और निजलिंगप्पा तथा इंदिरा गांधी के बीच लंबा पत्राचार चला और आख़िरकार, निजलिंगप्पा ने 12 नवंबर को इंदिरा को पार्टी से निष्कासित कर दिया। इसके बाद कांग्रेस के विद्रोहियों ने दिसंबर में अधिवेशन बुलाया, क्योंकि पार्टी दो धड़ों में बंट चुकी थी – पुराने कांग्रेसियों की संगठन कांग्रेस (ओ) और इंदिरा गांधी के समर्थकों की सत्तासीन कांग्रेस (आर)। निजलिंगप्पा ने इंदिरा गांधी पर अपनी निजी छवि बनाने का आरोप लगाया। अपने सलाहकारों की मदद से इंदिरा गांधी ने इस लड़ाई को वैचारिक लड़ाई के रूप में प्रस्तुत करने में सफलता पाई, जिसमें एक तरफ़ व्यापारियों के समर्थक पुराने नेता थे, और दूसरी तरफ़ समाजवादी अर्थशास्त्र में यक़ीन रखने वाले धर्मनिरपेक्ष, और मध्यम–वामपंथी नेता थे।

संसद में 220 लोकसभा सांसद इंदिरा गांधी के साथ थे, लेकिन बहुमत के लिए उन्हें पैंतालीस सांसदों की ज़रूरत और थी। पार्टी ने इस कमी को पूरा करने के लिए भारतीय कम्युनिस्ट पार्टी और निर्दलियों से समर्थन मांगा। क्रांतिकारी आर्थिक एजेंडे और सांप्रदायिकता के ख़िलाफ़ कड़े रवैये की उम्मीद लगाए बैठी सीपीआई को इंदिरा का वामपंथ की ओर झुकाव एक अच्छा मौक़ा लगा।

इसी साल भारतीय अंतरिक्ष अनुसंधान संगठन (इसरो) की स्थापना हुई, जिसने सात साल पहले स्थापित भारतीय राष्ट्रीय अंतरिक्ष अनुसंधान समिति (आईएनसीओएसपीएआर) का स्थान लिया। डॉ. विक्रम साराभाई अग्रणी वैज्ञानिक थे, जिन्होंने राष्ट्र निर्माण में अंतरिक्ष प्रौद्योगिकी की भूमिका और इसके महत्त्व पर ज़ोर दिया था। अस्तित्व के लिए ज़रूरी अनेक मांगों का दबाव झेल रहे, मोटे तौर पर ग़रीब देश में इसरो के विचार को आगे बढ़ाने में उनकी महत्त्वपूर्ण भूमिका रही।

1970 का दशक : लोकतंत्र का पतन और उदय

आने वाला पल जाने वाला है

पाकिस्तान के दो टुकड़े कर देने वाला युद्ध, तेल की क़ीमतों को झटका, परमाणु परीक्षण, आपातकाल, और भारत में पहली ग़ैर–कांग्रेसी सरकार।

1. बांग्लादेश की मुक्ति : 16 दिसंबर, 1971 को ढाका में लेफ़्टिनेंट जनरल जे.एस. अरोड़ा के सामने पाकिस्तानी सेना के लेफ़्टिनेंट जनरल ए.ए.के. नियाज़ी आत्म-समर्पण करते हुए।

2. 1975 में ब्लॉकबस्टर फ़िल्म शोले रिलीज़ हुई। उस समय देश में आपातकाल लगा हुआ था।

3. 1977 में लोकतंत्र की पुनर्बहाली हुई और इंदिरा गांधी को हार का मुंह देखना पड़ा।

4. आपातकाल के विरोध के प्रतीक जयप्रकाश नारायण फ़रवरी, 1977 में एक रैली को संबोधित करते हुए।

(फ़ोटो : इंडियन एक्सप्रेस फ़ोटो आर्काइव)

1.

2.

INDIAN EXPRESS

SAREES

SHAWLS

Mrs Gandhi resigns

Constructive cooperation in common tasks assured

Janata Party not for large Cabinet

How Mrs Gandhi took the news

3.

4.

1970 : *ज़िंदगी का सफ़र है ये कैसा सफ़र*

ज़िंदगी का सफ़र, है ये कैसा सफ़र
कोई समझा नहीं कोई जाना नहीं
है ये कैसी डगर चलते हैं सब मगर
कोई समझा नहीं कोई जाना नहीं

गीत : इंदीवर
संगीत : कल्याणजी-आनंदजी
गायन : किशोर कुमार
फ़िल्म : *सफ़र*

'*ज़िंदगी का सफ़र, है ये कैसा सफ़र...*' यह ऐसा गीत है, जिसके बिना किशोर कुमार-राजेश खन्ना के गीतों का कोई भी बढ़िया संग्रह पूरा हो ही नहीं सकता। हालांकि यह गंभीर गीत गायक-अभिनेता की जोड़ी के अन्य लोकप्रिय गानों के विपरीत है। कल्याणजी-आनंदजी ने असित सेन के निर्देशन वाली इस फ़िल्म का संगीत तैयार किया था, और सोचने पर मजबूर कर देने वाले गीत लिखे थे – इंदीवर ने। इंदीवर का मूल नाम श्यामलाल बाबू राय था, जो 1924 में झांसी ज़िले में पैदा हुए थे। स्वतंत्रता आंदोलन के दौरान वे आज़ाद नाम से कविताएं लिखते थे, और ब्रिटिश सरकार ने उन्हें जेल में भी डाला था। 1949 में मल्हार फ़िल्म के गीत '*बड़े अरमानों से रखा है बलम तेरी कसम*' से उन्हें ख्याति मिली थी, और फिर 1960,'70 और '80 के दशकों में उन्होंने कई हिट गाने लिखे। आख़िरकार, कितने लोगों को पता है कि नाज़िया हसन की पहचान बन चुके क्लासिक गीत, 'आप जैसा कोई मेरी ज़िंदगी में आए...' और 'लैला ओ लैला...' इंदीवर ने ही लिखे थे?

उदासी भरे गीतों की श्रेणी का सफ़र फ़िल्म का ये शीर्षक गीत उस दौर के राजेश खन्ना के प्रमुख गीतों में से है। राजेश खन्ना ने अपने आकर्षण का उपयोग किरदार की हताशा और उसके दृढ़ विश्वास को व्यक्त करने के लिए किया कि बस किसी तरह जीवित रहना वास्तव में जीवन नहीं है। सबसे अच्छी बात कहने वाली पंक्ति यह है, *'ज़िंदगी को प्यार हमने किया/मौत से भी मोहब्बत निभाएंगे हम।'* 1969 और 1971 के बीच राजेश खन्ना की लगातार सत्रह हिट फ़िल्मों में गिने जानी वाली सफ़र फ़िल्म 1956 की बंगाली फ़िल्म चलाचल की रीमेक थी, जिसे असित सेन ने ही निर्देशित किया था। इस फ़िल्म के लिए असित सेन को वर्ष के सर्वश्रेष्ठ निर्देशक का फ़िल्मफ़ेयर अवार्ड मिला था, जबकि इसी साल देव आनंद की प्रेम पुजारी, शक्ति सामंत की कटी पतंग और राज कपूर की मेरा नाम जोकर भी रिलीज़ हुई थीं। इन सारी फ़िल्मों में एक ख़ासियत इनका यादगार संगीत था, जो आज तक लोकप्रिय है। हालांकि प्रेम पुजारी व्यावसायिक रूप से सफल नहीं रही थी, यहां तक कि मेरा नाम जोकर भी व्यावसायिक रूप से विनाशकारी साबित हुई थी, जिसने राज कपूर को आर्थिक संकट में डाल दिया था। *मेरा नाम जोकर* दो इंटरवल वाली 255 मिनट लंबी फ़िल्म थी, जिसे बनाने में छह साल लगे थे। राज कपूर इसे अपनी पसंदीदा फ़िल्म बताते थे।

मेरा नाम जोकर के गाने चार गीतकारों ने लिखे थे, जिनमें हिंदी के मशहूर कवि गोपालदास नीरज भी थे, जिनका लिखा गीत *'ए भाई ज़रा देखके चलो'* बहुत ज़्यादा लोकप्रिय हुआ था। इत्तफ़ाक से नीरज प्रेम पुजारी के भी गीतकार थे, जिसमें 'फूलों के रंग से', *'शोखियों में घोला जाए'*, *'ताक़त वतन की हमसे है'* और *'रंगीला रे तेरे रंग में'* में जैसे हिट गाने थे। इनमें से आख़िरी तो देव आनंद का नवकेतन फ़िल्म्स का सर्वकालीन पसंदीदा गीत रहा। नीरज हिंदी साहित्य के प्रोफ़ेसर थे, लेकिन दुर्भाग्य से उन पर फ्लॉप फ़िल्मों के हिट गाने लिखने वाले का ठप्पा लग गया और वे जल्द ही शिक्षा और कविता की दुनिया में वापस लौट गए।

राजेश खन्ना की लगातार सफलता और राज कपूर की असफलता इस साल की ख़ासियत रही, जिसमें स्टार तिकड़ी – राज कपूर, दिलीप कुमार और देव आनंद से स्टारडम हटकर राजेश खन्ना पर आ गया। ऐसा केवल फ़िल्म उद्योग में ही नहीं हुआ, बल्कि राजनीति और अर्थव्यवस्था में इसी तरह का बदलाव हुआ। 1969 में कांग्रेस पार्टी के विभाजन के बाद, इंदिरा गांधी लोकसभा में बिना पूर्ण बहुमत के प्रधानमंत्री बनी रहीं। वामपंथियों के सहयोग से चली उनकी सरकार में समाजवादी नीतियों को और ज़्यादा गति मिली। उन्होंने रियासतों के राजघरानों के प्रिवीपर्स ख़त्म करने का संविधान संशोधन भी पेश किया।

1949 में भारत के साथ विलय करने और अपने अधिकार सौंप देने के बदले राजाओं को प्रिवीपर्स दिया जाता था, जो कि प्रत्येक रियासत के वार्षिक राजस्व का लगभग 8.5 प्रतिशत होता था। यह राशि हर रियासत के लिए अलग-अलग होती थी,

जिसमें हैदराबाद के निज़ाम के लिए 43 लाख रुपये सालाना थी तो काटोडिया (अब गुजरात में) के राजा के लिए मात्र 192 रुपये सालाना थी। 555 राजाओं में से 398 को 50,000 रुपये सालाना से कम मिलता था। 1947 में भारतीय राजकोष की कुल लागत 6 करोड़ रुपये थी, जिसे उत्तरोत्तर कम किया जाना था। 1970 में प्रिवीपर्स के उन्मूलन के समय सभी पूर्व राजाओं को देय कुल राशि प्रति वर्ष सिर्फ़ 4 करोड़ रुपये की थी। इसका वादा संविधान सभा में सरदार पटेल ने किया था, जिसका कांग्रेस पार्टी के कई सदस्यों ने विरोध किया था। ये सदस्य इन राजाओं को ब्रिटिश उपनिवेशवादी सरकार का पिट्ठू और चमचा मानते थे।

जून, 1967 में अखिल भारतीय कांग्रेस कमेटी ने प्रिवी पर्स को ख़त्म करने का प्रस्ताव पारित किया था। प्रिवी पर्स और विशेष विशेषाधिकार की अवधारणा 'समतावादी सामाजिक प्रणाली' के अनुकूल नहीं थी। चौबीसवां संविधान संशोधन विधेयक, 1970 को लोकसभा में पेश किया गया, और 2 सितंबर को 149 के मुक़ाबले 332 मतों से पारित हो गया। राज्यसभा में यह ज़रूरी दो तिहाई मत पाने से एक मत से पीछे रह गया और पारित नहीं हो पाया। इसके पक्ष में 149 मत पड़े तो विपक्ष में पचहत्तर मत पड़े। संसद में नाकाम होने के बाद इंदिरा गांधी ने राष्ट्रपति वी.वी. गिरी से राजाओं की मान्यता ख़त्म कर देने को कहा। मान्यता ख़त्म करने को सर्वोच्च न्यायालय में एन.ए. पालखीवाला ने सफलतापूर्वक चुनौती दी और इंदिरा गांधी को तुरंत पीछे हटना पड़ा। हालांकि यह क़दम केवल एक साल के लिए ही टाला जा सका और उसके बाद तो इंदिरा गांधी के पास संविधान संशोधन के लिए संसद में ज़रूरी बहुमत हो गया था।

अगर प्रिवी पर्स ख़त्म करना एक विवादास्पद मामला था, तो ऑपरेशन फ्लड की शुरुआत पर किसी का ध्यान ही नहीं गया, जबकि आगे चलकर इसी ने भारत को दूध और दुग्ध उत्पादों में आत्म-निर्भर बनाया। अमूल की शुरुआत करने वाले दुग्ध उत्पादकों की अगुवाई में वर्गीज कुरियन के ऑपरेशन फ्लड के उद्देश्यों में दूध उत्पादन में वृद्धि (दूध की बाढ़), ग्रामीण आय में वृद्धि और उपभोक्ताओं के लिए उचित मूल्य शामिल थे। संयुक्त राष्ट्र के विश्व खाद्य कार्यक्रम के साथ मार्च में राष्ट्रीय डेयरी विकास बोर्ड (एनडीडीबी) ने पहले चरण के लिए हस्ताक्षर किए, जिसमें ऑपरेशन फ्लड ने भारत के चार प्रमुख महानगरीय शहरों, दिल्ली, बंबई, कलकत्ता और मद्रास में भारत के अठारह प्रमुख दुग्ध केंद्रों से उपभोक्ताओं को जोड़ा।

एनडीडीबी की स्थापना 1965 में प्रधानमंत्री लाल बहादुर शास्त्री के कहने पर कुरियन के नेतृत्व में की गई थी, जिसके लिए कुरियन की शर्तें थीं कि एनडीडीबी का मुख्यालय गुजरात के आनंद में होगा, और वे किसानों से धन लेंगे, और एनडीडीबी सरकारी नियंत्रण से मुक्त रहेगा। उनकी शर्तें मान ली गई थीं।

सरकारी नियंत्रण से मुक्त होने के अपने दर्शन को ध्यान में रखते हुए कुरियन ने ऑपरेशन फ्लड में पूरी तरह से वह धन लगाया, जो सहकारी समितियों ने 126,000 टन स्किम्ड मिल्क पाउडर और 42,000 टन बटर ऑयल बेचकर कमाया था, जो कि आरंभ में विश्व खाद्य कार्यक्रम की तरफ़ से उपहार के रूप में था। ऑपरेशन फ्लड को शुरुआत में मुश्किलों का सामना करना पड़ा और कई लोगों को इसके पैमाने पर संदेह था। कुरियन का कहना था, 'मुझे विश्वास है कि ऑपरेशन फ्लड को कोई नहीं समझ पाया। कोई नहीं चाहता था कि यह सफल हो। किसी ने नहीं सोचा था कि यह सफल होगा, क्योंकि यह दुनिया में सबसे बड़े पैमाने पर किए जाने वाला डेयरी प्रयोग था। यह अब तक की सबसे बड़ी कृषि परियोजना भी थी। जब मैंने योजना बनाई, तो मुझे सलाह दी गई कि मैं इतना बड़ा नहीं सोचूं। मैंने कहा, नहीं। हमें हिम्मत करनी थी, हमें ऐसे तरीक़े से काम करना था, जिसका भारत जैसे बड़े देश में असर पड़े।' दुग्ध उत्पादों में आत्मनिर्भरता अब तो इतनी अधिक हो गई है कि 1970 में श्वेत क्रांति की औपचारिक शुरुआत को शायद ही कोई याद करता है।

27 दिसंबर को इंदिरा गांधी ने घोषणा की कि अगले आम चुनाव निर्धारित समय से क़रीब एक साल पहले, मार्च 1971 में होंगे। चुनावों का यह ऐलान ऐसा सफ़र था, जो 1971 में बेहद ऊंचाई से शुरू हुआ और कुछ ही सालों बाद अकथनीय निचले स्तर पर जा पहुंचा। ऐसे ही सफ़र के बारे में तो यह गीत कहता है, *'कोई समझा नहीं, कोई जाना नहीं...'*

1971 : *ज़िंदगी कैसी है पहेली*

कभी देखो मन नहीं जागे
पीछे पीछे सपनों के भागे
इक दिन सपनों का राही
चला जाए सपनों से आगे कहां
ज़िंदगी कैसी है पहेली ये हाय
कभी तो हंसाए, कभी ये रुलाए

गीत : योगेश
संगीत : सलिल चौधरी
गायन : मन्ना डे
फ़िल्म : *आनंद*

'*ज़िंदगी कैसी है पहेली*', आसान हिंदी में लिखे गए इस गीत के गीतकार लखनऊ के योगेश गौर थे, जिन्हें गीतकार के रूप में यह पहला बड़ा ब्रेक मिला था। इसके पहले तक वे स्टंट फ़िल्मों के गाने लिखते रहे थे। आगे चलकर वे बासु चटर्जी की फ़िल्मों के गीतकार के तौर पर चमके, लेकिन यह गीत बहुत ख़ास था। सलिल चौधरी की धुन मूल रूप में भारतीय थी, लेकिन इसमें कई पश्चिमी वाद्ययंत्रों का इस्तेमाल हुआ था, जिनमें ट्रंपेट भी था, जो गीत में शुरू से ही बजता है।

समुद्र का किनारा इस विचारोत्तेजक गीत के लिए पर्याप्त पृष्ठभूमि मुहैया कराता है, जिसमें राजेश खन्ना द्वारा निभाए गए आनंद के मुख्य पात्र का दर्शन समाहित है। राजेश खन्ना गले तक बटन बंद किए खादी के कुर्ते (अपने ट्रेडमार्क गुरु कुर्ता में)

समुद्र तट पर टहलते हैं, हाथों में चप्पल लिए हैं, ज़िंदगी के खट्टे-मीठे अनुभवों को याद करते हैं, एक नाव पर तीन मछुआरे हैं, बच्चे हवा भरे गुब्बारों को उड़ाते हैं, और लहरें समुद्र तट से टकराती हैं, और फिर शांत हो जाती हैं। वैसे ऋषिकेश मुखर्जी ने जब इस फ़िल्म की कल्पना की थी, तब शुरू में यह गीत उसमें शामिल नहीं था।

फ़िल्म के मूल गीतकार गुलज़ार ने *'मैंने तेरे लिए ही सात रंग के सपने चुने'* गीत लिखा था और योगेश ने लिखा था, *'कहीं दूर जब दिन ढल जाए।'* सलिल चौधरी ने योगेश को एक धुन देकर उस पर गीत लिखने को कहा, जबकि ऋषिकेश मुखर्जी, गुलज़ार से गीत लिखने को पहले ही कह चुके थे। गुलज़ार ने लिखा *'जिया लागे ना'* और योगेश ने लिखा *'ना रो अंखियां।'* सेट पर एकदम भ्रम की स्थिति बन गई थी, लेकिन गुलज़ार के गीत को रिकॉर्डिंग के लिए इस्तेमाल किया गया। ऐसे में दख़ल दिया एक और निर्माता एल.बी. लछमन ने, जिनके लिए योगेश गीत लिख रहे थे। लछमन ने अपने मित्र ऋषिकेश मुखर्जी से कहा कि वे योगेश से एक और गीत लिखवाकर उनका नुक़सान पूरा कर दें।

'ज़िंदगी कैसी है पहेली' के लिए कहानी में कोई गुंज़ाइश नहीं थी, इसलिए इसे शीर्षक गीत के रूप में लिखा गया। जब राजेश खन्ना ने इस गीत को रिकॉर्डेड रूप में सुना, तो उन्होंने ज़ोर दिया कि इस गीत को उन पर फ़िल्माया जाए। राजेश खन्ना के लिए मन्ना डे की आवाज़ में यह पहला एकल गीत बना। योगेश ने इस गीत का तीसरा अंतरा भी लिखा, जिसे मन्ना डे अपने लाइव प्रोग्रामों में अक्सर गाया करते थे। 'ज़िंदगी...' का मतलब कई लोगों के लिए कई चीज़ें होता है। ज़िंदगी, इसकी शुरुआत और इसके बाद के बारे में बताते हुए, इस गीत में हल्के रूप में कई अहम सवाल खड़े किए गए हैं, जो कि केवल सर्वश्रेष्ठ हिंदी सिनेमा में ही किया जा सकता है। अमिताभ बच्चन ने, आकर्षक और उदासीन कैन्सर रोगी राजेश खन्ना के लिए संयमित डॉक्टर की भूमिका निभाई है, जो आनंद के लिए पूरी तरह से जीवन जीने के लिए दृढ संकल्पित है। हंसमुख राजेश खन्ना और गंभीर अमिताभ बच्चन बंबई के एक सामान्य समुद्र तट पर सिंगल फ्रेम में दिखते हैं। यह वर्ष भारत के लिए विरोधाभासों और आश्चर्यों से भरा साबित हुआ।

पुरानी घटनाओं से महत्त्वपूर्ण तरीक़े से आगे बढ़ते हुए इंदिरा गांधी ने एक साल पहले ही आम चुनाव कराने की घोषणा कर दी थी। यह उनकी अल्पमत सरकार पर लगाए गए न्यायिक प्रतिबंध तोड़ने की कोशिश थी। चुनाव फ़रवरी में दो सप्ताह में संपन्न हुए। लगभग शुरुआत से ही ये चुनाव इंदिरा गांधी के नेतृत्व पर जनमत संग्रह के रूप में बदल गए। जब न्यूज़वीक पत्रिका ने उनसे पूछा कि चुनाव में मुख्य मुद्दे क्या हैं, तो उन्होंने प्रसन्न मुद्रा में जवाब दिया था - 'मैं ही मुद्दा हूं।' कांग्रेस (ओ), भारतीय जनसंघ, स्वतंत्र पार्टी, संयुक्त सोशलिस्ट पार्टी और प्रजा सोशलिस्ट के नेशनल डेमोक्रेटिक फ्रंट ने अपना एक सूत्रीय उद्देश्य 'इंदिरा हटाओ' घोषित किया। प्रधानमंत्री

इंदिरा गांधी ने प्रेरणादायक जवाब में घोषणा की कि यह किसी एक व्यक्ति की बात नहीं है, और उनकी दिलचस्पी केवल अपने लोगों को ग़रीबी के संकट से मुक्त कराने में है - *'वो कहते हैं, इंदिरा हटाओ; मैं कहती हूं ग़रीबी हटाओ।' 'ग़रीबी हटाओ'* उनकी लड़ाई का मुख्य नारा बन गया, और इसने उनके प्रधानमंत्रित्व की नींव रखी, जो भारत को राष्ट्रीयता के एक भिन्न चरण में ले गया।।

मीडिया के कड़ी टक्कर के अनुमान के विपरीत, इंदिरा गांधी की कांग्रेस (आर) ने चुनावों में भारी सफलता हासिल की और 352 सीटें हासिल कर दो-तिहाई बहुमत जुटा लिया, जबकि विपक्षी गठबंधन को केवल 51 सीटें मिल पाईं। वामदलों ने 48 सीटें जीतीं। स्वतंत्र पार्टी और जनसंघ का यह आख़िरी चुनाव था। जनसंघ बाद में अगले दशक में भारतीय जनता पार्टी के रूप में फिर से उभरा।

इंदिरा गांधी की उपलब्धि केवल चुनाव ही नहीं थे। दिसंबर में भारत-पाकिस्तान युद्ध में जीत शायद उनके सार्वजनिक जीवन का चरमोत्कर्ष था। युद्ध के अंत में पूर्वी पाकिस्तान में पाकिस्तानी सेना को सार्वजनिक रूप से आत्म-समर्पण करना पड़ा था। भारत के निर्णायक सैन्य विजय के कारण एक नए देश, बांग्लादेश का निर्माण हुआ, और 90,000 से ज़्यादा पाकिस्तानी सैनिकों को युद्धबंदी बना लिया गया। अमेरिका और चीन का सहयोग भी पाकिस्तान को शर्मिंदगी से नहीं बचा सका, जिसका कारण बांग्लाभाषी लोगों का उसके द्वारा किया गया दमन था। भारतीय सेना के लिए यह जीत बहुत मायने रखती थी, ख़ासकर इसके उत्साही थलसेनाध्यक्ष जनरल एस.एच. एफ़.जे. मानेकशॉ के लिए भी, और इंदिरा गांधी के राजनीतिक भविष्य और उनकी कूटनीतिके लिए भी। शीतयुद्ध के माहौल में इससे बुनियादी बदलाव हुआ, और भारत ने सोवियत संघ के साथ मैत्री-संधि पर हस्ताक्षर किए। यह घटना भारत के व्यापक शिविर की तरफ़ मुड़ने की प्रतीक थी, हालांकि बाद में जनता पार्टी सरकार द्वारा इसे इसी दशक में फिर से ठीक करने के प्रयास किए गए।

मुस्लिमों के देश के रूप में महज़ चौबीस साल पहले बने पाकिस्तान की टूट ने भारत में कई भूतों को शांत कर दिया और इस क्षेत्र में कई को खुला छोड़ दिया। जैसा कि इतिहासकार श्रीनाथ राघवन कहते हैं, 'भारत और बांग्लादेश में ज़मीनी भावनाओं का आधार पूरी तरह से समझने लायक़ है। भारत ने ना केवल निर्णायक सैन्य जीत हासिल की थी, बल्कि 1947 से उपमहाद्वीप में डर पैदा करने वाले "द्विराष्ट्र" सिद्धांत को भी मिटा दिया था।' इस जीत के बाद इंदिरा गांधी को 'दुर्गा' कहा गया और आख़िरकार उन्होंने 'गूंगी गुड़िया' और 'पंडितजी की बिटिया' के मज़ाक़िया ख़िताबों को दूर फेंक दिया।

खाद्य सुरक्षा से जूझते भारत को काफ़ी कुछ समझ में आने लगा था। हरित क्रांति के पहले चरण में खाद्यान्न उत्पादन सर्वोच्च शिखर पर पहुंच गया। 1966 में यह 72 मिलियन टन था, और अब बढ़कर 108 मिलियन टन हो गया था। इसी अवधि

में आयात दस मिलियन टन से घटकर दो मिलियन टन हो गया। जैसा कि विप्लव दासगुप्ता जैसे अर्थशास्त्रियों ने कहा था, इससे 'आशावाद की मानसिकता' तैयार हुई, जिसमें विश्वास था कि भारत का खाद्य संकट समाप्त हो जाएगा।

अदालत में बैंकों के राष्ट्रीयकरण के मामले में हारने के बाद इंदिरा गांधी ने निजी बैंकों के राष्ट्रीयकरण के लिए संविधान में पच्चीसवां संशोधन कराया। उनके वामपंथी रुझान के पैकेज का एक बड़ा हिस्सा उनकी ग़रीबी-विरोधी नीतियों और कार्यक्रमों के लिए था।

इसी साल जनगणना होने वाली थी, और ख़ासतौर से अशांत पूर्वी पाकिस्तान से भारी पलायन हो रहा था। 1971 की जनगणना से जन्मस्थान के अलावा पिछले निवास के स्थान के आधार पर भी आंकड़े एकत्र किए जाने की शुरुआत हुई।

उस समय तक भारत में क्रिकेट के जुनून बनने की शुरुआत हो चुकी थी, और 6 मार्च, 1971 को पोर्ट ऑफ़ स्पेन में वेस्ट इंडीज़ के ख़िलाफ़ सुनील मनोहर गावस्कर ने कुशलता और धीरज के साथ टेस्ट क्रिकेट में अपनी पारी की शुरुआत की। चार टेस्टों में उन्होंने 154.80 के औसत से रन बनाए, जिसमें चार शतक शामिल थे। भारत ने वेस्ट इंडीज़ में पहली टेस्ट क्रिकेट श्रृंखला जीतने का रिकॉर्ड बनाया। इसी साल इंग्लैंड में गावस्कर का प्रदर्शन अच्छा नहीं रहा, जबकि अजित वाडेकर की कप्तानी में भारत ने इंग्लैंड से पहली टेस्ट श्रृंखला जीती थी।

आनंद में भारत के पहले सुपर स्टार राजेश खन्ना ने हमेशा की तरह अपनी शांत चित्त मुस्कराहट बिखेरी थी, जो कुछ-कुछ उसी तरह की थी, जिस तरह से करिश्माई इंदिरा गांधी ने मज़बूती से अपने को स्थापित किया था, और बाक़ी सबको बौना साबित कर दिया था। हालांकि इसके साथ ही अधिक गंभीर और उदासीन दिखने वाले डॉक्टर बाबू मोशाय यानी अमिताभ बच्चन एंग्री यंगमैन के रूप में अपना रुतबा जमाने की शुरुआत करने वाले थे।

1972 : चलो दिलदार चलो

चलो दिलदार चलो
चांद के पार चलो
हम हैं तैयार चलो
चलो दिलदार चलो
चांद के पार चलो

गीत : कैफ़ भोपाली
संगीत : गुलाम मोहम्मद
गायन : मोहम्मद रफ़ी और लता मंगेशकर
फ़िल्म : *पाकीज़ा*

'*चलो दिलदार चलो, चांद के पार चलो...*' उस युग के रोमांटिक प्रेम की सुरुचि और कविता को दिखाता है, जिसमें कमाल अमरोही की फ़िल्म के रिलीज़ होने के पहले से ही गिरावट आ रही थी। मुजरों से भरे एल्बम में यह रोमांटिक गीत भी शामिल है। गाने में मुखड़े को ही बार-बार गाने वाले मोहम्मद रफ़ी सहायक गायक हैं, लेकिन गाने के बीच में आलाप के ज़रिए वे छा जाते हैं। लता इस गीत के अंतरा गाती हैं। नाव पर प्रेमी युगल की सवारी के साथ समुद्र और आकाश के व्यापक विस्तार इसके फ़िल्मांकन को भव्य बना देता है। कई सालों बाद सारेगामा ने *पाकीज़ा रंग-बारंग* रिलीज़ किया, जिसमें वो गीत शामिल किए गए, जो फ़िल्म में इस्तेमाल नहीं हो सके थे। इसमें लता का गाया इस गीत का तेज़ रफ़्तार वाला संस्करण भी शामिल था।

इस बेहद लोकप्रिय और बेहद सम्मानित एल्बम के संगीत निर्देशक गुलाम मोहम्मद थे, जो आजीवन नौशाद के सहायक रहे, लेकिन साथ में स्वतंत्र रूप से भी फ़िल्में करते रहे। नौशाद ने पार्श्व संगीत दिया था, और तीन अतिरिक्त गाने भी किए थे, जो पार्श्व में बीच-बीच में इस्तेमाल किए गए। इस फ़िल्म में कुल 18 गाने थे, लेकिन फ़ाइनल कट में केवल छह रखे गए। पहले या बाद में किसी भी मुजरा आधारित संगीत में इस फ़िल्म के गाने हिंदी फ़िल्म संगीत में अनोखे हैं।

हालांकि *पाकीज़ा* ऐसे समय आई थी, जब हिंदी फ़िल्म संगीत काफ़ी हद तक पश्चिमी संगीत के प्रभाव में आ चुका था, और आर.डी. बर्मन तथा किशोर कुमार की तूती बोल रही थी। इस साल आने वाली अन्य फ़िल्में थीं – विक्टोरिया नंबर 203, *सीता और गीता, जवानी दीवानी, अमर प्रेम, दुश्मन, परिचय और बेईमान। पाकीज़ा* के रिलीज़ के पहले स्थिति यह थी कि फ़ाइनेंसर फ़िल्म का संगीत बदलवाना चाहते थे और इसे 'आधुनिक' बनवाना चाहते थे। अमरोही का तर्क था कि वे उस आदमी के साथ धोखा नहीं कर सकते जो अब हमारे बीच नहीं रहा – इस फ़िल्म में ख़ूब़सूरत गीतों की *अमानत* देने वाले संगीतकार गुलाम मोहम्मद का 1967 में देहांत हो गया था। 'अगर वे ज़िंदा होते, और संगीत बदलने पर सहमत हो जाते, तो मैं बदलवा देता,' अमरोही ने अपने एक फ़ाइनेंसर से यह कहा था।

अलग शैली बना चुकी सभी फ़िल्मों की तरह *पाकीज़ा* के इर्द-गिर्द भी कई तरह के मिथ बुने गए। सबसे ज़्यादा कही जाने वाली बात ये है कि फ़िल्म मीना कुमारी की मौत के बाद ही हिट हुई। फ़िल्म रिलीज़ होने के नौ सप्ताह बाद मीना कुमारी की मौत हो गई थी, लेकिन तब तक यह फ़िल्म पहले ही हिट हो चुकी थी। कई लोगों का मानना है कि कमाल अमरोही को इस फ़िल्म के निर्माण में चौदह साल इसलिए लगे, क्योंकि वे बहुत धीमी गति से काम करते थे। उन्होंने इस फ़िल्म का निर्माण 1958 में शुरू किया था, लेकिन 1960 में रंगीन सिनेमा का चलन शुरू हो गया और उन्होंने तब तक शूट किए ब्लैक ऐंड वाइट हिस्से हटा दिए थे। क़रीब एक साल बाद विदेशों में लंबे पर्दे वाली सिनेमास्कोप फ़िल्मों का चलन आ गया, तो अमरोही ने एक बार फिर से पहले शूट किए हिस्से को हटा दिया, क्योंकि वे मेट्रो-गोल्डवाइन-मेयर (एमजीएम) से रॉयल्टी के आधार पर सिनेमास्कोप लेंस हासिल करने में सफल हो गए थे। 1964 से 1968 तक फ़िल्म का निर्माण अमरोही और उनकी पत्नी मीना कुमारी के बीच पैदा हुए मतभेदों के कारण रुका रहा।

पाकीज़ा पहले की फ़िल्मों को ठीक उसी तरह से आगे बढ़ाने वाली थी, जिस तरह से 1971 की घटनाओं के फलस्वरूप 1972 में घटनाएं हुई थीं। 1971 में लोकसभा चुनाव जीतने, और पाकिस्तान के विरुद्ध सैन्य विजय हासिल करने के बाद इंदिरा गांधी ने मार्च में तेरह राज्यों में जीत हासिल की। यह जीत सचमुच इंदिरा गांधी की ही जीत थी। जैसा कि अटल बिहारी वाजपेयी ने माना था कि जहां विपक्ष ने देश भर

में 2,700 उम्मीदवार उतारे थे, वहीं सत्तारूढ़ पार्टी ने हर सीट पर एक ही उम्मीदवार को खड़ा किया था, जिसका नाम था इंदिरा गांधी। केवल पश्चिम बंगाल की जीत विवादास्पद रही जहां कांग्रेस-सीपीआई गठबंधन ने पुलिस संरक्षण में बड़े पैमाने पर धांधली करके सीपीआई (एम) को हरा दिया था।

एक अधूरा एजेंडा युद्ध का था, जिसमें 93,000 पाकिस्तानी युद्धबंदी के रूप में भारत की हिरासत में थे। प्रथम विश्वयुद्ध में विजेताओं द्वारा वर्साय में की गई ग़लती से सावधान, भारत ने पाकिस्तान के साथ समानतापूर्ण, मर्यादापूर्ण, इज़्ज़त और आदर का बर्ताव किया। ज़ुल्फ़िकार अली भुट्टो और इंदिरा गांधी की जून में शिमला में बैठक हुई। भारत 'नो वार पैक्ट' चाहता था, लेकिन संधि के बजाय पारस्परिक 'ताक़त के त्याग' पर एक समझौते पर मानना पड़ा। भारत ने कश्मीर के मुद्दे पर भुट्टो पर दबाव नहीं डाला, क्योंकि इससे उनकी स्थिति पाकिस्तान में बहुत कमज़ोर हो जाती। जम्मू-कश्मीर में युद्धविराम रेखा को नियंत्रण रेखा घोषित किया गया, साथ ही मौखिक आश्वासन भी दिया गया कि यही आख़िरकार अंतरराष्ट्रीय सीमा बनाई जाएगी। हालांकि भुट्टो ने जल्द ही जब पाकिस्तान की नेशनल असेंबली में 14 जुलाई को तीन घंटे लंबा भाषण दिया, तो अपनी बात से मुकर गए। कश्मीर के लोगों के आज़ादी के किसी भी आंदोलन को समर्थन देने का वचन देते हुए भुट्टो ने दलील दी कि शिमला समझौता पाकिस्तान की सफलता था, क्योंकि पाकिस्तान ने 'जम्मू-कश्मीर की जनता के आत्म-निर्णय के अधिकार पर कोई समझौता नहीं किया था।'

पूर्वोत्तर में जारी राजनीतिक पुनर्गठन के हिस्से के रूप में सरकार ने तीन नए राज्य - मणिपुर, मेघालय और त्रिपुरा बना दिए। त्रिपुरा और मणिपुर की रियासतों का भारत में विलय 1949 में हुआ था और तब उन्हें केंद्र शासित प्रदेश बनाया गया था। असम से अलग करके मेघालय को 2 अप्रैल, 1970 को स्वायत्त प्रदेश बनाया गया, और जनवरी, 1972 को इसे पूर्ण राज्य का दर्जा दे दिया गया।

इस बीच, अपनी समाजवादी आर्थिक नीतियों को जारी रखते हुए इंदिरा गांधी ने ज़मीन की सीलिंग की नई सीमाएं तय कीं, क्योंकि उनका मानना था कि ग्रामीण जनता में भूमिहीनता, नक्सल समस्या और कृषि संबंधी तनाव मुख्य कारण है। प्रति व्यक्ति ज़मीन रखने की सीमा घटाने के अलावा, उन अपवादों को कम करने के लिए भी कड़े नियम लागू किए गए, जिनके बल पर बड़े ज़मीन मालिक पूर्व की सीलिंग से बच जाते थे। 1967 में शुरू हुई हरित क्रांति के परिणामस्वरूप खाद्यान्न उत्पादन बढ़ने लगा था, लेकिन इससे देश भर में ग्रामीण ज़िलों के केवल दसवें हिस्से को लाभ हुआ था। खेती अब भी मूल रूप से मानसून पर निर्भर थी, और इस साल मानसून समय पर नहीं आने, और फिर पिछले साल के बांग्लादेशी शरणार्थियों के संकट के कारण भारत को खाद्यान्न का आयात करने की नौबत आ पड़ी थी। खाद्यान्न की अंतरराष्ट्रीय क़ीमतें भी तेज़ी से बढ़ रही थीं, और अपने पहले कार्यकाल में अमेरिका से गेहूं आयात करने

के दौरान झेली शर्मिंदगी के कारण इंदिरा गांधी ने खाद्यान्न आयात के लिए बहुमूल्य विदेशी मुद्रा ख़र्च करने का रास्ता चुना। इससे उन्हें सार्वजनिक वितरण प्रणाली में करीब 11 मिलियन टन खाद्यान्न पहुंचाने और मानवीय संकट रोकने में मदद मिल गई। हालांकि मुद्रास्फीति पहले से ही सिर उठा रही थी; खाद्यान्न की क़ीमतों में जुलाई, 1972 से जून, 1973 के बीच 24 प्रतिशत की बढ़ोतरी हो चुकी थी।

प्रधानमंत्री इंदिरा गांधी ने संसद के ज़रिए वन्यजीव संरक्षण अधिनियम भी लागू कराया, जिससे वन्यजीव अभयारण्यों और राष्ट्रीय उद्यानों की स्थापना हुई और इन क्षेत्रों में वन्यजीवों के शिकार पर प्रतिबंध लगाने के अलावा, अन्य गतिविधियों पर भी कड़ी पाबंदी लगाई गई और उन्हें नियामित किया गया। बाघों की गणना से पता चला कि भारत में मात्र 1800 बाघ ही बचे हैं। इसके बाद 1973 में प्रोजेक्ट टाइगर शुरू किया गया। उन्होंने राजस्थान में अरबों के द्वारा लुप्त होती जा ही सोन चिरैया के शिकार के चलन पर भी पाबंदी लगा दी, जबकि यह चलन पाकिस्तान में अब भी जारी है। वन्यजीवों के लिए उनकी चिंता उनकी व्यक्तिगत रुचि के कारण थी – वे तभी से एक उत्साही पक्षी प्रेमी थीं, जब उनके पिता ने देहरादून से जाने-माने पक्षी-विज्ञानी डॉ. सालीम अली की किताब उनके पास भेजी थी। इस तरह से वन्यजीव संरक्षण में उनकी गहरी प्रतिबद्धता थी। यहां तक कि भुट्टो के साथ शिमला समझौते की बातचीत के बीच भी उन्होंने बिहार के मुख्यंत्री को पत्र लिखा था, जो उस आग्रह के जवाब में था, जिसमें विधानमंडल ने मदनपुर के घने जंगलों को एक विकास परियोजना के लिए मुक्त कर देने की मांग की गई थी। उन्होंने तत्कालीन मुख्यमंत्री से वन का परिवर्तन रोक देने को कहा था।

इस साल भारत की स्वतंत्रता के पच्चीस साल पूरे हो गए थे, और इस मौक़े पर लोकसभा में एक विशेष मिडनाइट सेशन बुलाया गया था। 1947 के बाद से भारत ने काफ़ी तरक़्क़ी की थी, लेकिन हर बार यही तर्क दिया जाता था कि ये तरक़्क़ी पर्याप्त नहीं है। भारत 56 मिलियन किलोवाट बिजली का उत्पादन कर रहा था, जबकि 1950 में वह केवल 6.6 मिलियन किलोवाट बिजली बना पा रहा था। हालांकि सबसे ज़्यादा रुढ़िवादियों का भी अनुमान था कि भारत में क़रीब 200 मिलियन ग़रीब हैं। हालांकि साक्षर लोगों के प्रतिशत में बढ़ोतरी हुई थी, और 1947 की तुलना में 1972 में देश में साक्षरों की संख्या काफ़ी बढ़ी थी। ग्रामीण बिहार में केवल 4 प्रतिशत महिलाएं साक्षर थीं, जबकि केरल में यह प्रतिशत 60 था। स्वतंत्रता के रजत जयंती वर्ष में भारत के इस सुदूर दक्षिण प्रदेश ने अपने को देश के सर्वाधिक प्रगतिशील और समानतावादी राज्य के रूप में स्थापित किया था। कुदरती ख़ूबसूरती से भरे इस प्रदेश में आप अपने साथी को ज़रूर ले जाना चाहेंगे और उस समय यही गीत आप गुनगुनाएंगे, *'चलो दिलदार चलो, चांद के पार चलो...'*

1973 : चुरा लिया है तुमने जो दिल को

चुरा लिया है तुमने जो दिल को
नज़र नहीं चुराना सनम
बदल के मेरी तुम ज़िंदगानी
कहीं बदल न जाना सनम

गीत : मज़रूह सुल्तानपुरी
संगीत : आर.डी. बर्मन
गायन : आशा भोंसले और मोहम्मद रफ़ी
फ़िल्म : *यादों की बारात*

चुरा लिया है तुमने जो दिल को..., आर.डी. बर्मन का ऐसा क्लासिक गीत है, जिसे किसी समय-काल से नहीं बांधा जा सकता है। यह पश्चिमी धुन है, जिसमें शुरुआत गिटार से होती है, और बाद में इंस्ट्रूमेंटल अंतरा आते हैं, लेकिन यह गीत है पूरी तरह से भारतीय ही। आमतौर पर कोई भी सोचेगा कि आर.डी. बर्मन का कोई भी प्रतिष्ठित क्लासिक गीत किशोर कुमार ने ही गाया होगा, लेकिन यह गीत मोहम्मद रफ़ी ने आशा भोंसले के साथ मिलकर गाया है। वास्तव में, 1970 के दशक के अन्य कई सारे गानों की तरह, इसमें भी रफ़ी एक सहायक गायक ही हैं और आशा भोंसले अपनी आवाज़ का जादू बिखेरती हैं।

नासिर हुसैन की फ़िल्में हमेशा से हर्षित धुनों और सुपर हिट संगीत के लिए जानी जाती रही हैं, और *यादों की बारात* भी इसका कोई अपवाद नहीं थी। उनका गानों का फ़िल्मांकन, सेट डिज़ाइन, अभिनेताओं के विग, लुक, ड्रेस, सभी अपने समय के अनुसार ही होते थे। इस गीत में ज़ीनत अमान की ख़ूबसूरती को बेहद

ख़ूबसूरत ढंग से फ़िल्माया गया है, जिस कारण गाना और भी आकर्षक तथा चिरस्थाई बन गया, और उस दौर के इस तरह के जोशीले और पश्चिमी गानों में इसका अलग स्थान बन गया। ज़ीनत के साथ इस गाने में विजय अरोड़ा भी हैं, जिन्हें शायद ही कोई याद करता है।

यादों की बारात के लेखक थे, सलीम-जावेद और इसकी पटकथा खोया-पाया के फ़ॉर्मूले पर आधारित थी, जो कि हिंदी सिनेमा में आम बात थी। वैसे तो यह फ़िल्म मल्टीस्टारर थी, लेकिन वास्तव में फ़िल्म में संगीत के अलावा कोई और नायक था तो वो थे धर्मेंद्र।

अगर *यादों की बारात* हल्की-फुल्की और मस्ती की फ़िल्म थी, तो इसी साल रिलीज़ हुई *गर्म हवा* में बंटवारे के दर्द और भारत में मुस्लिम अस्मिता का मुद्दा उठाया गया था। उर्दू लेखिका इस्मत चुग़ताई की कहानी पर आधारित इस फ़िल्म का फ़िल्मी रूपांतरण शमा ज़ैदी और कैफ़ी आजमी ने किया था। एम.एस. सथ्यू के निर्देशन की पहली फ़िल्म गर्म हवा में दिखाया गया था कि 1947 में बंटवारे और 1948 में महात्मा गांधी की हत्या का आगरा के मुस्लिम परिवार पर क्या असर होता है, जो अपने समुदाय के कई अन्य सदस्यों की तरह पाकिस्तान जाने का इच्छुक नहीं है।

1973 में यह फ़िल्म केंद्रीय फ़िल्म प्रमाणन बोर्ड के पास उलझी रही और सर्टिफ़िकेट मिलने में इसे एक साल लग गया। 2014 में इस फ़िल्म के डिजिटली रिस्टोर्ड वर्ज़न के रिलीज़ होने के वक्त सथ्यू ने बताया, 'उन्हें आशंका थी कि यह फ़िल्म समाज में तनाव पैदा कर सकती है। बाल ठाकरे और लालकृष्ण आडवाणी जैसे नेताओं ने फ़िल्म पर हमला बोला। आडवाणी ने बिना फ़िल्म देखे ही उसकी समीक्षा लिख डाली। बाद में जब वे सूचना और प्रसारण मंत्री बने तब उन्होंने अफवाह के आधार पर समीक्षा लिख डालने के लिए माफ़ी मांगी।' यह फ़िल्म बलराज साहनी के सबसे अच्छे अभिनय वाली फ़िल्मों में शामिल की जाती है। फ़िल्म की डबिंग पूरी होने के एक दिन बाद ही उनका देहांत हो गया था। साहनी ने सलीम मिर्ज़ा का किरदार निभाया था, जो कि दुविधा में फंसा था – क्या उसे 1947 में ही चले जाना चाहिए था? उसका घर कहां है – और भारत में मुसलमान होने का क्या मतलब है?

ध्यान देने की बात है कि मुस्लिम अस्मिता के बारे में बनी यह फ़िल्म उस समय सांप्रदायिक रूप से संवेदनशील मानी जा रही थी, जब भारत ने द्वि-राष्ट्र सिद्धांत को किनारे करते हुए, बांग्लादेश युद्ध में विजय हासिल की थी। इंदिरा गांधी अपनी सत्ता के चरम पर थीं, और हालांकि सथ्यू के अनुरोध पर वे फ़िल्म देख चुकी थीं, और इसे जारी करने की मंज़ूरी दे चुकी थीं, लेकिन फिर भी यह फ़िल्म जल्दी रिलीज़ नहीं हो सकी। 1973 का साल आर्थिक रूप से भी कठिनाइयों का रहा और अप्रैल में कच्चे तेल की क़ीमतें 200 प्रतिशत से ज़्यादा बढ़ जाने के कारण मुद्रास्फीति 20 प्रतिशत बढ़ गई थी। ऊर्जा क्षेत्र के राष्ट्रीयकरण से भी मदद नहीं मिली और इंदिरा गांधी को

भी अपने आवास से संसद तक जाने के लिए घोड़ों की बग्गी की सवारी करने का दिखावा करना पड़ा, जिसकी बहुत चर्चा हुई थी।

हालांकि पेट्रोलियम, खाद्यान्न और उर्वरकों के भारी आयात बिल के कारण सरकार विदेशी मुद्रा के नियामन और संरक्षण के लिए विदेशी मुद्रा नियामन अधिनियम या फेरा लाने पर मजबूर हुई। फेरा की धारा 29 में 40 प्रतिशत से ज़्यादा की पेरेंट होल्डिंग वाली भारत में काम कर रही विदेशी कंपनियों के लिए अपनी होल्डिंग कम करना अनिवार्य किया गया। ऐसा करने के लिए दो साल का समय दिया गया। कोक और आईबीएम ने ऐसा करने से इंकार किया, जबकि कोलगेट जैसी अन्य कंपनियां सहमत हो गईं। हालांकि ऐसे किसी भी उपाय से सरकार को बकाया भुगतान के संकट से निपटने में मदद नहीं मिली, और भारत को तेल के विशेष वितरण के तहत अंतरराष्ट्रीय मुद्राकोष से उधार लेना पड़ा।

सारी आर्थिक दिक़्क़तों के बावजूद, इंदिरा गांधी के लोकप्रिय और संभवत: एकमात्र राष्ट्रीय नेता के रूप में उभरने से शेख़ अब्दुल्ला और नागा विद्रोहियों ने उनकी सरकार के साथ दीर्घकालीन वार्ताएं शुरू कीं। दिसंबर में, वे नागालैंड के राज्य स्थापना दिवस की दसवीं सालगिरह मनाने कोहिमा गईं। उन्होंने भूमिगत नागा नेताओं से 'बाहर आने और कंधे से कंधा मिलाकर नागालैंड के निर्माण की ज़िम्मेदारी' उठाने का आह्वान किया, जिसके तीन माह बाद राज्य में विधानसभा चुनाव हुए।

हालांकि भारत की राजनीतिक व्यवस्था पर सबसे अमिट प्रभाव वाली घटना हुई 24 अप्रैल को। सर्वोच्च न्यायालय के मुख्य न्यायाधीश एस.एम. सीकरी और बारह न्यायाधीश इतिहास का सबसे अहम फ़ैसला सुनाने इकट्ठा हुए। केशवानंद भारती बनाम केरल राज्य के मामले की सुनवाई अड़सठ दिन चली थी; इस मुकदमे की तैयारी में जिस कड़ी मेहनत और विद्वता का इस्तेमाल हुआ था, वह विस्मयकारी थी। तत्कालीन अटॉर्नी जनरल ने 71 अलग-अलग देशों के संविधानों के प्रावधानों का विश्लेषण करते हुए तुलनात्मक चार्ट तैयार किया था।

7:6 के मामूली बहुमत से अदालत ने फ़ैसला दिया कि भारत के संविधान के ढांचे में कुछ विशिष्ट सिद्धांत ऐसे हैं, जिनका उल्लंघन नहीं किया जा सकता, और इसलिए उनमें संसद संशोधन नहीं कर सकती। इन सिद्धांतों को आमतौर पर संविधान की बुनियादी संरचना कहा गया। भविष्य की घटनाओं ने साबित किया कि इस बुनियादी संरचना सिद्धांत ने भारतीय लोकतंत्र की रक्षा की, और केशवानंद भारती हमारे संवैधानिक इतिहास में हमेशा आदर का स्थान पाते रहेंगे। बुनियादी संरचना सिद्धांत के महिमंडन में यह बात ध्यान में रखनी ज़रूरी है कि इसकी अस्थिर जड़ों और न्यायाधीशों के झुकावों तथा पूर्वाग्रहों, मौक़े और सांयोगिक परिस्थितियों ने किसी अन्य तर्क या सचेत सूत्रीकरण की तुलना में कहीं ज़्यादा अहम भूमिका निभाई है।

हालांकि मूल निर्णय में काफ़ी नाटक भी शामिल था। नौ न्यायाधीशों ने ग्यारह अलग-अलग निर्णय सुनाए, जिनमें कुछ बिंदुओं पर सहमति थी और कुछ पर असहमति। ये नौ न्यायाधीश थे - मुख्य न्यायाधीश एस.एम. सीकरी, न्यायमूर्ति जे.एम. शेलत, के.एस. हेगड़े, ए.एन. ग्रोवर, पिंगले जगनमोहन रेड्डी, डी.जी. पालेकर, एच.आर. खन्ना, ए.के. मुखर्जी और वाई.वी. चंद्रचूड़। छह न्यायाधीशों में - मुख्य न्यायाधीश एस.एम. सीकरी और न्यायमूर्ति जे.एम. शेलत, के.एस. हेगड़े, जगनमोहन रेड्डी, ए.एन. ग्रोवर और एस. मुखर्जी - का मत था कि संविधान की निहित और बुनियादी सीमाओं के कारण संसद की शक्ति सीमित है, इनमें मूलभूत अधिकार भी शामिल हैं। छह अन्य न्यायाधीशों - न्यायमूर्ति ए.एन. रे, डी.जी. पालेकर, के. के. मैथ्यू, एस.एन. द्विवेदी, एम.एच. बेग, और वाई.वी. चंद्रचूड़- का मत था कि संविधान में संशोधन करने की संसद की शक्ति की कोई सीमा नहीं है। हालांकि एक और न्यायाधीश एच.आर. खन्ना ने किसी का पक्ष नहीं लिया। उन्होंने कहा कि संसद के पास संविधान में संशोधन करने का पूरा अधिकार है, लेकिन यह अधिकार केवल 'संशोधन' करने का है, इसलिए इसे 'संविधान की बुनियादी संरचना या ढांचे' को यथावत रहने देना होगा। पांच माह की मेहनत और सुनवाई के बाद सामने आया यह निर्णय बेहद निराशाजनक था। इसे ना बहुमत का फ़ैसला कहा जा सकता था, ना अल्पमत का। कोई नहीं कह पा रहा था कि यह फ़ैसला किस तरह का है।

तब, यह कैसे कहा गया कि अदालत ने बहुमत से निर्णय दिया कि संसद के पास संविधान की बुनियादी संरचना में संशोधन का अधिकार नहीं है? ग्यारह न्यायाधीशों के अपने-अपने निर्णय सुनाने के तुरंत बाद, मुख्य न्यायाधीश सीकरी ने जल्दबाज़ी में एक दस्तावेज़ तैयार किया, जिसे पीठ के सभी तेरह न्यायाधीशों के सामने हस्ताक्षर के लिए रखा गया। मुख्य न्यायाधीश सीकरी वही थे, जिनका मत था कि संविधान की निहित और बुनियादी सीमाओं के कारण संसद की शक्ति सीमित है, इनमें मूलभूत अधिकार भी शामिल हैं। इस दस्तावेज को 'बहुमत का विचार कहा गया' और इसका एक निष्कर्ष यह था कि 'संसद के पास संविधान की बुनियादी संरचना या ढांचे में संशोधन का अधिकार नहीं है।' यह निष्कर्ष न्यायमूर्ति एच.आर. खन्ना के निर्णय के निष्कर्षों में से एक था। नौ न्यायाधीशों ने अदालत में इस पर हस्ताक्षर किए। चार न्यायाधीशों ने इस पर हस्ताक्षर करने से इंकार कर दिया। मुख्य न्यायाधीश अगले दिन सेवानिवृत्त हो गए।

निर्णयों के आने की जानकारी मिलते ही, सरकार ने पहले ही तीन न्यायाधीशों की वरिष्ठता को नज़रअंदाज़ करते हुए, अगले दिन न्यायमूर्ति ए.एन. रे को मुख्य न्यायाधीश नियुक्त कर दिया। नज़रअंदाज़ किए गए तीनों न्यायाधीश वही थे, जो बहुमत का हिस्सा थे, जिनके नाम थे - न्यायमूर्ति जे.एम. शेलत, के.एस. हेगड़े और ए.एन. ग्रोवर।

निवर्तमान मुख्य न्यायाधीश के सम्मान में 25 अप्रैल को सर्वोच्च न्यायालय के राजपत्रित कर्मचारियों के रात्रिभोज में उन्होंने रे से कहा, 'मुख्य न्यायाधीश का पद स्वीकार करने के दिन के लिए आपको पछतावा होगा।' मुख्य न्यायाधीश के रूप में जब उन्होंने बिना किसी अपील के केशवानंद भारती निर्णय के मामले की और ग़ैरकानूनी हिरासत के मामले में बंदी प्रत्यक्षीकरण मामले के निर्णय की समीक्षा करने की कोशिश की, तो उनके आचरण ने क़ानूनी जगत में उनका सम्मान गंवा दिया।

1974 : *कई बार यूं भी देखा है*

कई बार यूं भी देखा है
ये जो मन की सीमा रेखा है
मन तोड़ने लगता है
अनजानी प्यास के पीछे
अनजानी आस के पीछे
मन दौड़ने लगता है

गीत : योगेश
संगीत : सलिल चौधरी
गायन : मुकेश
फ़िल्म : *रजनीगंधा*

'*कई बार यूं भी देखा है, ये जो मन की सीमा रेखा है...*' कई कारणों से हिंदी सिनेमा का विलक्षण गीत है। यह शायद पहला मौक़ा था, जब मुकेश पर्दे पर किसी नायक के लिए नहीं गा रहे थे, और इस गीत में नायिका की दुविधा को दर्शाया गया था, लेकिन पुरुष पार्श्वगायक उसकी मनोदशा को स्वर देने की कोशिश करता है। इस गीत के लिए मुकेश को राष्ट्रीय पुरस्कार मिला था, लेकिन मूल रूप में इसे लता मंगेशकर को गाना था। उन्होंने इसके लिए 3,000 रुपये का मेहनताना मांगा था, लेकिन निर्माताओं को ये छोटी बजट की फ़िल्म के हिसाब से बहुत ज़्यादा लगा। इसके बाद वे मुकेश के पास गए, जो केवल 1,000 रुपये में गाने को मान गए। रजनीगंधा फ़िल्म का ये गीत सलिल चौधरी के बांग्ला गीत '*आमी चोलते चोलते*

थेमे गेछी' पर आधारित था, और इसे योगेश ने लिखा था, जो शैलेंद्र के निधन के बाद सलिल चौधरी के पसंदीदा गीतकार बन गए थे।

बासु चटर्जी द्वारा निर्देशित *रजनीगंधा* हिंदी लेखिका मन्नू भंडारी की कहानी, *'यही सच है'* पर आधारित थी, और इसमें दो नवोदित कलाकार लिए गए थे- विद्या सिन्हा और अमोल पालेकर। फ़िल्म का मुख्य किरदार दीपा है, जिसे विद्या सिन्हा ने निभाया है। दीपा अपने समय से आगे की सोच रखती है, और अपने जीवन में दो पुरुषों को लेकर विचारों के टकराव से जूझती है। *'कई बार यूं ही देखा है...'* एक टैक्सी में फ़िल्माया गया है, जिसमें पात्रों की हरकतें या अभिव्यक्ति बहुत कम है, लेकिन गीत के अंतरालों में सारी तात्कालिकता और उथल-पुथल दिखाई जाती है। गीतकार योगेश गौर को इस गीत को लिखने के लिए पूरी पटकथा को बहुत गहराई से पढ़ना-समझना पड़ा था। उन्होंने इस गाने को, ख़ासतौर पर इसकी सबसे अहम लाइन *'ये जो मन की सीमा रेखा है, मन तोड़ने लगता है'* फ़िल्म के संवाद, 'जो सामने है, वही सच है' पर लिखी गई थी।

रजनीगंधा ने बिना स्थापित कलाकारों की कम बजट की लोकप्रिय फ़िल्मों के लिए भी बाज़ार तैयार किया, और भोलापन, गुस्सा और हिंसा की मुख्य धारा के सौंदर्य से अलग अनुभवशीलता तैयार की। ये मल्टीप्लेक्स फ़िल्मों के 1970 के दशक के स्वरूप थी, जो शहरी मध्य वर्ग के दर्शकों के लिए बनाई जाती थीं, और ना तो इन्हें कला फ़िल्म कहा जा सकता था, ना ही व्यावसायिक ब्लॉकबस्टर।

इसी साल श्याम बेनेगल की पहली फ़िल्म अंकुर के साथ ही कला सिनेमा भी लोकप्रिय हुआ। अंकुर शबाना आजमी की भी पहली रिलीज़ फ़िल्म थी। समीक्षकों की बहुत सारी तारीफ़ पाने के अलावा, अंकुर व्यावसायिक रूप से भी सफल रही और केवल 5 लाख रुपये की लागत से बनने वाली इस फ़िल्म ने एक करोड़ रुपये से ज़्यादा की कमाई की। हालांकि उस साल व्यावसायिक रूप से सबसे ज़्यादा सफल फ़िल्म थी - रोटी, कपड़ा और मकान। मनोज कुमार की इस मल्टीस्टारर फ़िल्म में उस दौर में बेरोज़गारी के कारण हावी असंतोष को दिखाया गया था। इसका शीर्षक पाकिस्तानी नारे से लिया गया था, जिसका इस्तेमाल वहां के प्रधानमंत्री ज़ुल्फ़िकार अली भुट्टो अपने भाषणों में करते थे, लेकिन यह शीर्षक 1960 के दशक के अंत में शुरू हुई इंदिरा गांधी की राजनीति के समाजवादी चरण को प्रतिबिंबित करता था। राजनीतिक निष्पक्षता दिखाने के लिए इस फ़िल्म के अंत में इंदिरा गांधी का जमाख़ोरी के ख़िलाफ़ दिया गया भाषण शामिल किया गया था।

जमाख़ोरी मुद्रास्फीति की तरह एक बड़ा संकट था, क्योंकि वैश्विक तेल संकट और बकाया भुगतान संकट के बाद, ख़ासकर खाद्य मुद्रास्फीति आसमान छू रही थी। नवंबर, 1973 से दिसंबर, 1974 तक, स्वतंत्र भारत में मुद्रास्फीति का सबसे बुरा दौर था, जिसमें मुद्रास्फीति 20 प्रतिशत से नीचे कभी नहीं रही, और जून के बाद

से लगातार चार माह तक यह 30 प्रतिशत से ऊपर थी। सितंबर में मुद्रास्फीति 34.6 प्रतिशत तक पहुंच गई, जो अब तक का सर्वोच्च स्तर था, लेकिन 1975 में साल के अंत तक यह अचानक 25.4 प्रतिशत गिरावट के साथ शून्य से नीचे पहुंच गई। 140 अर्थशास्त्रियों के समूह ने मुद्रास्फीति को नियंत्रित करने की नीति के बारे में फ़रवरी में प्रधानमंत्री इंदिरा गांधी को ज्ञापन दिया।

सरकार ने थोक अनाज व्यापार के राष्ट्रीयकरण का फ़ैसला पलट दिया, बल्कि मज़दूरी, वेतन और भत्तों पर नियंत्रण के अन्य उपाय भी किए। तस्करों, जमाख़ोरों और कालाबाज़ारियों पर लगाम लगाने के लिए कड़े आंतरिक सुरक्षा क़ानून लागू किए गए। आर्थिक मामलों के सचिव मनमोहन सिंह वित्त मंत्रालय के उस समूह का हिस्सा थे, जिसने मुद्रास्फीति नियंत्रण के उपाय सुझाए थे। उन्होंने कहा था कि 'श्रीमती गांधी ज़ोखिम उठाने के क़ाबिल थीं' और, क़ीमतों की स्थिरता हासिल करने के क्रम में, निवेश और ग्रोथ को नुक़सान पहुंचने के बारे में सरकार को कोई चिंता नहीं थी।

जैसा कि लोकतंत्र में अक्सर होता है, आर्थिक संकट के साथ-साथ राजनीतिक संकट भी आता ही है। यह सब शुरू हुआ गुजरात से। अहमदाबाद के एल.डी. इंजीनियरिंग कॉलेज के छात्रों ने मेस की फ़ीस बढ़ाने को लेकर विरोध प्रदर्शन किया, और यह प्रदर्शन खाद्य मुद्रास्फीति के विरोध में छात्रों के राज्यव्यापी आंदोलन में बदल गया। यह उस आंदोलन की शुरुआत थी, जिसने देश में प्रलयकारी परिवर्तन ला दिए। आंदोलन को आगे बढ़ाने के लिए विभिन्न राजनीतिक दलों के छात्र संगठनों ने एक नवनिर्माण समिति का गठन किया। चिमनभाई पटेल की अगुवाई में राज्य सरकार के पास 168 सदस्यों की विधानसभा में 140 सदस्यों का समर्थन था। भारी भ्रष्टाचार, ख़ासकर राज्य के रसोई तेल-नारियल तेल की क़ीमतों में सर्वाधिक बढ़ोतरी होने से धन कमाने के आरोपों से घिरे, मुख्यमंत्री को आंदोलनकारी छात्रों ने चिमनचोर नाम दे दिया था। फ़रवरी में राज्य सरकार ने त्यागपत्र दे दिया और राज्य में राष्ट्रपति शासन लगा दिया गया। हालांकि गांधी की हत्या के बाद गांधीवादी बने बेहद सम्मानित स्वाधीनता सेनानी जयप्रकाश नारायण, जेपी अहमदाबाद पहुंचे और उन्होंने छात्रों से कहा था कि राज्य विधानसभा भंग होने तक अपना आंदोलन जारी रखें। इसकी परिणति में फिर से हिंसा भड़क गई और 95 मौतें हो गईं। 11 मार्च को मोरारजी देसाई अनिश्चितकालीन अनशन पर बैठ गए, और केंद्र सरकार झुकने पर मजबूर हुई और 15 मार्च को विधानसभा भंग करनी पड़ी।

नवनिर्माण आंदोलन की सफलता ने राजनीतिक दलों - भारतीय जनसंघ, एसएसपी, सीपीआई और कांग्रेस (ओ) की छात्र इकाइयों को बिहार में कांग्रेस सरकार के ग़लत कार्यों और भ्रष्टाचार के विरोध में संगठित होने की प्रेरणा मिली। उन्होंने *'पूरा राशन पूरा काम, नहीं तो होगा चक्काजाम'* के नारे के साथ विरोध-प्रदर्शन करना शुरू कर दिया। फ़रवरी, 1974 में, सीपीआई की छात्र शाखा एआईएसएफ़ वैचारिक

आधार पर अलग हो गई और बाक़ी छात्र संगठनों ने छात्र संघर्ष समिति (सीएसएस) का गठन कर लिया। 18 मार्च को सीएसएस ने विधानसभा भंग करने की मांग को लेकर विधानसभा भवन तक जुलूस निकाला। प्रदर्शनकारियों का पुलिस से टकराव हुआ, और तीन मौतें हो गईं, और राज्यभर में अशांति फैल गई। छात्रों के अनुरोध पर, जेपी ने आंदोलन की कमान संभाली। बिहार आंदोलन अब जेपी आंदोलन बन गया था और छात्र कक्षाओं के बहिष्कार पर उतारू हो गए थे। अप्रैल तक सड़कों पर विरोध प्रदर्शन तेज़ हो गए थे। 5 जून को गांधी मैदान में जेपी ने संपूर्ण क्रांति का आह्वान किया। जॉर्ज फर्नांडीज़ की अगुवाई में हुई रेल हड़ताल से उस समय देश थम गया था।

नेहरू-गांधी परिवार के पुराने पारिवारिक मित्र जेपी ने इंदिरा गांधी के साथ बातचीत शुरू की, जो छह सप्ताह में ही टूट गई। अगस्त तक, जेपी आंदोलन को देशव्यापी आंदोलन बनाने के लिए बिहार लौट गए। जेपी के कुछ पुराने सहयोगियों ने उन्हें आगाह किया कि आंदोलन के स्थानीय नेता जनसंघ को आगे बढ़ा रहे हैं, और स्वतंत्र भारत में विरोध-प्रदर्शन ग़ैर-गांधीवादी तथा अलोकतांत्रिक हैं। 1 नवंबर को इंदिरा गांधी और जेपी के बीच बातचीत का अंतिम दौर नाकाम रहा, जिसके बाद जेपी ने वह समझौता फ़ॉर्मूला मानने से इंकार कर दिया, जिसके तहत प्रस्ताव था कि अगर अन्य राज्य विधानसभाओं को भंग करने की मांग पर ज़ोर नहीं दें, तो बिहार सरकार भंग कर दी जा सकती है। साल के अंत तक, राजनीति का ध्रुवीकरण हो चुका था, और कई लोग जेपी आंदोलन को दूसरे स्वतंत्रता आंदोलन की संज्ञा देने लगे थे।

राजनीतिक उथल-पुथल के बीच इंदिरा ने 18 मई को पोखरण में परमाणु परीक्षण किया, और इसे शांतिपूर्ण परमाणु विस्फोट (पीएनई) नाम दिया। प्रधानमंत्री गांधी ने भाभा परमाणु अनुसंधान केंद्र (बीएआरसी) के वैज्ञानिकों को नाभिकीय उपकरण बनाने को कहा था, जिसे उन्होंने बनाया और परीक्षण के लिए तैयार किया। गोपनीयता बनाए रखने के लिए, विकास प्रक्रिया के या इसके विकास और परीक्षण के निर्णय संबंधी किसी भी तरह के रिकॉर्ड बहुत कम ही रखे गए थे। इसे 'स्माइलिंग बुद्धा' कोड नाम दिया गया था, और पूरी संभावना थी कि यह सब प्रधानमंत्री कार्यालय में पी.एन. धर के सुझाव पर किया जा रहा था।

भारत सरकार के समर्थन से, भारत समर्थक पार्टी के पक्ष में लोकप्रिय मत पड़ने के बाद सिक्किम के अर्ध-स्वतंत्र राज्य का इंदिरा गांधी ने अधिग्रहण कर लिया, जिसे एक को छोड़कर सारी सीटों पर जीत मिली थी। हालांकि इन दोनों उपलब्धियों से इंदिरा गांधी को केवल अस्थाई राहत ही मिली, क्योंकि उनके विरोधी संवैधानिक क़ायदों के प्रश्न उठा रहे थे साथ ही अपने विरोध-प्रदर्शनों को भी उग्र करते जा रहे थे।

1975 : *तेरे बिना ज़िंदगी से कोई शिकवा तो नहीं*

काश ऐसा हो तेरे क़दमों से
चुनके मंज़िल चलें और कहीं दूर कहीं
तुम गर साथ हो, मंज़िलों की कमी तो नहीं
तेरे बिना ज़िंदगी से कोई शिकवा तो नहीं

गीत : गुलज़ार
संगीत : आर.डी. बर्मन
गायन : किशोर कुमार और लता मंगेशकर
फ़िल्म : *आंधी*

‘*तेरे बिना ज़िंदगी से कोई शिकवा तो नहीं...*’ आर.डी. बर्मन-गुलज़ार की जोड़ी का संकेत गीत है, जिनका संगीत ना केवल 1970 के दशक में शीर्ष पर रहा, बल्कि 1980 के दशक में भी अपना अहम स्थान बनाए रहा। ज़्यादा अहम बात यह कि ये गीत आज भी बेहद लोकप्रिय हैं, और समय की पसंद के अनुरूप हैं। वास्तव में गुलज़ार निर्देशित आंधी का गीत ‘*तेरे बिना ज़िंदगी से...*’ यूट्यूब पर पड़े पुराने गीतों में सबसे ज़्यादा हिट्स वाला गीत है। इस गीत को लिखने से पहले, गुलज़ार ने आर.डी. बर्मन के संगीतबद्ध किए और बांग्ला गीतकर गौरी प्रसन्ना मजूमदार के बांग्ला गीत, ‘*जीत जेते पाठे होलो देरी...*’ सुना था। यह लता-किशोर का एक और युगल गीत है, लेकिन इसे पार्श्व में गाया गया है और अधेड़ युगल की रोमांटिक उथल-पुथल को दर्शाता है। कई तीखे संगीतमय अंतरालों से भरे इस गीत में सुचित्रा सेन और संजीव कुमार के डायलॉग भी शामिल हैं। कैमरा पात्रों के चेहरों

के भाव दिखाता है, जो अनंतनाग के मार्तंड मंदिर के खंडहरों में हैं। इस तरह से ये खंडहर भी दोनों की भावनात्मक अवस्था को रूपक को भी पृष्ठभूमि में दिखाता है।

गुलज़ार इस गीत के उस दृश्य के बारे में एक घटना बताते हैं, जिसमें सुचित्रा सेन की आंखों में पानी चमक रहा है, लेकिन वे आंसू नहीं बहा पातीं। 'श्रीमती सेन ने मुझसे वह अंतरा बजाने को कहा जिसमें कहा गया है, *"तुम जो कह दो तो आज की रात चांद डूबेगा नहीं..."* वे आंख बंद करके इसे सुनती हैं, और हरिभाई (संजीव कुमार) अपनी छोटी अंगुली से अपनी आंखों के कोरों को पोंछते हैं। इसके बाद वे हाथ झटककर इशारा करती हैं कि संगीत बंद हो गया है। हरिभाई इशारा करते हैं कि वह टू-इन-वन ले जाया जा चुका है, जिसमें यह गीत बज रहा था। दोनों शॉट के लिए तैयार थे। दोनों एक दूसरे की तरफ़ ऐसे देखते हैं जैसे कि पूरा जीवन बस इसी एक लाइन में बिता देना हो कि *"रात को रोक लो, रात की बात है, और ज़िंदगी बाक़ी तो नहीं..."*

इसी साल *शोले*, *दीवार* और *जय संतोषी मां* जैसी ऐतिहासिक फ़िल्में भी रिलीज़ हुई थीं, लेकिन *आंधी* पर इससे कुछ फ़र्क़ नहीं पड़ा, और इससे जुड़े बड़े राजनीतिक विवाद ने भी इसे सफलता दिलाने में योगदान दिया। इस राजनीतिक फ़िल्म के बारे में प्रचार किया गया था कि यह तत्कालीन प्रधानमंत्री इंदिरा गांधी, और उनके अलग रह रहे पति फिरोज़ गांधी के साथ उनके संबंधों पर आधारित है। जहां दक्षिण भारत में लगे एक पोस्टर में ऐलान किया गया था, 'अपने प्रधानमंत्री को पर्दे पर देखिए', वहीं दिल्ली में एक दैनिक अख़बार में दिए विज्ञापन में फ़िल्म को 'स्वतंत्रता के बाद के भारत की महान महिला राजनेता की कहानी' बताया गया था। हालांकि गुलज़ार ने स्पष्ट किया था कि सुचित्रा सेन का लुक कांग्रेस नेता तारकेश्वरी सिन्हा और इंदिरा गांधी से प्रेरित था।

आश्चर्य की बात यह है कि फ़िल्म रिलीज़ तो आसानी से हो गई, लेकिन इसके बीस सप्ताह चलने के बाद इस पर प्रतिबंध लगा दिया गया। यह बैन लगाने का कारण गुजरात विधानसभा चुनावों का प्रचार था, जिसमें विपक्षी उम्मीदवारों ने इंदिरा की छवि ख़राब करने के लिए वो दृश्य दिखाने शुरू कर दिए थे, जिनमें सुचित्रा सेन सिगरेट पीती हैं, और कभी-कभी शराब भी पीती हैं। गुलज़ार ने इस समस्या के समाधान के लिए एक दृश्य डाला, जिसमें नायिका को इंदिरा गांधी की तसवीर के सामने खड़े दिखाया था और प्रधानमंत्री को अपना आदर्श बताते हुए दिखाया था। सुचित्रा सेन के किरदार की तरह, इंदिरा गांधी कई भारतीयों के लिए आदर्श थीं, लेकिन हालात बहुत तेज़ी से ख़राब भी होते जा रहे थे। 25 जून की आधी रात को उन्होंने कुख्यात आपातकाल की घोषणा कर दी।

आपातकाल की घोषणा ने हर किसी को चकित कर दिया था। यहां तक कि उनके मंत्रिमंडल के सदस्य भी हैरान थे, जिनसे इस फ़ैसले का समर्थन करने को सुबह

की बैठक में ही कहा गया था। 26 जून को बड़े सुबह जेपी आंदोलन के ख़ासतौर पर उत्तरी राज्यों के सैकड़ों प्रमुख नेता आंतरिक सुरक्षा अधिनियम (मीसा) के तहत गिरफ़्तार कर लिए गए। सामान्य राजनीतिक गतिविधियां निलंबित कर दी गईं, सारी शक्तियां कार्यपालिका के हाथ में आ गईं, और संविधान के अनुच्छेद 19 के तहत मिले मौलिक अधिकार तथा नागरिक स्वतंत्रता निलंबित कर दी गई। ख़बर दबाने के लिए बहादुर शाह ज़फ़र मार्ग की बिजली काट दी गई, जहां से ज़्यादातर राष्ट्रीय अख़बार प्रकाशित होते थे। हालांकि स्टेट्समैन और हिंदुस्तान टाइम्स अपने संस्करणों में ये ख़बर दे पाए, क्योंकि उनके प्रेस नई दिल्ली के कनॉट प्लेस में स्थित थे। वैसे ये तो शुरुआत भर थी। दिसंबर में सरकार एक अध्यादेश लाई, जिसमें कड़ी सेंसरशिप का प्रावधान था, और कई मायनों में अख़बारों, पत्रिकाओं और प्रकाशनों के लिए प्री-सेंसरशिप भी ज़रूरी कर दी गई थी। इसने भारतीय प्रेस परिषद को भी ख़त्म कर दिया, जो कि प्रेस की स्वतंत्रता के लिए काम करने वाली स्वतंत्र संस्था थी।

आपातकाल के बीज तो लगभग दो सप्ताह पहले पड़ गए थे, जब इलाहाबाद उच्च न्यायालय के न्यायाधीश जगमोहन लाल सिन्हा ने चुनाव प्रक्रिया में धांधली के बारह में से दो आरोपों को लेकर इंदिरा गांधी के चुनाव को रद्द घोषित कर दिया था। उत्तर प्रदेश सरकार ने उनकी चुनावी सभा के लिए ऊंचा मंच तैयार करवाया था, और अभियान शुरू होने के समय उनका चुनावी एजेंट भी सरकारी सेवा में था। न्यायमूर्ति सिन्हा ने आदेश पर बीस दिनों का स्थगनादेश दिया ताकि सर्वोच्च न्यायालय में अपील की जा सके। 23 जून को सर्वोच्च न्यायालय की अवकाश पीठ ने इस आदेश पर सशर्त स्थगनादेश जारी किया - प्रधानमंत्री संसद में भाग ले सकती हैं, लेकिन अपील के अंतिम निपटारे तक मतविभाजन में हिस्सा नहीं ले सकतीं। 25 जून को पश्चिम बंगाल के मुख्यमंत्री और प्रसिद्ध वकील सिद्धार्थ शंकर राय ने आपातकाल का अध्यादेश तैयार करने में मदद की जिस पर राष्ट्रपति ने आधी रात को हस्ताक्षर कर दिए।

आपातकाल लगने के कुछ ही दिनों बाद आरएसएस, जमात-ए-इस्लामी, आनंद मार्ग और उनसे जुड़े संगठनों पर पाबंदी लगा दी गई, और उनके प्रमुख कार्यकर्ताओं को गिरफ़्तार कर लिया गया। उन्नीस महीने चले आपातकाल के दौरान गिरफ़्तारियों का सिलसिला जारी रहा और इस दौरान मीसा और भारत रक्षा नियमावली (डीआईआर) के तहत 1 लाख 10 हज़ार लोग गिरफ़्तार किए गए। हालांकि ज़्यादातर गिरफ़्तार लोगों को कुछ दिन या महीनों में छोड़ दिया गया था। जेपी को स्वास्थ्य के आधार पर 12 नवंबर को रिहा कर दिया गया। अशोक मेहता, अटल बिहारी वाजपेयी और चरण सिंह जैसे नेताओं को 1976 में रिहा किया गया।

आपातकाल को मंज़ूरी देने के लिए 21 जुलाई को संसद सत्र बुलाया गया, जिसमें विपक्ष के सभी सांसदों ने प्रस्ताव के ख़िलाफ़ मतदान किया। आपातकाल लागू करने के फ़ैसले का बचाव करते हुए इंदिरा गांधी ने लोकसभा में बोला, 'यह कार्य पूरी

तरह से संवैधानिक ढांचे के अंतर्गत है, और इसे संविधान नष्ट करने के लिए नहीं, बल्कि हमारे लोकतंत्र को संरक्षित करने, और उसकी सुरक्षा के लिए किया गया है।'

इसके बाद सरकार ने संविधान का अड़तीसवां संशोधन पेश किया, जिसके तहत आपातकाल की घोषणा को किसी भी अदालत में चुनौती नहीं दी जा सकती थी। जनप्रतिनिधित्व क़ानून में संशोधन करके, इंदिरा गांधी के मामले में सर्वोच्च न्यायालय के निर्णय को निष्प्रभावी कर दिया गया और भविष्य में उसे किसी भी चुनौती देने से भी रोक दिया गया। नागरिक अधिकार देने से इंकार कर दिया गया और हड़तालों तथा विरोध-प्रदर्शनों को कड़ाई से कुचल दिया गया। सरकार उन सबसे कड़ाई से निपटने को प्रतिबद्ध दिख रही थी 'जो देश के ख़िलाफ़ काम कर रहे थे।'

शुरुआती महीनों में आपातकाल को जनता का समर्थन मिला, क्योंकि सामाजिक अनुशासन और सार्वजनिक व्यवस्था में उल्लेखनीय सुधार दिख रहा था। सरकारी दफ़्तरों और सरकारी सेवाओं में तुरंत सुधार देखने को मिला और ट्रेनें समय से चलने लगीं। तस्कर विरोधी अभियान को सबसे ज़्यादा लोकप्रियता, मिली जिसके तहत हाजी मस्तान और यूसुफ़ पटेल जैसे नामी तस्करों समेत तक़रीबन 2,000 तस्करों को जेल में डाल दिया गया। शुरुआती स्वीकार्यता इस कदर थी कि विनोबा भावे तक ने आपातकाल को 'अनुशासन पर्व' कह दिया था।

हालांकि सर्वाधिक सुधार अर्थव्यवस्था में हुआ था, जिसे पांच सालों में सबसे अच्छा मानसून आने से भी मदद मिली थी। खाद्यान्न और खाद्य तेल का उत्पादन 21 प्रतिशत बढ़ गया, औद्योगिक उत्पादन 6 प्रतिशत बढ़ गया और निर्यात में तो 21 प्रतिशत तक की बढ़ोतरी हो गई थी। जीडीपी में 8.5 प्रतिशत की प्रभावशाली बढ़ोतरी हुई और खाद्य क़ीमतों में 20 प्रतिशत की गिरावट आने से मुद्रास्फीति भी कम हो गई। जे.आर.डी. टाटा समेत सभी शीर्ष व्यवसायी खुलकर आपातकाल के समर्थन में आ गए। टाइम पत्रिका ने अक्टूबर अंक में इस बात को स्वीकार करते हुए लिखा – 'प्रधानमंत्री ने सामाजिक सुधारों के ज़रिए दुर्लभ अवसर हथियाने के लिए व्यापक समर्थन हासिल किया है।' यह एकतरफ़ा विचार था, क्योंकि भारतीय जी तो रहे थे, लेकिन लोकतंत्र के बिना उनके जीवन का कोई अर्थ नहीं था।

1976 : *कभी कभी मेरे दिल में ख़याल आता है*

कभी कभी मेरे दिल में ख़याल आता है
कि जैसे तू मुझे चाहेगी उम्र भर यूं ही
उठेगी मेरी तरफ़ प्यार की नज़र यूं ही
मैं जानता हूं कि तू ग़ैर है मगर यूं ही

गीत : साहिर लुधियानवी
संगीत : ख़य्याम
गायन : मुकेश
फ़िल्म : *कभी कभी*

'*कभी कभी मेरे दिल में ख़याल आता है...*' तुरंत ही श्रोता को रोमांस के बीते युग में ले जाता है, जहां पूरी दुनिया धुंधली दिखाई जाती है। मुकेश की भावपूर्ण आवाज़, ख़य्याम की मधुर धुन, अमिताभ और राखी एक साथ, तथा स्वास्थ्यप्रद आबोहवा को क़ैद करने वाली सिनेमेटोग्राफ़ी, सब कुछ असाधारण था। हालांकि ये समय कालातीत क्लासिक बना तो साहिर के बोलों की वजह से। यह गाना 1960 में प्रकाशित साहिर के संग्रह तल्ख़ियां की इसी नाम की उर्दू नज़्म का सरलीकृत रूप था। मूल नज़्म में ख़ालिस उर्दू तो थी ही, साथ ही, इसमें कवि के अपनी प्रेमिका से बिछुड़ने का ज़्यादा निराशाजनक और विषादपूर्ण ढंग से ज़ाहिर किया गया था। फ़िल्म में आगे मूल नज़्म का एक अंतरा अमिताभ बच्चन अपनी आवाज़ में पढ़ते हैं,

और अपनी पूर्व-प्रेमिका का किरदार निभाने वाली राखी से बिछोह का दर्द ज़ाहिर करते हैं। फ़िल्म में उर्दू शायरी को यह उचित श्रद्धांजलि थी, जो कि ख़ुद भी साहिर की मूल नज़्म से प्रेरित थी।

कभी-कभी की अंग्रेज़ी स्पेलिंग में अंक ज्योतिष के हिसाब से एक अतिरिक्त 'ई' जोड़ा गया था। इसके संगीत के लिए ख़य्याम को फ़िल्मफ़ेयर अवॉर्ड मिला था, तो गायन और गीत रचना के अवॉर्ड मुकेश और साहिर को मिले थे। ख़य्याम ने वास्तव में यह धुन 1950 में चेतन आनंद की एक फ़िल्म के लिए बनाई थी, जो कभी रिलीज़ नहीं हो सकी। उस गीत को गीता दत्त और सुधा मल्होत्रा की आवाज़ में रिकॉर्ड किया गया था, लेकिन वह कभी रिलीज़ नहीं हो पाया। गीत की धुन की तरह *कभी कभी* भी मोहब्बत के ख़ुशनुमा पलों और जटिल रिश्तों के बीते दौर की याद दिलाती है। *जंजीर, दीवार* और *शोले* के कारण अमिताभ बच्चन की छवि एंग्री यंग मैन की बन चुकी थी, लेकिन इस फ़िल्म में उन्हें रोमांटिक किरदार दिया गया, हालांकि वह किरदार भी फ़िल्म के ज़्यादातर हिस्से में चिड़चिड़े, कठोर और नाराज़ ही दिखते हैं। उस साल की अन्य हिट फ़िल्मों के बीच यह फ़िल्म एकदम अलग थी। बाक़ी हिट फ़िल्में सामान्य मसाला फ़िल्में थीं - *दस नंबरी, नागिन* और *फ़क़ीरा*। बॉक्स ऑफ़िस पर धूम मचाने वाली फ़िल्मों की औसत गुणवत्ता देश की अवस्था को ज़ाहिर करती थी, जो अब आपातकाल के पूरे ज़ोर का सामना कर रहा था।

शुरुआती महीनों में, आपातकाल को लेकर एक डर तो था, लेकिन फिर भी शासन के दमन की बात है तो उसका स्वरूप तुलनात्मक रूप से हल्का ही था। इंदिरा का इंडिया निश्चित ही सत्तावादी तो था, लेकिन यह सर्वसत्तावादी नहीं था। इंदिरा गांधी के पास ना तो निजी सैनिकों का तंत्र था, और ना ही कोई स्पष्ट विचारधारा या बहुसंख्यकवादी सामाजिक आधार, बल्कि उनके पास तो अपने आदेशों का पालन कराने के लिए एक जीर्ण-शीर्ण नौकरशाही ही थी। अमेरिकी विद्वान ग्रेनविले ऑस्टिन ने लिखा था - '1976 में भारत में आपातकाल जितना बदसूरत था, उतना बदसूरत तो हिटलर का जर्मनी तक नहीं था।' शुरुआत में बिना किसी ख़ास प्रतिरोध के लोगों ने आपातकाल स्वीकार कर लिया था, क्योंकि उन्हें लगा था कि यह ख़ास स्थिति से निपटने के लिए अल्पकालीन उपाय होगा। लोगों को ये नहीं लगा था कि यह सरकार का एक वैकल्पिक रूप या लोकतंत्र का विकल्प है।

हालांकि संविधान में संशोधन हुआ और फ़रवरी में होने वाले चुनाव दो बार, पहली बार फ़रवरी में और फिर नवंबर में, स्थगित किए गए। नवंबर में लोकसभा का कार्यकाल 18 मार्च, 1978 तक बढ़ा दिया गया था। बीस पृष्ठों के संविधान के बयालीसवें संशोधन से संसद को अप्रत्याशित शक्ति मिल गई थी, जिसमें विधायिका को न्यायिक जांच से भी सुरक्षा मिलना शामिल था तथा केंद्र को भी राज्यों के ऊपर और ज़्यादा शक्तियां मिल गई थीं। इस पर 18 दिसंबर को राष्ट्रपति ने हस्ताक्षर किए थे।

आपातकाल को लेकर जनता की सोच बदलने लगी, तो इंदिरा गांधी की विश्वसनीयता कम होनी शुरू हो गई और विपक्षी नेताओं को सुनने के लिए भीड़ इकट्ठी होने लगी। इसके अलावा, दमन और सत्ता के केंद्रीकरण तथा दुरुपयोग के साथ-साथ संस्थाओं के लगातार निस्तेज होने और प्रधानमंत्री के छोटे बेटे संजय गांधी के ग़ैर-संवैधानिक ताक़त के रूप में उभरने से स्थिति और बिगड़ने लगी। हालांकि उनके पास सरकार या पार्टी में कोई औपचारिक पद नहीं था, लेकिन वे सरकारी फ़ाइलें, मंत्रिमंडल के दस्तावेज़ देखते थे, और सरकारी निर्णय प्रक्रिया में भाग लेते थे, मौखिक आदेश जारी करते थे। वे बंसीलाल जैसे चुनिंदा कैबिनेट मंत्रियों और ओम मेहता तथा प्रणव मुखर्जी जैसे कमज़ोर कनिष्ठ मंत्रियों और नवीन चावला जैसे पसंदीदा नौकरशाहों के ज़रिए काम करते थे। निर्णय प्रक्रिया में उनका दख़ल इस कदर था कि नए नौसेनाध्यक्ष के चयन के लिए दो रियर एडमिरल के साक्षात्कार लेने के लिए वे रक्षामंत्री बंसीलाल के साथ बैठे थे। मुंबई में कांग्रेस की रैली में गाने से इंकार करने पर 4 मई को आकाशवाणी और दूरदर्शन पर लोकप्रिय पार्श्वगायक किशोर कुमार के गानों पर पाबंदी लगा दी गई, जो कि आपातकाल के ख़ात्मे तक चली।

अप्रैल तक, संजय गांधी समानांतर सत्ता केंद्र के रूप में उभर चुके थे, और अपनी मां के बाद देश में दूसरे सबसे शक्तिशाली व्यक्ति के रूप में देखे जाने लगे थे। मीडिया में उनका कवरेज बहुत ज़्यादा हो गया था, मुख्यमंत्री तक उनका स्वागत-सत्कार करते थे, और पार्टी उनके लिए बड़ी-बड़ी रैलियां आयोजित करती थी। तीस साल पुरानी युवा कांग्रेस के इर्दगिर्द संजय की छवि बनाई गई, जिसके ज़रिए उन्होंने ऐसे अनुयायियों, कार्यकर्ताओं के साथ संगठन भी मिल गया था, जिनकी निष्ठा निजी तौर पर उनके लिए ही थी। इस साल युवा कांग्रेस ने पचास लाख सदस्य भर्ती करने का दावा किया था। युवा कांग्रेस के उदय को ख़ुद इंदिरा गांधी ने नवंबर में पार्टी के गुवाहाटी अधिवेशन में स्वीकार किया था और कहा था कि युवा कांग्रेस ने 'हमारी सारी प्रशंसा छीन' ली है। संजय की तारीफ़ प्रेस भी कर रहा था। ख़ुशवंत सिंह ने कहा था : 'संजय गांधी ने राजनीतिक नेतृत्व में नया आयाम जोड़ दिया है - उनका संदिग्ध लोगों या चमचों से कोई लेना-देना नहीं है; वे शराब से दूर रहते हैं, और सादा जीवन जीते हैं... वे केवल बातें नहीं करते, बल्कि काम भी करते हैं।'

जुलाई में संजय ने अपना पांच सूत्रीय कार्यक्रम आगे बढ़ाया, जो कि प्रधानमंत्री इंदिरा गांधी के बीस सूत्रीय कार्यक्रम के विरोध में था, और उसे निस्तेज करता था। उनके सूत्र थे - दहेजप्रथा का उन्मूलन, परिवार नियोजन, वृक्षारोपण, साक्षरता को प्रोत्साहन और जातिभेद का समापन। इनमें से परिवार नियोजन और मलिन बस्तियों को हटाने समेत शहरी सौंदर्यीकरण को तानाशाही और ताक़त के साथ महाअभियान के रूप में क्रियान्वित किया गया। इस मनमाने व्यवहार में ख़ासकर उत्तर भारत में आपातकाल की कुछ सबसे बुरी ज़्यादतियां हुईं। ज़बरदस्ती नसबंदी से लोगों के मन

में डर बैठ गया और सरकार की अलोकप्रियता बढ़ने लगी। संविधान से इतर सत्ता केंद्र के रूप में संजय के उभरने से लोगों को यह भी विश्वास होने लगा कि यह अस्थाई सत्तावाद दीर्घकालीन तानाशाही में बदलने जा रहा है, जिसमें सत्ता कुछ मुट्ठीभर लोगों के हाथों में होगी।

इस बीच, आरएसएस सरकार के साथ सुलह-शांति और अपने ऊपर लगा प्रतिबंध हटवाने के प्रयासों में लगा रहा। आरएसएस प्रमुख बालासाहब देवरस 1975 में यरवदा जेल से इंदिरा गांधी को पत्र लिखकर उनके स्वतंत्रता दिवस के भाषण की तारीफ़ कर चुके थे, और सर्वोच्च न्यायालय में चुनाव संबंधी उनकी सफल अपील पर बधाई दे चुके थे। उन्होंने इस बात पर ज़ोर दिया कि जेपी आंदोलन से आरएसएस का कोई लेना-देना नहीं है। उन्होंने इंदिरा से 'देश के उत्थान में संघ परिवार की ताक़त का इस्तेमाल' करने को भी कहा। जनवरी और फ़रवरी में उन्होंने विनोबा भावे को लंबा पत्र लिखकर उनसे अनुरोध किया कि वे आरएसएस की तरफ़ से प्रधानमंत्री इंदिरा गांधी से बात करें ताकि संघ उनके नेतृत्व में देश की तरक़्क़ी में योगदान कर सके। हालांकि श्रीमती गांधी नहीं मानीं, और उन्होंने आरएसएस के प्रस्ताव को सरकारी दमन से बचने की चाल ही माना।

इस साल के अंत तक इंदिरा गांधी को परिवार नियोजन कार्यक्रम के दुरुपयोग की भयावहता का अहसास हो गया था। नवंबर और दिसंबर में उन्होंने इस अभियान को रोकने और ख़ुद को इससे अलग करने की कोशिश की और इसके तहत की गईं ज़्यादतियों के लिए अति-उत्साही नौकरशाहों को दोष दिया। उन्होंने दो या दो से ज़्यादा बच्चों के पिताओं की अनिवार्य नसबंदी के विधेयक को रोक दिया और राज्य सरकारों से कहा कि वे ज़बरदस्ती के तरीक़े अपनाना बंद कर दें। हालांकि उन्हें आभास नहीं था कि अब काफ़ी देर हो चुकी है, क्योंकि विपक्ष उनके साथ सुलह करना चाह रहा था। समाजवादी फ़ायरब्रांड नेता जॉर्ज फ़र्नांडीस और मधु लिमये जैसे नेताओं को छोड़कर, ज़्यादातर अन्य नेता सरकार के साथ राजनीतिक समझौता करने के इच्छुक थे।

दिसंबर के मध्य में डीएमके नेता के. करुणानिधि ने राजनीतिक स्थिति सामान्य बनाने के लिए, इंदिरा गांधी के साथ बिना किसी पूर्व शर्त के बातचीत शुरू करने के लिए विपक्षी नेताओं की बैठक बुलाई। हालांकि उनके प्रयास परवान नहीं चढ़ सके, क्योंकि विपक्षी आंदोलन के निर्विवाद नेता जेपी ने इन प्रयासों को मंज़ूरी नहीं दी और इंदिरा गांधी भी अधिकारविहीन दिख रहे विपक्षी नेताओं के साथ सुलह की इच्छुक नहीं थी। अगर उन्होंने विपक्ष का प्रस्ताव स्वीकार कर लिया होता, या संजय गांधी संविधान-इतर सत्ता केंद्र के रूप में नहीं उभरे होते तो भारत की राजनीतिक दिशा कुछ अलग ही होती।

1977 : *अनहोनी को होनी कर दें*

सपन सलोने ले के आई है ये रात सलोनी
एक जगह जब जमा हों तीनों अमर, अकबर, एंथोनी...
अमर, अकबर, एंथोनी...
अनहोनी को होनी कर दें, होनी को अनहोनी

गीत : आनंद बख्शी
संगीत : लक्ष्मीकांत-प्यारेलाल
गायन : किशोर कुमार, महेंद्र कपूर और शैलेंद्र सिंह
फ़िल्म : *अमर अकबर एंथोनी*

'*अनहोनी को होनी कर दें, होनी को अनहोनी, एक जगह जब जमा हों तीनों, अमर, अकबर, एंथोनी...*' में असाधारण कविता, महान संगीत या बेहतरीन धुन जैसी बात नहीं है, लेकिन मनमोहन देसाई की बेहद हिट फ़िल्म का ये शीर्षक गीत इन सबके योग से भी बढ़कर है। यह विशुद्ध रूप से उस दौर और शैली का गीत है, जिसमें क्लाइमेक्स में खलनायक के अड्डे पर हमेशा बड़ी संख्या में नायक वेश बदल कर पहुंच जाते हैं। इस गीत के बाद मारधाड़ है, जिसमें बुरे पात्र या तो मार दिए जाते हैं या सलाखों के पीछे डाल दिए जाते हैं। '*अनहोनी को होनी कर दे...*' गीत को इस तरह के अन्य गीतों से अलग बनाने वाला तत्व हास्य का है। अप्रत्याशित अति-यथार्थवाद का अभिन्न हिस्सा है, जिसमें मनमोहन देसाई को महारत हासिल थी। इसमें तीनों नायक अलग-अलग धर्मों - हिंदू, इस्लाम और ईसाई - के मानने वाले दिखाए गए हैं। इस वजह से भी यह गीत भारतीय सिनेमा का अनोखा गीत बन गया।

बचपन में खोकर बिछुड़ जाने वाले तीन भाइयों की आकर्षक, घुमावदार कहानी वाली तेज़ रफ़्तार मल्टी-स्टारर भव्य फ़िल्म का ये गीत फ़िल्म की भावना के अनुरूप था। धर्मनिरपेक्षता की कहानी में तीनों भाई, तीन अलग-अलग धर्म में पलते हैं, और अपने-अपने धर्म की लड़कियों से प्यार करने लगते हैं। इस तरह की अजीबोग़रीब कहानियों में दर्शक लॉजिक नहीं चाहते, केवल विश्वास होना चाहिए, जैसा कि अमिताभ बच्चन ने सिद्धार्थ भाटिया से *अमर अकबर एंथोनी : मसाला, मैडनेस ऐंड मनमोहन देसाई* (हार्पर कॉलिन्स) पुस्तक में कहा था। फ़िल्म में धार्मिक बहुलवाद और सांप्रदायिक सद्भाव के बारे में ज़्यादातर सबक़ एकदम स्पष्ट हैं, जैसे कि अलग-अलग धर्मों का पालन करने वाले तीन भाई अनजाने में एक नेत्रहीन महिला को रक्तदान करते हैं, जो उनकी मां होती है। यह मातृभूमि भारत की सेवा में एक साथ आने वाले तीन धर्मों का प्रतीक है। बच्चों को 15 अगस्त को महात्मा गांधी की प्रतिमा के नीचे से अलग किया गया था, और अंत में उनका पुनर्मिलन राष्ट्रवादी कहानी को पूरा करता है। यह गीत इस संदेश को भी दोहराता है कि तीनों धर्म 'राष्ट्र के स्तंभ' हैं और जब ये साथ मिलकर काम करते हैं, तो इस फ़िल्म के खलनायक की तरह किसी भी बुराई को हरा सकते हैं।

इस साल की सबसे ज़्यादा सफल फ़िल्म *अमर अकबर एंथोनी* बीबीसी टेलिविजन पर प्राइम टाइम में प्रसारित की जाने वाली भारतीय व्यावसायिक फ़िल्मों के पहले सेट में शामिल थी। इस फ़िल्म को मनमोहन देसाई की ही उसी साल रिलीज़ हुईं तीन अन्य फ़िल्मों - *परवरिश, धरम-वीर* और *चाचा भतीजा* से टक्कर लेनी पड़ी। इनमें से हरेक फ़िल्म समान रूप से अजीबोग़रीब थीं और सभी जुबिली हिट हुईं। इस तरह से इस साल मनमोहन देसाई हिंदी सिनेमा के नए बादशाह के रूप में स्थापित हो गए।

18 जनवरी को इंदिरा गांधी ने पूरे देश को चौंकाते हुए लोकसभा चुनावों की घोषणा कर दी। यहां तक नवंबर में हुए पिछले संविधान संशोधन के बाद चुनाव अभी एक साल के लिए और टाले जा सकते थे। जेलों में बंद विपक्षी नेताओं को रिहा किया गया, और दो दिन बाद आपातकाल में 'सामान्य' राजनीतिक गतिविधियों की 'अनुमति' मिल गई। इंदिरा गांधी के अचानक हृदय परिवर्तन के पीछे के कारणों के बारे में अनगिनत अटकलें लगाई जाने लगीं। इनमें लोकसभा चुनावों में जीत का भरोसा, अंतरराष्ट्रीय स्तर पर अपनी प्रतिष्ठा को और ज़्यादा ख़राब होने से रोकने की इच्छा, लोकतांत्रिक और जनता के प्रति जवाबदेह नेता के रूप में देखे जाने की इच्छा और चुनाव कराने के पक्षधर पी.एन. धर और बी.के. नेहरू जैसे क़रीबियों का दबाव शामिल था। इसका सटीक कारण तो किसी को नहीं पता, लेकिन शायद उपरोक्त सभी कारकों ने मिलकर इंदिरा गांधी को प्रेरित किया कि वे फिर से 'जनादेश' हासिल करें।

16 से 20 मार्च के बीच लोकसभा चुनाव कराए गए, जिनमें कांग्रेस को भारी पराजय का सामना करना पड़ा। यूपी और बिहार में पार्टी का सफाया हो गया और आंध्र प्रदेश, कर्नाटक, असम और मणिपुर के अलावा, सभी राज्यों में वह बुरी तरह से हारी और 542 सीटों के लिए हुए चुनावों में से उसे केवल 153 सीटें मिलीं। इंदिरा गांधी ख़ुद रायबरेली में राज नारायण से हार गईं और संजय अमेठी में हार गए, साथ ही उनके केंद्रीय मंत्रिमंडल के 34 मंत्री भी चुनाव हार गए। इंदिरा गांधी ने शालीनतापूर्वक हार स्वीकार की और कहा कि लोगों के सामूहिक निर्णय का सम्मान किया जाना चाहिए। 21 मार्च को, सरकार के इस्तीफ़ा देने से एक दिन पहले, कार्यवाहक राष्ट्रपति बी.डी. जत्ती ने सरकार की अनुशंसा पर आपातकाल हटा दिया। इसके पहले 11 फ़रवरी को राष्ट्रपति फ़ख़रुद्दीन अली अहमद की दिल का दौरा पड़ने से बाथटब में ही मौत हो गई थी, जिसके बाद बी.डी. जत्ती कार्यवाहक राष्ट्रपति बनाए गए थे।

सत्ता में आने वाली नवगठित जनता पार्टी को 270 सीटें मिली थीं, और उसकी सहयोगी कांग्रेस फ़ॉर डेमोक्रेसी (सीएफ़डी) को 29 सीटें। जहां तानाशाही ने इंदिरा गांधी की हार में अहम भूमिका निभाई थी; वहीं, संयुक्त विपक्ष का भी इसमें बड़ा योगदान था। पिछले साल से ही विपक्षी एकता की काफ़ी चर्चा थी, लेकिन ये सभी दल इतनी तेज़ी से और प्रभावशाली तरीक़े से साथ आए कि ना केवल इंदिरा गांधी चकित रह गईं, बल्कि शायद विपक्षी नेता भी हैरान थे। चुनावों की घोषणा के एक दिन बाद जेपी ने ऐलान किया था – 'अगर विपक्षी पार्टियां मिलकर एक दल बना लेती हैं, तो मैं इन चुनावों में उसका पूरा समर्थन करूंगा; वरना मैं चुनाव अभियान से ख़ुद को दूर रखूंगा।'

23 जनवरी को भारतीय लोकदल, भारतीय जनसंघ, संगठन कांग्रेस और संयुक्त सोशलिस्ट पार्टी तथा कांग्रेस के एक छोटे 'विद्रोही' गुट ने मिलकर जनता पार्टी बना ली और मोरारजी देसाई इसके अध्यक्ष और चरण सिंह इसके उपाध्यक्ष बनाए गए। सीपीआई (एम) औपचारिक तौर पर तो जनता गठबंधन में शामिल नहीं हुई, लेकिन उसने जेपी के नेतृत्व वाली पार्टी का समर्थन करने का ऐलान कर दिया। जब इंदिरा गांधी ने मार्च, 1977 में चुनाव कराने की चौंकाने वाली घोषणा की तो समूचा विपक्ष जेपी की ओर ताकने लगा। उन्हें पटना से दिल्ली आना पड़ा।

2 फ़रवरी को कांग्रेस पार्टी से अलग हुए वरिष्ठ नेता जगजीवन राम द्वारा गठित सीएफ़डी का भी जनता पार्टी को समर्थन मिल गया। आपातकाल के समय वरिष्ठ कैबिनेट मंत्री के रूप में सभी निर्णयों में शामिल रहे जगजीवन राम के साथ दो पूर्व मुख्यमंत्री भी आए थे, जिनमें से एक थे उत्तर प्रदेश के हेमवती नंदन बहुगुणा और दूसरी थीं ओडिशा की नंदिनी सत्पथी। वास्तव में लोकसभा में आपातकाल की मंज़ूरी का प्रस्ताव भी जगजीवन राम ने ही पेश किया था।

स्वतंत्र भारत के इतिहास की पहली ग़ैर-कांग्रेसी सरकार ने 24 मार्च को शपथ ली और मोरारजी देसाई प्रधानमंत्री बने। मोरारजी ने नेहरू और शास्त्री की मौत के बाद भी प्रधानमंत्री बनने की कोशिश की थी, लेकिन कांग्रेस संसदीय दल में वे समर्थन नहीं जुटा पाए थे। इस बार भी उनका चुनाव आसानी से नहीं हुआ, क्योंकि चरण सिंह और जगजीवन राम दोनों ही प्रधानमंत्री बनना चाहते थे। जेपी ने बाक़ी दो दावेदारों को वरिष्ठ कैबिनेट मंत्रिपद देकर मनाया, और देसाई को प्रधानमंत्री बनवाया। यहां तक कि मंत्रियों के चयन में भी जनता पार्टी के घटकों के बीच नाराज़गी पैदा हुई। सुबह सत्तारूढ़ गठबंधन के नए लोकसभा सदस्यों ने राजघाट पर जाकर शपथ ली कि वे दुर्बलतम तबके की यथासंभव भलाई करेंगे, राष्ट्रीय एकता और सद्भाव को बढ़ावा देंगे और लोगों के अधिकारों को क़ायम रखेंगे।

नीलम संजीव रेड्डी को लोकसभा अध्यक्ष चुना गया, लेकिन जब वे राष्ट्रपति बने तो उनकी जगह पर के.एस. हेगड़े को लोकसभा अध्यक्ष चुना गया। 27 मार्च को सरकार ने बाहरी आपातकाल हटा दिया, जिसकी घोषणा 1971 में बांग्लादेश युद्ध के समय की गई थी। हालांकि संविधान को दुरुस्त करने की चुनौती आसान नहीं थी – सत्तारूढ़ पार्टी के पास राज्यसभा में बहुमत नहीं था। वहां पर 244 में से 154 सीटें कांग्रेस के पास थीं। सत्ता में आने के दो सप्ताह के अंदर सरकार ने बयालीसवें संविधान संशोधन से हुए नुक़सान की आंशिक भरपाई के लिए तैंतालीसवां संशोधन पेश किया, जिसमें केवल सात परिच्छेद थे। सत्तारूढ़ पार्टी राज्यसभा में पर्याप्त कांग्रेसी सांसदों को अपने खेमे में लाने में जुट गई, जिससे यह विधेयक सरकार की अन्य गतिविधियों में लुप्त हो गया।

अक्टूबर के अंत में सरकार ने आपातकाल के पूर्व के संविधान की बहाली के लिए सैंतालीस प्रस्ताव भेजे। कांग्रेस पार्टी ने उनमें से बारह मान लिए और बाक़ी को कुछ संशोधनों के साथ स्वीकार किया। इन बहसों के आधार पर तैंतालीसवां संशोधन विधेयक 16 दिसंबर को लोकसभा में पेश किया गया, जो 20 दिसंबर को 1 के मुक़ाबले 318 मतों से पारित हो गया। राज्यसभा ने इसे 23 दिसंबर को सर्वसम्मति से पारित कर दिया। इसके बाद यह विधेयक राज्य विधानसभाओं के पास मंज़ूरी के लिए भेजा गया।

इस बीच सरकार ने प्रेस सेंसरशिप क़ानूनों को निरस्त कर दिया, लेकिन मीसा के तहत बिना मुकदमे के हिरासत में रखे जाने के मामलों में वह कुछ करने की इच्छुक नहीं थी। 23 दिसंबर को लोकसभा में मीसा को निरस्त करने का विधेयक पेश किया गया और वास्तव में इसके प्रावधानों को सीआरपीसी में शामिल किया गया, जिससे सदन में हंगामा हुआ। आख़िरकार मार्च, 1978 को यह विधेयक वापस ले लिया गया। इसके अलावा, सरकार ने 1972 में निर्वाचित हुईं नौ कांग्रेस राज्य सरकारों से इस्तीफ़ा

देने और नए चुनाव कराने को कहा। उन सरकारों के ऐसा नहीं करने पर केंद्र ने उन्हें अनुच्छेद 356 के तहत बर्ख़ास्त कर दिया। राज्य सरकारें इस मामले को सर्वोच्च न्यायालय ले गईं, जिसने केंद्र सरकार के निर्णय को सही ठहराया और इस तरह से 30 अप्रैल को ये सरकारें बर्ख़ास्त कर दी गईं। जून में इन राज्यों में चुनाव हुए, जिनमें कांग्रेस की पराजय हुई।

हालांकि सबसे बड़ा तमाशा तब हुआ, जब आपातकाल के दौरान हुई ज़्यादतियों के लिए इंदिरा गांधी पर मुकदमा चलाने की कोशिशें की गईं। चरण सिंह ने इस सुनवाई को 'न्यूरेमबर्ग मॉडल' की तर्ज पर सही ठहराया और सीपीआई (एम) नेता ई.एम. एस. नंबूदरीपाद ने भी यही बात कही। 3 अक्टूबर को सेवानिवृत्त मुख्य न्यायाधीश जे.सी. शाह की अध्यक्षता में एक जांच आयोग गठित किया गया। गृहमंत्री चरण सिंह के आदेश पर सीबीआई ने भ्रष्टाचार के आरोपों में इंदिरा गांधी को गिरफ़्तार कर लिया। गिरफ़्तारी के लिए वह मुस्कराती हुईं बाहर निकलीं और रात भर उन्हें नई दिल्ली पुलिस लाइन्स में रखा गया और अगले दिन सुबह उन्हें मजिस्ट्रेट के सामने पेश किया गया। मजिस्ट्रेट के सामने जब अभियोजन पक्ष के वकील ने स्वीकार किया कि 'हमारे पास अभी कोई सबूत नहीं हैं', तो इंदिरा को रिहा कर दिया गया। सरकार की इस असफलता से इंदिरा गांधी को काफ़ी फ़ायदा हुआ, और एक साल के अंदर अनहोनी को होनी करते हुए वे राजनीतिक रूप से आगे बढ़ गईं।

1978 : *हम बेवफ़ा हरगिज़ न थे*

हम बेवफ़ा हरगिज़ न थे
पर हम वफ़ा कर न सके
हमको मिली उसकी सज़ा
हम जो ख़ता कर न सके

गीत : आनंद बख्शी
संगीत : आर.डी. बर्मन
गायक : किशोर कुमार
फ़िल्म : *शालीमार*

'*हम बेवफ़ा हरगिज़ न थे...*' उन सुपर हिट गीतों में शामिल है, जिसकी फ़िल्म को भुला दिया गया और जो बुरी तरह से फ्लॉप रही थी। फ़िल्म से उलट, ये गीत कालातीत और क्लासिक बन गया। आज *शालीमार* फ़िल्म को याद किया जाता है, तो बस इसी गीत के कारण याद किया जाता है। आर.डी. बर्मन ने इस गीत को काफ़ी हद तक पश्चिमी धुन पर संगीतबद्ध किया था, और किशोर कुमार ने अपनी सामान्य शैली से हटकर इसे पूरे गले की आवाज़ से गाया है। आनंद बख्शी का लिखा यह गीत कोई बहुत ख़ास नहीं था, लेकिन किशोर कुमार की आवाज़, सुर और गायन शैली ने इसके बोलों को बहुत ज़्यादा गंभीर बना दिया था।

इस गीत को ख़ास बनाने में समूह स्वर में इसमें जोड़ा गया टुकड़ा '*झिंगा लाला हू*' की भी अहम भूमिका रही, जो तक़रीबन पूरे गाने में चलता है। सहज रूप में गाए इस गाने में *हुर्र हुर्र* जैसी विचित्र आवाज़ें और *अबू गाचू काबा चाबू कुसु बाका*

जैसे अर्थविहीन टुकड़ों से भरे इस गीत में रंगबिरंगे परिधानों और सिर पर पंख तथा कलगी लगाए आदिवासी पुरुषों और महिलाओं को दिखाया गया है। इस तरह के गाने का असर इतना ज़्यादा हुआ *'झिंगा लाला हू'* शहरी शब्दावली तक में मन की प्रसन्नतापूर्ण और मस्ती की स्थिति को दर्शाने के लिए इस्तेमाल होने लगा।

इस फ़िल्म के पीछे महत्त्वाकांक्षा, सोच और निर्माण में किसी तरह की कमी नहीं थी, लेकिन फ़िल्म में याद करने लायक़ कुछ था, तो बस यही गीत था। कृष्णा शाह गुजरात में जन्मे हॉलीवुड के निर्माता और निर्देशक थे, जिन्होंने 1978 में भारत आकर घोषणा की कि वे एक अंतरराष्ट्रीय फ़िल्म बनाना चाहते हैं। शाह को रेक्स हैरिसन, सिल्विया माइल्स जैसे हॉलीवुड स्टारों के साथ-साथ जॉन सैक्सन (*एंटर द ड्रैगन फ़ेम*) का साथ मिला। हालांकि रैक्स और सिल्विया का सुनहरा दौर गुज़र चुका था। शाह इस फ़िल्म के लिए अमिताभ बच्चन को साइन करना चाहते थे, लेकिन कहा जाता है कि बच्चन ने उनसे बहुत इंतज़ार करवाया। इस पर वे नाराज़ हो गए और उन्होंने तुरंत *धर्मेंद्र* को साइन कर लिया। *शालीमार* अपने समय की उन फ़िल्मों में शामिल थी, जिनके बारे में सबसे ज़्यादा लिखा गया, किताबें लिखी गईं और व्यावसायिक प्रचार किया गया। इस फ़िल्म की शूटिंग वास्तव में अंग्रेज़ी और हिंदी में अलग-अलग की गई थी - हर सीन को पहले अंग्रेज़ी में और फिर हिंदी में फ़िल्माया गया और बारह सप्ताह की अपेक्षाकृत कम अवधि में इसकी शूटिंग पूरी कर ली गई थी। अंग्रेज़ी संस्करण को रेडर्स ऑफ़ द सेक्रेड स्टोन कहा गया, लेकिन यह बॉक्स ऑफ़िस पर नाकाम रही। तमाम प्रचार के बावजूद हिंदी संस्करण भी बेकार ही रहा। कुछ इसी तरह से केंद्र में जनता पार्टी की सरकार के साथ होने जा रहा था।

इंदिरा विरोध के नाम पर बनी जनता पार्टी सरकार उन्हें सज़ा दिलाने में असमर्थ थी। अक्टूबर, 1977 में उनकी गिरफ़्तारी का नाटक करके उसने अपने इरादे ज़रूर दिखाए, लेकिन इसका फ़ायदा इंदिरा गांधी ने ही अपनी राजनीतिक वापसी के लिए उठाया। पहले तो उन्होंने शाह कमीशन के सामने पेश होने से ही इंकार कर दिया और तर्क दिया कि इसकी नियुक्ति राजनीतिक रूप से प्रेरित है। बाद में वे 11 जनवरी को इसके सामने पेश हुईं। उन्होंने आयोग के सामने बयान देने से पहले उन्होंने शपथ लेने से ही इंकार कर दिया और कहा कि बयान देने से 'मेरी गोपनीयता की शपथ का उल्लंघन' होगा। हालांकि तीस मिनट तक उन्होंने एक बयान पढ़ा और आपातकाल के दौरान अपने कार्यों को उचित ठहराया। न्यायमूर्ति शाह ने इसे 'राजनीतिक भाषण' कहा और मजिस्ट्रेट के सामने शिकायत दर्ज कराई कि इंदिरा ने बयान देने से इंकार किया है। इस मसले पर न्यायिक व्यवस्था अगले दस माह तक विचार करती रही।

दिसंबर में दिल्ली उच्च न्यायालय ने निर्णय दिया कि इंदिरा गांधी ने शाह के सामने शपथ लेने से इंकार नहीं किया था, क्योंकि उन्होंने एक सवाल के जवाब में केवल 'ना' भर कहा था, जबकि उनसे पूछा गया था, 'क्या आप शपथ लेना चाहती

हैं?' इससे 1979 में उन्हें यह दावा करने का मौक़ा मिल गया कि शाह आयोग और अन्य समितियों को 'उनके ख़िलाफ़ व्यावहारिक रूप से कुछ भी ग़लत नहीं मिला।' यह बात सच्चाई से परे थी, क्योंकि आयोग की रिपोर्ट में आपातकाल की घटनाओं का और उस दौरान लोकतंत्र की अवहेलना के बारे में दस्तावेज़ थे। शाह आयोग की रिपोर्ट तीन भागों में थी, लेकिन अब तक आधिकारिक रूप से यह आज तक उपलब्ध नहीं है। यहां तक बताया जाता है कि विदेश में भारतीय दूतावासों को भेजी गईं प्रतियां भी कांग्रेस सरकार ने 1980 में सत्ता में आते ही वापस मंगा ली थीं।

इस बीच, 3 मई को *किस्सा कुर्सी का* मामले में संजय गांधी की ज़मानत सर्वोच्च न्यायालय में खारिज़ हो गई और भविष्य में गवाहों को प्रभावित करने से रोकने के लिए उन्हें तिहाड़ जेल भेज दिया गया। अदालत ने इस बात पर सहमति जताई कि संजय ने अपनी स्वतंत्रता का इस्तेमाल गवाहों को बहलाने-फुसलाने में किया। अप्रैल, 1975 में सेंसर बोर्ड के पास भेजी गई *किस्सा कुर्सी का* एक राजनीतिक व्यंग्य फ़िल्म थी, जिसका निर्माण अमृत नाहटा ने किया था, जो कि 1977 में जनता पार्टी के टिकट पर सांसद चुने गए थे। इस फ़िल्म में संजय गांधी की ऑटो-निर्माण योजना तथा उनके निकट सहयोगियों का मज़ाक़ उड़ाया गया था, इसलिए इस पर पाबंदी लगा दी गई थी। शाह कमीशन ने संजय को इस फ़िल्म के प्रिंट जला देने का दोषी पाया था। संजय और अन्य लोगों पर इसका मुकदमा चलाया गया और दो साल के कठोर कारावास की सज़ा सुनाई गई। हालांकि अपील लंबित होने पर उन्हें ज़मानत दे दी गई थी, लेकिन सर्वोच्च न्यायालय ने यह ज़मानत रद्द कर दी और संजय को एक माह तिहाड़ जेल की हवा खानी पड़ी। तत्कालीन सूचना और प्रसारण मंत्री विद्याचरण शुक्ला को भी दो साल के लिए जेल भेजा गया, लेकिन बाद में यह फ़ैसला पलट दिया गया।

जून तक कैबिनेट में एक और संकट आ गया, क्योंकि इंदिरा गांधी पर ख़ासतौर पर इसी काम के लिए बनाई गई विशेष अदालतों में मुकदमा चलाए जाने के मुद्दे पर कैबिनेट में मतभेद उभर आए थे। इस कारण मोरारजी देसाई अपने गृहमंत्री चरण सिंह से भिड़ गए। देसाई का कहना था कि वे ई.एम.एस. नंबूदरीपाद की न्यूरेमबर्ग जैसे मुकदमे की मांग से सहमत नहीं हैं, जबकि चरण सिंह का तर्क था कि अगर सरकार एक व्यक्ति को नहीं संभाल सकती, तो लोग मानेंगे कि यह देश की समस्याओं को भी नहीं संभाल सकती। चरण सिंह ने एक बयान जारी करके मंत्रिमंडल को 'नपुंसकों का समूह' कह डाला था, जिसके बाद देसाई ने उनसे त्यागपत्र मांग लिया। दो सप्ताह बाद चरण सिंह ने अपना त्यागपत्र वापस ले लिया।

हालांकि इंदिरा गांधी की राजनीतिक वापसी का प्लान पहले ही आगे बढ़ चुका था। नवंबर में वे कर्नाटक की चिकमगलूर सीट पर संयुक्त विपक्ष के ताक़तवर उम्मीदवार वीरेंद्र पाटिल को हराकर लोकसभा के लिए फिर से निर्वाचित हो गईं। सत्ता से हटाए जाने के मात्र 18 महीने के अंदर देवराज अर्स का नारा *'एक शेरनी*

सौ लंगूर, चिकमगलूर, चिकमगलूर' मतदाताओं के सिर चढ़कर बोला। हालांकि लोकसभा का उनका यह कार्यकाल बहुत संक्षिप्त रहा। विशेषाधिकार समिति ने उन्हें 1974 में मारुति कार फ़ैक्ट्री और उसमें संजय की भागीदारी पर सवालों के जवाब तैयार करने वाले अधिकारियों के काम में बाधा पहुंचाने, उन्हें धमकी देने, उनका उत्पीड़न करने और झूठे मामले तैयार करने के आधार पर उन्हें विशेषाधिकार हनन का दोषी पाया। उनकी सज़ा 'सदन के विवेक पर छोड़ दी गई', और 19 दिसंबर को लोकसभा ने उन्हें निष्कासित करने, और एक सप्ताह बाद, संसद की सत्रावधि तक जेल भेजे जाने के प्रस्ताव को 138 के मुक़ाबले 279 मतों से पारित कर दिया, जिसमें सैंतीस सदस्य मतदान के समय अनुपस्थित रहे। बाद में निर्वाचन आयोग ने व्यवस्था दी कि लोकसभा से निष्कासित होने के बाद उनकी लोकसभा सीट ख़ाली हो चुकी है। इंदिरा गांधी ने चिकमगलूर से दोबारा चुनाव लड़ने का वचन दिया और 1979 में वे दोबारा सफलतापूर्वक संसद में वापस आईं।

आपातकाल के दौरान चंडीगढ़ में पीजीआई के डॉक्टरों द्वारा जेपी के इलाज में कथित चिकित्सकीय लापरवाही की जांच करने वाले आयोग की कार्यवाही में जनता पार्टी के झूठे वादे और आशा की झलक मिली। 1975 में जेपी के जेल से छूटने के बाद कुछ समय तक उनका इलाज जसलोक अस्पताल में हुआ और फिर वे सिएटल, अमेरिका चले गए, जहां विश्वप्रसिद्ध नेफ़्रोलॉजिस्ट डॉ. क्रिस्टोफ़र ब्लैग ने उनका इलाज किया। अमेरिकी डॉक्टर से इस बारे में रिपोर्ट देने को कहा गया कि जेपी की किडनी कब ख़राब हुई थी।

23 अप्रैल को सरकार ने जेपी के 'चिकित्सा उपचार की प्रकृति और पर्याप्तता' की जांच के लिए डॉ. फ़िलिप कोशी की नियुक्ति की। उनके अचानक इस्तीफ़े के बाद सरकार ने उनकी जगह डॉ. के. नागप्पा अल्वा को नियुक्त किया, लेकिन बाद में उन्होंने भी इस्तीफ़ा दे दिया। जनता पार्टी सरकार की जांच में तेज़ी लाने में नाकामी और दो इस्तीफ़ों ने सत्तारूढ़ पार्टी के अपने संस्थापक के प्रति उदासीन रवैये को उजागर कर दिया।

साल के अंत तक लगने लगा था कि जनता पार्टी में विस्फोट होना अपरिहार्य हो गया है, क्योंकि आपातकाल की घटनाओं के लिए इंदिरा गांधी और उनके सहयोगियों को दंडित करने के उसके सारे प्रयास गड़बड़ा रहे थे और जो सही तरीक़े से नहीं किए गए थे। कैबिनेट में नीति के मामलों पर एकजुटता नहीं थी, सरकारी जांचें सही तरीक़े से नहीं हो रही थीं, और अभियोग बेहद बेकार तरीक़े से तैयार किए गए थे। इसके बजाय बिना सोचे-विचारे किए गए कामों से इंदिरा गांधी को ख़ुद को शहीद दिखाने का मौक़ा मिला, जिस पर सवार होकर वे राजनीतिक वापसी करना चाहती थीं। ऐसे में जनता पार्टी सरकार के पास अपना ख़ुद का रचनात्मक कार्यक्रम आगे बढ़ाने की गुंज़ाइश बहुत कम बची थी। मूर्खतापूर्ण बदले की कार्रवाई ने सरकार के पतन की

गति बढ़ा दी, जिसका एक संकेत पहले ही मिल चुका था। लोगों को नीचा दिखाना शायद उसका इरादा नहीं था, लेकिन हालात कुछ वैसे ही थे जैसे इस गीत के बोल थे - *'हम बेवफ़ा हरगिज़ ने थे, पर हम वफ़ा कर न सके...'*

1979 : *आने वाला पल जाने वाला है*

इक बार वक़्त से लम्हा गिरा कहीं
वहां दास्तां मिली लम्हा कहीं नहीं
थोड़ा सा हंसा के थोड़ा सा रुला के
पल ये भी जाने वाला है

गीत : गुलज़ार
संगीत : आर.डी. बर्मन
गायन : किशोर कुमार
फ़िल्म : *गोलमाल*

'*आने वाला पल जाने वाला है...*' गुलज़ार-आर.डी. बर्मन की जोड़ी के ख़ज़ाने का एक और रत्न है। नायाब किशोर कुमार ने जिस सजीवता से इस गाने को गाया है, उससे वह इस जोड़ी के अन्य गानों की तुलना में विशिष्ट बन गया। इस प्रसन्नचित्त गाने को गुलज़ार के सारयुक्त बोलों ने गंभीरता प्रदान की। ऋषिकेश मुखर्जी के निर्देशन वाली यह हास्य फ़िल्म बांग्ला कहानी 'काना माछी' (अंधे का मज़ाक़) पर आधारित थी। अन्य निर्माताओं की तक़रीबन सभी हास्य फ़िल्मों की तरह गोलमाल में भी कहीं कोई भद्दापन नहीं है, और इसका हास्य सूक्ष्म तथा बौद्धिक है।

सालों बाद यह विधा का स्तर हासिल कर चुका है, और विभिन्न भाषाओं के साथ-साथ ख़ुद हिंदी में भी इसका रीमेक बन चुके हैं। हिंदी सिनेमा की दस शीर्ष कॉमेडी फ़िल्मों की कोई भी सूची *गोलमाल* के बिना अधूरी मानी जाएगी, जिसमें उत्पल दत्त, दीना पाठक, बिंदिया गोस्वामी और अमोल पालेकर ने अपने अभिनय

का कमाल दिखाया था। शुरू में मुखर्जी इस फ़िल्म में नायिका के रूप में रेखा को लेना चाहते थे, लेकिन फिर उन्होंने पाया कि रेखा के हिसाब से यह किरदार दमदार नहीं है। अपनी ज़्यादातर फ़िल्मों की तरह अमोल पालेकर ने इस फ़िल्म में एक औसत मध्यवर्गीय व्यक्ति की भूमिका निभाई, लेकिन दोहरी भूमिका के रूप में जब उनका सामना वरिष्ठ अभिनेता उत्पल दत्त से होता है, तो हास्य की स्थितियां पैदा होती हैं। उत्पल दत्त आजीवन मार्क्सवादी रहे और मार्क्सवादी कम्युनिस्ट पार्टी के सक्रिय समर्थक रहे। उनका वामपंथी 'लिटिल थिएटर' समकालीन बांग्ला थिएयर में अहम स्थान रखता था। इसके लिए उन्हें 1965 में हिरासत में लिया गया था और कई महीनों तक जेल में रखा गया था।

उत्पल दत्त ने सर्वश्रेष्ठ हास्य कलाकार का फ़िल्मफ़ेयर पुरस्कार जीता था, जबकि सर्वश्रेष्ठ अभिनेता का पुरस्कार अमोल पालेकर को मिला था। वास्तव में अमोल पालेकर ने अमिताभ बच्चन को पीछे छोड़ते हुए यह पुरस्कार जीता था, जो कि *मुकद्दर का सिकंदर* के लिए इस पुरस्कार के दावेदार थे। गुलज़ार को *'आने वाला पल जाने वाला है'* के लिए सर्वश्रेष्ठ गीतकार का पुरस्कार मिला था।

यह गीत देश की बदलती राजनीतिक परिस्थितियों का उदाहरण था, क्योंकि सत्तारूढ़ जनता पार्टी में मतभेद उभर रहे थे। केंद्रीय मंत्रिमंडल से हटाए जाने के छह महीने बाद दिसंबर, 1978 में चरण सिंह ने दिल्ली में दो लाख से ज़्यादा किसानों की रैली करके अपनी ताक़त दिखाई थी। इस शक्ति प्रदर्शन के बाद मोरारजी देसाई को मजबूर होकर चरण सिंह को दोबारा मंत्रिमंडल में शामिल करना पड़ा और फ़रवरी में उन्हें उपप्रधानमंत्री और वित्तमंत्री बनाया गया। जगजीवन राम को भी उपप्रधानमंत्री बनाया गया।

हालांकि जनता पार्टी में असली दिक़्क़त पूर्व जनसंघ के सदस्यों की दोहरी सदस्यता के मुद्दे की थी। पार्टी के समाजवादी धड़े की मांग थी कि ये सदस्य आरएसएस से अपने संबंध ख़त्म करें, जबकि जनसंघ धड़े के सदस्य ऐसा करने से इंकार कर रहे थे, और उनकी दलील थी कि आरएसएस तो सांस्कृतिक संगठन है। जयप्रकाश नारायण ने पूर्व जनसंघ के सदस्यों को सार्वजनिक रूप से सलाह दी कि वे आरएसएस का जनता पार्टी के अन्य छात्र संगठनों और युवा संगठनों में विलय कर दें या फिर आरएसएस के द्वार सभी धर्मों के महिला-पुरुषों के लिए खोल दें। हालांकि जनसंघ ने उनकी सलाह की भी अनदेखी कर दी।

जनता पार्टी के आरएसएस सदस्यों द्वारा जेपी की सलाह की अनदेखी करना किसी हैरत की बात नहीं थी, क्योंकि अब वे बहुत कमज़ोर हो चुके थे। 23 मार्च को दोपहर 1.10 बजे, आकाशवाणी ने अपने नियमित कार्यक्रम को रोककर सूचना दी कि जयप्रकाश नारायण का देहांत हो चुका है। समाचार एजेंसियों ने यह संदेश देश भर में फैला दिया और कुछ ही मिनटों में जसलोक अस्पताल को पत्रकारों और फ़ोटोग्राफ़रों

ने घेर लिया और हज़ारों लोग सुरक्षा घेरे को तोड़ने की कोशिश करने लगे। राष्ट्रपति संजीव रेड्डी दोपहर 1.15 बजे बंबई के लिए रवाना हुए, प्रधानमंत्री मोरारजी देसाई ने लोकसभा अध्यक्ष के.एस. हेगड़े को जेपी की 'मौत' की सूचना दी और हेगड़े ने सदन में को भी यह ख़बर दे दी। परंपरागत दो मिनट के मौन के बाद सदन स्थगित कर दिया गया।

सरकार की भयानक चूक तक़रीबन तुरंत ही सामने आ गई। लोकसभा की कार्यवाही स्थगित होने के क़रीब आधा घंटा बाद ख़बर आई कि जेपी 'जिंद्रा' हैं। विडंबना की बात यह रही कि जनता पार्टी के अध्यक्ष चंद्रशेखर ने अस्पताल के लाउडस्पीकर पर ऐलान किया कि जेपी जिंद्रा हैं, लेकिन उनकी हालत अभी गंभीर बनी हुई है। जनता पार्टी की यह सर्वाधिक संवेदनशील ग़लती थी, जिसका कि निर्माण ही जेपी के कारण हुआ था, और सत्ता भी उसने जेपी के कारण ही पाई थी। अपने सतहत्तरवें जन्मदिन से तीन दिन पहले, 8 अक्टूबर को पटना में उनका निधन हो गया। जेपी के मरने के पहले ही, उस सरकार का भी ख़ात्मा हो गया, जिसे एक तरह से उन्होंने ही जीवन दिया था। जुलाई में समाजवादियों ने संसद में अलग बैठने का फ़ैसला किया और मोरारजी देसाई का बहुमत ख़त्म हो गया। 15 जुलाई को उन्होंने राष्ट्रपति नीलम संजीव रेड्डी को दो पत्र लिखे, एक में प्रधानमंत्री के पद से उनका इस्तीफ़ा था, और दूसरे में उन्होंने राष्ट्रपति से मांग की कि उन्हें वैकल्पिक सरकार बनाने का मौक़ा दिया जाए। राष्ट्रपति रेड्डी ने उनकी ये मांग मानने के बजाय, कांग्रेस के दूसरे धड़े के नेता और नेता प्रतिपक्ष वाई.बी. चव्हाण को सरकार बनाने के लिए आमंत्रित किया, जो पर्याप्त समर्थन जुटाने में नाकाम रहे। इसके बाद चरण सिंह को सरकार बनाने के लिए आमंत्रित किया गया और 28 जुलाई को उन्होंने इंदिरा गांधी की कांग्रेस (आई) के बाहरी समर्थन के साथ अल्पमत सरकार बना ली।

जैसी कि अपेक्षा थी, इंदिरा गांधी ने चरण सिंह सरकार को दिया अपना समर्थन वापस ले लिया और 20 अगस्त को चरण सिंह ने प्रधानमंत्री पद से त्यागपत्र दे दिया। वे पहले और एकमात्र प्रधानमंत्री बने, जिन्होंने लोकसभा का सामना नहीं किया। अपना त्यागपत्र देने के साथ ही उन्होंने राष्ट्रपति को लोकसभा भंग करने और नए चुनाव कराने की सलाह दे दी। इस बीच, मोरारजी देसाई की जगह जगजीवन राम जनता संसदीय दल के नेता बन गए और उन्होंने राष्ट्रपति से सरकार बनाने देने का आग्रह किया। उनका तर्क था कि चरण सिंह के पास लोकसभा भंग करने की सिफ़ारिश करने का वैधानिक अधिकार नहीं था, लेकिन राष्ट्रपति ने काफ़ी विवादास्पद क़दम उठाते हुए जगजीवन राम का दावा ठुकरा दिया और 22 अगस्त को लोकसभा भंग कर दी। जनवरी, 1980 के पहले सप्ताह में हुए चुनावों तक चरण सिंह कार्यवाहक प्रधानमंत्री बने रहे।

इससे पहले मई में सरकार इंदिरा गांधी पर आपातकाल के पूर्व और आपातकाल के दौरान हुई ज़्यादतियों के बारे में मुकदमा चलाने के लिए विशेष अदालतें स्थापित करने के विधेयक को पारित करा चुकी थी। माह के अंत तक दो विशेष अदालतें गठित की जा चुकी थीं, और इंदिरा गांधी तथा अन्य के ख़िलाफ़ मुकदमा शुरू हो चुका था, लेकिन कोई दोषसिद्धि नहीं हुई थी। हालांकि सर्वोच्च न्यायालय ने दिसंबर में विशेष अदालत अधिनियम को बरकरार रखा, लेकिन दिल्ली उच्च न्यायालय ने विशेष अदालत क्रमांक 2 को जनवरी, 1980 में अवैध ठहरा दिया। 31 मार्च, 1980 को विशेष अदालतों ने काम करना बंद कर दिया, और उनमें तथा अन्य अदालतों में शाह कमीशन की रिपोर्ट के बाद तैयार मामले बंद हो गए।

हालांकि जनता पार्टी सरकार को अंदरूनी झगड़ों और इसके अप्रिय ख़ात्मे के कारण असफल माना जाता है, लेकिन इसकी दो बड़ी उपलब्धियां रहीं। इसने चवालीसवां संविधान संशोधन करके संविधान और प्रतिनिधित्वपूर्ण लोकतंत्र की रक्षा की। इसने अन्य पिछड़े वर्गों को सामाजिक न्याय दिलाने के लिए मंडल आयोग की स्थापना की, जो इस दशक में भारतीय सामाजिक, राजनीतिक और शासन संबंधी विमर्श को हमेशा के लिए बदलने वाला साबित हुआ। सरकारी प्रसारण संस्थाओं को सरकारी नियंत्रण से मुक्त करने के लिए बनाए गए बी.जी. वर्गीज़ कार्यसमूह कुछ कम सफल रहा। वित्त मंत्री के रूप में चरण सिंह के केंद्रीय बजट ने किसानों और ग्रामीण भारत के लिए परिव्यय बढ़ाया, जबकि भारत को इसी अवधि में प्रथम मुस्लिम सेनाध्यक्ष भी मिला – एयर चीफ़ मार्शल आई.एच. लतीफ़ ने सितंबर, 1978 में भारतीय वायुसेना के प्रमुख का पद संभाला।

जनता पार्टी के प्रयोग के असफल होने के बाद मोरारजी देसाई ने तैंतालीस साल की उम्र में राजनीति से संन्यास ले लिया। उन्होंने नेहरू और शास्त्री, दोनों की मौत के बाद प्रधानमंत्री बनने की कोशिश की थी, लेकिन कांग्रेस के क्षत्रपों ने उनकी कोशिशें नाकाम कर दी थीं। प्रधानमंत्री बनने में वे आख़िरकार सफल तो हुए, लेकिन कार्यकाल पूरा करने में और ज़िम्मेदाराना शासन देने में उनकी सरकार की विफलता के कारण उन्हें कोई ज़्यादा सराहना नहीं मिल सकी। दो साल के अंदर ही यह बात सच साबित हो गई कि *'आने वाला पल जाने वाला है...'*

1980 का दशक : मुश्किल वक्त में कठिन सफ़र

तुम इतना जो मुस्करा रहे हो

डिस्को दशक, कश्मीर और पंजाब सुलगे, एक प्रधानमंत्री की हत्या, भारत पर सिख–विरोधी दंगों के दाग़, भारत को सबसे युवा प्रधानमंत्री मिला जो समय के साथ चला : कंप्यूटर और दूरसंचार।

1. लॉर्ड्स में भारतीय क्रिकेट टीम की गौरवशाली विजय : 1983 में कपिलदेव प्रूडेंशियल वर्ल्ड कप ट्रॉफ़ी लेते हुए।

2. राजीव गांधी प्रधानमंत्री इंदिरा गांधी के पार्थिव शरीर के पास, जिनकी उन्हीं के अंगरक्षकों ने बेरहमी से हत्या कर दी थी। इंदिरा की जगह राजीव गांधी प्रधानमंत्री बने।

(फ़ोटो : फ़ोटो प्रभाग)

3. अमृतसर में स्वर्ण मंदिर परिसर में एक गुरुद्वारे से उठता धुंआ। 1987 में यह ऑपरेशन ब्लैकथंडर की चपेट में आ गया था।

(फ़ोटो : प्रवीण जैन)

4. जुगलबंदी : वायलिनवादक यहूदी मेनुहिन, मशहूर सितारवादक रविशंकर से गले लगते हुए।

(फ़ोटो : प्रवीण जैन)

5. पूर्व राष्ट्रपति ज्ञानी जैल सिंह सुबह के समय सैर करते हुए। उनका एक सहायक उन्हें अख़बार पढ़कर सुना रहा है।

(फ़ोटो : प्रवीण जैन)

1.

2.

3.

4.

5.

1980 : *आप जैसा कोई मेरी ज़िंदगी में आए*

मैं इंसां हूं, फ़रिश्ता नहीं
डर है बहक, न जाऊं कहीं
तन्हा दिल न संभलेगा प्यार बिना ये तड़पेगा
आपसा कहां है दिल आपको ही पाए
तो बात बन जाए

गीत : इंदीवर
संगीत : बिद्दू
गायन : नाज़िया हसन
फ़िल्म : *कुर्बानी*

'*आप जैसा कोई मेरी ज़िंदगी में आए...*' न केवल सुपर हिट गाना था, बल्कि कई मायनों में यह नई राह बनाने वाला भी था। इसने एक नए संगीतकार बिद्दू का परिचय कराया, जिन्होंने फिरोज़ ख़ान की कुर्बानी में केवल इस गाने में संगीत दिया था। बाक़ी संगीत कल्याणजी-आनंदजी ने दिया था, और वो भी इतना ही सुपर हिट था। इस नए संगीतकार के साथ ही एक नई गायिका पाकिस्तानी-ब्रिटिश नाज़िया हसन का भी आगमन हुआ, जिसने भारत में धूम मचा दी। वास्तव में नाज़िया का चुनाव इसलिए किया गया था, क्योंकि बिद्दू इस गाने को लंदन में रिकॉर्ड करना चाहते थे, और भारत की किसी पार्श्वगायिका को नहीं लेना चाहते थे। यह गीत *कुर्बानी* की नायिका ज़ीनत अमान पर फ़िल्माया जाना था, जो हसन परिवार को जानती थी और उन्होंने फिरोज़ ख़ान को उसके बारे में बताया था। हसन के मकान पर

बिना तैयारी के लिए गए ऑडिशन में नाज़िया ने *'डांस लिटिल लेडी'* का एक गीत गाया, जिसमें बिद्दू ने झंकार बजाई थी।

बिद्दू-इंदीवर के गीतों को मुश्किल से समझ पा रहे थे, जिसे उन्होंने टीना चार्ल्स के लिए लिखे गए गीत की धुन के आधार पर संगीतबद्ध कर दिया। क़रीब एक घंटे के अंदर लेटिन आधारित लय आकर्षक मधुर गीत के रूप में तैयार कर ली गई। जब गीत रिकॉर्ड किया गया तब नाज़िया की आवाज़ 'अकेली' लग रही थी और बिद्दू ने सोचा, वे लेयरर्ड ध्वनियों में अपनी आवाज़ 'खो रही' हैं। तब उन्होंने नाज़िया से उनके पहले टेक के साथ गाने को कहा और हरेक सूक्ष्म भेद का उससे मेल कराया, जिससे उनकी आवाज़ कुछ भारी और स्वाभाविक सी लगी। कुछ अन्य तरकीबें भी उन्होंने आजमाई। बिद्दू ने सिंड्रम बजाकर 'बात बन जाए' लाइन के अंत में सीटी जैसा इफ़ेक्ट पैदा किया, और गिटार से उतार-चढ़ाव के ज़रिए सितार जैसी ध्वनि निकाली। इसका नतीजा एकदम परफेक्ट था, और फ़िल्म रिलीज़ होने से पहले ही गाने के लोग दीवाने हो गए। इस गीत के लिए फ़िल्मफ़ेयर पुरस्कार पाने वाली नाज़िया पहली पाकिस्तानी और सबसे युवा गायिका बन गईं।

'आप जैसा कोई' संगीत में सचमुच अंतरराष्ट्रीय ध्वनि का पहला प्रयोग था। इसके ज़रिए भारत में डिस्को शब्द भी आया, जो जल्द ही बेहद लोकप्रिय हो गया। बिद्दू और नाज़िया ने फ़िल्म स्टार और एलबम डिस्को दीवाने के हिट गानों के लिए भी साथ में काम किया। इसके बाद जल्द ही नाज़िया को कैन्सर होने का पता चला और काफ़ी कम उम्र में उनकी मौत हो गई। बप्पी लहरी ने डिस्को संगीत का बहुत ज़्यादा इस्तेमाल किया, लेकिन वह काफ़ी बाद की बात है। इस साल *क़र्ज़* और *दोस्ताना* जैसी फ़िल्मों का संगीत भी बहुत अच्छा था, लेकिन *शोले* के बाद रमेश सिप्पी की महंगी, मल्टी-स्टारर फ़िल्म *शान* को किसी ने नहीं पूछा। यह कुछ संयोग था, क्योंकि 1975 में आपातकाल शुरू होने के बाद इंदिरा का पतन शुरू हुआ और इसी साल में शोले रिलीज़ हुई थी, जो ब्लॉकबस्टर साबित हुई। 1980 में जब वे सत्ता में वापस आईं तो शान बुरी तरह से असफल हुई।

3 से 6 जनवरी के बीच लोकसभा चुनाव हुए और जब परिणाम घोषित हुए तो कांग्रेस (आई) ने 353 सीटें जीतीं, जो 1971 में इंदिरा गांधी की शानदार जीत से भी बेहतर प्रदर्शन था। जनता पार्टी के नाम पर जो कुछ भी बचा था, उसे केवल 31 सीटें मिलीं, और दोनों कम्युनिस्ट पार्टियों को सत्तावन सीटें मिलीं। रायबरेली से इंदिरा गांधी दो लाख से ज़्यादा वोटों के अंतर से जीतीं, जबकि संजय गांधी ने पड़ोस की अमेठी सीट से अपनी हार का बदला लिया। इंदिरा गांधी फिर से कांग्रेस पार्टी और सरकार की निर्विवाद नेता बन गईं। 14 जनवरी को राष्ट्र के नाम अपने पहले संबोधन में उन्होंने कहा, 'लोकतंत्र, समाजवाद और धर्मनिरपेक्षता की हमारी प्रतिबद्धता विश्वास का मामला है।'

जनता पार्टी ने 1977 में जिस तरह से राज्यों की कांग्रेस सरकारों को बर्ख़ास्त किया था, उसी तर्ज पर इंदिरा गांधी ने भी विपक्षी दलों के शासन वाले नौ राज्यों की सरकारें बर्ख़ास्त कर दीं और राष्ट्रपति शासन लगवा दिया। मज़ेदार बात यह रही कि इन सरकारों को बर्ख़ास्त करने के उनके आदेश को दी गई क़ानूनी चुनौती तीन साल पहले जनता पार्टी द्वारा राजस्थान मामले में दी गईं दलीलों के आधार पर रद्द कर दी गई। नौ राज्यों में 28.31 मई के बीच चुनाव कराए गए और कांग्रेस (आई) ने पांच में दो तिहाई बहुमत पाया और तीन में साधारण बहुमत हासिल किया। अपवाद रहा तो केवल तमिलनाडु जहां तमिल पार्टियों ने अपना वर्चस्व बनाए रखा। उत्तर प्रदेश में कांग्रेस विधायक दल ने पार्टी के केंद्रीय नेतृत्व को सुझाव दिया कि संजय गांधी मुख्यमंत्री के रूप में राज्य की कमान संभालें। माना गया कि इस सुझाव के पीछे संजय गांधी का ही दिमाग़ था, जो शायद बड़ी चीज़ पाने के लिए सीढ़ी के रूप में इसे इस्तेमाल करना चाहते थे। हालांकि इंदिरा गांधी ने सुझाव को नहीं माना और उत्तर प्रदेश युवा कांग्रेस के प्रतिनिधिमंडल से उन्होंने कह दिया कि इसका 'सवाल ही नहीं' उठता। संजय पार्टी के महासचिव बने रहे।

संजय की महत्त्वाकांक्षाओं और उनकी मां के उनके बारे में योजनाओं का 23 जून को अचानक अंत हो गया, और संजय विमान दुर्घटना में मारे गए। दुर्घटना के पहले चेतावनी दी गई थी कि उस हल्के विमान को वे कई सप्ताह से लापरवाही से उड़ाते आ रहे हैं। 'संजय के जाने का मुझ पर बहुत बुरा असर पड़ा,' इंदिरा गांधी ने अपनी अमेरिकी मित्र डोरोथी नॉर्मन को लिखा था। उनके सांत्वना संदेश में कहा गया था कि 'वे वीरता की भावना के प्रतीक के रूप में आए थे, नई दिशाओं का वादा करते हुए, नए भविष्य के निर्माण के लिए...' अखिल भारतीय कांग्रेस समिति ने असाधारण शब्दों में संजय की तारीफ़ों के पुल बांधे, जबकि कई लोगों का अनुमान यह भी था कि संजय ने अपनी मां को ही किनारे कर दिया था और सत्ता की कमान अपने हाथों में ले ली थी। संजय की मौत के बाद, इंदिरा के बड़े बेटे राजीव गांधी को अपनी और अपनी इतालवी पत्नी सोनिया की इच्छा के विरुद्ध अपनी मां की मदद के लिए राजनीति में आना पड़ा।

विपक्ष के नेताओं में उठा-पटक मची रही। जगजीवन राम ने फ़रवरी के अंत में जनता पार्टी से त्यागपत्र दे दिया और अप्रैल के आरंभ में जनसंघ धड़े ने भी पार्टी छोड़ते हुए, भारतीय जनता पार्टी के रूप में जनसंघ को पुनर्जीवित कर लिया। इसके पहले जनता संसदीय बोर्ड ने 12 मार्च को तय किया था कि पार्टी का कोई भी पदाधिकारी या सांसद-विधायक आरएसएस की दैनिक गतिविधियों में शामिल नहीं होगा।

चरण सिंह सरकार के समय सर्वोच्च न्यायालय में मिनर्वा मिल्स मुकदमे ने फिर से संविधान में बुनियादी संरचना का सवाल खड़ा कर दिया, जिसमें नानी पालखीवाला

वकील थे। हालांकि 9 मई को दिया गया आदेश सरकार को परेशान करने वाला था, जिसमें कहा गया था कि संसद के पास संविधान की बुनियादी संरचना में बदलाव करने का अधिकार नहीं है। जब जनवरी में पीठ फ़ैसला सुना रही थी, तभी आगे चलकर, भारत के मुख्य न्यायाधीश बने न्यायमूर्ति पी.एन. भगवती ने नवनिर्वाचित प्रधानमंत्री को एक पत्र लिखा, 'डियर इंदिरा जी।' उन्होंने ना केवल इंदिरा गांधी को बधाई दी, बल्कि उनसे आवश्यक 'संरचनात्मक और न्यायिक क्षेत्राधिकार संबंधी बदलाव' करने का भी आग्रह किया, और उनकी प्रशंसा में लिखा कि वे 'संकल्प, दृढ़ इच्छाशक्ति, अलौकिक दूरदर्शिता और गतिशील दृष्टि, महती प्रशासनिक क्षमता... निर्धनों और कमज़ोरों से तादात्म्य स्थापित करने वाले कोमल हृदय युक्त हैं।' इंदिरा गांधी के प्रथम कार्यकाल को देखते हुए, इससे उनके शासन में न्यायपालिका की स्वतंत्रता के बारे में आशंकाएं उठने लगीं।

पूर्वोत्तर में आंतरिक सुरक्षा की स्थिति, ख़ासकर असम में लगातार चिंताजनक होती जा रही थी। जून में जब त्रिपुरा में राष्ट्रपति शासन लगाया गया, तो आदिवासियों और ग़ैर-आदिवासियों के बीच दंगों में क़रीब 300 लोगों की मौत हो गई थी, और हज़ारों लोग बेघर हो गए थे। पंजाब की राजनीतिक स्थिति भी लगातार ख़तरनाक होती जा रही थी, क्योंकि अकाली दल के नेता केंद्र के ख़िलाफ़ बोल रहे थे।

इस बीच, अर्थव्यवस्था बेहतर होने लगी, और मुद्रास्फीति धीरे-धीरे नीचे आने लगी, जो कि चरण सिंह के युग में दो अंकों में पहुंच गई थी। जीडीपी ग्रोथ रेट भी 7.2 प्रतिशत बढ़ गई, हालांकि गंभीर सूखा और तेल की वैश्विक क़ीमतों में लगातार बढ़ोतरी के कारण यह अब भी 6.2 प्रतिशत की नकारात्मक ग्रोथ पर आधारित था। कई अर्थशास्त्रियों ने 1980 को ऐसा मोड़ माना था, जब भारतीय अर्थव्यवस्था में उभार आने लगा था। प्रधानमंत्री इंदिरा गांधी ने फ़रवरी, 1981 में राष्ट्रीय विकास परिषद में बोला, 'समाजवादी देशों में... व्यक्तिगत लाभों और बाज़ार की ताक़तों के पक्ष में नियंत्रण तथा कड़े नियम ख़त्म करना ना केवल बड़े पैमाने पर हो रहा है, बल्कि उस पर साफ़ दिखने वाला असर भी है।'

इस सबके बीच, भारत ने मॉस्को ओलिंपिक खेलों में पुरुष हॉकी में स्वर्ण पदक जीता, जबकि अफ़ग़ानिस्तान पर सोवियत संघ के हमले के कारण पश्चिमी देशों ने इन खेलों का बहिष्कार किया था। ओलिंपिक खेलों में भारत ने हॉकी में यह आख़िरी बार स्वर्ण पदक जीता था।

1981 : *देखा एक ख़्वाब तो ये सिलसिले हुए*

देखा एक ख़्वाब तो ये सिलसिले हुए
दूर तक निगाहों में हैं गुल खिले हुए
ये गिला है आपकी निगाहों से
फूल भी हो दरमियां तो फ़ासले हुए

गीत : जावेद अख़्तर
संगीत : शिव-हरि
गायन : किशोर कुमार और लता मंगेशकर
फ़िल्म : *सिलसिला*

डच ट्यूलिप फूलों की पृष्ठभूमि में फ़िल्माया गया ये रोमांटिक युगल गीत यश चोपड़ा की सिलसिला फ़िल्म का है, जो हिंदी सिनेमा के सबसे सुंदर तरीक़े से फ़िल्माए गए गानों में से एक है। इस गीत के साथ ही जावेद अख़्तर ने गीतकार के रूप में अपनी पारी शुरू की थी। हालांकि जावेद उर्दू शायरों के नामी ख़ानदान से थे, लेकिन हिंदी सिनेमा में उन्होंने अपना नाम पटकथा और संवाद लेखक के रूप में कमाया था। सलीम ख़ान के साथ मिलकर बनाई जोड़ी ने हिंदी सिनेमा में 'एंग्री यंग मैन' की शुरुआत की और हिंदी सिनेमा की कई सर्वाधिक सुपर हिट फ़िल्में लिखीं, जिनमें *शोले* और *दीवार* भी शामिल हैं।

सिलसिला फ़िल्म के लिए गीत लिखने का ऑफ़र उनके पास कैसे आया, इसके बारे में जावेद अख़्तर ने एक जर्मन पत्रिका को बताया था, 'मैंने 1978 में शायरी करने की शुरुआत की थी, लेकिन वो छपी नहीं थी। कुछ लोगों को ही मेरी

शायरी के बारे में पता था, और उन्होंने मेरी शायरी सुनी थी। उनमें से एक मशहूर निर्माता-निर्देशक यश चोपड़ा भी थे। एक दिन वे मेरे पास आए और बोले कि वो मुझसे अपनी फ़िल्म के गाने लिखवाने चाहते हैं।' जावेद याद करते हुए बताते हैं, 'मुझे बड़ी हैरानी हुई, क्योंकि ना तो मेरा ऐसा कोई मन था, और ना ही मुझे उम्मीद थी कि कोई मुझसे फ़िल्मी गाने लिखने को बोलेगा। पता नहीं क्यों, लेकिन उन्होंने ज़ोर दिया। मेरी दिलचस्पी नहीं थी, लेकिन उन्होंने मुझे कई ऑफ़र दिए। और तब मैंने कुछ गाने लिखे तो मुझे बड़ा मज़ा आया। तो, यह है मेरे गीतकार के रूप में मेरा करियर शुरू होने की कहानी।'

इस फ़िल्म के लिए जावेद अख़्तर ने पहली बार गाने लिखे थे, तो संगीतकार शिव-हरि की जोड़ी की भी यह पहली स्वतंत्र फ़िल्म थी। यह जोड़ी थी दो मशहूर शास्त्रीय संगीतकार शिवकुमार शर्मा और हरिप्रसाद चौरसिया की। सबसे पहले यश चोपड़ा ने 1979 में उनसे काला पत्थर फ़िल्म के लिए संगीत देने को कहा था। तब संगीतकार राजेश रोशन के साथ यश चोपड़ा के संबंध टूट गए थे। हालांकि शिव-हरि की जोड़ी ने तब यश से मना कर दिया था, क्योंकि राजेश के पिता उनके मित्र थे।

सुंदर दृश्यों के फ़िल्मांकन, ताज़ा संगीत और गीतों के काव्यात्मक गीत बोलों का मेल बहुत सशक्त था, लेकिन लोगों का ध्यान जिस चीज़ ने सबसे ज़्यादा खींचा वो था अमिताभ बच्चन और रेखा का साथ आना।

फ़िल्मी गॉसिप टेबलॉइड्स के अनुसार, अमिताभ बच्चन, जया भादुड़ी से विवाह कर चुके थे, लेकिन रेखा के साथ उनका प्रेम-प्रसंग चल रहा था। यश चोपड़ा ने अपने अस्सीवें जन्मदिन पर दिए एक साक्षात्कार में फ़िल्म की कास्टिंग के बारे में बताया था, 'पहले स्मिता वो किरदार करने जा रही थीं, जिसे आख़िरकार जया भादुड़ी ने किया। मैं कास्टिंग से बहुत संतुष्ट नहीं था। मैं हमेशा से रेखा और जया भादुड़ी को लेना चाहता था। अमिताभ कश्मीर में *कालिया* की शूटिंग कर रहे थे। मैं उनसे मिलने गया। उन्हें बाउंड स्क्रिप्ट पढ़ना पसंद है। उन्होंने स्क्रिप्ट पढ़ी और बोले, ''आपको यक़ीन है कि आपने सही कास्टिंग की है?'' मैंने अमिताभ को बताया कि मैं जया और रेखा को फ़िल्म में लेना चाहता हूं। उन्होंने कुछ देर सोचा और फिर बोले, ''बंबई जाके उनको मिल लेते हैं।'' अगले ही दिन हम लोगों ने फ्लाइट पकड़ी और पूरी यात्रा के दौरान हम लोगों ने कोई बात नहीं की। मैं जया और रेखा से मिला और दोनों ही फ़िल्म में काम करने को तैयार हो गईं।'

हालांकि बेवफ़ाई और विवाहेतर रोमांस की कहानी पर्दे पर बहुत सफल नहीं हुई, जिसका प्राथमिक कारण तो यह था कि कास्टिंग से जिस तरह का प्रचार हुआ था, फ़िल्म का कंटेंट उस हिसाब से अपेक्षाओं पर खरा नहीं उतरा, लेकिन फिर भी सिलसिला ने यश चोपड़ा के 'रोमांस के बादशाह' दौर का सांचा तैयार कर दिया था। बढ़िया लोकेशन, ख़ूबसूरती से फ़िल्माए गए गाने, शानदार गीत-संगीत और बारिश

में नाचतीं हीरोइनें। अब तक यश चोपड़ा की फ़िल्मों में कहानी और पटकथा सबसे मज़बूत आधार होते थे, लेकिन सिलसिला में ये दोनों पीछे छूट गए थे। सिलसिला की मुख्य जोड़ी की ख़ुद की भी उस साल दो सुपर हिट संगीतमय फ़िल्में रिलीज़ हुई थीं। मुज़फ़्फ़र अली की रेखा अभिनीत उमराव जान पुरानी अवधी संस्कृति की आख़िरी फ़िल्मों में से एक थी। इसका संगीत बहुत ही बेहतरीन था और इसी फ़िल्म के ज़रिए रेखा का गंभीर अभिनेत्री के रूप में रूपांतरण हुआ। अमिताभ की एक और सुपर हिट फ़िल्म याराना थी, जिसका संगीत बेहत पापुलर हुआ था। याराना में कलकत्ता के नेताजी सुभाष स्टेडियम में शूट किए गए एक गाने में अमिताभ ने बिजली की लाइटों वाला सूट पहना था, जिस वजह से यह गीत छा गया था।

अमिताभ अपने करियर के सर्वोच्च शिखर पर पहुंच गए थे और एक सिने पत्रिका ने उन्हें हिंदी सिनेमा का नंबर 1 से लेकर नंबर 10 तक का सुपर स्टार बताया था। उसी दौर में उनके बचपन के मित्र और अनिच्छुक राजनेता राजीव गांधी राजनीति की सीढ़ियों पर लगातार ऊपर चढ़ते जा रहे थे। युवा कांग्रेस के राष्ट्रीय अध्यक्ष का पद संभालने वाले राजीव ने अपने स्वर्गीय भाई संजय की अमेठी संसदीय सीट का फ़रवरी, 1981 में उपचुनाव लड़ा और कुल मतदान के 84 प्रतिशत वोट लेकर भारी विजय हासिल की।

इसी साल राजीव गांधी ने 1982 में होने जा रहे एशियाई खेलों की एशियाई खेल विशेष आयोजन समिति के मुखिया के रूप में अपनी प्रबंधकीय क्षमता का प्रदर्शन किया। हालांकि नई दिल्ली को इन खेलों की मेजबानी सौंपने का फ़ैसला इंदिरा गांधी के प्रधानमंत्री रहने के दौरान 1976 में ही हो चुका था, लेकिन चरण सिंह सरकार ने इन खेलों के आयोजन में होने वाले भारी-भरकम ख़र्चे का हवाला देकर इनकी मेजबानी नहीं करने का फ़ैसला किया था। इंदिरा गांधी ने अप्रैल, 1980 में उनके फ़ैसले को पलटते हुए, इन खेलों के आयोंजन को हरी झंडी दे दी, और राजधानी में अधिकारियों के साथ काम करने के लिए, राजीव को इस आयोजन से जुड़ी सभी गतिविधियों की निगरानी का प्रभारी बना दिया। राजीव और दो अरुण (अरुण नेहरू और अरुण सिंह) इस समिति में शामिल थे, जिसका मुख्यालय प्रगति मैदान में था। दिल्ली एशियाड के लिए दो साल से कम की अवधि में खेलों के अठारह मैदान तैयार होने थे, जिनमें आठ नए बनने थे, और बाक़ी में सुधार करके उन्हें नया करना था।

इस बीच, पंजाब में स्थिति और ज़्यादा बिगड़ गई। अकाली नेता संत हरचरण सिंह लोंगोवाल ने अपने आपको स्वर्ण मंदिर में बंद कर लिया था; जहां से वे सड़कों पर प्रदर्शनों की घोषणा कर रहे थे। हालांकि उसी के साथ-साथ जरनैल सिंह भिंडरांवाले द्वारा खालिस्तान के नाम पर राजनीतिक हत्याओं का सिलसिला भी जारी था। उन पर अप्रैल, 1980 में दिल्ली में निरंकारी बाबा गुरचरण सिंह की हत्या कराने का भी शक था। सितंबर 1981 में पंजाब के पूर्व मंत्री, सांसद, और जालंधर के हिंद

समाचार समूह के मुख्य संपादक और मालिक लाला जगत नारायण की भी लुधियाना से चार किलोमीटर दूर हत्या कर दी गई, जो कि सिख उग्रवाद के कड़े आलोचक थे।

भिंडरांवाले के लिए गिरफ़्तारी वारंट जारी किया गया और पुलिस उन्हें गिरफ़्तार करने हरियाणा के एक गुरुद्वारे पहुंची। तब तक वे पंजाब में अपने गुरुद्वारे की सुरक्षा के लिए रवाना हो चुके थे, और केंद्रीय गृहमंत्री जैल सिंह ने मुख्यमंत्री दरबारा सिंह को उनका पीछा करने से रोक दिया। भिंडरांवाले ने संदेश भिजवाया कि वे सरेंडर करने को तैयार हैं, लेकिन उसके लिए उनके बताए समय पर केवल ऐसे सिख पुलिस अधिकारियों को भेजा जाए जो दाढ़ी रखते हों। आश्चर्य की बात रही कि राज्य सरकार ने उनकी शर्त मान ली और भिंडरांवाले ने गुरुद्वारे के बाहर नारे लगाते और पुलिस पर पथराव करते अपने समर्थकों की भारी भीड़ के बीच आत्मसमर्पण कर दिया। यही नज़ारा कई अन्य जगहों पर भी दोहराया गया और पुलिस को फ़ायरिंग करनी पड़ी, जिससे दर्जन भर लोगों की मौत हो गई। सबूतों के अभाव में तीन सप्ताह बाद रिहा कर दिया गया। यह घटना भिंडरांवाले के करियर का नया मोड़ साबित हुई और वह संदिग्ध हत्यारे के बजाय, ऐसे नायक में बदल गया, जिसने भारत सरकार को चुनौती दी थी और परास्त किया था।

इस बीच, भारतीय जनता पार्टी (भाजपा) के गठन के समय ही उत्तर और पश्चिमी भारत में सांप्रदायिक हिंसा की लहर फैल गई, जो कि 1981 तक जारी रही – बिहार शरीफ़ में अप्रैल–मई में, वडोदरा में सितंबर में, और गोधरा में अक्टूबर में हिंसा हुई। भारी मात्रा में जान–माल का नुक़सान हुआ और दंगे रोकने के लिए सेना बुलानी पड़ी। हालांकि तमिलनाडु में हरिजनों के एक पूरे गांव द्वारा इस्लाम धर्म अपनाने से संघ परिवार भड़क उठा। मीनाक्षीपुरम के क़रीब एक हज़ार निवासी मुस्लिम बन गए और उन्होंने अपने गांव को नया नाम दिया रहमत नगर। 'हिंदुत्व ख़तरे में है' और धर्मांतरण के लिए 'खाड़ी देशों से आया धन' इस्तेमाल होने का शोरगुल मचा, लेकिन हिंदुत्व में उच्च जातियों के अत्याचारों पर कोई विचार नहीं किया गया, जो कि इस घटना का मूल कारण था।

इसी उथल–पुथल के बीच इंदिरा गांधी ने भारत की प्रगति का विरोध करने वाली ताक़तों को चेतावनी देना जारी रखा और मज़बूत तथा आत्म–निर्भर भारत बनाने के उनके आग्रह को खारिज़ करने के लिए विपक्षी दलों की आलोचना की। उस समय तक उन्हें अहसास नहीं हुआ था कि देश के विभिन्न हिस्सों में भारी उत्पात के बीज तेज़ी से बोए जा रहे थे। सिलसिला फ़िल्म के गीत में जिस 'ख़्वाब' के बारे में कहा गया था, वह जल्द ही डरावने ख़्वाब में बदलने वाला था।

1982 : *तुम इतना जो मुस्कुरा रहे हो*

आंखों में नमी, हंसी लबों पर
क्या हाल है, क्या दिखा रहे हो
क्या गम है जिसको छुपा रहे हो
तुम इतना जो मुस्कुरा रहे हो

गीत : कैफ़ी आज़मी
संगीत : जगजीत-चित्रा
गायन : जगजीत सिंह
फ़िल्म : *अर्थ*

'*तुम इतना जो मुस्कुरा रहे हो/क्या गम है जिसको छुपा रहे हो...*' महेश भट्ट की फ़िल्म *अर्थ* का सिग्नेचर सॉन्ग है, जो ऐसा दीर्घकालिक गीत है, जिसमें क्लासिक का चरम आनंद मिलता है। आज भी यह गीत उतना ही नया, ताज़ा और पापुलर है; जितना कि फ़िल्म के रिलीज़ के समय था। हालांकि इस फ़िल्म के निर्माण और रिलीज़ में काफ़ी अंतर था, क्योंकि कोई भी वितरक इस 'प्रयोगधर्मी' लगने वाली फ़िल्म को हाथ लगाने को तैयार नहीं था। गाने केवल फ़िल्म के साथ ही नहीं, अलग से भी चलने वाले थे - महेश कहते हैं, गाने अलग करने का मतलब, फ़िल्म के बड़े हिस्से को अलग कर देना होता - गाने वैसे ही थे, जैसे अलग एकल गाने होते हैं, जिन्हें जगजीत सिंह दुनिया भर में अपने लाइव कन्सर्ट्स में गाते थे। जगजीत ने ही इस फ़िल्म में संगीत दिया था, और उन्होंने इसमें वाद्ययंत्रों का इस्तेमाल कम से कम किया था, और फ़िल्म के ओवरऑल मूड को ध्यान में रखा था। फ़िल्म के सभी

गीतों में राज किरण का पात्र भी है, जो गिटारवादक है, इसलिए गानों को गिटार की धुनों के इर्द-गिर्द भी बनाया गया।

फ़िल्म के भावपूर्ण गीतों को बेहतरीन बनाने में कैफ़ी आज़मी के लिखे गीतों का भी योगदान था, जो कि हीरोइन शबाना आज़मी के पिता थे। वामपंथी कैफ़ी ने शायर और गीतकार के रूप में नाम कमाया था, लेकिन 1970 में रिलीज़ हुई चेतन आनंद की *हीर रांझा* में उनका काम बेहद शानदार था। उनके काम की उत्कृष्टता का आलम यह था कि फ़िल्म के सारे डायलॉग कविता में ही थे। कैफ़ी धुन की ताक़त को बढ़ा देने के हुनर के लिए जाने जाते थे, और पात्र की भावनाओं के सार को ग्रहण करते हुए कहानी को आगे बढ़ाते थे, और अर्थ भी इस मायने में अपवाद नहीं थी।

अर्थ का विषय एक शादीशुदा व्यक्ति का विवाहेतर संबंध था, जिस पर पहले और बाद में कई फ़िल्में बनती रही हैं, और अलग-अलग तरह से सफल या असफल होती रही हैं। अर्थ की ख़ासियत यह थी कि इसमें तीनों मुख्य पात्रों - पति, पत्नी और अन्य महिला का चरित्र-निरूपण परतदार और जटिल था। फ़िल्म परित्यक्ता पत्नी के नज़रिए से बनाई गई थी, लेकिन इसका नतीजा अपरिपक्व, आलोचनात्मक और मार्मिक फ़िल्म के रूप में ही सामने आया। *'तुम इतना जो मुस्कुरा रहे हो...'* गीत में परित्यक्ता पत्नी को *अबला नारी* के रूप में दिखाए बिना, उसकी संवेदनशीलता, दुविधा तथा अंतर्द्वंद्व को दिखाया गया।

अर्थ के संगीत से बहुत निकटता से संबद्ध एक और फ़िल्म 1982 में रिलीज़ हुई थी, जो थी रमन कुमार की *साथ-साथ।* यह संबंध शायद इस कारण भी था, क्योंकि *साथ-साथ* के गाने लिखे भले ही जावेद अख़्तर के थे, और संगीत भी कुलदीप सिंह ने दिया था, लेकिन उसके सारे गाने गाए तो जगजीत सिंह ने ही थे। हिट संगीत देने वाली उस साल की अन्य फ़िल्मों में सागर सरहदी की *बाज़ार*, प्रकाश मेहरा की *नमक हलाल* और राज सिप्पी की *सत्ते पे सत्ता* थीं, लेकिन सबसे चौंकाने वाला सुपर हिट संगीत था - बी. सुभाष की कम बजट की फ़िल्म *डिस्को डांसर* का, जिसमें बप्पी लहरी ने संगीत दिया था। अनजान के लिखे गीत, चमकदार ड्रेस और मिथुन के जाने-पहचाने लटके-झटके, इन सबके बल पर फ़िल्म के शीर्षक गीत *'आई एम अ डिस्को डांसर...'* ने तूफ़ान खड़ा कर दिया। चमकदार और भड़कीले डिस्को संगीत की शुरुआत तो *कुर्बानी* फ़िल्म से हुई थी, लेकिन सही मायने में इसे पहचान मिली *डिस्को डांसर* से, जिसने शुरुआती दौर की मधुरता और गीतों को बहुत ज़्यादा प्रभावित किया। अर्थ के बाद फ़िल्म संगीत से जगजीत सिंह बाहर हो गए, जबकि बप्पी लहरी की हुकूमत एक दशक से ज़्यादा समय तक चली, जो यह बताने के लिए काफ़ी है कि किस तरह का लोकप्रिय संगीत उतार पर था और किसकी लोकप्रियता परवान चढ़ रही थी।

अगर *डिस्को डांसर* ने संगीत को भड़कीला और चमकीला बनाया, तो 1982 के एशियाड ने हमारे घरों को रंगीन बना दिया, क्योंकि सरकारी प्रसारक दूरदर्शन ने भारत में रंगीन प्रसारण शुरू कर दिया था। एशियाई खेलों में भारत का प्रदर्शन बेहतर रहा और पदक तालिका में उसने पांचवां स्थान हासिल किया, जबकि हॉकी के फ़ाइनल में उसे अपने चिरप्रतिद्वंद्वी पाकिस्तान से 7-1 से शर्मिंदगी भरी हार झेलनी पड़ी। हालांकि सरकार के लिए सबसे बड़ी उपलब्धि खेल के मैदान में किए प्रदर्शन के बजाय, इतने शॉर्ट नोटिस पर खेलों का आयोजन सफलतापूर्वक करने की थी।

राजीव गांधी और उनकी टीम ने दो साल के अंदर पांच नए स्टेडियम और सात नए फ्लाईओवर, 290 किलोमीटर लंबी सड़क का निर्माण कराया, पचास चौराहों की रिडिजाइनिंग करवाई, और कनिष्क तथा अशोक यात्री निवास नाम के दो नए होटल भी तैयार करवाए। जब फ़ोन कनेक्शन लेना बहुत बड़ी बात होती थी, तब दिल्ली को 12,000 नई फ़ोन लाइनें मिलीं, बिजली वितरण में सुधार किया गया और गंगा-यमुना लिंक से दिल्लीवासियों को डेढ़ करोड़ गैलन पानी प्रतिदिन मिलने लगा। सरकारी अधिकारी इस तरह से पागल हो गए थे कि उन्होंने दिल्ली से अन्य राज्यों को ब्रेड 'भेजे जाने पर भी रोक' लगा दी थी। 1972 और 1976 के ओलिंपिक खेलों के आयोजक सेप ब्लैटर ने 1982 के एशियाड के बारे में लिखा था, 'उनके सुधार के बारे में मेरे पास कहने को ज़्यादा नहीं है।'

जहां प्रधानमंत्री के बेटे ने एशियाड के ज़रिए अपनी क्षमता साबित कर दी थी, वहीं इंदिरा गांधी की विधवा बहू मेनका गांधी ने प्रधानमंत्री निवास से निकाले जाने के समय तमाशा खड़ा कर दिया था। अपने तीन साल के बेटे वरुण फ़िरोज़ को साथ में लेकर मेनका ने दावा किया कि उन्हें 'बिना किसी कारण के घर से बाहर निकाल फेंक दिया गया।' वे संजय विचार मंच नाम के संगठन से जुड़ गईं, और उन्होंने अपने स्वर्गीय पति की अमेठी लोकसभा सीट पर चुनाव प्रचार शुरू कर दिया। 1984 में लोकसभा चुनावों में वे अपने जेठ राजीव गांधी के ख़िलाफ़ लड़ीं और बुरी तरह से परास्त हुईं। उनका राजनीतिक जीवन फला-फूला तो ज़रूर, लेकिन वो सब काफ़ी बाद में, और भिन्न परिस्थितियों में हुआ।

यह साल बंबई शहर के लिए भी मुश्किल साबित हुआ, जहां 18 जनवरी से कपड़ा मिल कामगारों ने बेमियादी हड़ताल शुरू कर दी। इसकी अगुवाई पेशे से डॉक्टर, दत्ता सामंत ने की थी। उन्होंने कपड़ा मिल कामगारों की न्यूनतम मज़दूरी 670 रुपए से बढ़ाकर 940 रुपये करने की मांग की थी, जिसे ठुकराए जाने पर उन्होंने हड़ताल का आह्वान कर दिया। क़रीब दो साल चली इस हड़ताल में 20,000 से ज़्यादा कामगारों ने हिस्सा लिया। इस हड़ताल के व्यापक सामाजिक परिणाम भी हुए, क्योंकि हड़ताली कामगारों का हड़ताल ख़त्म करने के इच्छुक कामगारों से टकराव भी हुआ। पुलिसकर्मियों ने भी अपना संगठन बनाने की कोशिश की और सड़कों पर

प्रदर्शन किया। प्रदर्शनकारी पुलिसकर्मियों के हथियार रखवाने और उन्हें गिरफ़्तार करने के लिए बीएसएफ़ को बुलाना पड़ गया था।

बंबई कपड़ा मिल हड़ताल के समय ही ब्रिटेन में आठ माह के भारत समारोह का आयोजन हुआ। इंदिरा गांधी इसके उद्घाटन और समापन समारोहों में शामिल हुईं, और उन्हें स्टार ऑफ़ द शो के रूप में सम्मानित किया गया। आपातकाल के दौरान क्षतिग्रस्त हुई उनकी अंतरराष्ट्रीय छवि फिर से स्थापित होने लगी थी।

इस बीच, देश में, आंध प्रदेश इंदिरा गांधी का गढ़ बना हुआ था, लेकिन दिल्ली से मुख्यमंत्री थोपने की उनकी प्रवृत्ति से असंतोष पैदा हो रहा था। फ़रवरी में हवाई अड्डे पर मुख्यमंत्री टी. अंजैया के साथ राजीव के व्यवहार ने उनकी आंखों में आंसू ला दिए थे। तेलुगु मीडिया ने इसे आंध्र गौरव का अपमान बताया और मार्च में क्षेत्रीय फ़िल्मों के सुपर स्टार एन.टी. रामाराव ने तेलुगु देशम पार्टी नाम से क्षेत्रीय पार्टी बना ली। मैटिनी शो के नायक कह जाने वाले एनटीआर ने पार्टी का गठन '6 करोड़ तेलुगु भाषी लोगों के सम्मान और आत्म-गौरव' के नाम पर किया था। भगवा कपड़े पहनकर एनटीआर ने रथ के आकार के एक वाहन से राज्यभर की यात्रा की। स्थानीय तेलुगु दैनिक इनाडु ने उनके पीछे अपनी ताक़त लगा दी और जनवरी, 1983 में हुए विधानसभा चुनावों में एनटीआर की पार्टी ने दो-तिहाई बहुमत हासिल किया।

पंजाब में हालात बद से बदतर होते जा रहे थे। संत लोंगोवाल ने आनंदपुर साहिब प्रस्ताव का प्रामाणिक प्रारूप जारी किया, जिसमें कहा गया था कि अकाली दल 'इस बात के लिए भी कोशिश करेगा कि भारतीय संविधान सच्चे अर्थों में अधिक संघीय बने और सभी राज्यों का केंद्र में समान प्रतिनिधित्व हो।' कश्मीर में सितंबर में शेख़ अब्दुल्ला का निधन हो गया और उनकी जगह उनके बेटे फ़ारूक़ अब्दुल्ला को जम्मू-कश्मीर का मुख्यमंत्री बनाया गया। ऑल असम स्टूडेंट्स यूनियन (आसू) राज्य में विदेशी लोगों के विरोध के आंदोलन को लेकर और ज़्यादा मुखर हो गया था। यहां तक कि उसने 'सीधी कार्रवाई' तक का आह्वान कर दिया था, जिसे बाद में वापस ले लिया गया था। हालांकि इंदिरा गांधी देश की सबसे बड़ी नेता बनी हुई थीं और उनके बाद उनका बेटा उनकी जगह लेने को तैयार था, लेकिन राज्यों में असंतोष पनप रहा था। एशियाड और भारत समारोह की सफलता इन सारे असंतोषों को छिपा रहे थे। कुल मिलाकर यही कहा जा सकता था... *'तुम इतना जो मुस्कुरा रहे हो, क्या गम है जिसको छुपा रहे हो...'*

1983 : *ऐ ज़िंदगी गले लगा ले*

ऐ ज़िंदगी गले लगा ले
हमने भी
तेरे हर इक ग़म को गले से लगाया है

गीत : गुलज़ार
संगीत : इलैयाराजा
गायन : सुरेश वाडकर
फ़िल्म : *सदमा*

तमिल फ़िल्म *मूंदरम पिरई* का हिंदी रीमेक *सदमा* आज भी दिल के उन तारों को छू लेती है, जिनके पास से हिंदी सिनेमा आमतौर पर गुज़रता तक नहीं। तमिल फ़िल्म में भी मुख्य जोड़ी कमल हसन और श्रीदेवी की ही थी, और निर्देशक भी वही बालू महेंद्र ही थे। संगीत भी दोनों संस्करणों में इलैयाराजा ने दिया था। हां! हिंदी फ़िल्म में गाने गुलज़ार ने लिखे थे। *'ऐ ज़िंदगी गले लगा ले...'* हिंदी क्लासिक का एक नया चलन ही शुरू करने वाला साबित हुआ। तमिल फ़िल्म के गीत 'पूंगाट्र पुदिदनादु' से इस गीत की धुन थोड़ी-सी अलग है, लेकिन यह बेहद लोकप्रिय हुआ।

सुरेश वाडकर की रेशमी आवाज़ और उत्साहपूर्ण गायन ने इस गाने में एक ताज़गी और मनोभाव पैदा किया, जो फ़िल्म के भावनात्मक चरम मोड़ पर आता है। इसमें श्रीदेवी का किरदार है, जिसकी एक हादसे के कारण बचपन की याददाश्त में चली जाती है, और कमल हसन के प्यार और देखभाल में बच्चे की तरह पलने लगती है और उसी में आनंद की तलाश करती है। हालांकि यह फ़िल्म अपने क्लाइमेक्स के लिए मशहूर है, जिसमें श्रीदेवी की याददाश्त पूरी तरह से वापस आ जाती है और कमल हसन को पूरी तरह से भूल जाती है, और अलग होते समय वह भावनाओं के

ज्वार में एकदम पागल होकर श्रीदेवी को अपने साथ बिताए पलों की याद दिलाने की कोशिश करता है। श्रीदेवी का रोल शुरुआत में डिंपल कपाड़िया को दिया गया था, लेकिन अन्य व्यस्तताओं के कारण उन्होंने इसे स्वीकार नहीं किया था। श्रीदेवी ने इस फ़िल्म में जो अभिनय किया, वह उनके करियर की दिशा तय करने वाला माना जाता है, और उन्हें इसके लिए फ़िल्मफ़ेयर अवॉर्ड भी मिला।

सदमा के ज़रिए इलैयाराजा ने हिंदी सिनेमा में प्रवेश किया था, और ए.आर. रहमान उनके सहायक थे। मूल तमिल फ़िल्म के लिए कमल हसन को राष्ट्रीय पुरस्कार मिला था। हिंदी संस्करण बॉक्स ऑफ़िस पर तो फ्लॉप साबित हुई, जबकि इसे क्लासिक फ़िल्म का दर्जा दिया जाता है। कमल हसन और श्रीदेवी के सर्वश्रेष्ठ प्रदर्शनों ने इसे यादगार बना दिया। दक्षिण भारत की यह फ़िल्म अच्छी नहीं चली, लेकिन मद्रास में बनी अन्य हिंदी फ़िल्में बॉक्स ऑफ़िस पर धमाल मचा रही थीं। जितेंद्र और श्रीदेवी की *हिम्मतवाला*, *मवाली*, *जस्टिस चौधरी* जैसी फ़िल्में स्टोरीलाइन, संगीत और अभिनय के हिसाब से काफ़ी बेकार थीं, लेकिन उन्होंने सफलता के सारे रिकॉर्ड तोड़ दिए थे। पीटी जैसी कोरियोग्राफ़ी, बहुत सारे डांसरों की भीड़, और सजावटी सेट के साथ इनके गानों का फ़िल्मांकन अगले पच्चीस सालों तक हिंदी फ़िल्मों का ट्रेडमार्क बना रहा।

इन बी ग्रेड मद्रासी फ़िल्मों की लोकप्रियता उस दौर के तेज़ सामाजिक परिवर्तनों की भी प्रतीक थी, क्योंकि तब परिवार थिएटर जाकर फ़िल्म देखने से बचने लगे थे। किराए पर टेलिविजन और वीसीआर लेकर परिवार के साथ फ़िल्म देखना मझोले शहरों में मनोरंजन का वैकल्पिक साधन बन गया था।

इस बीच, भारत ने अकेडमी अवॉर्ड्स सेरेमनी जैसी असंभव मानी जाने वाली जगहों पर भी अपनी उपस्थिति दर्ज कराई, जिसमें रिचर्ड एटनबरो की गांधी ने आठ ऑस्कर अवॉर्ड जीते। *गांधी* के लिए कास्ट्यूम डिजाइन करने वाली भानु अथैया ऑस्कर जीतने वाली पहली भारतीय बनीं। अपनी फ़िल्म के लिए धन जुटाने के लिए बीस साल से ज़्यादा समय तक कोशिश करने वाले एटनबरो ने अपने स्वीकृति भाषण में कहा था – 'यह मेरा या बेन किंग्सले का सम्मान नहीं है। यह आप लोगों का, महात्मा गांधी का और गांधीजी के शांति स्थापित करने के हम सभी से किए गए आग्रह का सम्मान है।'

हालांकि पंजाब राज्य में शांति बहुत दूर जा चुकी थी, जहां भिंडरांवाले के नेतृत्व में सिख उग्रवाद बदसूरत मोड़ ले चुका था। सितंबर, 1983 तक आतंकवादियों की हिंसा निरंकारियों, छोटे सरकारी अधिकारियों और भिंडरांवाले का सम्मान नहीं करने वाले सिखों तक सीमित थी। इन हत्याओं में एक नया आयाम तब शामिल हुआ, जब उसने हिंदुओं को निशाना बनाना शुरू किया और इस उपद्रव को सांप्रदायिक रंग देना शुरू कर दिया। उसने स्थानीय बैंकों, आभूषणों की दुकानों और होमगार्ड के शस्त्रागारों को लूटना शुरू किया, और मनमाने तरीक़े से बम विस्फोट कराने लगा। अप्रैल में

पंजाब पुलिस के डीआईजी ए.एस. अटवाल की हत्या कर दी गई, जब वे स्वर्ण मंदिर से अरदास करके निकल रहे थे।

राज्य प्रशासन और पुलिस का मनोबल गिरा हुआ था, और इंदिरा गांधी आतंकवाद के ख़िलाफ़ साहसी क़दम उठाने में हिचकती दिख रही थीं। दिसंबर में भिंडरांवाले स्वर्ण मंदिर के अंदर अकाल तख़्त की सुरक्षा में आ गया, और वहीं पर उसने अपना मुख्यालय और हथियारों का भंडार बना लिया। तस्करी करके उसने स्वर्ण मंदिर में लाइट मशीन गनें और अन्य अत्याधुनिक हथियार भी जमा कर लिए, और अकाल तख़्त के अंदर और चारों ओर उसने बुर्ज बना लिए।

भिंडरांवाले ने सिखों की संप्रभुता पर ज़ोर देते हुए, सशस्त्र संघर्ष के ज़रिए, भारत से अलग होने का आह्वान किया, तब प्रेस को भी धमकाया जाने लगा और स्थानीय नागरिक भी आतंकित हो गए। स्वतंत्रता के बाद से, राष्ट्र के सामने इतनी गंभीर चुनौती कभी नहीं आई थी, और भारत सरकार ने आख़िरकार जो कार्रवाई की उससे सभी पक्षों को भारी क़ीमत चुकानी पड़ी।

पंजाब के अलावा, अन्य राज्यों में भी इंदिरा गांधी को राजनीतिक चुनौतियां मिल रही थीं। आंध्र प्रदेश में एनटीआर ने चुनावों में भारी सफलता हासिल की थी, तो पड़ोसी कर्नाटक में जनता पार्टी के रामकृष्ण हेगड़े मुख्यमंत्री बन गए थे। त्रिपुरा में वाममोर्चा दोबारा सत्ता में आ गया था, और नृपेन चक्रवर्ती ने इस पूर्वोत्तर राज्य के मुख्यमंत्री पद की शपथ ली। हालांकि कांग्रेस ने हिमाचल प्रदेश और असम में सरकार बना ली थी, लेकिन असम में हुए चुनाव हास्यास्पद ही माने गए और नगांव जिले में नेल्ली में मताधिकार को लेकर, एक ही रात में 2,000 प्रवासी मार डाले गए थे।

नवंबर में नई दिल्ली में पहली बार, राष्ट्रमंडल देशों की सरकारों के राष्ट्राध्यक्षों की बैठक (सीएचओजीएम) आयोजित हुई, और इसके पहले अगस्त में सार्क (दक्षिण एशियाई क्षेत्रीय सहयोग संगठन) सम्मेलन भी दिल्ली में हो चुका था। इनसे पहले, मार्च में दिल्ली में शायद सबसे बड़ा बहुराष्ट्रीय सम्मेलन – 101 सदस्य देशों में से 99 देशों के गुट निरपेक्ष सम्मेलन का आयोजन हुआ था। जब 7 मार्च को सम्मेलन का उद्घाटन हुआ, तो प्रतिनिधियों का स्वागत भारत की प्रमुख समाचार-पत्रिकाओं के आवरण पर 'नेल्ली नरसंहार' मारे गए और घायल हुए बच्चों की तसवीरों से किया गया। हालांकि जब फ़िदेल कास्त्रो ने आंदोलन की अध्यक्षता 'बहन' इंदिरा को सौंपी, तो दोनों के गले लगने की तसवीरें दुनिया भर के मीडिया में छा गईं। गुट निरपेक्ष आंदोलन के तत्कालीन महासचिव नटवर सिंह ने अपनी किताब में लिखा कि सम्मेलन के दौरान कास्त्रो ने एटनबरो की गांधी फ़िल्म देखने की इच्छा जताई, जो अमेरिकी प्रतिबंध के कारण उस समय क्यूबा में उपलब्ध नहीं थी।

उस साल तब आश्चर्य की सीमा नहीं रही, जब जून में लॉर्ड्स में भारतीय क्रिकेट टीम ने प्रूडेंशियल विश्वकप जीत लिया। 1983 के विश्वकप में जब वेस्ट इंडीज़

के ख़िलाफ़ कपिलदेव की अगुवाई में भारत ने अपना पहला मैच खेला तो सटोरिए भारत की जीत के आसार 66 : 1 मान रहे थे। सबको हैरान करते हुए भारत ने अपना पहला मैच जीत लिया, और टर्नब्रिज वेल्स में जिम्बाब्वे के ख़िलाफ़ हारते-हारते बचा। जिम्बाब्वे के ख़िलाफ़ भारत के 5 विकेट मात्र 17 रनों पर गिर गए थे, और तब कपिलदेव ने शानदार 175 रन बनाकर टीम को हार से बचाया था। शुरुआत में भारत को कोई भी जीत का दावेदार नहीं मान रहा था, लेकिन फ़ाइनल आते-आते लंदन के सट्टाबाज़ार में भारत की जीत के लिए 50 : 1 की बाज़ी लग रही थी। भारतीय टीम ने अनिश्चितताओं से भरपूर तनावपूर्ण में उतार-चढ़ाव झेलते हुए, अपराजेय मानी जाने वाली वेस्ट इंडीज़ को शिकस्त दे दी, जो एक दिवसीय क्रिकेट की चैंपियन थी और पिछले दोनों विश्वकप उसी ने जीते थे। फ़ाइनल मैच के अंतिम चरण में बीबीसी टेस्ट मैच स्पेशल में भारत के पूर्व क्रिकेटर फ़ारूख़ इंजीनियर ने ब्रायन जॉनसन से कहा कि इंदिरा गांधी कल सार्वजनिक अवकाश घोषित कर देंगी। यह सुनते ही इंदिरा ने अवकाश की घोषणा कर दी।

इंजीनियर ने बाद में बताया – 'मैंने उससे यह कहा था कि मुझे इसमें कोई संदेह नहीं है कि वे छुट्टी घोषित करेंगी' भारतीय क्रिकेट के लिए यह महान अवसर था। पांच मिनट के अंदर हमारे बीबीसी (लंदन) मुख्यालय के पास (भारतीय) केंद्रीय मंत्रिमंडल का फ़ोन आ गया और फ़ोन कॉल लॉर्ड्स क्रिकेट स्टेडियम के कमेंटेटर बॉक्स में सुनाया गया कि श्रीमती गांधी ने सचमुच आपकी बात सुन ली और सार्वजनिक छुट्टी का ऐलान कर दिया है। यह सुनते हुए कुछ डर सा लगा था, लेकिन यह बहुत महान अवसर था; भारतीय क्रिकेट के लिए सर्वाधिक महत्त्वपूर्ण अवसर था।' इसमें कोई शक नहीं कि 1983 के साल ने भारतीय क्रिकेट का चेहरा बदल दिया था। इसकी लोकप्रियता बढ़ी, इस खेल में ज़्यादा धन आ गया और भारत विश्व क्रिकेट का अनौपचारिक पावर हाउस बन गया। यह कहना अनुचित नहीं होगा कि इंडियन प्रीमियर लीग (आईपीएल) के बीज जून माह के गर्मी भरे दिन में कपिलदेव और उनकी टीम ने लंदन में बोए थे।

भारतीय अंतरिक्ष कार्यक्रम के लिए भी यह साल अच्छा था। द्वितीय रोहिणी आरएस-डी2 उपग्रह को चार चरणीय रॉकेट के ज़रिए पृथ्वी के निकट की कक्षा में स्थापित किया गया, और भारत के अद्वितीय थ्री-इन-वन उपग्रह इनसेट-1बी का प्रक्षेपण अगस्त में केप केनवेरल से किया गया। जुलाई में, स्वदेश में तैयार परमाणु ऊर्जा केंद्र की पहली इकाई मद्रास के पास कलपक्कम में बनाई गई, जबकि भारत में पैदा हुए एस. चंद्रशेखर ने देश का गौरव बढ़ाते हुए नक्षत्रों की संरचना और विकास के बारे में अपने कार्य के लिए भौतिकी का नोबेल पुरस्कार संयुक्त रूप से जीता। यह ख़ुशी मनाने का मौक़ा था, ज़िंदगी को गले लगाने का मौक़ा था, और मौक़ा था गाने का – *'ऐ ज़िंदगी गले लगा ले।'*

1984 : *मन क्यूं बहका*

बात कहते बने क्या आधी रात को
आंख खोलेगी बात आधी रात को
हमने पी चांदनी आधी रात को
चांद आंखों में आया आधी रात को

गीत : वसंत देव
संगीत : लक्ष्मीकांत-प्यारेलाल
गायन : लता मंगेशकर और आशा भोंसले
फ़िल्म : *उत्सव*

गिरीश कर्नाड द्वारा निर्देशित और शशि कपूर द्वारा निर्मित *उत्सव* प्राचीन संस्कृत नाटक *मृच्छकटिकम* पर आधारित अपने आप में 1984 के लिए महान रूपक है। इसमें पुरानी कहानी को नए, रंगीन माध्यम में तैयार किया गया, साथ ही इंसानी स्वभाव और इसके अनेक रूपों को पूरी निष्ठा के साथ चित्रित किया गया।

गीत – *'मन क्यूं बहका'* ना केवल ईसा पूर्व दूसरी शताब्दी को श्रद्धांजलि देता है, जिसे इस फ़िल्म में चित्रित किया गया है, बल्कि पुराने समय की मौन मादकता को भी श्रद्धांजलि इस गीत में दी गई है। गहनों से सजी दो ख़ूबसूरत बहनें, रेखा और अनुराधा पटेल एक जागी रात की अनकही कहानियां याद करती हैं। यह फ़िल्म नाजुक ख़ुशबू और गहरी कामुकता की एक लता (बेला) के वादे और पूर्णता की रात की कहानी कहती है।

लता मंगेशकर ने इस गीत में सही मात्रा में मिठास उड़ेली, तो आशा भोंसले के अधिक जटिल और नमकीन सुर ने इस गाने को और ज़्यादा दिलचस्प बना दिया। फ़िल्म के लिए संगीत देने वाले लक्ष्मीकांत-प्यारेलाल ने पुराने दौर के वाद्ययंत्रों की कल्पना करके उनका इस्तेमाल किया, और कुछ यांत्रिक धुनें उसमें मिलाईं, जो उस दौर के संगीतकारों और संगीत निर्देशकों की कल्पना से मेल खाती लगी हैं। हालांकि गाना इस रूप में आ सका, तो इसका श्रेय वसंत देव के हिंदी बोलों को जाता है (अगले साल इस गीत के लिए और बेनेगल की *भारत एक खोज* में वैदिक श्लोकों के हिंदी अनुवाद के लिए उन्हें अगले साल फ़िल्मफ़ेयर पुरस्कार मिला)। वसंत देव ने दर्शकों की मानसिकता बदली और उनकी कल्पनाशीलता को इस तरह से चुनौती दी कि लोग इस गीत को ही बार-बार सुनना चाहते थे।

जहां 1984 में यह गीत बंबई फ़िल्म उद्योग के लिए सबसे दमदार साबित हुआ, वहीं, इसकी तुलना में देश की घटनाओं से इसका मेल कुछ कम था। यह गीत भारी कोलाहल के समय की घटनाओं के एकदम विपरीत लगा। अन्य लोग यह भी कह सकते हैं कि यह गीत इस साल के लिए बिलकुल सटीक था।

इस साल के अंत में भारत को अब तक के सबसे भारी बहुमत की सरकार केंद्र में मिली और राजीव गांधी के नेतृत्व में कांग्रेस ने 401 सीटें जीतते हुए 1957 के जवाहरलाल नेहरू के रिकॉर्ड को भी पीछे छोड़ दिया। तब नेहरू की कांग्रेस को 371 सीटें हासिल हुई थीं। मुख्य विपक्षी दल तेलुगु देशम पार्टी बनी, जिसके पास भी केवल 28 सीटें थीं। भाजपा केवल 2 सीटें जीत सकी थी।

हालांकि जिन लोगों को 1984 की घटनाएं याद होंगी, वे इसे 'स्थिरता' से कतई नहीं जोड़ेंगे। इस संदर्भ में मोतिहारी में पैदा हुए ब्रिटिश लेखक जॉर्ज ऑरवेल की इसी नाम की किताब को याद करना कोई अतिशयोक्ति नहीं होगी। चार्ल्स डिकेन्स के कथन को भी इसमें जोड़ दें तो 'यह सबसे अच्छा समय था, यह सबसे बुरा समय था।'

इस साल की शुरुआत में भारत को अपना पहला अंतरिक्ष यात्री मिला। राकेश शर्मा सोवियत सोयुज़ टी-11 में सवार होकर बाहरी अंतरिक्ष की यात्रा पर गए। भारत-सोवियत अंतरिक्ष उड़ान पर उन्होंने ग्यारह दिन बिताए। जब प्रधानमंत्री इंदिरा गांधी ने उस दौरान राकेश शर्मा से पूछा कि वहां से भारत कैसा लगता है, तो उन्होंने जवाब दिया था – 'सारे जहां से अच्छा।' उनका यह जवाब बहुत मशहूर हुआ था।

इसी साल पहली बार बिना ऑक्सीजन के एवरेस्ट पर विजय पाने का कारनामा फू दोरजी ने कर दिखाया, और बछेंद्री पाल भी दुनिया की इस सबसे ऊंची चोटी पर जाने वाली पहली भारतीय महिला बनीं। यह उनका पहला एवरेस्ट मिशन था।

हालांकि चोटियों को नापना और गुरुत्वाकर्षण का मुक़ाबला करना अलग बात थी, और नीचे मैदानी इलाक़ों में मचे हंगामे को थामना अलग बात थी। महाराष्ट्र

में भिवंडी में हुए सांप्रदायिक दंगों में 167 लोगों की जानें गईं। और भी कई नाटक हुए, जिनमें तीन राज्यों – सिक्किम, जम्मू-कश्मीर और आंध्र प्रदेश की सरकारों की बर्ख़ास्तगी हुई। एन.टी. रामाराव की बर्ख़ास्तगी से पैदा हालात का अनुमान केंद्र सरकार सही तरह से नहीं लगा पाई, और इससे पैदा हुए आक्रोश के कारण सरकार को बहाल करना पड़ गया। कश्मीर से काफ़ी दूर हो रही घटनाओं ने घाटी पर उथल-पुथल भरा असर डाला। लंदन में भारतीय उच्चायुक्त के अधिकारी आर.एच. म्हात्रे का जम्मू-कश्मीर लिबरेशन फ्रंट (जेकेएलएफ़) के ब्रिटिश आतंकवादियों ने अपहरण किया और उनकी हत्या कर दी। फ़रवरी के ही माह में जेकेएलएफ़ के संस्थापक मक़बूल भट्ट की राष्ट्रपति ने दया याचिका खारिज़ कर दी और उसे फांसी पर लटका दिया गया।

हालांकि असली उपद्रव पंजाब में हुआ था, जो 1984 में छाया रहा। पंजाब में खालिस्तान की मांग कर रहे आतंकवादियों ने रोज़-रोज़ आतंकी वारदातें करना शुरू कर दिया, और पंजाब को संभालना जम्मू-कश्मीर के बाद भारत के लिए सबसे बड़ी चुनौती बन गई। अकाली दल ने अपना असहयोग आंदोलन वापस लेने से इंकार कर दिया। अमृतसर, गुरदासपुर और कपूरथला के आसपास का ज़्यादातर इलाक़ा उपद्रवग्रस्त घोषित कर दिया गया और मार्च में राष्ट्रपति शासन छह और माह के लिए बढ़ाना पड़ा। सेना और राज्य की पुलिस को राज्य के तमाम नागरिकों की तलाशी के लिए असाधारण अधिकार दे दिए गए।

2 जून को आतंकवाद से निपटने में पुलिस की सहायता के लिए सेना बुलाई गई। राज्य में आतंकवादियों ने इक्कीस लोगों की गोली मारकर हत्या कर दी, और राज्य की राजधानी चंडीगढ़ में कर्फ्यू लगा दिया गया। कहा जाता है कि स्वर्ण मंदिर के अंदर से सुरक्षा बलों पर गोलीबारी होने लगी। इसके बाद 6 जून को ऑपरेशन ब्ल्यू स्टार शुरू हुआ और सेना आतंकवादियों के सफ़ाए के लिए मंदिर में घुसी, और भारी लड़ाई छिड़ गई। सेना के 9 जवान मारे गए। 7 जून को जरनैल सिंह भिंडरांवाले और आल इंडिया सिख स्टूडेंट्स फ़ेडरेशन के अध्यक्ष अमरीक सिंह की लाशें स्वर्ण मंदिर के अंदर से बरामद हुईं। इसके जवाब में देश भर में हिंसा हुई, हालांकि ऑपरेशन ब्ल्यू स्टार के बाद सेना से भागने वाले सिख सैनिकों ने 11 जून को आत्मसमर्पण कर दिया। आख़िरकार सितंबर में स्वर्ण मंदिर से सेना निकल आई, और राष्ट्रपति शासन अगले छह माह के लिए और बढ़ा दिया गया। 29 सितंबर को स्वर्ण मंदिर सिखों के पांच प्रमुख ग्रंथियों और शिरोमणि गुरुद्वारा प्रबंधक कमेटी को सौंप दिया गया।

ऑपरेशन ब्ल्यू स्टार के बाद शुरू हुईं घटनाएं अभी थमी नहीं थी। जुलाई और अगस्त, 1984 में सिख आतंकवादियों ने इंडियन एयरलाइंस के दो विमानों का अपहरण कर लिया, हालांकि सभी यात्रियों को सुरक्षित रिहा कर दिया गया। इसके बाद एक और भयानक सप्ताह आना था।

ऑपरेशन ब्ल्यू स्टार का बदला लेने के लिए दो सिख अंगरक्षकों – बेअंत सिंह और सतवंत सिंह ने प्रधानमंत्री इंदिरा गांधी की 31 अक्टूबर की सुबह उनके आवास पर गोली मारकर हत्या कर दी। इंदिरा गांधी एक टेलिविजन इंटरव्यू देकर निकली ही थीं और बुलेटप्रूफ़ जैकेट नहीं पहने थीं कि उन पर गोलियों की बौछार कर दी गई। सत्तासीन प्रधानमंत्री की भारत में यह पहली हत्या थी। इंदिरा गांधी को उनके ऑफ़िस के क़रीबी सिखों के बारे में ख़ुफ़िया सूचनाएं मिली थीं, लेकिन उन्होंने अंगरक्षकों को बदलने का अनुरोध ठुकरा दिया था। 31 अक्टूबर को उनकी हत्या के बाद देशभर में, ख़ासतौर पर राजधानी दिल्ली में सिखों का क़त्लेआम शुरू हो गया; जहां 2,000 से ज़्यादा सिखों को मार डाला गया।

अफवाह फैल गई कि इंदिरा की मौत के बाद कुछ सिखों ने मिठाई बांटी है, जिसके बाद भीड़ ने सिखों पर हमला कर दिया, जिनको पगड़ी की वजह से पहचानना काफ़ी आसान था, और राजधानी में मारकाट मच गई। यह स्पष्ट था कि स्थानीय कांग्रेस पार्टी ने इस नरसंहार को रोकने का कोई ख़ास प्रयास नहीं किया और वास्तव में कुछ स्थानीय सांसद उस भीड़ का नेतृत्व कर रहे थे, जो सिखों को मार रही थी और लूटपाट कर रही थी। गुरुद्वारों में भी तोड़फोड़ की गई।

इंदिरा गांधी के बेटे और कांग्रेस के महासचिव राजीव गांधी को, राष्ट्रपति ज्ञानी जैल सिंह ने प्रधानमंत्री पद की शपथ दिलाई और उसके बाद 3 नवंबर को इंदिरा गांधी का अंतिम संस्कार किया गया।

1984 की भयावहता यहीं तक सीमित नहीं रही। यह साल बीतने में भी समय था। 2 दिसंबर की घुप रात में भोपाल में यूनियन कार्बाइड फ़ैक्टरी से ज़हरीली गैस मिथाइल आइसोसाइनेट का रिसाव हो गया और उस गैस के कारण 410 लोगों की तुरंत ही मौत हो गई। यह अब तक की सबसे बड़ी औद्योगिक आपदा साबित हुई, जिसका असर गर्भवती माताओं, अजन्मे बच्चों और क़रीब साढ़े छह लाख लोगों की ज़िंदगी पर पड़ा। सरकार ने पहले मांगी रक़म का छह गुना, 470 मिलियन डॉलर के मुआवजे पर समझौता किया।

सत्यजीत राय को इसी साल जीवन पर्यंत उपलब्धियों के लिए दादा साहेब फाल्के पुरस्कार दिया गया। लोकप्रिय संस्कृति के क्षेत्र में 1984 को भारत के पहले टीवी सोप *हम लोग* के जन्म के लिए याद किया जाएगा, जिसमें ना केवल सामान्य मध्यमवर्ग को बहुत ख़ूबसूरती से दिखाया गया, बल्कि इसे तैयार करने में भी इसने मदद की। कॉमेडी शो *ये जो है ज़िंदगी* भी इसी साल शुरू हुआ। अक्टूबर से एक गेम शो *मशहूर महल* का प्रसारण शुरू हुआ। टेलिविजन की भूमिका दोहरी हो गई। वह कहानी सुनाने वाला भी बना, और साथ ही नए अवतार के रूप में उसकी ज़िंदगी भी शुरू हुई, जिसने ज़िंदगी और संचार में बदलाव कर दिया। रंगीन टीवी सेट की वृद्धि दर

47 प्रतिशत को पार कर गई और टीवी ने भारत के छोटे कस्बों और गांवों में रेडियो की जगह लेनी शुरू कर दी।

मीडिया की सुबह या नए संचार की झलक सबको दिखने लगी थी, जिसकी शुरुआत सरकारी टीवी से ही हुई थी। इसके आठ साल बाद केबल टीवी का दौर शुरू हुआ, जो इसे एक और स्तर तक ले गया।

1985 : *ज़िहाल-ए-मिस्कीं*

ज़िहाल-ए-मिस्कीं मकुन बा-रंजिश
बहाल-ए-हिजरा बेचारा दिल है

गीत : गुलज़ार
संगीत : लक्ष्मीकांत-प्यारेलाल
गायन : लता मंगेशकर और शब्बीर कुमार
फ़िल्म : *गुलामी*

सूफ़ी शायर, संगीतकार और विद्वान अमीर खुसरो ने *'ज़िहाल-ए-मिस्कीं मकुन तगफ़ुल'* तेरहवीं सदी में लिखा था। आज भी उनकी शायरी कई कव्वाल गाते हैं, जो कि इस मायने में अनोखी है कि इसकी लाइनें फ़ारसी और ब्रज भाषा में बदलती रहती हैं। गीतकार गुलज़ार ने खुसरो की इस महानकृति से प्रेरणा ली और गीत के पहले अंतरा में फ़ारसी का इस्तेमाल किया। मोटे तौर पर इसका अनुवाद होता है, 'मेरे बेचारे दिल को इस कदर रंजिश के साथ क्यों देखते हो, जबकि यह तो पहले से जुदाई का दर्द झेल रहा है?'

इस गीत की धुन लक्ष्मीकांत-प्यारेलाल की जोड़ी ने बनाई थी, जो अस्सी के दशक में हर तरफ़ धूम मचाए थी। जे.पी. दत्ता के निर्देशन वाली गुलामी फ़िल्म में कई सारे कलाकारों की भीड़ थी, और जाति तथा वर्ग का संघर्ष पर्दे पर दिखाने वाली मुख्यधारा की दुर्लभ फ़िल्म है। इसमें ऐसे समाज का चित्रण किया गया, जिसमें उच्च जाति के सामंत ग़रीबों और निचली जाति के लोगों पर क़ानून तथा व्यवस्था लागू करने वाले तंत्र की सक्रिय मदद से क्रूरतापूर्वक हुकूमत करते हैं। एक हृदय विदारक दृश्य में तो एक युवा दूल्हे को केवल इसलिए गोली मार दी जाती है, क्योंकि वह उच्च

जाति का नहीं था। उसका पुलिस कांस्टेबल पिता ज़मींदारों और पुलिस को लगातार क़ानून की याद दिलाता है, लेकिन उसकी कोई नहीं सुनता। 1985 की फ़िल्म का यह दृश्य कई दशकों बाद आज भी भारत में प्रासंगिक है।

अपनी छवि के अनुरूप प्रधानमंत्री राजीव गांधी ने अतीत को भूलने, और अपने पहले बज़ट में आशा की पहली किरण देने का निर्णय किया। वित्तमंत्री विश्वनाथ प्रताप सिंह द्वारा पेश किए गए इस बज़ट का भारतीय उद्योग जगत और अंतरराष्ट्रीय पर्यवेक्षकों ने समान रूप से स्वागत किया। साल-दर-साल केंद्रीय बज़ट की आम आलोचना के लिए जाने जाने वाले मशहूर बज़ट विश्लेषक नानी पालखीवाला ने इसे अब तक का सर्वश्रेष्ठ बज़ट बताया। राजीव सरकार ने तीन बड़े रुझानों की घोषणा की जिनमें संपदा कर (या उत्तराधिकार शुल्क) के ख़ात्मे समेत सरल करारोपण, उद्योग जगत के लिए आयात दिशा निर्देशों का उदारीकरण, और एकाधिकार और अवरोधक व्यापार व्यवहार (एमआरटीपी) अधिनियम में संशोधन शामिल थे। इस संशोधन में संपदा की एमआरटीपी नियामन से जुड़ी सीमा 20 करोड़ रुपये से बढ़ाकर 100 करोड़ रुपये कर दी गई थी, यद्यपि फ़िक्की जैसे औद्योगिक संगठन इसे 50 करोड़ रुपये तक बढ़वाना चाहते थे। इंदिरा सरकार 1960 और 1970 के दशकों में जिन नीतियों पर चलने पर मजबूर हुई थी, उनमें ये महत्त्वपूर्ण बदलाव थे। *वॉल स्ट्रीट जर्नल* ने भारत के बज़ट के विश्लेषण में शीर्षक के तौर पर *'राजीव रीगन'* दिया था।

जहां 1985 में *गुलामी* ने एक अहम मुद्दा उठाया, वहीं वरिष्ठ फ़िल्म निर्माता राज कपूर की *राम तेरी गंगा मैली* उस साल का सबसे बड़ा आकर्षण रही। राजश्री फ़िल्म्स प्रोडक्शंस के लिए संगीत देकर अपनी पहचान बना चुके संगीतकार रवींद्र जैन ने पहली बार राज कपूर के साथ इस फ़िल्म में काम किया, और साल के सर्वश्रेष्ठ संगीत के लिए फ़िल्मफ़ेयर पुरस्कार जीता। फ़िल्म के दो गाने छोड़कर, बाक़ी गाने भी उन्होंने ही लिखे थे। इसी साल रमेश सिप्पी की *सागर* फ़िल्म के लिए आर.डी. बर्मन की धुनों ने भी धूम मचाई। इस फ़िल्म में ऋषि कपूर, डिंपल कपाड़िया और कमल हसन मुख्य भूमिकाओं में थे। हसन को इस फ़िल्म के लिए सर्वश्रेष्ठ अभिनेता और सर्वश्रेष्ठ सहायक अभिनेता, दोनों ही श्रेणियों में फ़िल्मफ़ेयर पुरस्कारों के लिए नामांकित किया गया, जिनमें से उन्हें सर्वश्रेष्ठ अभिनेता की ट्रॉफ़ी मिली।

राजीव गांधी की सरकार के लिए 1985 का साल काफ़ी घटनापूर्ण रहा, जिसमें उन्हें पूरे साल एक के बाद एक चुनौतियां मिलती रहीं। जहां भारतीय अर्थव्यवस्था के नीति-निर्माण को नया रूप देने के लिए उनकी तारीफ़ हुई, वहीं उन्हें बड़ी राजनीतिक चुनौतियों का भी सामना करना पड़ा। इनमें से कुछ घटनाओं की शुरुआत तो पिछले साल ही हो चुकी थी, और कुछ चुनौतियां नई पैदा हुई थीं। 23 जून, 1985 को एयर इंडिया उड़ान 182 (टोरंटो-मॉन्ट्रियाल-लंदन-दिल्ली) को 31,000 फ़ुट की ऊंचाई पर बम से उड़ा दिया गया, जिससे विमान में सवार 329 लोग मारे गए। यह बम

विस्फोट खालिस्तानी आतंकवादियों के संगठन ने पिछले साल इंदिरा गांधी सरकार के ऑपरेशन ब्ल्यू स्टार के विरोध में की थी।

इस पूरे साल पंजाब में उपद्रव होता रहा और आतंकवाद का ख़तरा बढ़ता गया, जबकि इसी साल के अंत में वहां विधानसभा चुनाव भी होने थे। कांग्रेस और अकाली दल जैसी राजनीतिक पार्टियों ने अपने उम्मीदवारों को संभावित हिंसक हमलों से बचाव के इंतज़ाम करते हुए चुनाव लड़ा। उस अवधि की ख़बरों से संकेत मिलता है कि खालिस्तानी अलगाव के परिणामस्वरूप पंजाब में सांप्रदायिक आधार पर ध्रुवीकरण हो रहा था। राजीव गांधी सरकार को सबसे बड़ी चुनौती शाहबानो मामले में सर्वोच्च न्यायालय के फ़ैसले के परिणाम से मिली। शाहबानो और उसके पांच बच्चों को उसके पति ने घर से निकाल दिया था। बाद में उसे तलाक़ दे दिया था। शाहबानो ने गुज़ारा भत्ता देने के लिए याचिका दायर की जिसे निचली अदालत ने स्वीकार किया और उच्च न्यायालय ने इसे बरकरार रखा और उसके पूर्व पति को 25 रुपये प्रतिमाह का गुज़ारा भत्ता देने का निर्देश दिया। सर्वोच्च न्यायालय की पांच न्यायाधीशों की पीठ ने भी शाहबानो के हक़ में फ़ैसला दिया। मुस्लिम समुदाय के कुछ तबकों ने इसे उनके पर्सनल लॉ में दख़लंदाजी माना और इसका विरोध किया। राजीव गांधी सरकार इससे हैरान थी, और चुनावों में इसके असर को लेकर आशंकित थी। पार्टी के नेताओं का मानना था कि संसद में क़ानून बनाकर सर्वोच्च न्यायालय के फ़ैसले को पलट देने की ज़रूरत है।

1984 में प्रधानमंत्री इंदिरा गांधी की उन्हीं के अंगरक्षकों द्वारा हत्या किए जाने के बाद सरकार ने विशेष सुरक्षा समूह (एसपीजी) के गठन करने का निर्णय किया, जिसे भारत के प्रधानमंत्री की सुरक्षा की ज़िम्मेदारी सौंपी गई। एसपीजी 8 अप्रैल, 1985 को अस्तित्व में आया। इसी साल सभी को, ख़ासकर वंचित तबकों को उच्च शिक्षा के अवसर मुहैया कराने के लिए इंदिरा गांधी राष्ट्रीय मुक्त विश्वविद्यालय की स्थापना की गई। इसकी स्थापना 2 करोड़ रुपये के बजट के साथ हुई।

हालांकि 1985 का साल ऐसा भी नहीं था कि कुछ भी ख़ुशी की ख़बर नहीं लाया हो। 1983 में वेस्ट इंडीज़ को हराकर क्रिकेट विश्व कप जीतने वाली भारतीय वनडे क्रिकेट टीम ने ऑस्ट्रेलिया में विश्व श्रंखला चैंपियनशिप (डब्ल्यूएससी) के फ़ाइनल में पाकिस्तान को हराकर क्रिकेट के इस छोटे स्वरूप में अपनी स्थिति फिर से मज़बूत साबित की। डब्ल्यूएससी का प्रसारण टीवी के ज़रिए सीधे भारतीयों के घरों में दिखाया गया और टूर्नामेंट के 'मैन ऑफ़ द सीरीज़' आलराउंडर रवि शास्त्री को मिली ऑडी कार में सवारी करती भारतीय क्रिकेट टीम के दृश्य मशहूर हो गए।

इसी साल व्यवसायी धीरूभाई अंबानी ने बंबई में कामयाबी की धूम मचाई। वह क़रीब पच्चीस सालों से थे और उन्होंने बड़ी संख्या में छोटे निवेशकों को रिलायंस की तरफ़ आकर्षित करके, स्टॉक मार्केट में क्रांति ला दी थी। 1985 में इंडिया टुडे

पत्रिका में प्रकाशित, इंटरव्यू में टी.एन. नैनन से अंबानी ने अपनी तब तक की यात्रा के बारे में बताया और यह भी बताया कि वह भविष्य में क्या करना चाहते हैं। जब बाहरी माहौल को अपने पक्ष में संभालने की उनकी क्षमता के बारे में पूछा गया तो उन्होंने कहा कि वे सरकार में हर व्यक्ति को सलाम करेंगे। वह सकारात्मक थे, लेकिन भविष्य के प्रति सचेत भी थे। जब उनसे पूछा गया कि क्या उन्होंने अपने लिए कोई लक्ष्य निर्धारित किया है; मसलन – रिलायंस को देश की सबसे बड़ी कंपनी बनाना, तो उनका जवाब था, वह जब तक कोई काम कर नहीं लें, तब तक उसके बारे में बात करना पसंद नहीं करते।

इस साल अंबानी के व्यवसाय के बारे में बेबाक विचार और भारत सरकार द्वारा उद्योग जगत पर नियम-क़ानूनों की ढिलाई करने को 1985 में रिलीज़ हुए एक और गाने के ज़रिए बहुत अच्छी तरीक़े से समझाया जा सकता है –

दुनिया माने बुरा तो गोली मारो
मरके जीना है कोई जीना यारो!

1986 : *चिट्ठी आई है आई है*

बड़े दिनों के बाद, हम बेवतनों को याद
वतन की मिट्टी आई है
चिट्ठी आई है आई है, चिट्ठी आई है

गीत : आनंद बख्शी
संगीत : लक्ष्मीकांत-प्यारेलाल
गायन : पंकज उधास
फ़िल्म : *नाम*

काफ़ी समय पहले जब अप्रवासी भारतीय (एनआरआई) हिंदी सिनेमा उद्योग के लिए पसंदीदा विषय नहीं बने थे, तब भारत में एक कम जाने-पहचाने गायक ने ऐसा गीत गाया था, जिसने अन्य देशों में रह रहे लोगों के दिलों के तारों में झंकार पैदा कर दी थी और उन्हें अपने वतन की याद दिला दी थी। उस समय तक पंकज उधास का नाम भारत में ज़्यादा नहीं हुआ था, लेकिन एनआरआई समुदाय के बीच वह लोकप्रिय थे। उनकी इस लोकप्रियता के कारण *नाम* के निर्माता राजेंद्र कुमार ने इस गीत को भुनाने का मन बनाया। आनंद बख्शी के बोलों पर आधारित इस गीत की धुन लक्ष्मीकांत-प्यारेलाल ने तैयार की थी। पंकज उधास ग़ज़लें गाने के लिए जाने जाते थे, और *'चिट्ठी आई है'*, तो ग़ज़ल नहीं थी। इस गीत को सुनकर भारत में रहने वाले भी, और विदेश में रहने वालों की आंखों से भी आंसू निकल आते थे। बाद में पंकज उधास की पहचान यही गीत बन गया। उन्होंने इस गीत को पर्दे पर भी गाया था, जिससे लोग उनका चेहरा भी आसानी से पहचानने लगे थे।

महेश भट्ट के निर्देशन वाली फ़िल्म *नाम* का निर्माण राजेंद्र कुमार ने अपने बेटे कुमार गौरव के एक्टिंग करियर को संवारने के लिए किया था। सलीम ख़ान की लिखी चुस्त पटकथा, *'चिट्ठी आई है'* जैसा सुपर हिट गीत, और अच्छे प्रदर्शन के कारण नाम सफल रही, लेकिन इसने कुमार गौरव के बजाय, एक और स्टार पुत्र संजय दत्त के करियर को बेहतर ढंग से सहारा दिया।

1986 का साल हिंदी फ़िल्मों के लिए एक और विचित्र साल था। अमिताभ बच्चन के राजनीति में चले जाने के बाद, फ़िल्म उद्योग बॉक्स ऑफ़िस की सफलता को लेकर असमंजस में था। नए सितारे दर्शकों के मन में जगह नहीं बना पाए थे, और अमिताभ बच्चन ही अभी तक सबके दिमाग़ पर छाए थे। उस साल की सबसे सफल फ़िल्म सुभाष घई की *कर्मा* रही, जिसमें वरिष्ठ अभिनेता दिलीप कुमार मुख्य भूमिका में थे और उनके साथ अनिल कपूर, जैकी श्रॉफ़, नसीरुद्दीन शाह, नूतन और अनुपम खेर भी अहम किरदारों में थे। *कर्मा* का गीत *'दिल दिया है, जां भी देंगे, ऐ वतन तेरे लिए'* भी बहुत ज़्यादा लोकप्रिय हुआ था। इसमें भी गीतकार आनंद बख्शी और संगीतकार लक्ष्मीकांत-प्यारेलाल साथ थे। *कर्मा* ने देश की उस समय की मनोदशा को अच्छी तरह से प्रतिबिंबित किया। इस फ़िल्म में देशभक्त लोगों की उन लोगों के साथ लड़ाई दिखाई गई, जो हिंसक साधनों से देश को तोड़ने की कोशिश कर रहे हैं। अनाम राष्ट्र-विरोधी ताक़तों को पर्दे पर डॉ. डेंग का नाम दिया गया, जिसका किरदार अनुपम खेर ने निभाया था।

राजनीति में भी हालत बहुत अच्छे नहीं थे। राजीव गांधी की सरकार पर मुस्लिम कट्टरपंथियों का दबाव था कि वे 1985 के शाहबानो मामले में सर्वोच्च न्यायालय के फ़ैसले के बारे में कुछ करें। जब राजीव पर पार्टी के सदस्यों ने भी दबाव डाला तो उन्होंने संसद के क़ानून के ज़रिए अदालत के फ़ैसले को पलटने का निर्णय किया। लोकसभा में सत्तारूढ़ दल का भारी बहुमत था ही, जिसके बल पर मुस्लिम महिला (तलाक़ पर अधिकार संरक्षण) अधिनियम, 1986 संसद ने पारित कर दिया। इस क़ानून ने मुस्लिम शौहर को अपनी पूर्व पत्नी को गुज़ारा भत्ता केवल *इद्दत* की अवधि (तलाक़ के बाद नब्बे दिन) तक देना सीमित कर दिया। ऐसा करके सरकार मुस्लिम समुदाय के रूढ़िवादियों को तो मनाने में सफल रही, लेकिन इससे एक और नई चुनौती पैदा हो गई, क्योंकि हिंदू रूढ़िवादियों ने सरकार को मुस्लिमों का पक्ष लेने वाली बताना शुरू कर दिया।

पंजाब में राज्य सरकार खालिस्तानी आतंकवाद को नियंत्रित करने में असमर्थ थी और राज्य में सांप्रदायिक ध्रुवीकरण तेज़ होता जा रहा था। शाहबानो और खालिस्तानी अलगाववाद ने हिंदू संगठनों को भी हवा दे दी, जिन्होंने इसी दौरान आक्रामक होना शुरू कर दिया था। शाहबानो ने राजीव गांधी सरकार को मुस्लिम हितों की संरक्षक के रूप में चित्रित करने में इन संगठनों की मदद की तो पंजाब में

खालिस्तानी अलगाववाद और लक्षित हत्याओं ने उन्हें हिंदुओं के पीड़ित होने की स्थिति चित्रित करने में मदद मिली। ये संगठन अयोध्या में राम मंदिर के लिए समर्थन जुटाने की कोशिश कर रहे थे, जिसे ये लोग भगवान राम की जन्मभूमि मानते थे। वहां पर बाबरी मस्जिद थी, और इसमें अदालत के आदेश पर ताला लगा दिया गया था और एक हिंदू पुजारी को साल में एक बार पूजा करने की अनुमति दी गई थी।

आरएसएस और संघ परिवार के लिए शाहबानो का विवाद सही मौक़े के रूप में सामने आया। मुस्लिम कट्टरपंथियों की नाराज़गी पहले से ही झेल रही राजीव गांधी सरकार को अब हिंदुत्ववादी संगठनों की नाराज़गी भी झेलनी पड़ रही थी। जब फैज़ाबाद की जिला अदालत ने विवादास्पद इमारत का ताला खोलने और जनता को पूजा करने का अधिकार देने का आदेश जारी किया, तो उग्र हिंदू संगठनों को और हवा मिल गई। उस समय भले ही यह रियायत छोटी लगी हो, लेकिन आगे चलकर यह बहुत महंगी पड़ने वाली थी।

पंजाब में तबाही का कारण केवल ध्रुवीकरण नहीं था। ध्रुवीकरण एक और ज़्यादा बड़ी समस्या – खालिस्तानी अलगाववाद का परिणाम था। ऑपरेशन ब्ल्यू स्टार, उसके परिणामस्वरूप प्रधानमंत्री इंदिरा गांदी की हत्या और फिर दिल्ली तथा अन्य जगहों पर सिखों के क़त्लेआम ने अलगाववाद की बुराई को ख़त्म नहीं किया। अलगाववादी आग भड़काने में लगे रहे और पंजाब जलता रहा। मुख्यमंत्री सुरजीत सिंह बरनाला के नेतृत्व में पिछले साल के उत्तरार्ध में अकाली दल ने सरकार बना ली थी, लेकिन यह राज्य को संभाल नहीं पा रही थी। तमाम स्थानों पर खालिस्तानी आतंकवादियों ने अलग-अलग घटनाओं में दर्जनों लोगों की हत्याएं कीं।

फ़रवरी में खालिस्तानी उग्रवादियों ने अमृतसर में स्वर्ण मंदिर पर क़ब्ज़ा तक कर लिया था। तिरंगे झंडे को जलाया गया और 'खालिस्तान' के अलंकरण वाला भगवा झंडा मंदिर पर लहरा दिया गया। नई हिट लिस्ट जारी की गई और ऐसे-ऐसे उग्रवादी नारे दिए गए, जो जरनैल सिंह भिंडरांवाले के दिनों की याद दिलाने लगे। आतंकवादियों ने एक हिट लिस्ट जारी की, जिसमें उन लोगों के नाम थे, जिन्हें वे 1984 के ऑपरेशन ब्ल्यू स्टार के बदले मारना चाहते थे। इस लिस्ट में चौथे नंबर पर थल सेनाध्यक्ष जनरल अरुण श्रीधर वैद्य का नाम था। वे सेवानिवृत्त हो चुके थे और पुणे में रह रहे थे। 10 अगस्त, 1986 को जब वे बाज़ार से अपने घर लौट रहे थे, तभी आतंकवादियों ने उन पर आठ-नौ गोलियां दागकर उनकी हत्या कर दी।

राजीव सरकार ने इन राजनीतिक चुनौतियों से लड़ते हुए, अपना आर्थिक एजेंडा आगे बढ़ाना जारी रखा। जहां 1985 में पेश उनकी सरकार के पहले बज़ट को ऐतिहासिक बज़ट बताकर उसका स्वागत किया गया था, तो 1986 के बज़ट ने उनके सुधारवादी एजेंडे को और आगे बढ़ाया। इस बज़ट में एक बड़ा बदलाव, संशोधित

मूल्य संवर्धित टैक्स (मूडवैट) शुरू करना था। इसने कच्चे माल पर शुल्क भुगतान करने की जगह अंतिम उत्पादों पर शुल्क देने की अनुमति दी। इसने देश में अप्रत्यक्ष कर प्रणाली में सुधार शुरू किया, जो आगे चलकर वर्ष 2017 में वस्तु एवं सेवा कर यानी जीएसट के रूप में देश में लागू हुआ।

जहां भारत, पंजाब में अलगाववाद से जूझ रहा था, वहीं देश में बाक़ी जगह उसे सफलता मिल रही थी। मिज़ोरम में लाल डेंगा के नेतृत्व वाले मिज़ो नेशनल फ्रंट (एमएनएफ़) ने जून 1986 में भारत सरकार के साथ मिज़ो समझौते पर हस्ताक्षर किए और भारत इस राज्य में स्थाई शांति लाने में सफल रहा। भारतीय सेना में हवलदार रह चुके लाल डेंगा ने 1961 में मिज़ो नेशनल फ्रंट की स्थापना की थी, और अलगाववादी आंदोलन शुरू किया था। सरकार आख़िरकार उन्हें समझौते पर हस्ताक्षर करने के लिए मनाने और राज्य में राजनीतिक प्रक्रिया में शामिल होने के लिए मनाने में कामयाब रही। समझौते के बाद तत्कालीन मुख्यमंत्री ललथनहवला की जगह लाल डेंगा मिज़ोरम के अंतरिम मुख्यमंत्री बने, और ललथनहवला उपमुख्यमंत्री के रूप में सरकार में शामिल हुए। 1986 में हुए चुनावों में एमएनएफ़ ने जीत हासिल की और लाल डेंगा निर्वाचित मुख्यमंत्री बने।

खेल जगत में 1986 का साल केरल की बाइस साल की एथलीट पी.टी. उषा के नाम रहा, जिन्हें पायोली एक्सप्रेस कहा जाता था। 1984 के लॉस एंजिलिस ओलिंपिक खेलों में 400 मीटर की दौड़ के फ़ाइनल में वह चौथे नंबर पर रहीं, और उन्हें भारी झटका लगा, लेकिन दक्षिण कोरिया के सिओल में हुए दसवें एशियाई खेलों में उन्होंने स्वर्ण पदक जीतकर ही दिखाया। उन्होंने 100 मीटर की फर्राटा दौड़ में रजत पदक जीता और 200 मीटर, 400 मीटर, 400 मीटर बाधा दौड़ और 4x400 मीटर की रिले रेस में उन्होंने चार स्वर्ण पदक जीते। सिओल खेलों में उन्हें सर्वश्रेष्ठ एथलीट का गोल्डन शू अवॉर्ड दिया गया।

क्रिकेट में भारत टेस्ट मैच के इतिहास के दूसरे टाई टेस्ट का हिस्सा बना। भारत और ऑस्ट्रेलिया की तीन टेस्ट मैचों की श्रृंखला के मद्रास में खेला गया पहला मैच टाई रहा।

1986 में भारत, देश में उभर रही सांप्रदायिक चुनौतियों से जूझ रहा था, इसे आनंद बख्शी के गीत के इन बोलों में एकदम सही तरह से व्यक्त किया गया –

हिंदू मुस्लिम सिख ईसाई, हमवतन हमनाम हैं
जो करे इनको जुदा, मज़हब नहीं इल्ज़ाम है
हम जिएंगे और मरेंगे, ऐ वतन तेरे लिए।

1987 : *मेरा कुछ सामान*

सावन के कुछ भीगे भीगे पल रखे हैं
और मेरे ख़त में लिपटी रात पड़ी है
वो रात बुझा दो, मेरा वो सामान लौटा दो

गीत : गुलज़ार
संगीत : राहुल देव बर्मन
गायन : आशा भोंसले
फ़िल्म : *इजाज़त*

जब फ़िल्म निर्माता और गीतकार गुलज़ार ने अपने पुराने दोस्त आर.डी. बर्मन से *मेरा कुछ सामान* गीत की धुन बनाने को कहा तो उन्होंने उनकी बात को नकार दिया था और ख़ीझकर बोले थे, क्या अब वे अख़बार की किसी हेडलाइन को भी गीत कहकर उसकी धुन बनवाएंगे। यह पुराने दोस्तों गुलज़ार और पंचम के नाम से लोकप्रिय आर.डी. बर्मन का झगड़ा था, जो *इजाज़त* से पहले कई मौक़ों पर साथ में काम कर चुके थे। गुलज़ार के बोलों की जटिल मात्राओं के कारण इस गीत की धुन बनाना बहुत कठिन था, और पंचम जब इसकी धुन बनाने के लिए जूझ रहे थे, तभी आशा भोंसले ने इसे गुनगुनाना शुरू कर दिया। पंचम ने तुरंत वह धुन लपक ली और इस तरह से *'मेरा कुछ सामान'* की धुन बन गई।

फ़िल्म में यह गीत प्रेमी-प्रेमिका के बीच लिखे ख़त पर आधारित है, जिसमें नायिका, नायक से उसका सामान लौटाने को कहती है, जो वास्तव में साथ गुज़ारे पलों की यादें हैं। गुलज़ार-आरडी के ज़्यादातर गानों की तरह इस गाने की धुन भी शास्त्रीय आधार के साथ नर्म है। आशा ने इस गीत में आवाज़ दी और इसके लिए

उन्हें दूसरी बार राष्ट्रीय पुरस्कार मिला। इस गीत के अंतराल में उल्हास बापट ने संतूर का आलाप दिया, जिससे गीत का स्वरूप और गुणवत्ता में और बढ़ोतरी हो गई। हल्के ऑर्केस्ट्रा के कारण आशा की आवाज़ और गुलज़ार की कविता को चमकने का मौक़ा मिल गया और इसे हिंदी फ़िल्म संगीत क्लासिक का दर्जा मिल गया। आज भी यह उतना ही लोकप्रिय है, जितना कि 1987 में था।

नसीरुद्दीन शाह, रेखा और अनुराधा पटेल की मुख्य भूमिकाओं वाली *इजाज़त* में चार गाने थे, और चारों में गुलज़ार-पंचम का वही तालमेल देखने को मिलता है, जिस तालमेल ने हमें कई यादगार गाने दिए हैं। *'छोटी सी कहानी से'*, *'कतरा कतरा मिलती है'* और *'ख़ाली हाथ शाम आई है'* के साथ *'मेरा कुछ सामान'* ने इस फ़िल्म के गानों को 1980 के दशक के सर्वश्रेष्ठ हिंदी फ़िल्म संगीत में शुमार करा दिया।

इस साल एक और बड़ी संगीत सफलता हिंदी विज्ञान कथा फ़िल्म *मिस्टर इंडिया* थी, जिसका निर्देशन शेखर कपूर ने किया था। बोनी कपूर की बनाई इस फ़िल्म में उनके छोटे भाई अनिल कपूर *मिस्टर इंडिया* के मुख्य किरदार में थे, जिसे हिंदी सिनेमा की अवश्य देखे जाने वाली फ़िल्मों में शामिल किया जाता है और आज भी यह फ़िल्म लोकप्रिय बनी हुई है। यह फ़िल्म चुस्त पटकथा के लिए मशहूर हुई। सलीम-जावेद की जोड़ी की यह आख़िरी फ़िल्म थी। इसके साथ ही बेहतरीन संगीत और अभिनेताओं के शानदार अभिनय के लिए भी यह फ़िल्म मशहूर हुई। ख़ासतौर पर अमरीश पुरी का अभिनय इसमें बेहद कमाल का था, जिन्होंने मुख्य नायक मोगेम्बो की भूमिका निभाई और जो उनके करियर की पहचान बन गया। इस फ़िल्म का डायलॉग *'मोगेम्बोख़ुश हुआ'* 1975 की फ़िल्म शोले के गब्बर सिंह के डायलॉग की तरह लोकप्रिय हुआ। फ़िल्म में लक्ष्मीकांत-प्यारेलाल का संगीत था, जिन्होंने जोशीले वाद्य धुनों के ज़रिए एक बार फिर दिखा दिया कि क्यों वे इस दौर के सबसे लोकप्रिय संगीतकार हैं। *'काटे नहीं कटते'*, *'हवा हवाई'* और *'ज़िंदगी की यही रीत है'* जैसे लोकप्रिय गीतों में उन्होंने अपना पूरा हुनर दिखाया।

'काटे नहीं कटते', एक मादक गीत है, जिसे किशोर कुमार और अलीशा चिनॉय ने गाया था। इसमें अपने अदृश्य प्रेमी को लुभाने के लिए श्रीदेवी का कामोत्तेजक नृत्य बहुत मशहूर हुआ। *मिस्टर इंडिया* साइंस फ़िक्शन की थीम पर आधारित थी, लेकिन कई मायनों में यह पिछले साल की कर्मा की तरह थी। दोनों ही फ़िल्मों में शक्तिशाली विलेन थे, जो देश में अराजकता फैलाने और उसे गुलाम बनाने की कोशिश करते हैं। *कर्मा* में डॉ. डेंग था, तो *मिस्टर इंडिया* में मोगेम्बो। दोनों ही फ़िल्मों में उस उथल-पुथल को दिखाया गया है, जिसका सामना देश सांप्रदायिकता के उभार और पंजाब में हिंसक अलगाववाद के रूप में कर रहा था। दोनों ही फ़िल्मों में इस स्थिति का दोष अज्ञात 'विदेशी ताक़तों' पर मढ़ा गया, लेकिन उपद्रव की स्थिति को बिलकुल सही तरह से दिखाया गया।

इस उथल-पुथल के मध्य, क्रांतिकारी परिवर्तन होते हैं, लेकिन ख़ामोशी से। यह कंप्यूटर क्रांति थी। सैम पित्रोदा ने 1984 में इंदिरा गांधी के शासनकाल में भारत के दूरसंचार नेटवर्क के डिजिटल स्विच विकसित करने के लिए सेंटर फ़ॉर डेवलपमेंट ऑफ़ टेलिमेटिक्स (सी-डॉट) की स्थापना की थी। जब राजीव गांधी प्रधानमंत्री बने तो उन्होंने देश को इक्कीसवीं सदी में ले जाने के लिए कंप्यूटर के अत्यधिक इस्तेमाल पर बल दिया। 1984 में सरकार ने भारतीय कंपनियों को विदेशी कंपनियों से टाइ-अप करने और कंप्यूटर चिप तथा अन्य महत्त्वपूर्ण अंग आयात करने की अनुमति दे दी। कंप्यूटर की क़ीमतें जो पहले 1.2 लाख रुपये हुआ करती थी, वह गिरकर 40,000 रुपये और फिर 25,000 रुपये तक हो गईं।

जब राजीव ने सरकारी दफ़्तरों और बैंकों में कंप्यूटर के ज़्यादा से ज़्यादा इस्तेमाल पर ज़ोर दिया, तो इसका व्यापक राजनीतिक विरोध होने लगा और कर्मचारी संघों की तरफ़ से भी प्रतिरोध के स्वर गूंजने लगे। राजनीतिक विरोध के बावजूद, देश को कंप्यूटर के कीड़े ने काट ही लिया और 1987 तक, भारत में एक लाख कंप्यूटर हो गए। शुरुआत धीमी लेकिन ठोस थी, और निजी क्षेत्र भी अपने तमाम कामकाज के लिए कंप्यूटरों का इस्तेमाल करने लगे थे। 1984 में भारतीय रिज़र्व बैंक ने देश भर की 8,900 बैंक शाखाओं के कंप्यूटरीकरण की योजना बनाई। बैंक कर्मचारियों को नौकरी जाने का डर लगने लगा और इसके ख़िलाफ़ प्रदर्शन करने लगे, तब कंप्यूटरीकरण की योजना 5,700 शाखाओं तक सीमित कर दी गई। 1987 के अंत तक 3,500 शाखाओं में एडवांस्ड लेजर पोस्टिंग मशीनें स्थापित कर दी गईं।

चारों महानगरों के रेल यात्रियों ने रेल टिकट आरक्षण प्रणाली को कंप्यूटरीकृत किए जाने का स्वागत किया, जो कि अपने आप में एक लघु क्रांति ही थी, जिसके दो साल की जटिल प्रोग्रामिंग के बाद किया जा सका था। यह भी पहली बार हुआ कि सरकार ने 140 करोड़ रुपये की लागत से सभी जिलों को राज्यों की राजधानियों और नई दिल्ली से देशव्यापी नेटवर्क, निकनेट के ज़रिए जोड़ने का निश्चय किया। ये क़दम सूचना प्रौद्योगिकी क्रांति की आधारशिलाएं थे, जो आने वाले दशक में देश में देखने को मिली।

भारत में कंप्यूटर समृद्ध भविष्य का वादा करते हुए अपनी उपस्थिति बना रहे थे, वहीं देश का भविष्य युद्ध के भूत को लेकर चल रहा था; पाकिस्तान के साथ चौथे युद्ध की आशंका बन रही थी। राजस्थान के रेगिस्तान से लेकर कश्मीर की पहाड़ियों तक की अंतरराष्ट्रीय सीमा पर भारत और पाकिस्तान के 340,000 सैनिक आमने-सामने खड़े थे। यह ऑपरेशन ब्रासटैक्स का नतीजा था, जो कि भारतीय थल सेना द्वारा अपने प्रमुख, जनरल कृष्णास्वामी सुंदरजी के नेतृत्व में 1986 के अंत में शुरू किया गया सैन्य अभ्यास था, जो 1987 तक चला। ऑपरेशन ब्रासटैक्स को द्वितीय विश्व युद्ध के बाद किसी सेना का सबसे बड़ा जमावड़ा कहा गया।

भारतीय सेना ने कहा कि 'ऑपरेशन ब्रासटैक्स का मूल उद्देश्य मशीनीकरण, गतिशीलता और भारतीय सेना द्वारा हवाई सहयोग की अवधारणाओं को परखना है।' पाकिस्तान के जनरलों ने हालांकि इसे अलग तरीक़े से देखा, और अनुमान लगाया कि यह पाकिस्तान पर हमले की योजना है। उन्होंने भी इसके जवाब में जनवरी, 1987 के मध्य में अपनी सेना को सीमा पर जुटा दिया, और दोनों सेनाएं एक दूसरे की फ़ायरिंग रेंज में थीं। मार्च, 1987 में जब दोनों देश पहले कश्मीर इलाक़े में, और फिर रेगिस्तानी इलाक़े में सेनाएं हटाने के समझौते पर सहमत हुए, तब स्थिति शांत होनी शुरू हुई।

भारतीय सेना को केवल पाकिस्तान से लगने वाली सीमा पर ही नहीं जुटाया गया था। पहली बार सेना को देश से बाहर, आउट ऑफ़ एरिया श्रीलंका में कार्रवाई में भाग लेना पड़ा। वैसे तो संयुक्त राष्ट्र शांति सेना के अंग के रूप में यह अन्य देशों में अभियानों में शामिल रही थी, लेकिन यह पहली बार था, जब भारतीय सेना किसी दूसरे देश में ख़ुद ही एक्शन में दिखी। यह हिंद महासागर में द्वीपीय देश श्रीलंका में शांति स्थापित करने के लिए भारत और श्रीलंका की सरकारों के बीच हुए समझौते का परिणाम था। भारतीय शांति सेना (आईपीकेएफ़) श्रीलंका के राष्ट्रपति जे. आर. जयवर्धने के अनुरोध पर, देश के उत्तरी प्रांत में सक्रिय उग्रवादी संगठनों को निरस्त्र करने के लिए, 1987 के मध्य में श्रीलंका पहुंची। इन संगठनों में लिबरेशन टाइगर्स ऑफ़ तमिल इलम (लिट्टे) शामिल था। भारतीय सेना श्रीलंका में जिस आत्मविश्वास के साथ अभियान में शामिल हुई, वह भारतीय थल सेनाध्यक्ष जनरल के. सुंदरजी की कोलंबो में हुई प्रेसवार्ता में दिखा। जनरल सुंदरजी ने बताया कि अभियान कब शुरू होगा। जब उनसे पूछा गया कि श्रीलंका में लिट्टे को ख़त्म करने में कितना समय लगेगा, तो उनका उत्तर था 'एक सप्ताह।' बाद में भारतीय शांति सेना को श्रीलंका में ख़ूनख़राबे से भरे तीस माह बिताने पड़े। लिट्टे के चंगुल से जाफ़ना को छुड़ाने के लिए शुरू किया गया, ऑपरेशन पवन उसकी सबसे मुश्किल लड़ाइयों में से थी। 3 सप्ताह तक चली यह कार्रवाई सैन्य तबाही साबित हुई, जिसमें सेना के 214 सैनिकों को जान गंवानी पड़ी। इनमें से सत्तर तो पलाली की लड़ाई में पहले दो दिन में ही मारे गए थे।

भारतीय सेना ने निश्चित ही *मिस्टर इंडिया* के जावेद अख़्तर के लिखे गीत की इन लाइनों से प्रेरणा ली होगी –

ज़िंदगी की यही रीत है
हार के बाद ही जीत है।

1988 : *पापा कहते हैं बड़ा नाम करेगा*

मगर ये तो
कोई न जाने
कि मेरी मंज़िल
है कहां
पापा कहते हैं बड़ा नाम करेगा

गीत : मजरूह सुल्तानपुरी
संगीत : आनंद-मिलिंद
गायन : उदित नारायण
फ़िल्म : *क़यामत से क़यामत तक*

जब तेईस साल के आमिर ख़ान ने 1988 में कॉलेज से ग्रैजुएशन कर रहे छात्र के रूप में इस गीत पर अभिनय किया, तो वे एक युवा की बेचैनी मात्र ज़ाहिर करने की कोशिश कर रहे थे, जो तब तक अपने भविष्य के बारे में अनिश्चित था। हालांकि उनका नाम पूरे भारत में घर-घर तक पहुंचाने वाला यह गीत 1980 के दशक के आख़िरी सालों में हिंदी फ़िल्म उद्योग की बेचैनियों को भी अच्छी तरह से प्रकट करने वाला भी रहा।

1980 के दशक में आमतौर पर हिंदी फ़िल्मों और फ़िल्म संगीत के लिए सबसे बुरा दशक माना जाता है। ऐसा नहीं था कि इस दशक में फ़िल्म उद्योग पर बॉक्स ऑफ़िस ज़्यादा उदार नहीं रहा, बल्कि इसका कारण बिलकुल अलग था। यह वह समय था, जब एक व्यक्ति हिंदी सिनेमा के हर पहलू को ग्रहण करता था। जब 1980

का दशक आगे बढ़ा तो हिंदी फ़िल्म उद्योग भविष्य के बारे में बेहद निश्चिंतता की स्थिति से बेहद बेचैनी की ओर बढ़ा। आख़िरकार, अप्रत्याशित क्षेत्रों से निर्देशन आया।

1980 के दशक के आरंभ में हिंदी फ़िल्मों का बच्चन युग चरम पर था। सारे व्यावहारिक उद्देश्यों के लिए 'एंग्री यंग मैन' काफ़ी था। अमिताभ ही फ़िल्म उद्योग थे और फ़िल्म उद्योग ही अमिताभ था। और तभी आकस्मिक घटना घटी, और अमिताभ के बचपन के एक मित्र ने उनसे सब कुछ छोड़ने, और राजनीति संभालने को बोला। जब 1984 में हेमवती नंदन बहुगुणा को हराकर अमिताभ बच्चन सांसद बने, तो फ़िल्म उद्योग की स्थिति भटकी हुई नाव की तरह हो गई। यह झटका हिंदी फ़िल्मों में अमिताभ युग के समापन की शुरुआत था। हालांकि अमिताभ पूरी तरह से बाहर कभी नहीं हुए, क्योंकि इस दौर में उनकी फ़िल्में रिलीज़ होती रहीं, लेकिन बेचैन फ़िल्म उद्योग को पता नहीं था कि वह किस दिशा में जाना चाहता है। जो फ़ॉर्मूला आधारित फ़िल्में बन रही थीं, उन पर दर्शक ध्यान नहीं दे रहे थे। एक नए फ़ॉर्मूले की ज़रूरत थी।

1988 में बंबई में लगे होर्डिंग एक ही सवाल कर रहे थे – 'हू इज़ आमिर ख़ान?' इसके कुछ समय बाद एक और होर्डिंग आया और उसमें एक लाइन और जुड़ी थी, जिसमें कहा गया था – 'पड़ोस की लड़की से पूछो।'

यह विज्ञापन अभियान तब ख़त्म हुआ, जब आख़िरी विज्ञापन में लोगों से आमिर ख़ान की *क़यामत से क़यामत तक* देखने के लिए बोला गया। फ़िल्म का संगीत हिंदी सिनेमा में मधुर, रोमांटिक गीतों की वापसी शुरू करने वाला रहा। क़यामत से क़यामत तक ऐसी फ़िल्म थी, जिसके ज़रिए इतने ज़्यादा लोगों ने अपने करियर की शुरुआत की, जितनी शायद ही किसी अन्य फ़िल्म से की हो। इसने आमिर ख़ान और जूही चावला को स्टारडम की ओर बढ़ा दिया। संगीत आनंद-मिलिंद ने दिया था, जिनकी मधुर धुनें राज कपूर की फ़िल्मों के विनम्र और मधुर गीतों की याद दिलाने वाली थीं। हिंदी फ़िल्म संगीत किशोर कुमार के जाने के सदमे से नहीं उबरा था, जिनकी मौत 1987 में हो गई थी, और रफ़ी या किशोर की नक़ल करने वाले गायकों को झेला जा रहा था। अलका याग्निक भी इस गीत के साथ मशहूर हुईं और 1988 के सबसे बड़े चार्टबस्टर तेज़ाब के, *'एक दो तीन'* से टॉप पर पहुंच गईं, जिसकी धुन लक्ष्मीकांत-प्यारेलाल ने बनाई थी।

क़यामत से क़यामत तक की टीम में केवल दो अनुभवी लोग थे। एक थे निर्माता नासिर हुसैन, जो हिट संगीत वाली फ़िल्में देने के लिए मशहूर थे, और दूसरे थे गीतकार मजरूह सुल्तानपुरी; जिनके पास कई दशकों का अनुभव था। मजरूह ने 1988 में *क़यामत से क़यामत तक* में आनंद-मिलिंद के लिए *'पापा कहते हैं...'* लिखा था, और *काली टोपी लाल रूमाल* के लिए अपने सबसे ज़्यादा मशहूर गाने *'लागी छूटे न'* को 1959 में आनंद और मिलिंद के पिता चित्रगुप्त के लिए लिखा था।

जब हिंदी सिनेमा पर्दे पर एक और स्टार पुत्र के आने की उम्मीद कर रहा था, तभी भारत राजनीति में भी इसी अनुभव से गुज़र रहा था। 1987 में कांग्रेस पार्टी छोड़कर जनमोर्चा बनाने वाले विश्वनाथ प्रताप सिंह ने अमिताभ की ख़ाली की सीट इलाहाबाद से चुनाव लड़ा। पहले मिस्टर क्लीन राजीव गांधी की छवि मलिन हो रही थी और भारत को एक और मिस्टर क्लीन मिल चुका था। उनका करियर क़यामत से क़यामत तक फ़िल्म के एक और गीत, *'अकेले हैं तो क्या गम है'* की तर्ज पर चल रहा था और जयप्रकाश नारायण की जयंती 11 अक्टूबर को जनमोर्चा, जनता पार्टी के धड़े, लोकदल और कांग्रेस (एस) का जनता दल में विलय हो गया।

31 जुलाई, 1988 रविवार की सुबह नौ बजे, रामानंद सागर के पौराणिक टेलिविजन धारावाहिक रामायण के अठहत्तरवें एपिसोड का प्रसारण दूरदर्शन पर हुआ। *रामायण* में अयोध्या के भगवान राम की कहानी इस तरह से दिखाई गई कि पूरा देश मंत्रमुग्ध होकर देखता रह गया। *रामायण* धारावाहिक तो ख़त्म हो गया, लेकिन इसने देश भर में टेलिविजन के दर्शक तैयार कर दिए। इन दर्शकों को ज़्यादा इंतज़ार नहीं करना पड़ा और जल्द ही रविवार सुबह नौ बजे एक और पौराणिक धारावाहिक और ज़्यादा भव्यता के साथ शुरू हो गया। इस बार वरिष्ठ फ़िल्म निर्माता बी.आर. चोपड़ा *महाभारत* सीरियल लेकर आए थे। इसका पहला एपिसोड 2 अक्टूबर, 1988 को प्रसारित हुआ था। इसकी पटकथा और संवाद राही मासूम रज़ा ने लिखे थे। इस बात का भी उदाहरण देखने को मिला कि मौजूदा समय में हमारा समाज मुद्दों पर किस तरह से विभाजित है, क्योंकि राही को हिंदू कट्टरपंथियों के गुस्से का सामना करना पड़ा, जिन्हें यह बात सहन नहीं हो रही थी कि हिंदू महाकाव्य पर आधारित टेलिविजन सीरियल की पटकथा कोई मुस्लिम लिखे। जनवरी, 1990 में इंडिया टुडे को दिए साक्षात्कार में राही मासूम रज़ा ने कहा कि वे इन धमकियों से चकित भी थे, और आहत भी। 'क्या मैं भारतीय नहीं हूं?' उन्होंने पूछा था। *महाभारत* ने जनता को जितना आकर्षित किया, उतना अब तक कोई और टीवी शो नहीं कर पाया है।

जब भारत के लोग *'पापा कहते हैं'* गुनगुना रहे थे, और *महाभारत* देख रहे थे, तभी भारत अपने पड़ोस में अपनी श्रेष्ठता का दावा कर रहा था। नवंबर, 1988 में मालदीव में विद्रोहियों ने राष्ट्रपति मौमून अब्दुल गयूम की सरकार को उखाड़ फेंकने की कोशिश की। जब भाड़े के लड़ाकों ने तख़्ता पलट करने की कोशिश की, तो राष्ट्रपति एक सुरक्षित इमारत में छिप गए। थोड़ी सी उपलब्ध वास्तविक जानकारी के आधार पर भारतीय सेना ने माले में मालदीव सरकार और राष्ट्रपति की सुरक्षा के लिए जवाबी कार्रवाई शुरू कर दी। प्रधानमंत्री राजीव गांधी ने दिल्ली में अपनी टीम को बता दिया कि पड़ोस भारत का प्रभाव क्षेत्र है और वह इसे बनाए रखना चाहते हैं। हमला तेज़ी से किया गया था और इसके नतीजे सकारात्मक रहे। बहुत शॉर्ट नोटिस पर भारत से दख़ल देने के लिए अनुरोध किया गया था, लेकिन भारत ने पड़ोसी मुल्क

में मैत्रीपूर्ण सरकार की तुरंत मदद करके, दुनिया को मज़बूत पैग़ाम दे दिया। भारत की त्वरित कार्रवाई से दुनिया हैरान रह गई। *टाइम* पत्रिका ने जल्द ही एक कवर स्टोरी की 'सुपर पावर राइजिंग़' जिसमें बताया गया कि भारत किस तरह से सैन्य दिग्गज का रूप लेता जा रहा है।

1988 में कई सारी चीज़ों की शुरुआत हुई। भारत सरकार ने देश में शेयर बाज़ार के नियंत्रण के लिए एक आसांविधिक संस्था का गठन किया। इसे सिक्योरिटीज ऐंड एक्सचेंज़ बोर्ड ऑफ़ इंडिया (सेबी) कहा गया। 1988 में ही, चौंतीस साल बाद कोई भारतीय प्रधानमंत्री सरकारी यात्रा पर चीन गया। इस यात्रा से भारत और चीन के बीच द्विपक्षीय लेन-देन का विस्तार हुआ, जो 1978 में आर्थिक उदारीकरण के साथ शुरू हुआ था, और इन सुधारों के दूसरे चरण के मध्य में था।

जहां एक विश्वनाथ राजनीति में ख़बर बना हुआ था, वहीं खेल-जगत में भी एक विश्वनाथ धूम मचा रहा था। अठारह वर्ष के विश्वनाथन आनंद भारत के पहले और दुनिया के चौथे किशोर उम्र के शतरंज के ग्रांड मास्टर बन गए।

1988 के विदा होने के बाद भारत कौन-सी दिशा लेने वाला था? जैसा कि मजरूह ने लिखा और उदित नारायण ने गाया था -

मेरी नज़र से
देखो तो यारो
कि मेरी मंज़िल
है कहां

1989 : *दिल दीवाना बिन सजना के*

दिल दीवाना बिन सजना के
माने ना
ये पगला है, समझाने से
समझे ना

गीत : असद भोपाली
संगीत : राम–लक्ष्मण
गायन : एस.पी. बालासुब्रमण्यम और लता मंगेशकर
फ़िल्म : *मैंने प्यार किया*

अगर क़यामत से क़यामत तक ने हिंदी सिनेमा की दिशा बदली, तो 1989 में रिलीज़ फ़िल्म *मैंने प्यार किया* ने इस बदलाव को रोमांटिक फ़िल्मों की तरफ़ मोड़ा और यह फ़िल्म उस साल की सबसे ज़्यादा सफल फ़िल्म रही। *मैंने प्यार किया* में राम–लक्ष्मण का संगीत था। राम–लक्ष्मण वास्तव में केवल लक्ष्मण ही थे, इस जोड़ी के राम का देहांत 1976 में हो गया था। लक्ष्मण का असली नाम विजय पाटिल था।

मैंने प्यार किया का निर्माण राजश्री प्रोडक्शंस ने किया था, जो कम मशहूर अभिनेताओं को लेकर कम बज़ट की पारिवारिक फ़िल्में बनाने के लिए जाना जाता था। राजश्री प्रोडक्शंस के मालिक परिवार के सूरज बड़जात्या ने इस फ़िल्म के ज़रिए निर्देशन की दुनिया में क़दम रखा था, और यह फ़िल्म भी उनकी पुरानी फ़िल्मों से अलग नहीं थी, क्योंकि इसमें भी मुख्य भूमिका एक कम मशहूर अभिनेता ने ही निभाई थी। उसका नाम था – सलमान ख़ान। इसमें नौ रोमांटिक गाने थे, जिनमें लता

मंगेशकर और दक्षिण भारतीय फ़िल्मों के सिंगिंग सुपरस्टार एस.पी. बालासुब्रमण्यम, एसपीबी ने नए पनप रहे प्यार को अभिव्यक्ति दी थी। एसपीबी इसके पहले कमल हसन की फ़िल्मों में कुछ हिंदी गाने गा चुके थे, और अब उनकी आवाज़ सलमान ख़ान से जुड़ गई थी।

इस फ़िल्म के गाने असद भोपाली ने लिखे थे, जो फ़िल्म जगत में चार दशकों से थे, लेकिन सफलता उन्हें कम ही मिली थी। *मैंने प्यार किया* के साथ उन्हें अचानक बड़ी सफलता मिली, लेकिन तक़दीर का खेल कुछ ऐसा रहा कि उन्हें लक़वे के कारण रिटायर हो जाना पड़ा। उनका परिवार उन्हें भोपाल ले गया जहां 1990 में उनका देहांत हो गया। इस फ़िल्म के गीत *'कबूतर जा जा'* के लिए उन्हें सर्वश्रेष्ठ गीतकार का फ़िल्मफ़ेयर अवॉर्ड दिया गया, जिसे वह ले नहीं पाए थे।

1989 का साल भारत के लिए उथल-पुथल भरा रहा। इसी साल भारत में आम चुनाव भी हुए। वी.पी. सिंह और जनता दल ने बोफ़ोर्स घोटाले को लेकर भ्रष्टाचार के मुद्दे पर राजीव गांधी के ख़िलाफ़ आक्रामक अभियान छेड़ दिया था। इसी साल आरएसएस और उसके सहयोगी संगठन विश्व हिंदू परिषद के 1984 में शुरू किए गए राम जन्मभूमि आंदोलन को तेज़ कर दिया। राजीव गांधी सरकार शाहबानो मामले को लेकर पहले से ही मुस्लिम तुष्टिकरण का आरोप झेल रही थी और हिंदू कट्टरपंथियों के दबाव के आगे वह झुक गई। राम जन्मभूमि आंदोलन में भगवान राम के सुखद और मुस्कराते चेहरे की जगह पोस्टरों और चित्रों में राम के आक्रामक और क्रोधी अवतार ने ले ली।

यह अभियान भारत भर में उग्रता फैलाने वाले नारों के लिए मशहूर रहा। इन नारों में *'सौगंध राम की खाते हैं, हम मंदिर वहीं बनाएंगे'* से लेकर *'बच्चा बच्चा राम का, जन्मभूमि के काम का'* तक शामिल थे, और फिर आगे बढ़ते हुए हिंदुओं से सीधे अपील की जाने लगी कि *'जिस हिंदू का ख़ून ना खौले, ख़ून नहीं वो पानी है; जन्मभूमि के काम ना आए, वो बेकार जवानी है।'*

केंद्र सरकार ने उत्तर प्रदेश में *फैज़ाबाद* जिले में अयोध्या में बाबरी मस्जिद के विवादित स्थल पर राम मंदिर के *शिलान्यास* की अनुमति दे दी। 10 नवंबर, 1989 को शिलान्यास हो गया।

भारत में उन इलाक़ों में भी सांप्रदायिक हिंसा भड़क उठी, जिनमें पहले कभी सांप्रदायिक हिंसा का इतिहास नहीं रहा था, जिनमें ग्रामीण भारत के इलाक़े भी शामिल थे। इस पर केंद्रीय गृहमंत्री बूटा सिंह ने विचित्र बयान दिया, 'इस हिंसा में अंतरराष्ट्रीय ताक़तें सक्रिय हैं। हम दुनिया का सबसे बड़ा लोकतंत्र हैं। यह हमारा इम्तहान है।' भारत के इतिहास में सांप्रदायिक दंगों की सबसे बुरी घटनाओं में से एक बिहार के भागलपुर में हुई, जहां 24 अक्टूबर, 1989 को रामशिला यात्रा निकाली गई। इस यात्रा ने पुराने सांप्रदायिक बैर को भड़का दिया और क़रीब दो माह तक भागलपुर और उसके

आसपास के 250 गांवों में सांप्रदायिक हिंसा का सबसे बुरा रूप देखने को मिला, जिसमें 1 हज़ार से ज़्यादा जानें गईं। तत्कालीन पुलिस अधीक्षक के अनुसार, जुलूस में कुछ लोगों ने नारे लगाए, *'हिंदी, हिंदू, हिंदुस्तान, मुल्ला भागो पाकिस्तान।'*

नवंबर, 1989 में नौवीं लोकसभा के लिए मतदान हुआ। जनादेश त्रिशंकु लोकसभा का मिला। राजीव गांधी की कांग्रेस (आई) की सीटें 414 से घटकर 197 रह गईं। जनता दल के नेतृत्व वाले राष्ट्रीय मोर्चा ने वी.पी. सिंह को राजीव गांधी के ख़िलाफ़ स्वच्छ छवि का नेता प्रस्तुत किया। जनता दल को 545 के सदन में 143 सीटें मिलीं। 1984 में केवल 2 सीटों पर सिमट जाने वाली भाजपा ने भारी सफलता पाई और 11.36 प्रतिशत मतों के साथ उसके 85 सांसद जीते। पिछले साल मंत्रिमंडल से निष्कासित किए गए वी.पी. सिंह 2 दिसंबर, 1989 को देश के सातवें प्रधानमंत्री बने। उन्होंने भाजपा और सीपीआई, सीपीआई (एम) वाले वाममोर्चा के बाहरी सहयोग से सरकार बनाई।

वी.पी. सिंह सरकार को छह महीने के अंदर ही पहला बड़ा संकट झेलना पड़ गया। 8 दिसंबर, 1989 को श्रीनगर के लाल डेड मेमोरियल वीमेन्स हॉस्पिटल की इंटर्न रूबिया सईद का घर लौटते वक्त अपहरण हो गया। जम्मू-कश्मीर लिबरेशन फ्रंट ने उनका अपहरण किया था, जो कश्मीर को भारत से 'आज़ाद' कराने की मांग करने वाला आतंकवादी संगठन था। अपहरणकर्ताओं ने रूबिया की रिहाई के बदले जेल में बंद पांच आतंकवादियों की रिहाई की मांग की। अपना निशाना उन्होंने बहुत सोच-समझकर चुना था। रूबिया केंद्र सरकार में नए गृहमंत्री मुफ़्ती मोहम्मद सईद की बेटी थीं। मुफ़्ती मोहम्मद सईद के राजनीतिक विरोधी डॉ. फ़ारूक़ अब्दुल्ला की अगुवाई वाली जम्मू-कश्मीर सरकार अपहरणकर्ताओं की मांगें नहीं मानना चाहती थी, लेकिन वी.पी. सिंह नहीं माने। मुश्ताक अहमद ज़रगर समेत पांच आतंकवादी रिहा कर दिए गए। अपहरण के पांच दिन बाद रूबिया फिर से अपने परिवार के पास आ गईं। आतंकवादियों ने भारत सरकार पर एक बड़ी विजय हासिल की थी। रिहा हुए आतंकवादियों को श्रीनगर में राजौरी कदाल इलाक़े में हज़ारों युवा 'विजय' जुलूस निकालते हुए ले गए।

16 नवंबर, 1989 को कराची, पाकिस्तान में बंबई का एक शर्मीला सोलह साल का लड़का अपने करियर में पहली बार बल्लेबाज़ी करने उतरा। भारत और पाकिस्तान के बीच खेली जा रही श्रंखला के पहले मैच का दूसरा दिन था। सचिन तेंदुलकर ने अपनी पहली पारी में केवल 15 रन बनाए, लेकिन उस समय वे असद भोपाली के शब्द ज़रूर गुनगुना रहे होंगे -

और भी कुछ हैं दिल के इरादे
क्या कहना

1990 का दशक : पुरानी लड़ाई, नई दिशाएं

देखा है पहली बार

खुले द्वार : आर्थिक उदारीकरण; जातिगत और धार्मिक ध्रुवीकरण; पंचायती राज।

1. 1990 के दशक के भारत के प्रधानमंत्री : (बाएं से दाएं) इंद्रकुमार गुजराल, एच.डी. देवेगौड़ा, पी.वी. नरसिंहराव और चंद्रशेखर।

2. नेता जो प्रधानमंत्री नहीं बना: वामपंथी दिग्गज और पश्चिम बंगाल के मुख्यमंत्री ज्योति बसु।

3. शांति का प्रयास जिसे करगिल युद्ध ने नाकाम कर दिया : प्रधानमंत्री अटल बिहारी वाजपेयी फ़रवरी, 1999 में लाहौर में पाकिस्तान के प्रधानमंत्री नवाज़ शरीफ़ के साथ।

4. सोनिया और प्रियंका गांधी इंदिरा गांधी के समाधि-स्थल शक्ति-स्थल पर। कुछ दूरी पर खड़े देखते माधवराव सिंधिया।

5. लालकृष्ण आडवाणी की रथयात्रा रुकवाने वाले बिहार के मुख्यमंत्री लालू प्रसाद यादव।

(सभी फ़ोटो : प्रवीण जैन)

1

2.

3.

4.

5.
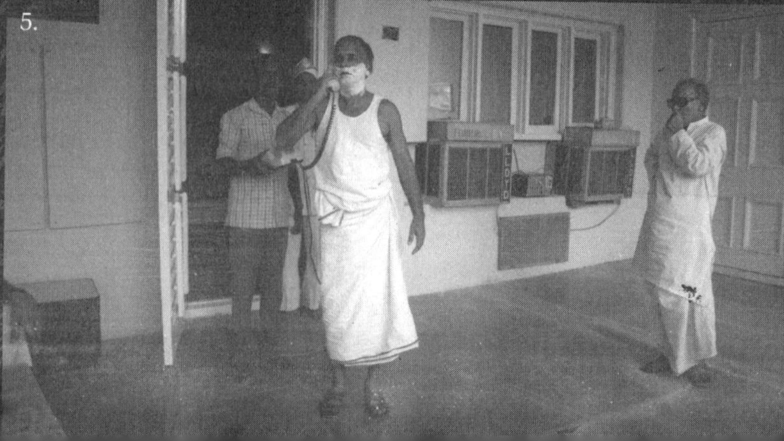

1990 : *अग्निपथ, अग्निपथ, अग्निपथ*

ये महान दृश्य है
चल रहा मनुष्य है
अश्रु स्वेद रक्त से
लथपथ लथपथ लथपथ

कवि : हरिवंश राय बच्चन
पाठ : अमिताभ बच्चन
फ़िल्म : *अग्निपथ*

हरिवंश राय बच्चन हिंदी के प्रसिद्ध कवि थे, जो अपने करियर की शुरुआत में इलाहाबाद विश्वविद्यालय में अंग्रेज़ी पढ़ाया करते थे और बाद में विदेश मंत्रालय में विशेष कार्याधिकारी बने। उनकी कविता *'अग्निपथ'* 1990 में रिलीज़ हुई, इसी नाम की फ़िल्म में उनके बेटे अमिताभ बच्चन के पर्दे पर आते समय गूंजती है। यह कविता मनुष्य की ज़िंदगी के संघर्ष के बारे में है, और हमें अपने लक्ष्य हासिल करने तक चुनौतियों से जूझने को प्रेरित करती है। यह फ़िल्म 1983 में रिलीज़ हुई अल पेसीनो अभिनीत *स्कारफ़ेस* का भारतीय रूपांतरण थी। यह अमिताभ बच्चन की भी एंग्री यंग मैन के रूप में स्तुति भी थी, जो अब यंग नहीं रह गए थे। बच्चन सीनियर की कविता इस फ़िल्म में नायक की बदला लेने की यात्रा का भी सूत्र बनी।

जहां अमिताभ बच्चन बॉक्स ऑफ़िस पर पुराना आकर्षण फिर से जगाने की कोशिश कर रहे थे, वहीं असली सफलता हाथ आती नहीं दिख रही थी, क्योंकि *अग्निपथ* हिट होने में नाकाम रही थी। पुराना फ़ॉर्मूला काम नहीं कर रहा था, लेकिन 1990 में पिछले दो सालों की तरह अच्छी संगीतमय रोमांटिक फ़िल्मों का फ़ॉर्मूला

सफल था। इस बार *आशिकी* फ़िल्म ने धमाल मचाया था। इसके गाने बेहद लोकप्रिय हुए और फ़िल्म को बॉक्स ऑफ़िस पर सफलता दिलाने में कामयाब रहे। आशिकी के साथ ही हिंदी फ़िल्म उद्योग में एक साथ कई लोगों के सफल करियर की शुरुआत हो गई – कुमार सानू, अनुराधा पौडवाल, नदीम–श्रवण और फ़िल्म के निर्माता गुलशन कुमार। गुलशन कुमार ने 1985 में अमिताभ बच्चन की मर्द के ऑडियो राइट्स ख़रीदने के लिए 5 लाख रुपये ऑफ़र करके हिंदी फ़िल्म उद्योग में तहलका मचा दिया था। कुछ समय से वह सक्रिय तो थे, लेकिन असली सफलता उन्हें आशिकी से ही मिली।

गुलशन कुमार ने अपनी ज़िंदगी अपने परिवार की फलों के रस की दुकान से शुरू की थी, और फिर उन्होंने सस्ती, पाइरेटिड ऑडियो कैसेट बेचने का अलग धंधा शुरू किया। उद्यमी गुलशन कुमार धीरे–धीरे और लगातार सफलता के पथ पर आगे बढ़ते गए और अपने कारोबार को आगे बढ़ाते गए। ऑडियो कैसेट बेचने के बाद उन्होंने भक्ति संगीत से लेकर फ़िल्म निर्माण और फ़िल्म संगीत तैयार करने तक का सफ़र तय किया और अपने ब्रांड टी–सीरीज़ की पहचान बना ली। आशिकी उनके द्वारा निर्मित दूसरी फ़िल्म थी। यह भारतीय फ़िल्म और फ़िल्म संगीत उद्योग में टी–सीरीज़ के धमाकेदार आगमन की घोषणा थी।

जिस तरह से *क़यामत से क़यामत तक* ने उदित नारायण और अलका याग्निक को सफलता दिलाई, उसी तरह से *आशिकी* ने कुमार सानू और अनुराधा पौडवाल को सफलता की राह दिखाई। *आशिकी* के बाद कई साल तक दोनों शीर्ष पार्श्वगायक के रूप में स्थापित रहे। यह एलबम इतना सफल रहा कि इसके संगीत से ही यह फ़िल्म बॉक्स ऑफ़िस पर हिट हो गई, जबकि यह फ़िल्म मुख्य जोड़ी राहुल राय और अनु अग्रवाल के कमज़ोर अभिनय वाली औसत से भी नीचे की फ़िल्म थी। *आशिकी* के साथ ही एक और फ़िल्मी सहयोग का आरंभ हुआ, जो कि नदीम–श्रवण और गुलशन कुमार की टी–सीरीज़ के बीच था। आशिकी की एक करोड़ से ज़्यादा ऑडियो कैसेट बिकीं, और टी–सीरीज़ की सुपर कैसेट इंडस्ट्रीज़ को एक करोड़ का मुनाफ़ा हुआ।

भारत के लिए, 1990 का साल उस अग्निपथ से कम नहीं रहा, जिसके बारे में बच्चन की कविता में कहा गया था। कश्मीर में वी.पी. सिंह सरकार द्वारा पांच आतंकवादियों की रिहाई के एक माह बाद ही अलगाववादी आंदोलन ने और ज़्यादा विकराल रूप ले लिया। इस बार कश्मीर घाटी के अल्पसंख्यक पंडित शिकार बने। अलगाववादी आंदोलन ने धार्मिक रंग ले लिया था और कश्मीर में सदियों से रहते आ रहे ग़ैर–मुस्लिम पंडितों को यह दुश्मन मानने लगा था। कश्मीर घाटी में रहने वाले प्रख्यात पंडित विभूतियों को मार डाला गया, और जनवरी, 1990 में हिज़बुल मुज़ाहिदीन ने एक प्रेस रिलीज़ जारी करके हिंदुओं को घाटी छोड़ देने का फ़रमान जारी कर दिया। कश्मीर घाटी में धार्मिक ज्वार भड़कने लगा और मस्जिदों में लगे लाउड स्पीकरों से स्थानीय भाषा में नारे लगाए जाने लगे। ये नारे थे *'रालिवे त्सलीव या*

गालिवे' (इस्लाम स्वीकार करो, या यह जगह छोड़ दो या मर जाओ) या 'यहां क्या चलेगा? निज़ाम-ए-मुस्तफ़ा। ला शरक़िया ला गरबिया, इस्लामिया, इस्लामिया' (ना पूर्वी, ना पश्चिमी, केवल इस्लामी, केवल इस्लामी)। 19 जनवरी, 1990 को मौत के साए के बीच कश्मीरी पंडितों का पलायन शुरू हो गया। आधी रात को ये लोग जान बचाने जम्मू या उससे आगे की जगहों के लिए निकल पड़े। संवैधानिक भारतीय गणराज्य की भारी पराजय हुई।

कश्मीर में उत्पात मचा था, और धर्मनिरपेक्ष, संवैधानिक भारतीय गणराज्य बाक़ी जगह भी *अग्निपथ* पर चल रहा था। इसका एक कारण वी.पी. सिंह सरकार द्वारा मंडल आयोग की सिफ़ारिशें लागू करना था। आयोग ने सरकारी नौकरियों और शैक्षणिक संस्थाओं में अन्य पिछड़े वर्गों (ओबीसी) के लिए 27 प्रतिशत कोटे की सिफ़ारिश की थी, जिससे अनुसूचित जातियों और अनुसूचित जनजातियों के लिए पहले से चले आ रहे आरक्षण को मिलाकर कुल आरक्षण 49.5 प्रतिशत हो गया था। यह भेदभाव दूर करने के लिए किया गया था, और पिछड़ापन निर्धारित करने के लिए ग्यारह संकेतकों का इस्तेमाल किया गया था। विवाद इस पर शुरू हुआ कि ओबीसी का दर्जा मूल रूप से जाति पर आधारित था। वी.पी. सिंह सरकार ने अगस्त, 1990 में इसे लागू करने की मंज़ूरी दी और भारत में अराजकता फैल गई।

सितंबर, 1990 में मार्ग द्वारा किए गए सर्वेक्षण में पता चला कि मंडल आयोग की सिफ़ारिशों का कड़ा विरोध ना केवल उच्च जातियां कर रही थीं, बल्कि अनुसूचित जातियां और जनजातियां भी इसके विरोध में थीं, और उनको लगता था कि ये मध्य की जातियां ही उन पर सीधे अत्याचार करती हैं। सर्वे में कहा गया था कि अगर चुनावी फ़ायदे के लिए सरकार ने यह किया है, तो इसका फ़ायदा होने के आसार नहीं हैं, क्योंकि जनता दल को इसकी वजह से जितने वोट मिलेंगे, उससे ज़्यादा वह खो देगा। ओबीसी का आरक्षण दक्षिणी राज्यों में बहुत पहले से था, इसलिए इस फ़ैसले का मुख्य असर हिंदी प्रदेशों पर ही पड़ना था; जहां जनता दल मज़बूत था। सड़कें, बसें, स्कूल, कॉलेज, दुकानें सब इसके विरोध में बंद कर दिए गए। दिल्ली विश्वविद्यालय के छात्र नेता राजीव गोस्वामी ने मंडल आयोग की रिपोर्ट लागू करने के विरोध में ख़ुद को आग लगा ली। वह बच तो गया, लेकिन इसका उसके शरीर पर दीर्घकालीन दुष्प्रभाव पड़ा था। 33 साल की उम्र में वह दिल्ली में एक अस्पताल में मर गया।

जिस समय भारत में मंडल आयोग की रिपोर्ट के विरोध में प्रदर्शन चल रहे थे, तभी संघ परिवार अपने हिंदू वोट बैंक को आरक्षण के कारण बंटने से बचाने के लिए इसकी काट तलाशने में लगा था। सितंबर, 1990 में भाजपा के अध्यक्ष और राम जन्मभूमि आंदोलन के नेता लालकृष्ण आडवाणी ने गुजरात के सोमनाथ से उत्तर प्रदेश के अयोध्या तक की 'रथयात्रा' निकालने का निश्चय किया, ताकि लोगों को

बाबरी मस्जिद की जगह राम मंदिर बनाने के मुद्दे पर जागरूक किया जा सके। जहां राम मंदिर का नारा लग रहा था, वहीं ये रथयात्रा राजनीतिक हिंदुत्व के ज़्यादा उग्र रूप में परिणति की कोशिश थी। नारा दिया गया *'गर्व से कहो हम हिंदू हैं।'* आडवाणी का तर्क था कि अन्य राजनीतिक दल धर्मनिरपेक्षता की आड़ में छद्म धर्मनिरपेक्षता का पालन करते हैं, जिसका एकमात्र मकसद अल्पसंख्यकों, ख़ासकर मुसलमानों का तुष्टिकरण है, और यह तरीक़ा हिंदुओं के लिए अनुचित है।

यात्रा के दौरान भारी हिंसा और सांप्रदायिक दंगे हुए। हिंदू एकता के प्रयास के लिए आडवाणी की यात्रा ने भारत को गहराई से विभाजित, ध्रुवीकृत और घायल कर दिया। 'जनरल' आडवाणी के इस अग्नि-रथ को 23 अक्टूबर को बिहार के समस्तीपुर में लालू प्रसाद यादव की सरकार ने आडवाणी को गिरफ़्तार करके रोका। जवाब में भाजपा ने वी.पी. सिंह सरकार से समर्थन वापस ले लिया, और लोकसभा में वह 142 के मुकाबले 346 मतों से विश्वासमत में हार गई। भ्रष्टाचार विरोधी नायक प्रधानमंत्री वी.पी. सिंह ग्यारह माह के अंदर ही राम जन्मभूमि आंदोलन के सैनिकों द्वारा धराशायी कर दिए गए। उनकी जगह राजीव गांधी की कांग्रेस (आई) के बाहरी समर्थन से चंद्रशेखर प्रधानमंत्री बने।

जिस समय भारत राजनीतिक उथल-पुथल झेल रहा था, उसी समय एक और बड़ी चुनौती बाहर से आई और खाड़ी युद्ध के कारण तेल की क़ीमतें 17 डॉलर प्रति बैरल से बढ़कर 36 डॉलर प्रति बैरल हो गईं, जो कि तक़रीबन दुगुनी थीं। भारत का तेल आयात भुगतान एकदम से बढ़ गया और मुख्य बाज़ार सोवियत संघ के अपने संकट में घिरने के कारण भारतीय निर्यात में गिरावट आ गई। साल के अंत तक, भारत को बढ़ते मौद्रिक घाटे और चालू वित्तीय घाटे की दोहरी मार झेलनी पड़ी। आर्थिक टाइम बम फटने वाला था।

1990 ख़त्म होते-होते आंतरिक और बाहरी, हर तरह की चुनौतियां झेलता भारतीय गणराज्य बच्चन की कविता में आश्वासन तलाशता नज़र आया :

तू न थकेगा कभी
तू न थमेगा कभी
तू न मुड़ेगा कभी
कर शपथ, कर शपथ, कर शपथ
अग्निपथ, अग्निपथ, अग्निपथ

1991 : देखा है पहली बार

देखा है पहली बार
साजन की आंखों में प्यार
दिलबर तुझे मिलने को
कब से था मैं बेकरार
अब जाके आया मेरे, बेचैन दिल को करार

गीत : समीर
संगीत : नदीम-श्रवण
गायन : एस.पी. बालासुब्रमण्यम और अलका याग्निक
फ़िल्म : *साजन*

'*देखा है पहली बार*' भले ही ऐसा गीत ना हो जिसे बोल, संगीत संयोजन के लिए सालों तक अच्छे गीतों में शुमार किया जाए, लेकिन 1991 में जब यह आया था, तब उस साल का सबसे यादगार हिट गीत यही था। इसके आसान बोलों पर नाचते सलमान ख़ान और माधुरी दीक्षित, और नदीम-श्रवण की जोड़ी का पहचान बन चुका अनोखा संगीत *साजन* फ़िल्म को ब्लॉकबस्टर बनाने में सफल रहे।

गीतकार समीर ने इस दौर में कई बड़ी सफलताएं हासिल कीं और जो कुछ भी वे लिखते थे, वह सब बॉक्स ऑफ़िस पर कमाल करता था। समीर का जन्म बनारस में हुआ था। उनका असली नाम शीतला प्रसाद पांडेय है और वे जाने-माने गीतकार अनजान के बेटे हैं। 1990 के दशक के आरंभ के सालों में उन्होंने जिसे भी हाथ लगाया, वो सोना हो गया। सबसे ज़्यादा गाने लिखने के लिए उनका नाम गिनीज़ बुक

ऑफ़ वर्ल्ड रिकॉर्ड्स में दर्ज किया गया। आसान उर्दू और हिंदी के मिश्रण से लिखे उनके गीत हिंदी फ़िल्मों के दर्शकों को धीरे से बेहतरीन और रोमांटिक *धुनों* वाले दौर में ले जाते थे। हालांकि साहिर या शैलेंद्र के लिए काव्यात्मक गुणवत्ता महत्त्वपूर्ण नहीं है, फिर भी ना केवल शब्दों के सामान्य खेल या 1980 के दशक में अक्सर इस्तेमाल होने वाले सिंथेसाइजर की धुन के लिए नहीं, बल्कि सार्थक बोलों के लिए भी गुंज़ाइश पैदा करती है।

1991 का साल बहुत महत्त्वपूर्ण था और कई पहलुओं में सफलताएं दिलाने वाला रहा, जिन्होंने उस दौर के लोगों का ध्यान खींचा। *'देखा है पहली बार'* निश्चित रूप से इस बात के लिए भी लागू होता है, क्योंकि इसी साल युद्ध का सीधा प्रसारण किया गया और जिसे सेटेलाइट के ज़रिए टीवी पर पार्श्व में संगीत के साथ देखा गया। जनवरी, 1991 में जब अमेरिकी नेतृत्व वाली गठबंधन सेना ने ऑपरेशन डेज़र्ट स्टॉर्म के तहत इराक पर हमला किया, तो दिल्ली में फ़ाइव स्टार होटलों में डिस्कोथेक 24 घंटे चलने वाले सीएनएन चैनल देखने के अड्डे बन गए थे, जिस पर युद्ध का सीधा प्रसारण किया जा रहा था। यह विनाश की भयावहता बताने का प्रयास नहीं था, बल्कि घर पर बैठकर आराम से टीवी देखने और केबल तथा सेटेलाइट टीवी की संभावनाओं के बारे में बताना मक़सद था। इसी समय केबल और सेटेलाइट टीवी भारत में कई और बुनियादी क्रांतियां शुरू करने वाला था, जो निस्संदेह मीडिया से संबंधित थीं, लेकिन कई का संबंध सामाजिक क़ायदों से भी था। 1990 के दशक को यह कई अप्रत्याशित तरीक़ों से प्रभावित करने जा रहा था।

सोवियत संघ के तेज़ी से ढहने से भी हर तरफ़, ख़ासकर उस क्षेत्र में झटके लगने शुरू हो चुके थे। भारत और सोवियत संघ के बीच निकट आर्थिक और सैन्य संबंध 20वीं सदी के सबसे महत्त्वाकांक्षी प्रयोग थे, और उन पर ख़ास तौर पर ख़तरा पैदा हो गया था।

इस साल की शुरुआत भारत के आर्थिक भंडार में भारी गिरावट से हुई। अब बुनियादी चिंता यह थी कि अर्थव्यवस्था को कैसे संभाला जाए?

बलिया के सांसद चंद्रशेखर जनता दल के टूटे धड़े की अगुवाई कर रहे थे, और नवंबर, 1990 में वी.पी. सिंह के त्यागपत्र के बाद राजीव गांधी की कांग्रेस के समर्थन से देश के प्रधानमंत्री बन चुके थे। चंद्रशेखर की पार्टी छोटी थी और एक तरह से वे पूरी तरह से कांग्रेस पार्टी के समर्थन पर टिके थे। वी.पी. सिंह सरकार का यह नाटकीय पतन हुआ था, जो भारतीय राजनीति के दक्षिणपंथी और वामपंथी दलों के सहयोग से केवल ग्यारह महीने सत्ता में रही थी। यह एक तरह से 1967 की संयुक्त विधायक दल (संविद) सरकारों का ही रूप था, जिसकी जड़ें कांग्रेस विरोध में जमी थीं। इसलिए, राजीव गांधी ने फ़ौरन संसद में राजनीति का खेल सीखते हुए समाजवादी दिग्गज चंद्रशेखर को कांग्रेस के सहयोग से सरकार बनाने के लिए राज़ी कर लिया और

यह एक तरह से उनके ख़ुद के और राजनीतिक विकास के लिए लघु तख़्ता-पलट था। माना जाता है कि बोफ़ोर्स दौर के बाद राजीव गांधी अपनी दूसरी पारी में भारत को नया रूप देना चाहते थे और अपनी राजनीति को भी नया कलेवर देना चाहते थे।

मार्च में चंद्रशेखर की सरकार से अचानक समर्थन वापस लेने से देश में एक और चुनाव थोप दिया गया। बहाना बनाया गया कि हरियाणा के दो पुलिसकर्मी राजीव गांधी के आवास की जासूसी कर रहे थे। कांग्रेस भी चुनाव चाहती थी, क्योंकि उसे लगता था कि 1989 में गंवाई राजनीतिक ज़मीन को वह फिर से हासिल कर लेगी और देश को आगे बढ़ाएगी।

यह बहुत व्यस्त चुनाव प्रचार था और चुनाव भी लंबे समय तक चले। हालांकि इस साल अभी बहुत कुछ होना था। चुनाव प्रचार के बीच ही, मद्रास से 50 किलोमीटर दूर श्रीपेरंबदूर में रात की एक रैली में राजीव गांधी से महिला आत्मघाती बम की मुलाक़ात हुई। श्रीलंकाई तमिल धनु बमयुक्त बेल्ट पहने थी, जिससे उसने और पूर्व प्रधानमंत्री राजीव गांधी को कुछ ही सेकेंड में उड़ा दिया। सुरक्षा में ढील, चुनाव प्रचार की आपाधापी और लिट्टे के सुनियोजित षड्यंत्र के कारण लिट्टे अपने सबसे बड़े लक्ष्य में कामयाब रहा और देश स्तब्ध रह गया।

छियालीस साल के राजीव तो चले गए, लेकिन उनकी मौत से देश सदमे में आ गया; चुनाव प्रचार रोक दिया गया और बाक़ी बचे हिस्सों में बाद में ही चुनाव हो सके।

भ्रष्टाचार, रक्षा सौदों में दलाली के आरोपों से मुश्किल से दो साल पहले कांग्रेस सत्ता से बाहर हुई थी, और एक टेक्नोक्रेट प्रधानमंत्री अपनी दिशा भूलता लगा था और अपनी ही लोकप्रियता के आगे हार गया था। इसके बाद कांग्रेस फिर से सबसे बड़ी पार्टी के रूप में अपनी वापसी करने में सफल रही।

राजीव गांधी की पत्नी इटली में जन्मीं सोनिया गांधी को उनके पति के अंतिम संस्कार से पहले देश का प्रधानमंत्री बनने का प्रस्ताव किया गया, लेकिन उन्होंने इंकार कर दिया और सुझाव दिया कि आंध्र प्रदेश के पूर्व मुख्यमंत्री और पूर्व केंद्रीय मंत्री पी.वी. नरसिंहराव को प्रधानमंत्री बनाया जाए। नरसिंहराव ने ख़ुद को 1991 का चुनाव लड़ने के लिए फ़िट नहीं पाया था, लेकिन उनकी तक़दीर में यह नाटकीय परिवर्तन लिखा था। उनका पार्टी में उत्थान ना केवल कांग्रेस का पहली अल्पमत सरकार चलाने के प्रयास से जुड़ा था, बल्कि आर्थिक नीतियों के आरंभ से ही स्वीकृत और नियत तरीक़ों को ख़त्म करने का भी सुनियोजित तथा उदार प्रयास था।

एक मृदुभाषी अर्थशास्त्री और आरबीआई के पूर्व और विनम्र गवर्नर मनमोहन सिंह को नरसिंहराव ने वित्त मंत्रालय संभालने के लिए चुना। इसके पहले लंदन स्कूल ऑफ़ इकोनॉमिक्स के आई.जी. पटेल को उन्होंने यह जिम्मेदारी सौंपनी चाही थी,

लेकिन उन्होंने इंकार कर दिया था। मनमोहन सिंह को वित्तमंत्री बनाकर नरसिंहराव ने भारतीय अर्थव्यवस्था के उदारीकरण और वैश्वीकरण के दौर का संकेत दे दिया था। उस समय बुनियादी समस्या विदेशी मुद्रा संकट की थी, जो नरसिंहराव के सरकार बनाते ही उनके सिर पर आ गई थी। विदेशी मुद्रा भंडार गिरकर 5 अरब 8 करोड़ डॉलर तक आ गया था। ऐसा लग रहा था कि भारत, विदेशी मुद्रा भुगतान नहीं कर सकेगा। जीडीपी ग्रोथ 1.1 प्रतिशत तक गिर गई थी, मुद्रास्फीति 17 प्रतिशत से ऊपर थी, और 38 प्रतिशत भारतीय ग़रीबी रेखा से नीचे गुज़र-बसर कर रहे थे।

मनमोहन सिंह ने इसी साल पद संभालने के कुछ ही महीनों बाद बज़ट पेश किया, जिसने भारत को हिलाकर रख दिया और भाजपा तथा वामदलों ने उनकी नीतियों का कड़ा विरोध करते हुए उनकी आलोचना की।

> दिसंबर में *इंडिया टुडे* को दिए साक्षात्कार में सरकार के उद्देश्य स्पष्ट करते हुए उन्होंने कहा, 'मैं ऐसी भावना पैदा नहीं करना चाहता कि देश अब ख़तरे से बाहर है। मैं वित्तीय संकट को अपने तात्कालिक, अल्पकालीन और दीर्घकालीन उद्देश्यों के रूप में देखता हूं। जून में हम डिफ़ाल्ट होने के कगार पर थे। हमारा विदेशी मुद्रा भंडार केवल 2,500 करोड़ रुपये के आसपास था। मेरा तात्कालिक उद्देश्य इस रुझान को बदलना था। आज हमारा विदेशी मुद्रा भंडार 8,000 करोड़ रुपये से ज़्यादा है। ज़्यादा व्यावसायिक बैंक भारत को दीर्घकालीन हिसाब से व्यावहारिक पा रहे हैं। अंतरराष्ट्रीय समुदाय में विश्वास की भावना पैदा करना ज़रूरी थी और हमने वो कर दिखाया। अब मानसिकता में बदलाव आया है और अवसाद तथा निराशा की जगह आशा और विश्वास ने ले ली है।'
>
> 'दूसरी बात, मैं ऐसी प्रक्रिया शुरू करना चाहता था, जो कम अवधि में मुद्रास्फीति की दर नीचे ले आए। मैं इस वित्तीय वर्ष के अंत तक मुद्रास्फीति एक अंक में देखना चाहता हूं। मैं तेज़ गिरावट देखना चाहता था, जो कि हुई भी। मुझे लगता है, हमारा रिकॉर्ड मिला-जुला है।'

अर्थव्यवस्था को खोलने का यह फ़ैसला भारतीयों के लिए निर्णायक और दीर्घकालीन प्रभावों वाला रहा, और उनके काम करने के तरीक़े, तथा जीवन की बुनियादी ज़रूरतों को पूरा करने में राष्ट्र की भूमिका को देखने के उनके तरीक़े पर असर पड़ा। कल्याणकारी राज्य का वादा भले ही सिद्धांत रूप में था और अधूरा था, लेकिन अब उसे भी दूर फेंक दिया गया था, क्योंकि भारत राष्ट्र अब खुलेआम निजी सेक्टर की केंद्रीयता के आर्थिक दर्शन को खुलेआम अपना रहा था, और भारत को तेज़ी से वैश्विक अर्थव्यवस्था में समाहित कर रहा था।

कुछ लोग कहते हैं कि नेहरूवादी तरीक़े से एकदम दूरी बनाना प्रधानमंत्री नरसिंहराव की ही इच्छा थी, और कुछ लोगों का मानना है कि यह राजीव गांधी द्वारा पहले से शुरू की गई महत्त्वपूर्ण प्रक्रिया के अनुरूप ही था। एक तीसरा विचार यह है कि यह व्यावहारिक राजनीति की बाध्यता थी, क्योंकि सोवियत संघ भी अपने वजूद के संकट में उलझने के कारण भारत को संभालने और परंपरागत तरीक़े से उसकी सहायता करने की स्थिति में उस तरह से नहीं था, जिस तरह से देश में योजना युग की शुरुआत के समय था।

उदारीकरण ने भारत के लोगों की शैली बदल दी। वस्तुओं और सेवाओं को लेकर ही नहीं, बल्कि राष्ट्र और नागरिकों के प्रति राष्ट्र की जिम्मेदारी को लोगों के देखने के तरीक़े में भी बदलाव आया। आजीविका में शुरुआती नुक़सान को लेकर काफ़ी सामाजिक हल्ला-गुल्ला मचा। इसने भारतीयों द्वारा ख़रीदी और बेची जाने वाली वस्तुओं की मात्रा और उनके प्रकार में बुनियादी बदलाव ला दिया।

एक और महत्त्वपूर्ण घटनाक्रम चुनावों में आदर्श आचार संहिता को नया रूप देने का हुआ, जिसका भारत पर बड़ा प्रभाव पड़ा। इस विचार को 1960 में भारतीय निर्वाचन आयोग ने केरल में अपनाया था। हालांकि इसमें बदलाव शामिल करने और उसे फिर से जारी करने का काम इसी साल हुआ।

हालांकि 1989 में एक और चलन शुरू हुआ था, जिसने भारत पर प्रभाव डालना शुरू कर दिया था। लखनऊ में भारतीय जनता पार्टी की सरकार ने अपना भविष्य अयोध्या मामले को उठाने में देखा। इसी साल लालकृष्ण आडवाणी ने 'सांस्कृतिक राष्ट्रवाद' - हिंदुत्व का अपना वृहद विचार फिर से पेश किया और कहा - 'मैं हिंदू, भारतीय, और इंडियन शब्दों को पर्यायवाची बनाना चाहता हूं।'

1992 : *आ गए हम कहां*

ये हसीं वादियां ये खुला आसमां
आ गए हम कहां ऐ मेरे साजना
इन बांहों में दिल की कली खिल गई
मुझको तुम जो मिले हर ख़ुशी मिल गई

गीत : पी.के. मिश्रा
संगीत : ए.आर. रहमान
गायन : एस.पी. बालासुब्रमण्यम और के.एस. चित्रा
फ़िल्म : *रोजा*

'ये *हसीं वादियां...'* उस साल का तो दूर की बात, शायद उस फ़िल्म का भी सबसे जाना-पहचाना गीत नहीं है। *रोजा* फ़िल्म के इस शीर्षक गीत में लोगों की कल्पना को जकड़ लिया, और पहली बार हिंदी में डब की गई तमिल फ़िल्म ने पूरे भारत में अच्छी सफलता हासिल की। मणि रत्नम और ए.आर. रहमान घर-घर में पहचाने जाने लगे और महान तथा यादगार बदलाव के दौर में इन्होंने आने वाले लंबे समय तक जनता के दिलो-दिमाग़ में जगह बना ली।

कश्मीर तो भारतीय फ़िल्मों के लिए हमेशा से लोकप्रिय लोकेशन रहा है, और 1960 के दशक में तो यह स्थिति चरम पर थी। 1980 के दशक के आख़िर में शुरू हुए आतंकवाद के कारण कश्मीर फ़िल्मों से ग़ायब हो गया। जब इस हिंसाग्रस्त ज़मीन पर फ़िल्मों की शूटिंग बंद हो गई, तो उसकी स्टोरी लाइन पर फ़िल्में बनने के भी आसार नहीं रहे। *रोजा* इसी थीम पर थी, और कई मायनों में मणि रत्नम की कल्पना से भी

ज़्यादा महत्त्वपूर्ण साबित हुई। पटकथा के केंद्र में कश्मीरी आतंकवाद था, जिसे पहले तो उसी राज्य में शूट करने की योजना थी, लेकिन आख़िरकार इसका ज़्यादातर हिस्सा हिमाचल प्रदेश में शूट किया गया। यह कम बज़ट की फ़िल्म थी, लेकिन इसे हिंदी, मराठी, तेलुगु और मलयालम में डब किया गया था।

पूरे भारत में सामाजिक, राजनीतिक, और आर्थिक उथल-पुथल के दौर में *रोजा* तमिल सिनेमा को उत्तर भारतीय मुख्यधारा में लेकर आई। इसने कश्मीर की कहानी पेश की। *'ये हसीं वादियां...'* ने आतंकवादियों द्वारा फैलाई हिंसा के विपरीत कश्मीर की सुंदरता को चित्रित किया। पाकिस्तान भी अछूता नहीं रहा; उसके विश्वासघात फ़िल्म की पटकथा में महत्त्वपूर्ण मोड़ लाने वाले थे। फ़िल्म में राष्ट्रवाद भी अच्छे तरीक़े से दर्शाया गया है, जब इसमें नायक, अपने हाथ-पैर बंधे होने के बावजूद, तिरंगे पर लुढ़कता है, जिसे आतंकवादी जला देते हैं।

तमिल फ़िल्म होने के अलावा, रोजा उस समय की हिंदी फ़िल्मों की भीड़ से कई मायनों में अलग थी। इसी साल *जो जीता वही सिंकदर* भी रिलीज़ हुई, जिसमें आमिर ख़ान और उनके चचेरे भाई मंसूर ख़ान की हिट जोड़ी, *क़यामत से क़यामत तक* के बाद फिर से साथ आए और सीधे आर्ची कॉमिक्स से यह फ़िल्म निकाल लाए। *रोजा* की तरह जो जीता वही सिकंदर का भी फ़िल्मांकन बहुत अच्छा था, और उसका संगीत भी बहुत अच्छा था, जो कि आज भी लोकप्रिय है। दोनों फ़िल्मों की स्टोरी लाइन उस दौर में बनने वाली फ़िल्मों से अलग थी, और दोनों को विशिष्ट फ़िल्मों का दर्जा हासिल हुआ।

यह बात आजकल अक्सर भुला दी जाती है कि 1992 में ही भाजपा के तत्कालीन राष्ट्रीय अध्यक्ष मुरली मनोहर जोशी ने कन्याकुमारी से कश्मीर तक की यात्रा निकाली थी। जब उन्होंने श्रीनगर में लाल चौक पर भारी सुरक्षा व्यवस्था के बीच राष्ट्रीय झंडा फहराया तो उनके साथ नरेंद्र मोदी भी थे। कश्मीर में मुस्लिमों की अगुवाई में उपद्रव को देखते हुए, भाजपा के लिए राष्ट्रवाद भी बहुसंख्यकवाद का पर्याय बन गया। इसी में राम मंदिर आंदोलन का भी मेल कर दिया गया, जो कि 6 दिसंबर, 1992 को बाबरी मस्जिद के ढहाए जाने के परिणामस्वरूप चरम पर था।

उत्तर प्रदेश में मुख्यमंत्री कल्याण सिंह की भाजपा सरकार मस्जिद की रक्षा करने का सर्वोच्च न्यायालय में वचन देने के बाद भी, कारसेवकों की भीड़ द्वारा सोलहवीं सदी की बाबरी मस्जिद को ढहाने को देखती रही और उन्हें ऐसा करने के लिए उकसाती भी रही। कल्याण सिंह को मुख्यमंत्री पद से बर्ख़ास्त कर दिया गया और एक दिन की जेल भी हुई। उसके बाद भड़के दंगों में हज़ारों लोगों की जानें गईं। नरसिंहराव के नेतृत्व वाली कांग्रेस पार्टी अपनी सरकार के दामन में लगे इस दाग़ को कभी मिटा नहीं पाई। अगर 1990 का दशक भारत को बदलने वाला था, तो 1992 का साल उस

बदलाव का प्रतीक था। यह सब शीतयुद्ध के बाद हो रहा था और क़रीब दो दशकों तक भारत के मित्र रहे सोवियत संघ का सफाया हो चुका था। भारत की अर्थव्यवस्था की हालत बिगड़ी हुई थी और पूर्व प्रधानमंत्री राजीव गांधी की 1991 में लिट्टे ने बम विस्फोट में हत्या कर दी थी। कांग्रेस पार्टी में पहली बार नेहरू-गांधी परिवार से बाहर का कोई नेता अल्पमत सरकार का प्रधानमंत्री बना था। कश्मीर के अलावा, पंजाब भी आतंक और हिंसा की चपेट में था, हालांकि 1992 में वहां सफलतापूर्वक चुनाव कराए जा चुके थे। ऐसी अफवाह थी कि सरकार जम्मू-कश्मीर में भी चुनाव करा सकती है, जिसके बाद उस साल वहां फिर से हिंसा भड़क उठी थी।

भारत के संभलने की ज़द्दोज़हद खेलों में भी झलकी। बार्सिलोना ओलिंपिक खेलों से उसके खिलाड़ी ख़ाली हाथ लौट आए, और क्रिकेट विश्वकप में भी उसकी टीम सेमीफ़ाइनल तक नहीं पहुंच पाई। भारत ने हालांकि लीग मैच में पाकिस्तान को हरा दिया था, लेकिन अंतिम फ़तह पाकिस्तान की ही हुई, क्योंकि रिटायरमेंट के बाद वापस क्रिकेट की दुनिया में लौटे इमरान ख़ान की कप्तानी में चमत्कारी प्रदर्शन करते हुए पाकिस्तान ने विश्वकप जीत लिया। *रोजा* फ़िल्म के गाने फ़िल्म में बताई कठिन परिस्थितियों के एकदम विपरीत थे। 1992 के अनिश्चित दौर की कठिनाइयों के भी वे विपरीत ही थे। *'ये हसीं वादियां, ये खुला आसमां,... आ गए हम कहां।'* उस साल तो ज़्यादातर भारतीय यही पूछ रहे थे कि आ गए हम कहां।

1993 : *दिल हूम हूम करे, घबराए*

दिल हूम हूम करे, घबराए
घन धम धम करे, डर जाए
इक बूंद कभी पानी की
मोरी अंखियों से बरसाए

गीत : गुलज़ार
संगीत : भूपेन हजारिका
गायन : लता मंगेशकर और भूपेन हजारिका
फ़िल्म : *रुदाली*

रुदाली या पेशेवर विलाप करने वाली वह औरत होती थी, जिसे आमतौर पर किसी उच्च जातीय या ताक़तवर व्यक्ति के मरने पर रोने के लिए बुलाया जाता था, क्योंकि उनकी औरतें शायद सार्वजनिक रूप से दुख व्यक्त नहीं कर सकती थीं। ऐसी ही एक महिला, उसकी एक और महिला से दोस्ती और उसके प्रेम तथा जीवन की कहानी को इस गीत में मार्मिक तरीक़े से व्यक्त किया गया, जिसे गुलज़ार ने कलमबद्ध किया था, और भूपेन हजारिका ने गहरी असमी लोकप्रभाव के साथ संगीतबद्ध किया था।

'दिल हूम हूम करे, घबराए' में आने वाली उदासी की एक तरह की पूर्वाभासी चेतावनी और गूंज है, जो दिल की धड़कनों को तेज़ कर देती है। गुलज़ार के गीत और भूपेन हजारिका के बार-बार याद आने वाले संगीत के शास्त्रीय मेल के साथ इस गीत में ये भावनाएं सशक्त तरीक़े से दर्शां गईं। यह लता मंगेशकर के बेहतरीन गानों में से

एक है, साथ ही भूपेन हजारिका का गाया गीत भी मंत्रमुग्ध करने वाला है। गुलज़ार ने बहुत सारगर्भित और सशक्त बोल रचे थे। भूपेन हजारिका ने इस गीत को राग भोपाली में लयबद्ध किया था। फ़िल्म के बाक़ी गाने भी शास्त्रीय आधार वाले हैं। इस गीत में सहेजे गए भाव और प्रेम में होने, लेकिन इजहार करने में हिचक की मिश्रित भावनाएं इस तरह से व्यक्त की गईं कि जिन्हें भूल पाना मुश्किल है। लता मंगेशकर रुदाली के इस गीत को अपने पसंदीदा गीतों में शुमार करती हैं।

इसी शीर्षक की महाश्वेता देवी की कहानी को कल्पना लाजमी की इस फ़िल्म में सजीव रूप दिया गया। डिंपल कपाड़िया को अपशकुनी शनिचरी की भूमिका के लिए सर्वश्रेष्ठ अभिनेत्री का राष्ट्रीय पुरस्कार दिया गया। इसके गानों ने इस फ़िल्म को यादगार बनाने में बहुत योगदान दिया। रुदाली का संगीत आज भी लोकप्रिय है, और अपने रिलीज़ होने के समय के मनोभावों को गहराई से प्रतिबिंबित करता है।

अगस्त, 1993 में इस गाने के रिलीज़ होने के समय तक भारत में पहले ही बहुत कुछ हो चुका था। जो कुछ हो रहा था, उसके शोक और उसकी उदासी को हजारिका–गुलज़ार और लता ने गाने में व्यक्त किया था।

इस साल की शुरुआत पिछले साल हुए बाबरी मस्जिद के विध्वंस से शुरू हुए झटकों से हुई थी। दिसंबर, 1992 में देशभर में क़रीब एक हज़ार लोग मारे जा चुके थे, लेकिन 1993 का साल उत्तर प्रदेश में हुई घटना का भारत के वैश्विक नगर बंबई पर पड़ने वाले असर के लिए जाना गया। पश्चिमी महानगर पर इसकी छाया काफ़ी गहरी और काली थी।

मस्जिद ढहाने की ख़ुशी मनाने वाले हिंदुओं की भीड़ और उद्दंड मुस्लिमों को भरोसा था कि दंगा ही सही उत्तर है, जिससे दंगे और हिंसा भड़क उठे। हालांकि लगातार राजनीतिक दबाव, और महाराष्ट्र में शिवसेना तथा भाजपा इसमें नहीं कूदे होते तो कुछ भी नहीं होता। 1992 में बाल ठाकरे ने सामना में लगातार उत्तेजक संपादकीय लिखे, जिससे 'मुस्लिम मकानों को चिह्नित करने' और सुनियोजित तरीक़े से निशाना बनाने को पहले ही स्वीकृति मिल चुकी थी। 5 जनवरी को एक मुस्लिम बस्ती में 2 गोदी कामगारों की हत्या कर दी गई। कारण चाहे जो रहा हो, लेकिन इस कारण से धारावी में प्रतिक्रिया स्वरूप मुस्लिमों की दुकानों में तोड़फोड़ हुई, और जोगेश्वरी में एक हिंदू परिवार को जलाकर मार डाला गया। सामना के एक और संपादकीय में मुस्लिमों को 'सबक़ सिखाने' के आह्वान ने बंबई की सड़कों को कम से कम एक सप्ताह तक जलने दिया। दंगों में क़रीब 900 लोग मारे गए, और न्यायमूर्ति श्रीकृष्ण आयोग की रिपोर्ट में बताया गया कि मारे जाने वाले इन लोगों में 575 मुस्लिम थे। इस रिपोर्ट में कहा गया था –

> इसमें कोई शक नहीं कि 8 जनवरी, 1993 से शिवसेना और शिव सैनिकों ने मुसलमानों और उनकी संपत्ति पर संगठित हमले करने शुरू कर दिए थे, और यह सब शिवसेना के शाखा प्रमुख से लेकर शिवसेना प्रमुख बाल ठाकरे जैसे नेताओं के निर्देशन में हो रहा था। बाल ठाकरे ने वरिष्ठ सेनापति की तरह, अपने वफ़ादार शिव सैनिकों को मुस्लिमों पर संगठित हमले करके जवाब देने के आदेश दिए। शिवसेना द्वारा शुरू की गई सांप्रदायिक हिंसा और दंगों को स्थानीय अपराधियों ने झपट लिया, जिन्होंने इसे तुरंत लाभ कमाने के मौक़े के रूप में देखा। जब तक शिवसेना को आभास होता, तब तक 'बदले', हिंसा और दंगे के रूप में बहुत कुछ हो चुका था, और स्थिति उसके नेताओं के क़ाबू से बाहर हो चुकी थी, जो इसे रोक देने की अपील कर रहे थे।
>
> दुर्बल राजनीतिक नेतृत्व, राजनीतिक कारणों से हिचकिचाहट, और पुलिस कमिश्नर के विरोधाभासी आदेश, और गिरती सोच ने पुलिस के निचले कर्मचारियों में भ्रम की आम स्थिति पैदा कर दी, जिससे वे असमंजस में रहे कि 'गोली चलाएं या नहीं चलाएं।' दंगे नियंत्रित करने के लिए सेना के प्रभावशाली इस्तेमाल पर विचार करने और आदेश जारी करने में चार बेशक़ीमती दिन बर्बाद हो गए थे।

बंबई में सामान्य स्थिति की ओर लड़खड़ाते हुए वापसी ज़्यादा नहीं टिकी, और 12 मार्च, 1993 को दलाल स्ट्रीट में बंबई स्टॉक एक्सचेंज़ में हुए सीरियल धमाकों ने शहर को अस्त-व्यस्त कर दिया। बम धमाकों में आरडीएक्स का इस्तेमाल किया गया था और स्पष्ट था कि इसके पीछे इरादा ज़्यादा से ज़्यादा नुक़सान करने का था। मुस्लिमों पर हमले के स्पष्ट विरोध में दुबई में बैठे दो बड़े अंडरवर्ल्ड डॉन इसके पीछे थे; इन भयंकर विस्फोटों में क़रीब ढाई सौ लोग मारे गए और सैकड़ों घायल हुए।

बाबरी मस्जिद के विध्वंस के बाद हमलों और जवाबी हमलों का पूरा सिलसिला मार्च के बाद ही थमा। हालांकि 1947 के बाद भारत में दरार पहली बार इतनी चौड़ी हुई थी और उन लोगों के कारण ये हुआ था, जो इसे और बड़ा करना चाहते थे और इससे फ़ायदा लेना चाहते थे। यह विचार प्रमुख बन गया कि क्या राजनीति सांप्रदायिक भावनाएं भड़काती हैं या भड़का सकती हैं। स्वतंत्र भारत में यह निराशाजनक राजनीतिक और सामाजिक मोड़ था।

हालांकि इस बात से भी इंकार नहीं कि इस साल अन्य बड़े परिवर्तन भी हुए। जहां जवाहरलाल नेहरू ने राजस्थान के नागौर में 1959 में पहली पंचायत की स्थापना की थी, वहीं इस साल संविधान के तिहेत्तरवें संशोधन अधिनियम ने स्थानीय स्व-शासन की त्रि-स्तरीय प्रणाली के रूप में पंचायतों को व्यवस्थित रूप से अधिकार देने का प्रावधान किया। इससे धन के प्रवाह, चुनावों की अनिवार्यता, महिला आरक्षण,

और व्यवस्थित कामकाज सुनिश्चित हुए। एक स्तर पर सामान्य लगने वाले इस विचार ने दूरदराज के गांवों, विकासखंडों और तालुकों में लोकतंत्र के लिए नेताओं के प्रशिक्षण के विचार को क्रांतिकारी बनाया; महिलाएं भी अपने पैरों पर खड़ी हुईं, और राजनीतिक साक्षरता, अपेक्षा और सशक्तिकरण पर इसके प्रभाव तारीफ़ के क़ाबिल बना हुआ है। मुद्दों, अधिकारों और अपनी जिम्मेदारियों के बारे में अच्छी तरह से जागरूक प्रशिक्षित युवाओं की भारी भीड़ तैयार हुई, जो बड़ी चीज़ों के सपने देख सकती है।

कश्मीर में अशांति पर नियंत्रण करने की कोशिश की प्रक्रिया कुछ समय जारी रही। कश्मीर में पुराने संगठनों के अराजकता ख़त्म करने के लिए दिए गए या तो नैतिक या भौतिक सहयोग के कारण 9 मार्च, 1993 को राज्य में छब्बीस संगठनों ने मिलकर एक परिसंघ बनाया, जिसे आल पार्टी हुर्रियत कॉन्फ्रेंस (हुर्रियत का अर्थ 'स्वतंत्रता') नाम दिया गया। इसका मक़सद इसे कश्मीरी जनता के प्रतिनिधि के रूप में पेश करना और कश्मीर पर भारत के दावे का विरोध करने वाले लोगों की जानकारी तथा समर्थन का एक मंच तैयार करना था।

जुलाई में सत्तारूढ़, लेकिन अल्पमत सरकार के ख़िलाफ़ अविश्वास प्रस्ताव झारखंड मुक्ति मोर्चा के कुछ सांसदों की मदद से परास्त कर दिया गया। बाद में सर्वोच्च न्यायालय ने पाया कि इन सांसदों ने रिश्वत लेकर सरकार के पक्ष में मतदान किया था। हालांकि अदालत ने इस मामले में दख़ल देने से इंकार कर दिया था और कहा था कि संसदीय विशेषाधिकार के तहत उनके कार्यों को छूट मिली है। इसी कारण फली नरीमन ने कहा था कि 1993 के साल में भ्रष्टाचार को 'संस्थागत' रूप दिया गया था।

इसी साल महराष्ट्र में सबसे बड़ा भूकंप आया। लातूर और उस्मानाबाद में क़रीब 10,000 लोग मारे गए। हज़ारों मकान ध्वस्त होकर ज़मीन में मिल गए और क़रीब 30,000 लोग घायल हुए। भूकंप तड़के 3.56 बजे घनी बस्ती के इलाक़ों में आया था, इसलिए इंसानी मौतें काफ़ी ज़्यादा हुई थीं। बावन गांव तो तुरंत ही ध्वस्त हो गए थे।

रुदाली, इसकी मुख्य नायिका शनिचरी और गीत *'दिल हूम हूम करे, घबराए'*, तीनों बेहद मायूसी भरे हैं। हालांकि 1993 की मानसिकता और अहसास को इससे बेहतर तरीक़े से व्यक्त नहीं किया जा सकता था। हिंसा और मौतों से भरा ये साल लता मंगेशकर के धीमे और भयावह रुदन के लिए सबसे ज़्यादा याद किया जाता है। उस साल किसी रुदाली की तलाश सबसे उचित थी।

1994 : *दीदी तेरा देवर दीवाना*

दीदी तेरा देवर दीवाना,
हाय राम कुड़ियों को डाले दाना,
धंधा है ये उसका पुराना,
हाय राम, कुड़ियों को डाले दाना

गीत : देव कोहली
संगीत : राम-लक्ष्मण
गायन : लता मंगेशकर और एस.पी. बालासुब्रमण्यम
फ़िल्म : *हम आपके हैं कौन*

1994 के आरंभ होते ही सूरज बड़जात्या की फ़िल्म *हम आपके हैं कौन* रिलीज़ हुई। यह चार संक्षिप्ताक्षरों वाली पहली फ़िल्म *कुछ कुछ मैंने प्यार किया* की आगे की कहानी थी, जिसमें कुछ बड़े लगने वाले सलमान ख़ान की मुख्य भूमिका थी और संयुक्त परिवार, घरेलू माहौल, प्यार और परंपरावाद का इसमें सुंदर मिश्रण था।

आज *हम आपके हैं कौन* और इसके महंगे सुपरहिट विवाह गीतों को 1991 के उदारीकरण के तीन साल बाद के भारत में ज़िंदगी की अहम अभिव्यक्ति के रूप में देखा जाता है। इसे शादी-ब्याह में भारी ख़र्चे और शानो-शौकत के दिखावे की शुरुआत माना जाता है।

'*दीदी तेरा देवर दीवाना*' पर माधुरी दीक्षित ने अपनी पहचान बन गई नीली ज़रीदार साड़ी में प्रभावशाली ढंग से प्रदर्शन किया है। वे उस समय के दोनों सितारों से

बड़ी थीं, और उनका नाम सलमान ख़ान के नाम से पहले आता था। यह गीत उनकी बहन के पहले बच्चे के जन्म के समय किए जाने वाले हंसी-मज़ाक़ का हिस्सा है, और लज्जा, कामुकता और रोमांस का भी मिश्रण है। जिस समय माधुरी अन्य कलाकारों की भीड़-भाड़ में इस पर नाचती हैं, उसी समय सलमान उनकी पीठ पर गुलेल से निशाना लगाते हैं। इस तरह से माधुरी को बेहद आकर्षक महिला के रूप में दिखाया जाता है, जो अपनी कामुकता से भयभीत नहीं होती है, बल्कि उन्हें निस्संदेह रूप से, बड़जात्या ने सर्वाधिक स्वीकार्य और परंपरागत पारिवारिक परिधान-उत्तर प्रदेश या गुजराती शैली की *सीधे पल्ले* की साड़ी में दिखाया जाता है।

इस गीत के बोल इससे ज़्यादा आसान नहीं हो सकते थे। गाने की सादगी ने इसे ब्लॉक बस्टर हिट बनाने में योगदान दिया। लाहौर में जन्मे देव कोहली के गीत के बोल बहुत आसान और मौलिक थे। संगीत निर्देशक राम-लक्ष्मण का संगीत कर्णप्रिय और तेज़ रफ़्तार वाला है। राम-लक्ष्मण ने अपनी शुरुआत तो मराठी सिनेमा से की थी, लेकिन बड़जात्या के साथ उन्होंने अपना सर्वश्रेष्ठ काम किया। *मैंने प्यार किया* की धुनें भी उन्होंने ही बनाई थीं, और इस बार *हम आपके हैं कौन* में भी वे वही संवेदनशीलता, ख़ुशदिली और लय प्रदान करने में सफल रहे।

1994 में जब गीतकार इंदीवर ने *इंडिया टुडे* से बात करते हुए गानों में सेक्सी शब्दों के सीधे इस्तेमाल को सही ठहराते हुए कहा था, 'मैं हिंसा के बजाय सेक्स के बारे में लिखता हूं,' तो बाक़ी लोगों ने उनकी बात को सही ठहराने की ज़रूरत महसूस नहीं की, और बप्पी लहरी जैसे लोगों ने बस इतना कहा था कि, 'लोग उन्हें पसंद करते हैं।' हम आपके हैं कौन जैसी फ़िल्मों ने और उनके संगीत ने आदर्श और परंपरागत ढांचे में राहत दी, जबकि भारत लोगों के रहने, काम करने, और उपभोग करने की शैली में भारी परिवर्तन से जूझ रहा था। यह भी संयोग था कि इसी दौरान केबल टीवी और सेटेलाइट टीवी लोगों के घरों में और उनकी सोच में धीरे-धीरे जगह बनाता जा रहा था।

भारत में क़रीब तीन दशक बाद प्लेग की बीमारी ने फिर से कहर बरपाया। गुजरात के औद्योगिक शहर सूरत और महाराष्ट्र के बीड़ में प्लेग की ख़तरनाक वापसी हुई। भारत की सार्वजनिक स्वास्थ्य प्रणाली के सामने सबसे बड़ी चुनौती आ गई और सूरत में पहले तीन दिनों में 46 मौतों से अव्यवस्था फैल गई। डर के कारण क़रीब चार लाख लोग शहर से भागने लगे। बीड़ और सूरत तथा आसपास के इलाक़ों में संक्रमण से बचने के लिए होने वाले डीडीटी और अन्य कीटनाशकों के छिड़काव के बीच लोग मास्क लगाए दिखने लगे।

यह साल केंद्र-राज्य संबंधों के लिहाज़ से भी बहुत महत्त्वपूर्ण रहा और आज भी है, जिसका कारण बोम्मई निर्णय है। सर्वोच्च न्यायालय ने संविधान के अनुच्छेद 356 के इस्तेमाल के बारे में मार्च में फ़ैसला दिया और स्पष्ट किया कि किन परिस्थितियों

में किसी राज्य में राष्ट्रपति शासन लगाया जा सकता है। अदालत ने घोषणा की कि राज्य सरकार तभी बर्ख़ास्त की जा सकती है, जब वह संविधान के बुनियादी गुण, धर्मनिरपेक्षता के ख़िलाफ़ काम करे। इस आधार पर अदालत ने बाबरी मस्जिद ढहाए जाने को देखते हुए मध्य प्रदेश, राजस्थान और हिमाचल प्रदेश की भाजपा सरकारों की बर्ख़ास्तगी को उचित माना। 1988 में नागालैंड में, 1989 में कर्नाटक में, और 1991 में मेघालय में लगाए गए राष्ट्रपति शासन को अवैध माना, लेकिन उनके बाद चुनाव हो चुके थे, इसलिए अदालत ने किसी निदानात्मक कार्रवाई के लिए नहीं कहा।

अक्टूबर में, सर्वोच्च न्यायालय ने इस बारे में राष्ट्रपति के संदर्भ का उत्तर देने से भी इंकार कर दिया था कि क्या 1992 तक जहां बाबरी मस्जिद थी, वहां कभी कोई मंदिर था या नहीं। अदालत ने इस प्रश्न को निरर्थक और अनावश्यक बताया था। इसने विध्वंस के बाद विवादित ज़मीन और उसके आसपास की ज़मीन के केंद्र के अधिग्रहण को वैध ठहराया था।

दिसंबर में केंद्रीय मंत्रिमंडल के भ्रष्टाचार के आरोपों से घिरे तीन सदस्यों ने इस्तीफ़ा दे दिया। दो पर शेयर बाज़ार में गड़बड़ियों में, और तीसरे पर चीनी घोटाले में शामिल होने का आरोप था। उसी समय, नरसिंहराव के तत्कालीन प्रमुख प्रतिद्वंद्वी अर्जुन सिंह ने सरकार पर भ्रष्टाचार के आरोप लगाते हुए मंत्रिमंडल से त्यागपत्र दे दिया। इसी समय नारायण दत्त तिवारी ने भी कांग्रेस छोड़ दी और कांग्रेस (टी) का गठन किया।

इसी साल स्वदेशी ज़मीन से ज़मीन पर मार करने वाली पृथ्वी मिसाइल सशस्त्र सेनाओं में शामिल कर ली गई। थलसेना, नौसेना और वायुसेना के लिए इसके तीन रूप तैयार किए गए थे। स्वदेशी अनुसंधान के कार्यक्रम और मिशन के साथ-साथ पृथ्वी मिसाइल का श्रेय बासठ साल के ए.पी.जे. अब्दुल कलाम को दिया गया। इसे इंटीग्रेटेड गाइडेड मिसाइल डेवलपमेंट प्रोग्राम के तहत तैयार किया गया था। इसी साल एक स्कैंडल भी ख़बरों में आया, जिसे इसरो जासूसी कांड कहा गया। इससे भारत के रक्षा और अंतरिक्ष से जुड़े क्षेत्रों पर सवाल उठे और दोनों क्षेत्रों में असहजता महसूस की गई।

1994 में, भारत ने पहली बार मिस यूनिवर्स का ख़िताब जीता। मिस यूनिवर्स सुष्मिता सेन को ओलिंपिक खेलों की स्वर्ण पदक विजेता की तरह मध्य दिल्ली में घोड़े की बग्घी पर घुमाया गया। इसी साल ऐश्वर्या राय ने मिस वर्ल्ड का भी ख़िताब जीता।

इसी साल रवीना टंडन पर फ़िल्माया गया गाना *'तू चीज़ बड़ी है मस्त मस्त'* भी बेहद लोकप्रिय हुआ और दर्शकों ने इसे बहुत पसंद किया। इसे अंतरराष्ट्रीय स्तर पर लोकप्रिय नुसरत फ़तेह अली ख़ान की मशहूर कव्वाली की धुन पर संगीतबद्ध किया गया था।

1995 : *तुझे देखा तो ये जाना सनम*

तुझे देखा तो ये जाना सनम
प्यार होता है दीवाना सनम
अब यहां से कहां जाएं हम
तेरी बांहों में मर जाएं हम

गीत : आनंद बख्शी
संगीत : जतिन-ललित
गायन : कुमार सानू और लता मंगेशकर
फ़िल्म : *दिलवाले दुल्हनिया ले जाएंगे (डीडीएलजे)*

'*तुझे देखा तो ये जाना सनम*' ब्लॉकबस्टर फ़िल्म *दिल वाले दुल्हनिया ले जाएंगे (डीडीएलजे)* का सिग्नेचर सॉन्ग तो था ही, लेकिन उससे भी ज़्यादा काफ़ी कुछ था। पंजाब के हरे-पीले कच्चे सरसों के खेतों में ज़्यादातर फ़िल्माया गया यह गीत यश चोपड़ा के ही प्यार और इज़हार की शैली का है। हालांकि इस फ़िल्म ने मुख्य रूप से उनके बेटे लेखक-निर्देशक आदित्य चोपड़ा को लॉन्च किया था, जिन्होंने 3-4 सप्ताह में ही इसकी पटकथा लिख डाली थी।

इस गीत में मुख्य रूप से भाव भी दिखाए गए और दृश्य भी, जिस कारण से प्रेमियों का यह पसंदीदा गीत बना हुआ है। इस गीत को और भी विशिष्ट बनाने वाली दो चीज़ें हैं, भले ही वे उस समय तत्काल देखने में नहीं आईं। पहली, मुख्य पात्रों के साथ-साथ बिक्री के हिसाब से भी यह फ़िल्म यूरोप और अमेरिका में बसे एनआरआई को ध्यान में रखकर बनाई गई। हिंदी सिनेमा को बदलकर रख देने वाले एनआरआई मार्केट का विचार यहीं से शुरू हुआ। इस फ़िल्म को उस दौर का शोकेस बना देने

वाला दूसरा तथा अधिक महत्त्वपूर्ण कारण यह भी था कि एक साल पहले हम आपके हैं कौन की तरह इसमें भी पुराने भारत की कई परंपराओं को वैधता दी गई, ख़ासतौर पर ऐसे दौर में, जबकि परिवर्तन की हवा देश में चल रही थी।

इसलिए, अकबर के दरबार में मधुबाला के *'प्यार किया तो डरना क्या'* गाकर चुनौती देने, या *क़यामत से क़यामत तक* के दो युवा प्रेमियों का बिछुड़ने के बजाय मौत को गले लगाने से अलग, दिलवाले दुल्हनिया ले जाएंगे में अरेंज मैरिज के विचार का समर्थन किया गया और इसमें 'बाऊजी' ही सिमरन बनी काजोल का 'हाथ' राज बने शाहरुख़ ख़ान को सौंपते हैं। बताया जाता है कि फ़िल्म की शूटिंग के दौरान शुरुआती साक्षात्कारों में शाहरुख़ ख़ान ने टिप्पणी की थी कि वे राज को 'जनाना' समझते थे।

सिमरन और उसकी मां के राज से भाग जाने, और कुलदीप से अरेंज मैरिज से बचने के आग्रह के बावजूद, राज माता-पिता की मंज़ूरी पर ज़ोर देता है, और एनआरआई तथा स्वदेश में रहने वाले भारतीयों के बीच अरेंज मैरिज की सीमाओं के अंदर बना रहता है।

यह बदलाव है, लेकिन इस तरह का थोड़ा बदलाव 1990 के दशक के बाद के आधुनिक भारत की खींचातानी का प्रतीक था, जिसके नाम पर बहुत कुछ था। आर्थिक उदारीकरण ने जीवन और आजीविका में बदलाव किए, और मंडल आयोग की रिपोर्ट लागू होने और बाबरी मस्जिद ढहाए जाने के बाद ख़ासतौर पर उत्तर भारतीय राज्यों में पैदा हुई सामाजिक उथल-पुथल ने भारत के विचार पर कहर बरपा दिया था।

जहां पी.वी. नरसिंहराव की अल्पमत (कांग्रेस के लिए इस तरह की पहली) सरकार चलती रही, वहीं ऐसा बहुत कुछ घटता रहा, जो महत्त्वपूर्ण था और आने वाले सालों पर प्रभाव छोड़ने वाला था।

पहले चौंकाने वाले घटनाक्रम सबसे बड़े सूबे उत्तर प्रदेश में हुए। पुराने राजनीतिक गठबंधनों को तेज़ी से ध्वस्त करते जा रहे कांशीराम के अंबेडकरवादी दल बहुजन समाज पार्टी (बसपा) तथा पुराने समाजवादी दिग्गज की एक और नई पार्टी - समाजवादी पार्टी (सपा) का गठबंधन आश्चर्यजनक घटना हुई थी। हालांकि इस साल इसमें ऐसा विस्फोट भी हुआ, जिससे यह तय हो गया कि अब लंबे समय तक ये दोनों साथ में नहीं आने वाले थे।

बाबरी मस्जिद ढहाए जाने के बाद भाजपा ने जिस तरह से अजेय बढ़त हासिल की थी, उससे पैदा हुई चुनौती से निपटने के लिए हुए इस गठबंधन ने दलित, ओबीसी और मुस्लिमों का भारी समर्थन जुटाया, और 1993 में सबको चौंकाते हुए सरकार बना ली थी। हालांकि जब मायावती ने कहा कि वह सरकार से समर्थन वापस लेना चाहती हैं, तो समाजवादी पार्टी के कुछ सदस्यों ने उनके साथ बदसलूकी की और

उन्हें तथा उनकी पार्टी को डराने-धमकाने के लिए उन पर हमला किया। यह घटना 'गेस्ट हाउस कांड' के नाम से कुख्यात हुई और इसके परिणामस्वरूप दोनों के बीच भरोसा और संबंध एकदम टूट गए। सबसे अहम बात, भाजपा ने चतुराई दिखाते हुए बसपा से गठबंधन किया और रोटेशन के आधार पर सरकार बनाई, जिसमें मायावती को उत्तर प्रदेश का पहला दलित मुख्यमंत्री बनने का मौक़ा मिला।

राजनीति को हिला देने वाली एक और घटना दूसरे बड़े पश्चिमी प्रांत महाराष्ट्र में हुई जहां भाजपा के साथ गठबंधन करके, शिवसेना ने पहली विजय हासिल की। 31 प्रतिशत वोट शेयर के बावजूद, कांग्रेस को विपक्ष में बैठना पड़ा और शिवसेना-भाजपा यति (गठबंधन) ने कांग्रेस के शासन के पिछले साल की उथल-पुथल, आक्रोश और निराशा तथा दंगे, सीरियल बम विस्फोट जैसे हालात को संभाल पाने में नाकामी का पूरा फ़ायदा उठाया। सरकार बनते ही शिवसेना-भाजपा युति ने सबसे पहला काम बंबई का नाम बदलकर मुंबई कर दिया। उन्होंने कहा कि 'मुंबा देवी' इस शहर की संरक्षक देवी हैं, इसलिए उनके नाम पर शहर का नाम मुंबई होना चाहिए। नामांतरण के इस फ़ैसले को शहर और इसमें निहित वैश्विकता को मराठी रंग देने की कोशिश के हिस्से के रूप में देखा गया। इस शहर को पुर्तगाली या अंग्रेज़ी प्रभाव से मुक्त कर, स्थानीय बनाने का भी बहाना बताया गया। हालांकि शिवसेना के कार्यकर्ताओं ने नाम परिवर्तन का उग्रता से बचाव किया, और 'बंबई' इस्तेमाल करने पर वे अक्सर हिंसा भी करने लगे। शेक्सपियर का कथन 'नाम में क्या रखा है' ग़लत साबित हो गई थी। इसके पीछे एक से ज़्यादा कारण थे, यह स्पष्ट था। बंबई या मुंबई के मूल स्वरूप के लिए लड़ाई नाम बदलकर आगे बढ़ाई गई और यह हिंदुत्ववादी पार्टियों के लिए भारत के एक महत्त्वपूर्ण राज्य और उसकी वित्तीय राजधानी में अपना झंडा गाड़ने का भी संकेत था।

इस साल 31 अगस्त को पंजाब के मुख्यमंत्री बेअंत सिंह की बम विस्फोट में हत्या से भी यह उजागर हुआ कि सामाजिक संबंधों में बुनियादी टूट का नतीजा कितना गंभीर हो सकता है। भारत सरकार खालिस्तान आंदोलन से सर्वाधिक प्रभावकारी तरीक़े से निपट रही थी, लेकिन इसमें ख़ून-ख़राबे के काफ़ी निशान छूटते जा रहे थे। ना केवल एक प्रधानमंत्री या थलसेनाध्यक्ष की ही नहीं, सत्तारूढ़ मुख्यमंत्री तक की हत्या इसके चलते हो चुकी थी। बेअंत सिंह की हत्या का कारण अलगाववाद के बचे-खुचे अवशेषों का उनकी निगरानी में दमन बताया गया। इस ज़बर्दस्त विस्फोट से अचानक भारत को पंजाब के भयावह दिन याद आ गए, जिनके बारे में माना जा रहा था कि वे बीत चुके हैं। सचिवालय के बाहर हुए बम विस्फोट में 18 लोगों की मौत हुई थी।

इस साल को कुछ अनोखी घटनाओं के लिए भी जाना गया, जिनमें एक गणेशजी के दूध पीने की थी। कुछ तर्कवादी संगठनों का कहना था कि केशिका कर्षण

(capillary action) के कारण कई जगह ऐसा लगा कि गणेश की मूर्तियां दूध पी रही हैं। सबसे उलझन में डालने वाली बात इस अफवाह के फैलने की तेज़ी और प्रभावशीलता थी। एक साल पहले ही देश में मोबाइल फ़ोन आए थे, लेकिन इन उपकरणों और कनेक्टिविटी के बिना भी पूरे देश में ख़बर फैल गई और मंदिरों में गणेश की मूर्तियों को दूध पिलाने वालों की लंबी-लंबी कतारें लग गईं और भारी भीड़ बाहर निकल पड़ी। यह आस्था बनाम तर्क की जंग थी, जिसमें एक ख़ास तबके ने जनता की आम सोच को बेहद प्रभावित किया था, और आख़िरकार पहले राउंड में आस्था की जीत हुई थी।

बाद के सालों में विश्लेषकों ने इस घटना की तुलना मदर मैरी की आंखों से ख़ून के आंसू निकलने की मान्यता या पैगंबर के बाल से संबंधित घटनाओं से की। हालांकि इसमें ख़ास बात यह थी कि यह किसी एक मंदिर या मूर्ति तक सीमित नहीं रही, बल्कि यह अंधविश्वास फैल गया था कि गणेशजी की सभी मूर्तियां दूध पी रही हैं, जिससे यह घटना सचमुच पहेली बन गई थी।

अठारह साल से ज्योति बसु की वाममोर्चा की सरकार के शासन में चल रहे पश्चिम बंगाल राज्य में लाटवियन चालक दल वाले एक रूसी जहाज से पुरुलिया में ढाई हज़ार एके-47 राइफलों की खेप रहस्यमय अंदाज़ में गिराई गईं। एक ब्रिटिश हथियार विक्रेता पीटर ब्लीच और एक डेनिश तस्कर किम डेवी भी विमान में थे। विमान के दिल्ली में उतरने पर उसके बाक़ी यात्री दिल्ली में गिरफ़्तार कर लिए गए और कलकत्ता में कुछ साल के लिए जेल में डाल दिए गए, वहीं डेनिश तस्कर डेनमार्क भाग निकलने में कामयाब हो गया। घटना का असली कारण अब तक रहस्य बना हुआ है, लेकिन आम धारणा यही है कि यह सब कलकत्ता की मार्क्सवादी सरकार को अस्थिर करने के लिए किया गया था। यह किया किसने था? एक विसिल ब्लोअर का दावा है कि यह दिल्ली में बैठी केंद्र सरकार ने ही कराया था।

तमिल संगीत के सबसे चमकदार सितारों में से एक ए.आर. रहमान इस साल हिंदी संगीत जगत में पूरी शान-शौकत के साथ चमके। रामगोपाल वर्मा की इसी साल रिलीज़ हुई फ़िल्म रंगीला रहमान की पहली हिंदी फ़िल्म थी। उर्मिला मातोंडकर, जैकी श्रॉफ़ और आमिर ख़ान को रहमान की धुनों पर उन्मुक्त नृत्य करते देखना 1995 में भारत में ख़ुशी महसूस करने के लिए काफ़ी था।

1996 : *छोड़ आए हम वो गलियां*

जहां तेरे पैरों के कंवल गिरा करते थे
हंसे तो दो गालों में भंवर पड़ा करते थे
छोड़ आए हम वो गलियां

गीत : गुलज़ार
संगीत : विशाल भारद्वाज
गायन : हरिहरन, सुरेश वाडकर, केके, विनोद सहगल
फ़िल्म : *माचिस*

जब गुलज़ार ने *'छोड़ आए हम वो गलियां'* लिखा होगा, तो वह शायद पंजाब के बारे में लिख रहे होंगे, जो लंबे समय से आतंकवाद का तूफ़ान झेलता आ रहा था। हालांकि ऐसा था नहीं। वह पुरानी यादों और युवाओं की मासूमियत के बारे में लिख रहे थे। 1990 की फ़िल्म *लेकिन* के बाद जब वह फ़िल्म निर्देशन में लौटे तो उन्होंने पंजाब के युवाओं की बात करना पसंद किया, जो उनके अनुसार, बहु-निंदित शब्द *'सिस्टम'* के शिकार बन गए थे।

गुलज़ार ने अपने ख़ास अंदाज़ में, अपनी ख़ुद की फ़िल्म *माचिस* के इस गहन दार्शनिक और प्रभावशाली कविता गुनगुनाने को पूरे देश को मजबूर कर दिया। देशभर के श्रोता *'चप्पा चप्पा चरखा चले'* और *'छोड़ आए हम वो गलियां'* गाने लगे थे। *'छोड़ आए हम वो गलियां'* हंसी-ख़ुशी के माहौल में शुरू होता है, जिसमें नायक अतीत के अच्छे दिनों को याद करते हैं और फिर मायूसी भरे अंतराल में होते हुए एकदम विषादपूर्ण बन जाता है। चार गायकों – हरिहरन, सुरेश वाडकर, विनोद सहगल और केके का गाया यह गीत ज़बरदस्त हिट हुआ।

ताज़ा मधुर संगीत वाली फ़िल्म *माचिस* के ज़रिए विशाल भारद्वाज का हिंदी सिनेमा में उदय हुआ, जिन्हें माचिस के बाद, न्यू म्यूज़िक़ल टैलेंट के लिए आर.डी. बर्मन को फ़िल्मफ़ेयर अवॉर्ड दिया गया था। 1994 में आर.डी. बर्मन के निधन के बाद, विशाल भारद्वाज ने अपनी संगीत-भागीदारी माचिस के ज़रिए गुलज़ार के साथ शुरू की; इस भागीदारी के बारे में आने वालू सालों में भारत ने काफ़ी कुछ सुना। विशाल ने हिंदी सिनेमा में ताज़ा, ज़मीनी और सरल धुनें पेश कीं। *माचिस* में साफ़ दिखा कि उनका ज़ोर अच्छे गीतों और उच्च गुणवत्ता के गायन पर है। आगे चलकर फ़िल्म निर्देशक बनने तक उनकी यंही पहचान रही।

माचिस का गीत-संगीत बेहद मधुर और श्रेष्ठ गुणवत्ता का था, लेकिन कुछ और भी फ़िल्मों के गीत-संगीत 1996 की पहचान बने। नए संगीतकार हिंदी फ़िल्म संगीत को नया जीवन देने में लगे थे और यह पुनरुत्थान के मध्य में था। जतिन-ललित ने संजय लीला भंसाली के निर्देशन की पहली फ़िल्म, *ख़ामोशी-द म्यूज़िक़ल* में *'बांहों के दरमियां'* और *'ये दिल सुन रहा है'* के ज़रिए अपना स्तर दिखा दिया था।

जतिन पंडित और ललित पंडित दोनों भाई हैं, जिनकी जोड़ी पिछले सोलह सालों से हिंदी फ़िल्म संगीत में बेहतरीन योगदान करती आ रही है। उनकी पहली बड़ी सफलता 1992 की फ़िल्म *जो जीता वही सिकंदर* फ़िल्म के लिए *'पहला नशा'* गाना थी।

माचिस के गीत जहां गुलज़ार ने लिखे थे, तो *ख़ामोशी* के गाने मजरूह सुल्तानपुरी ने। राजेश रोशन के संगीत वाली फ़िल्म पापा कहते हैं के गीत *'घर से निकलते ही'* के ज़रिए युवा प्यार का इज़हार करने वाले जावेद अख़्तर भी थे। इस गाने के लिए उन्हें 1996 में सर्वश्रेष्ठ गीतकार का फ़िल्मफ़ेयर अवॉर्ड दिया गया।

ये गाने सचमुच बेहद लोकप्रिय तो हुए, लेकिन एक अन्य फ़िल्म की लोकप्रियता का मुक़ाबला नहीं कर सके। यह थी धर्मेश दर्शन की आमिर ख़ान अभिनीत *राजा हिंदुस्तानी*, जो उस साल की बॉक्स ऑफ़िस की सबसे ज़्यादा हिट फ़िल्म थी। *राजा हिंदुस्तानी* में नदीम-श्रवण ने संगीत दिया था और परंपरागत हिंदी फ़िल्म संगीत के सुर और प्रबंधन को उन्होंने फिर से पैदा किया था। उदित नारायण और अलका याज्ञिक का गाया *'परदेसी परदेसी'* उस साल के सर्वाधिक कर्णप्रिय गीतों में शामिल था।

जिस तरह से हिंदी सिनेमा में नया संगीत दर्शन जड़ें जमा रहा था, उसी तरह से उस दशक में भारत भी संक्रमण के दौर से गुज़र रहा था, और 1996 का साल इस संक्रमण के हिसाब से बहुत अहम था। दशक के आरंभ में आर्थिक दृष्टि से विषम परिस्थितियां झेल चुके भारत ने अर्थव्यवस्था को उदार बनाकर, और इसे बाक़ी दुनिया के लिए खोलकर जवाब दिया था। अब देश व्यापार के लिए मुक्त था। तुलनात्मक रूप से कम प्रतिबंध वाले आर्थिक माहौल पर उद्योग और व्यापार जगत ने सकारात्मक प्रतिक्रिया व्यक्त की, तो इस भारी आर्थिक बदलाव का भारतीय समाज पर भी असर

पड़ा। आर्थिक उदारीकरण के बाद देश में पहले आम चुनाव 1996 में हुए और कांग्रेस पार्टी फिर कठिन हालात में आ गई। इसके कार्यकाल में सबसे बड़ा घोटाला हवाला कांड सामने आया, और प्रधानमंत्री नरसिंहराव के नेतृत्व में सत्तारूढ़ कांग्रेस की हालत गड़बड़ा गई। सीबीआई ने नरसिंहराव सरकार के सात मंत्रियों के ख़िलाफ़ चार्जशीट दायर कर दी। *'हवाला कांड'* उस अवधि में देश में भ्रष्टाचार का पर्याय बन गया। सीबीआई ने 1996 में दूरसंचार मंत्री सुखराम के सरकारी आवास पर छापा मारा और 2.54 करोड़ रुपये नक़द बरामद किए, लेकिन इससे नरसिंहराव की चुनावी संभावनाओं को कोई फ़ायदा नहीं पहुंचा। हवाला कांड केवल कांग्रेस के नेताओं से जुड़ा नहीं था। इस कांड में लालकृष्ण आडवाणी और शरद यादव जैसे विपक्षी नेताओं के भी नाम थे।

1996 के आम चुनावों में भ्रष्टाचार के सबसे बड़ा मुद्दा बनने के कारण केवल हवाला कांड और सुखराम के आवास पर छापे मात्र नहीं थे। बिहार का चारा घोटाला भी ख़बरों में आ रहा था और 900 करोड़ रुपये के गबन के आरोपों से जनता स्तब्ध थी। पटना उच्च न्यायालय ने 1996 में इस कांड की सीबीआई जांच के आदेश दिए।

जब मई, 1996 में आम चुनावों के नतीजे घोषित हुए तो नरसिंहराव ने पाया कि वे जनता का विश्वास खो चुके हैं। कांग्रेस पार्टी के सांसदों की संख्या 140 बची, जबकि 161 सांसदों के साथ भाजपा सबसे बड़ी पार्टी के तौर पर उभरी। 1984 में मात्र 2 लोकसभा सीटें पाने के साथ मिली शर्मनाक हार के बाद लालकृष्ण आडवाणी के हिंदुत्व रथ पर सवार होकर भाजपा आख़िरकार राष्ट्रीय स्तर पर मुख्य भूमिका में आ चुकी थी। भारतीय राजनीति *'छोड़ आए हम वो गलियां'* गा रही थी, और अटल बिहारी वाजपेयी ने देश के प्रधानमंत्री पद की शपथ ली। हालांकि उनकी सरकार लोकसभा में बहुमत हासिल करने में नाकाम रही, क्योंकि उस पर राम जन्मभूमि आंदोलन के ज़रिए सांप्रदायिकता की आग फैलाने का आरोप था और अन्य पार्टियां उसके साथ आने को तैयार नहीं थीं। संसद में अन्य दलों का समर्थन जुटाने में नाकाम होने पर, तेरह दिनों के बाद उसे सत्ता से हटना पड़ा। विपक्षी पार्टियों ने संयुक्त मोर्चा के नाम से एक चुनाव बाद गठबंधन बनाया और कांग्रेस ने उसे बाहर से समर्थन देने का ऐलान किया। कर्नाटक के मुख्यमंत्री एच.डी. देवेगौड़ा ने देश के ग्यारहवें प्रधानमंत्री के रूप में शपथ ली।

1987 के विधानसभा चुनावों में व्यापक धांधली के आरोपों के बाद से कश्मीर घाटी में लगातार हिंसा बढ़ती जा रही थी। 1996 में भारतीय सेना ने जब हालात पर क़ाबू पाया, तो केंद्र सरकार ने जम्मू-कश्मीर में लोकतांत्रिक प्रक्रिया को एक और मौक़ा देने का निश्चय किया। अलगाववादियों के हमलों के लगातार ख़तरों के बीच जम्मू-कश्मीर विधानसभा के चुनाव सितंबर-अक्टूबर 1996 में हुए। फ़ारूक़ अब्दुल्ला की नेशनल कॉन्फ्रेंस ने 87 सदस्यों की विधानसभा में 57 सीटें जीतीं और वह राज्य के मुख्यमंत्री बन गए।

खेल जगत में 1996 में दो बड़ी प्रतियोगिताएं हुईं। 1996 का क्रिकेट विश्वकप संयुक्त रूप से भारत, पाकिस्तान और श्रीलंका में आयोजित किया गया तथा अमेरिका के अटलांटा में ग्रीष्मकालीन ओलिंपिक खेल हुए। क्रिकेट विश्वकप में भारत की श्रीलंका से हुई हार से भारतीय प्रशंसकों को बड़ा झटका मिला। कलकत्ता के ईडन गार्डन में हुए सेमीफ़ाइनल में श्रीलंका ने भारत को हराया। यह हार निर्णायक साबित हुई। बंगलौर में खेले गए क्वार्टर फ़ाइनल के यादगार मैच में भारतीय टीम ने अपनी चिरप्रतिद्वंद्वी पाकिस्तान को तो हरा दिया, लेकिन सेमीफ़ाइनल में श्रीलंका के ख़िलाफ़ भारतीय टीम लक्ष्य को पाने में नाकाम रही और दर्शकों के हो-हुल्लड़ मचाने पर मैच बीच में रोक देना पड़ा और श्रीलंका को विजयी घोषित कर दिया गया।

अगर क्रिकेट विश्वकप दिल तोड़ने वाला साबित हुआ, तो ग्रीष्मकालीन ओलिंपियाड में भारतीय खेल प्रेमियों को कुछ अप्रत्याशित सफलताएं मिलीं। पुरुष टेनिस के एकल वर्ग में लिएंडर पेस ने कांस्य पदक जीता; जो कि 1952 के बाद से किसी भारतीय खिलाड़ी द्वारा जीता गया पहली व्यक्तिगत पदक था। पिछले तीन ग्रीष्मकालीन ओलिंपिक खेलों में भारतीय दल बिना किसी पदक के वापस लौटता रहा था। पेस को अटलांटा में शानदार प्रदर्शन के लिए सर्वोच्च खेल सम्मान, राजीव गांधी खेल रत्न से सम्मानित किया गया।

1996 में भारत बदल रहा था। बहुत कुछ पीछे छोड़ते हुए, वह नई राह तलाश रहा था। लिएंडर पेस की तरह इसके युवा आशा और आकांक्षाओं से भरपूर थे। आशा से भरपूर युवा गुनगुनाना चाहते थे, *'छोड़ आए हम वो गलियां।'*

1997 : *अरे रे अरे ये क्या हुआ*

तुम चले जाओ ज़रा हम संभल जाएं
धड़कनें दिल की कहीं न मचल जाएं
वक्त से आगे कहीं न हम निकल जाएं
अरे रे अरे ये क्या हुआ कोई न पहचाना

गीत : आनंद बख्शी
संगीत : उत्तम सिंह
गायन : लता मंगेशकर और उदित नारायण
फ़िल्म : *दिल तो पागल है*

संगीतमय फ़िल्म *दिल तो पागल है* की संपूर्ण ऊर्जा ने इसे 1997 की विशिष्ट फ़िल्म बना दिया। *'अरे रे अरे ये क्या हुआ'* कहानी में ऐसे समय आता है, जब दो प्रेमी – शाहरुख़ ख़ान और माधुरी दीक्षित एक दूसरे के प्रति अपने प्यार को पूरी तरह से ज़ाहिर करते हैं, और दोनों पूरी रौ में होते हैं। बंबई के अब तक के सबसे मंजे हुए गीतकार आनंद बख्शी ने ऐसी लय में इसे पिरोया, जिसमें फुर्ती भी थी और अंतरंगता भी। इस एक गाने के दौरान दोनों प्रेमी कई मानसिकताओं से गुज़रते हैं, तब प्यार का जादू सामने आता है। आनंद बख्शी ने जटिल भावनाओं को अक़्सर छिपा लेने वाले आसान शब्दों के तक़रीबन भ्रम को इस गीत में डाला – *'तुम चले जाओ, ज़रा हम संभल जाएं।'*

इस गाने की लुभावनी धुन उत्तम सिंह ने बनाई थी, जिन्होंने अपनी शुरुआत वायलिन वादक और संगीत प्रबंधक के रूप में शुरू की थी, और पहला ब्रेक मिलने

तक कई सालों तक आर.डी. बर्मन के साथ उनके मुख्य वायलिन वादक के रूप में काम करते रहे। उन्होंने इलैयाराजा के साथ कई तमिल फ़िल्मों के लिए काम किया। इस अनुभव को वे बहुत मूल्यवान मानते हैं। उत्तम सिंह का संगीत, पूर्व सैनिक आनंद बख्शी के बोल, यश चोपड़ा की क्लासिक 'सिचुएशंस' और अपने शीर्ष पर चल रहे सितारे, इन सबने मिलाकर इस फ़िल्म के गानों को, ख़ासकर इस गाने को लोगों की ज़ुबान पर चढ़ा दिया था।

यह वह समय था, जब हिंदी फ़िल्मों में रोमांस में मज़बूत साहस और मादक हरकतों का मेल किया जा रहा था। श्यामक डावर के प्रशिक्षित दल ने वर्क-आउट शैली पेश की और समूचा दल मुख्य कलाकारों के बीच प्यार के पलों का साक्षी बना।

1997 में राजनीतिक लिहाज़ से दो महत्त्वपूर्ण घटनाएं हुईं, जिनका भविष्य पर काफ़ी असर पड़ा। दिवंगत राजीव गांधी की पत्नी सोनिया गांधी बेहद अनिच्छा से कांग्रेस पार्टी की प्राथमिक सदस्य बन गईं। इसके अलावा, बिहार के राज्यपाल की मंज़ूरी के बाद लालू प्रसाद यादव के ख़िलाफ़ भ्रष्टाचार के आरोपों की जांच शुरू हो गई।

1980 से ही अखिल भारतीय कांग्रेस कमेटी के कोषाध्यक्ष का पद संभालने वाले सीताराम केसरी कांग्रेस पार्टी के अध्यक्ष निर्वाचित हुए। इस पद के लिए साढ़े चार दशकों से चुनाव नहीं हुआ था।

पी.वी. नरसिंहराव के अध्यक्ष पद से हट जाने के बाद ये चुनाव करवाए गए। राजीव गांधी की हत्या के बाद, कांग्रेस की कमान नेहरू-गांधी परिवार के हाथों में नहीं रही तो कांग्रेस की हालत बिगड़नी शुरू हो गई थी, और केसरी अपने काम की शैली में अडिग माने जाते थे।

जनता दल के नेतृत्व वाली संयुक्त मोर्चा सरकार किसी ओबीसी, एच.डी. देवेगौड़ा के नेतृत्व में बनी पहली सरकार थी, और यह एक अनोखा प्रयोग था, जिसमें क्षेत्रीय पार्टियों के गठबंधन को कांग्रेस बाहर से समर्थन दे रही थी, साथ ही कम्युनिस्ट भी इसे बाहर से समर्थन दे रहे थे। इस गठबंधन को जल्द ही एक झटका लगा और सीताराम केसरी की अगुवाई वाली कांग्रेस ने समर्थन वापस ले डाला। राजनीतिक और व्यक्तिगत कारणों के साथ-साथ केसरी और देवेगौड़ा के बीच बुनियादी ग़लतफ़हमी के कारण गठबंधन ख़तरे में आ गया, और जब केसरी ने देवेगौड़ा के पैरों तले से ज़मीन खिसकाने में कोई संकोच नहीं किया, तो कई कांग्रेसियों समेत बहुत लोगों को आश्चर्य हुआ।

11 अप्रैल को लोकसभा में विश्वास मत पर हुए मत विभाजन में सरकार के पक्ष में 190 और विपक्ष में 338 वोट पड़े। विश्लेषकों का कहना है कि इस मत विभाजन को इस बात के लिए याद किया जाएगा कि इसमें कोई दलबदल नहीं हुआ था। ना

तो केसरी संयुक्त मोर्चा तोड़ने में सफल हो पाए, और ना ही देवेगौड़ा कांग्रेस के किसी धड़े को केसरी से अलग कर पाए। हालांकि ज्यादातर कांग्रेसियों ने इस फ़ैसले को 'कठिन' पाया, और 'विपक्ष' के तौर पर वे मध्यावधि चुनाव टालने के लिए नेता बदलने पर सहमत हो गए। इस तरह से ग्यारह महीने की देवेगौड़ा सरकार के पतन के बाद इंद्रकुमार गुजराल ने प्रधानमंत्री का पद संभाला।

राजनीतिक नक़्शे के अन्य हिस्से भी दिक़्क़त और रोमांच से भरे रहे। उत्तर प्रदेश में बसपा और भाजपा के बीच हुआ अप्रत्याशित गठबंधन टूट गया, क्योंकि बसपा ने समर्थन वापस ले लिया था। भाजपा के कल्याण सिंह दलबदलुओं की मदद से, और उन्हें मंत्रिपरिषद में शामिल करके मुख्यमंत्री बने रहे। उत्तर प्रदेश में अब तक की सबसे बड़ी मंत्रिपरिषद में तेरानवे मंत्री थे।

सीबीआई ने आगे बढ़ने का निश्चय किया और चारा घोटाले में लालू प्रसाद यादव समेत छप्पन लोगों के ख़िलाफ़ चार्जशीट दायर की। 25 जुलाई को राबड़ी देवी ने बिहार की पहली और एकमात्र महिला मुख्यमंत्री के रूप में शपथ ली।

स्वदेशी ध्रुवीय उपग्रह प्रक्षेपण यान पीएसएलवी-सीएल इस साल प्रक्षेपित किया गया था, जिसका मतलब था कि भारत चुनिंदा देशों के समूह में शामिल हो गया, जिनके पास भारी उपग्रह प्रक्षेपित करने की क्षमता है। हालांकि भारत का 4 माह पहले तक कक्षा में रहा इनसेट-2डी संचार उपग्रह खो गया। इसी साल भारतीय मूल की एक महिला अंतरिक्ष यात्री कल्पना चावला पहली बार अंतरिक्ष में गई।

1997 में आकाशवाणी का प्रसारण ऑनलाइन होने लगा। ये टेलिविज़न के आरंभिक दिन थे, लेकिन सरकारी रेडियो भी पहले की तरह प्रासंगिक बने रहने के नए-नए तरीक़े खोजने में लगा था।

इस साल को देश में पहले फेफड़े और लिवर प्रत्यारोपण के लिए भी याद किया जाएगा। नई दिल्ली में अखिल भारतीय आयुर्विज्ञान संस्थान में भारत का पहला लिवर प्रत्यारोपण किया गया, जबकि मद्रास में देश का पहला फेफड़ा प्रत्यारोपण किया गया। लखनऊ में वैज्ञानिकों ने अफ़ीम-मुक्त पोस्ता 'सुजाता' तैयार किया, जिसे बीज तथा बीज के तेल के लिए उगाया जा सकता था। वैज्ञानिकों ने कालाज़ार और कवक संक्रमण के इलाज के लिए वसाकाय आधारित दवा भी तैयार की। अमेरिका के बाहर यह काम पहली बार हुआ था। भारत के मिसाइल प्रोग्राम को आगे बढ़ाने वाले ए.पी. जे. अब्दुल कलाम को इसी साल के अंत में भारत रत्न से सम्मानित किया गया।

राजनीतिक रूप से देखें, तो साल ख़त्म होने तक रोमांच बना हुआ था। पूर्व प्रधानमंत्री राजीव गांधी की हत्या की जांच के लिए गठित जैन आयोग की रिपोर्ट में डीएमके के बारे में टिप्पणी के आधार पर, सीताराम केसरी के नेतृत्व वाली कांग्रेस ने इंद्रकुमार गुजराल सरकार से भी समर्थन वापस ले लिया। संयुक्त मोर्चा सरकार गिर गई

और इस बार मध्यावधि चुनाव टाले नहीं जा सके। 4 दिसंबर, 1997 को लोकसभा भंग कर दी गई।

ऐसे में, चुस्त कपड़ों, और लाल शिफ़ॉन साड़ी पहने माधुरी दीक्षित का आग लगा देने वाला लुभावना गाना *'अरे रे अरे ये क्या हुआ'* 1997 के लिए बिलकुल उचित बैठा। यह ऐसा उथल-पुथल भरा साल था, जिसमें हमेशा कुछ न कुछ होता ही रहा - इतना ही नहीं, भविष्य में भी राजनीतिक और सामाजिक रूप से बहुत कुछ होने की भूमिका भी इसी साल तैयार हो रही थी।

1998 : *कुछ कुछ होता है*

तुम पास आए यूं मुस्कराए
तुमने न जाने क्या सपने दिखाए
अब तो मेरा दिल जागे न सोता है
क्या करूं हाय, कुछ कुछ होता है

गीत : समीर
संगीत : जतिन-ललित
गायन : उदित नारायण और अलका याज्ञिक
फ़िल्म : *कुछ कुछ होता है*

'*अब तो मेरा दिल जागे न सोता है/क्या करूं हाय, कुछ कुछ होता है*' 1990 के दशक की एक और मधुर व संगीतमय सफलता थी, लेकिन करण जौहर की पहली फ़िल्म *कुछ कुछ होता है* का हिस्सा होने के कारण यह ख़ास बन गया। दिल से और *1947 : अर्थ* जैसी सुपर हिट संगीत वाली फ़िल्मों की रिलीज़ के साल में शाहरुख़-काजोल-रानी अभिनीत इस गाने के लिए अलका याज्ञिक ने सर्वश्रेष्ठ पार्श्वगायिका का राष्ट्रीय पुरस्कार जीता। समीर के बोल साफ़-सुथरे और आसान थे, जबकि उस दौर में गोविंदा की फ़िल्मों के डबल मीनिंग वाले गाने छाए रहते थे। संगीतकार जतिन और ललित की जोड़ी अपने करियर के सर्वोच्च शिखर पर थी। ये जोड़ी दिलवाले दुल्हनिया ले जाएंगे और जो जीता वही सिकंदर जैसी सुपर हिट फ़िल्मों के लिए संगीत दे चुके थे। करन जौहर के निर्देशन में ग्लैमरस फ़िल्मांकन वाले इस गाने की आकर्षक और मधुर लय इसी फ़िल्म के शीर्षक गीत दिल से की तुलना में गुनगुनाने में आसान थी। जौहर ने सुंदर जवान दिलों की पसंद को उजागर

किया, जो हम आपके हैं कौन और *दिल तो पागल है* में साबित तो हो चुका था, वे इसे कपड़ों के टॉप ब्रांडों के लोगो के साथ एक और स्तर तक ले गए। कॉलेज आर्ची कॉमिक्स से निकालकर सीधे *बेवरली हिल्स, 90210* ले जाया गया। निश्चित ही यह एक फ़ील-गुड फ़िल्म थी, जो रोमांटिक जोड़ी शाहरुख़ ख़ान और काजोल को फिर से मिला देती है, लेकिन इसमें एक विधुर, एक बिन मां की बच्ची और टूटे दिल जैसे कुछ अन्य गंभीर तत्व मिलाकर, इसने चलन को कुछ विस्तार भी दे दिया था। इसका नतीजा हल्के, और कई बार मूर्खतापूर्ण मनोरंजन के अप्रत्याशित बारीक मिश्रण के रूप में सामने आया, जो भावनाओं पर आधारित था, और बिलकुल स्वाभाविक लगता था। जब पात्र बड़े होते हैं, तब भी ग्लैमर का हिस्सा कम नहीं होता और शीर्षक गीत को भी स्कॉटलैंड में विभिन्न आकर्षक जगहों पर दस दिन की अवधि में फ़िल्माया गया था।

अगर कुछ कुछ होता है ब्लॉकबस्टर थी, तो मणि रत्नम की दिल से बॉक्स ऑफ़िस पर बुरी तरह से नाकाम रही। रोजा और बॉम्बे के साथ शाहरुख़ ख़ान अभिनीत *कुछ कुछ होता है* की तिकड़ी की ख़ास बात ए.आर. रहमान का अलग तरह का और बेहद लोकप्रिय संगीत था। इसके साथ ही आधुनिक हिंदी सिनेमा में गुलज़ार का गीतकार के रूप में फिर से अवतरण हुआ। ट्रेन की छत पर फिल्माए गए *'छैंया छैंया'* ने तो एक नया चलन ही शुरू कर दिया, जबकि 1990 के दशक की फ़िल्मों में इस तरह के गाने बहुत ही कम दिखाई देते थे। *दिल से* के बहुत सूक्ष्मता से फ़िल्माए गए गाने उस साल का टॉप वीडियो एलबम रहे। इसी साल ए.आर. रहमान की संगीतबद्ध की दीपा मेहता की फ़िल्म *1947 : अर्थ* भी रिलीज़ हुई, जो कि बापसी सिधवा के उपन्यास *आइस कैंडी मैन* पर आधारित थी। ऑस्कर में सर्वश्रेष्ठ विदेशी फ़िल्म की श्रेणी में भारत की प्रविष्टि, *1947 : अर्थ*, को *न्यूयॉर्क टाइम्स* ने 'किसी सभ्यता के कुछ ख़ास दबावों में आकर अचानक भंग होने के तरीक़े की सशक्त और विचलनकारी याद' बताया था।

भारत में बहुत लोगों के लिए 1998 ऐसा ही साल था। नववर्ष के दिन निर्वाचन आयोग ने घोषणा की कि आम चुनाव 16 से 28 फ़रवरी के बीच होंगे। सोनिया गांधी ने कांग्रेस पार्टी का चुनाव अभियान शुरू किया और इसके लिए तमिलनाडु में श्रीपेरंबदूर की उसी जगह को चुना जहां उनके पति राजीव गांधी को 1991 में आत्मघाती बम हमले में मार दिया गया था। पूर्व प्रधानमंत्री नरसिंहराव को टिकट ही नहीं दिया गया और उनका दर्द कुछ इस तरह से सामने आया : 'मेरी हालत तो द्रौपदी की तरह है। हर कोई उसका चीरहरण देख रहा था, लेकिन मदद किसी ने नहीं की।' मतदान का पहला चरण 14-15 फ़रवरी को कोयंबटूर में हुए बम विस्फोटों के साए में हुआ। जिस दिन कोयंबटूर में भाजपा के अध्यक्ष लालकृष्ण आडवाणी की सभा थी, उसी दिन कई कार बम विस्फोटों में कम से कम साठ लोग मारे गए। चुनावी हिंसा

में 150 से ज़्यादा लोग मारे गए और जब 2 मार्च को परिणाम घोषित हुए तो किसी भी दल या गठबंधन को सरकार बनाने लायक़ बहुमत नहीं मिला। भाजपा के नेतृत्व वाले राष्ट्रीय जनतांत्रिक गठबंधन को 251 सीटें मिली थीं, तो कांग्रेस के नेतृत्व वाले गठबंधन को 166 और सत्तारूढ़ संयुक्त मोर्चा को छियानवे सीटें हासिल हुई थीं।

संयुक्त मोर्चा के सहयोग से कांग्रेस के सरकार बनाने की कोशिशों को सफलता नहीं मिली, क्योंकि जयललिता के आल इंडिया अन्ना द्रविड़ मुनेत्र कड़गम (एआईएडीएमके) ने अलग राह पकड़ ली। भाजपा सबसे बड़ी पार्टी थी तो राष्ट्रपति ने अटल बिहारी वाजपेयी को सरकार बनाने के लिए आमंत्रित किया और दस दिनों के अंदर बहुमत साबित करने को कहा। 19 मार्च को वाजपेयी ने तेरह दलों के गठबंधन के नेता के तौर पर प्रधानमंत्री पद की शपथ ली, जिसे एआईएडीएमके का समर्थन हासिल था। 28 मार्च को एनडीए सरकार ने तेरह मतों से लोकसभा में विश्वास मत अर्जित कर लिया, क्योंकि तेलुगु देशम पार्टी ने ऐन मौक़े पर एनडीए का समर्थन कर दिया था। इस बीच कांग्रेस पार्टी के शीर्ष नेतृत्व में बदलाव हुआ। सीताराम केसरी ने कांग्रेस अध्यक्ष के पद से 9 मार्च को इस्तीफ़ा दे दिया और 14 मार्च को सोनिया गांधी पार्टी की अध्यक्ष निर्वाचित हो गईं। इस तरह से सात साल बाद कांग्रेस की कमान फिर से गांधी परिवार के पास आ गई।

जब वाजपेयी सरकार सत्ता में आई, तो उसने ऐलान किया कि वह 'भारत की परमाणु नीति का फिर से मूल्यांकन करेगी और परमाणु हथियार शामिल करने के विकल्प पर विचार करेगी।' 11 और 13 मई, 1998 को भारत ने राजस्थान के पोखरन में 'शक्ति' कूट नाम से पांच परमाणु भूमिगत परीक्षण करके सबको चकित कर दिया। सीआईए की गिद्ध दृष्टि से परीक्षणों की तैयारी को दूर रखने के लिए बेहद गोपनीय तरीक़े से काम किया गया। दिसंबर, 1995 को अमेरिकी उपग्रहों ने पोखरन में गतिविधियों की पहचान की थी और पता लगा लिया था कि परीक्षण की तैयारियां हो रही हैं, लेकिन अमेरिकी दबाव में नरसिंहराव सरकार ने परीक्षण रद्द कर दिया था। अक्टूबर, 1996 को पोखरन में परमाणु परीक्षण की तैयारियां एक बार फिर जासूसी चित्रों के ज़रिए उजागर हुईं, लेकिन भारत ने फिर से परीक्षण नहीं करने का फ़ैसला किया, और परीक्षण स्थल दिसंबर के मध्य तक ख़ाली कर दिया था।

28 और 30 मई को पाकिस्तान ने पाकिस्तान ने भी यही राह पकड़ी और कथित तौर पर छह परमाणु परीक्षण किए। इससे भारत और पाकिस्तान को परमाणु हथियार संपन्न देश घोषित किया गया, जिससे पश्चिमी देशों, ख़ासकर अमेरिका और जर्मनी के साथ-साथ जापान, कैनाडा और ऑस्ट्रेलिया ने दोनों पर कड़े आर्थिक प्रतिबंध लगा दिए।

आर्थिक प्रतिबंधों और एशियाई आर्थिक संकट के कारण खाद्य मुद्रास्फीति आसमान छूने लगी। प्याज़ की बेहद ऊंची क़ीमतें इस संकट का प्रतीक बन गईं, और

भाजपा मध्य प्रदेश, दिल्ली और राजस्थान में नवंबर में हुए विधानसभा चुनावों में हार गई। दिल्ली और राजस्थान में उसे सत्ता गंवानी पड़ी, जबकि मध्य प्रदेश में कांग्रेस दोबारा सत्ता में आने में सफल रही। इसके पहले, सितंबर में वाजपेयी सरकार ने बिहार में राबड़ी देवी सरकार को बर्ख़ास्त करने और राष्ट्रपति शासन लागू करने की सिफ़ारिश की। राष्ट्रपति के.आर. नारायणन ने तीन दिनों में वे सिफ़ारिशें केंद्रीय मंत्रिमंडल को लौटा दीं और इस निर्णय पर फिर से विचार करने को कहा। सरकार ने इस मसले पर आगे दबाव नहीं डाला।

इस साल का अंत सरकार के एक कड़े फ़ैसले के साथ हुआ। उसने नौसेना प्रमुख एडमिरल विष्णु भागवत को बर्ख़ास्त कर दिया। स्वतंत्र भारत के इतिहास में किसी सेवारत सेनाध्यक्ष को बर्ख़ास्त करने का यह पहला निर्णय था। दो दिन पहले ही उन्होंने ज्वाइंट चीफ़ ऑफ़ स्टाफ़ कमेटी के अध्यक्ष का पद संभाला था। एडमिरल भागवत की बर्ख़ास्तगी इस आधार पर की गई कि उन्होंने 'नागरिक सत्ता के निर्देशों की जानबूझकर अवहेलना की।'

अक्टूबर में भारत को एक सुखद आश्चर्यजनक उपलब्धि हासिल हुई। अमर्त्य सेन नोबेल पुरस्कार पाने वाले छठे भारतीय बने। इसके पहले स्वीडिश रॉयल अकादमी ने जाने-माने अर्थशास्त्री अमर्त्य सेन को अर्थशास्त्र के लिए 1998 के बैंक ऑफ़ स्वीडन पुरस्कार के लिए चुना था। अमर्त्य सेन का सामाजिक पसंद के अर्थशास्त्र, निर्धनता सूचकांक और अकाल की स्थिति के अध्ययनों के क्षेत्र में किए गए जीवन पर्यंत कार्यों के लिए नोबेल पुरस्कार से सम्मानित किया गया।

अमर्त्य सेन का संबंध एक और नोबेल पुरस्कार विजेता रवींद्रनाथ टैगोर से भी था। 1933 में जब एशिया के पहले नोबेल पुरस्कार विजेता रवींद्रनाथ टैगोर से उनके सचिव की बेटी के बच्चे का नामकरण करने का अनुरोध किया गया, तो उन्होंने उसे 'अमर्त्य' नाम दिया था, जिसका अर्थ होता है 'अमर।' टैगोर ने बच्चे के माता-पिता से कहा था, 'यह एकदम अलग तरह का नाम है। मुझे लगता है कि यह बच्चा बड़ा होकर एकदम अलग तरह का विलक्षण व्यक्ति बनेगा।' एक ऐसे साल में, जिसमें बहुत कुछ घटित हुआ हो, उसके बारे में यही कहा जा सकता था कि *'कुछ कुछ होता है।'*

1999 : *हम दिल दे चुके सनम*

उम्मीदें तुम्हीं से हैं मेरे सनम
थामा है तुम्हारा ही ये दामन
ओह भूलेंगे कभी न अब तुम्हें हम
ओह हम दिल दे चुके सनम
तेरे हो गए हैं हम
तेरी कसम
तेरी कसम

गीत : महबूब
संगीत : इस्माइल दरबार
गायन : कविता कृष्णमूर्ति
फ़िल्म : *हम दिल दे चुके सनम*

'*हम दिल दे चुके सनम, तेरे हो गए हैं हम*' संजय लीला भंसाली की फ़िल्म का शीर्षक गीत है, जो फ़िल्म के क्लाइमेक्स में आता है। इस फ़िल्म के साथ ही भंसाली ने नए संगीत निर्देशक इस्माइल दरबार का परिचय करवाया था, जो इस ब्रेक के मिलने से पहले कई संगीतकारों के लिए वायलिन बजाया करते थे। ग्यारह गानों वाली इस फ़िल्म के बनने में दो साल लगे थे, और इसका संगीत इसकी मुख्य विशेषताओं में शामिल था। फ़िल्म को महंगे सेट डिज़ाइन और उत्कृष्ट सिनेमेटोग्राफ़ी के लिए भी सराहना मिली थी।

कई तरह के भावनाओं के समेटे सभी गाने प्रेम त्रिकोण की कहानी आगे बढ़ाते हैं, और बेहद लोकप्रिय हुए थे। हालांकि बहुत लंबे समय बाद ऐसा हुआ कि पार्श्व में बजते कम शोरगुल वाले गाने से फ़िल्म का क्लाइमेक्स तैयार किया गया हो। मधुर अभिलाषा का संदेश देता महबूब के आसान बोल, मधुर धुन, अंदरूनी संघर्ष के भावों को दिखाता। ऐश्वर्या का शानदार अभिनय, और हंगरी में बुडापेस्ट के सुंदर दृश्य-जो फ़िल्म में इटली के बताए गए हैं – इन सबने मिलाकर, इस शीर्षक गीत को फ़िल्म का सबसे ज़्यादा गुनगुनाया जाने वाला गाना बना दिया।

इस ब्लॉकबस्टर के लिए दरबार को सर्वश्रेष्ठ संगीत निर्देशक का राष्ट्रीय पुरस्कार दिया गया। इस फ़िल्म को सर्वश्रेष्ठ सिनेमेटोग्राफ़ी, सर्वश्रेष्ठ प्रोडक्शन डिज़ाइन और सर्वश्रेष्ठ कोरियोग्राफ़ी के भी राष्ट्रीय पुरस्कार मिले थे। हालांकि फ़िल्म की कथा पुरानी सोच पर आधारित थी, जिसमें पत्नी अपने प्रेमी को छोड़कर, पति के साथ रहने का फ़ैसला करती है। भंसाली ने लाल साड़ी और मंगलसूत्र की प्रतीकात्मकता को इस गाने में बहुत अच्छी तरह से भुनाया, जिसने विश्वसुंदरी रह चुकी ऐश्वर्या राय को अभिनेत्री के रूप में स्थापित कर दिया था। ऐश्वर्या राय की एक और फ़िल्म सुभाष घई की *ताल* का भी संगीत बेहद हिट रहा था, जिसका संगीत ए.आर. रहमान ने दिया था। सूरज बड़जात्या ने इसी साल मल्टीस्टारर *हम साथ साथ हैं* रिलीज़ की थी, जो उनकी पिछली फ़िल्म *हम आपके हैं कौन* के ना तो संगीत की बराबरी कर पाई और ना बॉक्स ऑफ़िस पर मिली सफलता की। इन रोमांटिक और म्यूजिकल हिट फ़िल्मों के विपरीत आमिर ख़ान अभिनीत *सरफ़रोश* एक थ्रिलर फ़िल्म थी, जिसमें पाकिस्तान से चलने वाले सीमापार आतंकवाद का मुद्दा उठाया गया था। यह फ़िल्म अप्रैल में रिलीज़ हुई थी, जिसके कुछ ही सप्ताह पहले भारतीयों को पाकिस्तान के सीमापार आतंकवाद और करगिल के धोखे का सामना करना पड़ा था।

1998 के अंत और 1999 के आरंभ में पाकिस्तानी सेना ने ऑपरेशन बद्र शुरू किया, जिसके तहत उसने अपने सैनिक और अर्ध-सैनिक बटालिक-करगिल-द्रास क्षेत्र की भारतीय भूमि में भेजने शुरू कर दिए। पाकिस्तान के तत्कालीन सेनाध्यक्ष जनरल परवेज मुशर्रफ़ की स्वीकृति से हो रहे इस ऑपरेशन का मक़सद कश्मीर और लद्दाख के बीच संपर्क को ख़त्म करना, और भारतीय सेनाओं को सियाचिन ग्लेशियर से हटने पर मजबूर करना था, ताकि भारत को वृहद कश्मीर सीमा विवाद के निपटारे की बातचीत के लिए बाध्य किया जा सके। पाकिस्तान को यह भी यक़ीन था कि दोनों परमाणु शक्तियों के बीच क्षेत्र में किसी भी तरह के तनाव से कश्मीर मुद्दे का अंतरराष्ट्रीयकरण हो जाएगा, जिससे त्वरित समाधान हासिल करने में मदद मिलेगी।

जब 20 फ़रवरी को भारत के प्रधानमंत्री अटल बिहारी वाजपेयी बस से पाकिस्तान गए तब घुसपैठ जारी थी। 22 सुयोग्य भारतीयों के साथ वाजपेयी दिल्ली से लाहौर बस की उद्घाटन सेवा में सफ़र कर रहे थे। वाघा में उनका विधि-विधान

से पाकिस्तान के प्रधानमंत्री नवाज़ शरीफ़ ने स्वागत किया। मीनार-ए-पाकिस्तान जाकर वाजपेयी ने पाकिस्तान को औपचारिक रूप से मंज़ूरी दे दी, क्योंकि उनकी पार्टी विभाजन का विरोध करती आ रही थी, और अखंड भारत की अवधारणा पर यक़ीन करती थी। साठ मीटर ऊंची मीनार-ए-पाकिस्तान उसी जगह स्थापित की गई है, जहां 1940 में आल इंडिया मुस्लिम लीग ने पाकिस्तान के निर्माण का प्रस्ताव पास किया था। यह यात्रा दोनों पक्षों के गाढ़ी मैत्री के रूप में देखी गई। सरकारी भोज के मौक़े पर वाजपेयी ने इक्कीसवीं सदी के शायर मसूद बिन साद बिन सलमान की शायरी पढ़ी थी – *'शुद दर गाम लाहुर ख़ानम यारब! यारब! कि दर आरज़ू-ए-अनाम या रब!'* (लाहौर की हसरत में मेरी आत्मा उमड़ी पड़ती है, ओ ख़ुदा! मुझे उसकी कितनी हसरत है!), नवाज़ शरीफ ने तो वाजपेयी की ही कविता उद्धृत की थी, *'अब जंग न होने देंगे।'* यात्रा के अंत में दोनों पक्षों ने लाहौर घोषणा-पत्र जारी किया था।

हालांकि लाहौर घोषणा-पत्र की स्याही सूख भी नहीं पाई थी कि स्थानीय चरवाहों की नज़र पाकिस्तानी घुसपैठियों पर पड़ गई। 5 मई को कैप्टन सौरभ कालिया के नेतृत्व वाले गश्ती दल को घुसपैठियों ने बंदी बना लिया और प्रताड़ना दे-देकर उनकी हत्या कर दी। शुरुआत में घुसपैठ को सेना ने ज़्यादा गंभीरता से नहीं लिया, क्योंकि उसे लगा कि ये कुछ आतंकवादी हैं, जिन्हें जल्द ही निकाल बाहर कर दिया जाएगा। हालांकि जब घुसपैठ की मात्रा स्पष्ट हुई तो वायुसेना की तैनाती की गई, साथ ही ऑपरेशन विजय के तहत सेना ने और ज़्यादा सैनिक तैनात कर दिए। मई के अंत तक, भारतीय वायुसेना को दो एमआईजी विमानों और एक हेलीकॉप्टर का नुक़सान हुआ, और चौकियों पर दोबारा क़ब्ज़ा करने की सेना की कोशिशों में काफ़ी सैनिकों को जान गंवानी पड़ी। सरकार ने इसमें पाकिस्तान के हाथ होने के सबूत जारी किए, जिनमें बीजिंग में बैठे मुशर्रफ़ और रावलपिंडी में मौजूद उनके चीफ़ ऑफ़ जनरल स्टाफ़ लेफ़्टिनेंट जनरल अजीज़ ख़ान की टेलीफ़ोन पर हुई बातचीत भी शामिल थी। त्वरित राजनयिक क़दमों से नियंत्रण रेखा का उल्लंघन करने वाले पाकिस्तान पर वैश्विक दबाव पड़ा, जबकि सेना ने पाकिस्तानी ठिकानों को नष्ट करने के लिए और ज़्यादा सैनिक भेज दिए और बोफ़ोर्स तोपों का जमकर इस्तेमाल किया।

इन क़दमों के नतीजे आने लगे, और भारतीय सेना ने जून के मध्य तक द्रास में तोलोलिंग पर क़ब्ज़ा कर लिया, जबकि अमेरिका के राष्ट्रपति बिल क्लिंटन ने नवाज शरीफ़ को फ़ोन करके अपनी नाराज़गी जताई। आख़िरकार, 4 जुलाई को शरीफ़ वॉशिंगटन डीसी रवाना हुए, जहां क्लिंटन ने उन्हें डांटा और पाकिस्तान ने क़ब्ज़ाए इलाक़ों से एकतरफ़ा हटने का ऐलान किया। हालांकि पाकिस्तानी सेना के वापस होने के दौरान लड़ाई जारी रही। 14 जुलाई को वाजपेयी ने ऑपरेशन विजय की सफलता का ऐलान किया, जो कि 26 जुलाई को संपन्न हुआ और उसे करगिल विजय दिवस घोषित किया गया। करगिल युद्ध की ख़ासियत इसको भारत में मिला विस्तृत मीडिया

कवरेज थी, जिसने ख़ासकर टेलिविजन के ज़रिए देशभक्ति के उन्माद जैसी भावनाएं पैदा कीं।

चुनाव प्रचार के दौरान करगिल युद्ध के इस मीडिया कवरेज से वाजपेयी को फ़ायदा हो गया। 17 अप्रैल को लोकसभा में मात्र 1 वोट से उनकी सरकार नाटकीय तरीक़े से गिर गई थी, जिसके बाद ये चुनाव हुए थे। मतदान की ज़रूरत इसलिए पड़ी थी, क्योंकि एआईएडीएमके ने समर्थन वापस ले लिया था। हालांकि सोनिया गांधी ने सार्वजनिक रूप से दावा किया था कि उनके पास सरकार बनाने लायक़ बहुमत का आंकड़ा है, लेकिन मुलायम सिंह यादव ने उनका समर्थन करने से इंकार कर दिया, और आम चुनाव की नौबत आ पड़ी। सितंबर-अक्टूबर में हुए चुनावों के परिणामों में वाजपेयी के एनडीए को 298 सीटें मिलीं, जबकि कांग्रेस के गठबंधन को 134, और अन्य को 105 सीटों से संतोष करना पड़ा।

हालांकि चुनाव परिणामों से उस त्रासदी भरे साल में कोई राहत नहीं मिली। ईसाई मिशनरी ग्राहम स्टेंस और उनके दो छोटे बच्चों को जनवरी में ओडिशा में हिंदू कट्टरपंथियों ने जिंदा जला दिया, जबकि अक्टूबर में इस पूर्वी प्रदेश में शक्तिशाली चक्रवात के कारण क़रीब 10,000 लोग मारे गए। अगस्त में पाकिस्तान की नौसेना के जासूसी विमान अटलांटिक को कच्छ के रण में मार गिराया गया, जिससे विमान में सवार सभी लोग मारे गए। इससे दोनों देशों के बीच तनाव फिर बढ़ गया। क्रिसमस की पूर्व संध्या को पाकिस्तानी आतंकवादियों ने काठमांडू से नई दिल्ली आ रहे इंडियन एयरलाइंस की एयरबस फ्लाइट आईसी-814 का अपहरण कर लिया। अमृतसर में उतरने और संयुक्त अरब अमीरात का चक्कर लगा आने के बाद वह 25 दिसंबर को अफ़ग़ानिस्तान के कंधार में उतरा। 28 दिसंबर को अपहरणकर्ताओं ने तीन मांगें रखीं, जिनमें 35 आतंकवादियों की रिहाई और 200 मिलियन डॉलर की फ़िरौती शामिल थी। वाजपेयी सरकार ने अपहरणकर्ताओं से बात की और आख़िरकार तीन पाकिस्तानी आतंकवादियों की रिहाई पर सहमत हो गई। विदेशमंत्री जसवंत सिंह तीनों आतंकवादियों को लेकर कंधार गए। 31 दिसंबर को विमान अपहरणकर्ताओं ने बंधकों को रिहा कर दिया, हालांकि उसके पहले वे एक बंधक को विमान में जान से मार चुके थे। आतंकवाद से बहुत कड़ाई से निपटने का दावा करने वाली सरकार के चेहरे पर यह करारा तमाचा था। शायद सरकार ने मान लिया था कि उसे चिंता करने की कोई बात नहीं है, क्योंकि मतदाता चुनावों के दौरान पहले ही वाजपेयी से कह चुके थे, *'हम दिल दे चुके सनम।'*

2000 का दशक : इंडिया शाइनिंग

फिर भी दिल है हिंदुस्तानी

तीन नए राज्यों का गठन, राष्ट्र की चेतना को झकझोर देने वाले गुजरात के दंगे, 2004 से अधिकार आधारित क़ानून : सूचना का अधिकार और काम का अधिकार, भारत की अर्थव्यवस्था में उछाल, दूरसंचार क्रांति।

1.

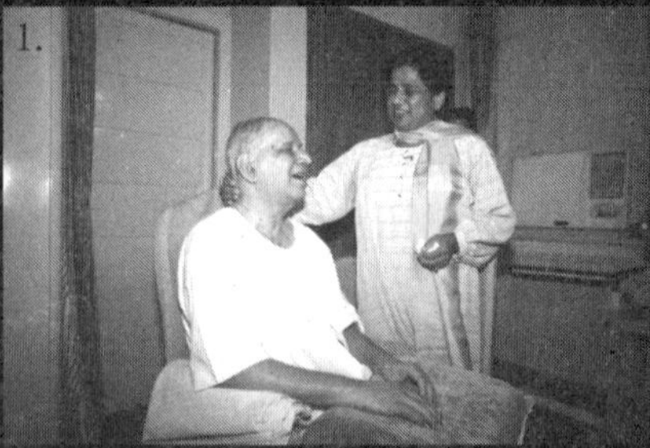

2.

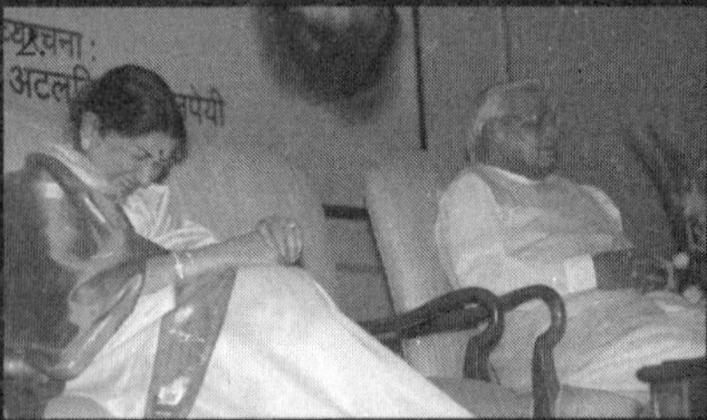

3.

4.

1. दलित राजनीति के प्रतीक : कांशीराम और मायावती।
(फ़ोटो : प्रवीण जैन)

2. प्रधानमंत्री अटल बिहारी वाजपेयी एक समारोह में महान गायिका लता मंगेशकर के साथ।
(फ़ोटो : प्रवीण जैन)

3. प्रधानमंत्री अटल बिहारी वाजपेयी असफल रही आगरा शिखर वार्ता के दौरान पाकिस्तान के तानाशाह जनरल परवेज़ मुशर्रफ़ के साथ।
(फ़ोटो : प्रवीण जैन)

4. मुंबई जल उठा। नवंबर, 2008 में पाकिस्तानी आतकंवादियों ने प्रमुख स्थलों पर हमले किए।

5. यूपीए रिटर्न्स : 2009 के चुनाव परिणामों के बाद सोनिया गांधी, मनमोहन सिंह का सम्मान करते हुए।
(फ़ोटो : प्रवीण जैन)

5.

2000 : *फिर भी दिल है हिंदुस्तानी*

उल्टी सीधी जैसी भी है अपनी यही कहानी
थोड़ी हम में होशियारी है, थोड़ी है नादानी
थोड़ी हम में सच्चाई है, थोड़ी बेईमानी
फिर भी दिल है हिंदुस्तानी

गीत : जावेद अख़्तर
संगीत : जतिन-ललित
गायन : उदित नारायण
फ़िल्म : *फिर भी दिल है हिंदुस्तानी*

'*फिर भी दिल है हिंदुस्तानी, फिर भी दिल है हिंदुस्तानी*', अज़ीज़ मिर्ज़ा की फ़िल्म का ये शीर्षक गीत देशभक्ति के गीतों की उस सूची में शामिल हो चुका है, जिन्हें हर बार गणतंत्र दिवस और स्वतंत्रता दिवस पर श्रद्धा के साथ बजाया जाता है। हालांकि जावेद अख़्तर के बोल आक्रामक देशभक्तिपूर्ण होने के बजाय मज़ाक़िया और हास्ययुक्त ही ज़्यादा हैं, और हिंदी सिनेमा के झंडा फहराने वाले राष्ट्रवाद के विचार से अलग, एक मज़ाक़ का संदेश देते हैं। चमकीले रंग में हल्के-फुल्के अंदाज़ में फ़िल्माए गए इस गाने को वीडियो को जतिन-ललित ने उत्साही धुन देकर आकर्षक बना दिया। फ़िल्म के रिलीज़ होने से पहले इसे प्रमोशनल गाने के रूप में तैयार किया गया था, लेकिन यह इतना ज़्यादा लोकप्रिय हुआ कि इसे लोगों की अपेक्षाओं को पूरा करने के लिए फ़िल्म की ओपनिंग क्रेडिट में शामिल करना पड़ गया। इस गाने को फ़िल्म के क्लाइमेक्स के दौरान भी पार्श्व में बजाया जाता है, क्योंकि इसकी धुन औसत भारतीय को किसी सार्वजनिक सरोकार के लिए साथ में आने को प्रेरित करती है।

शाहरुख़ ख़ान और जूही चावला द्वारा अभिनीत दो टीवी पत्रकारों के बीच प्रतिद्वंद्विता के इर्द-गिर्द बुनी फ़िल्म, जनसंचार, राजनीतिक पार्टियों, न्याय व्यवस्था और कॉर्पोरेट प्रायोजन को एक सूत्र में पिरोती है। इसमें एक मुजरिम को फांसी पर चढ़ाने से पहले जल्लाद को एक उत्पाद के प्रचार के लिए रोक लिया जाता है, हालांकि उतार-चढ़ाव झेलती यह फ़िल्म अंत में सुखद साबित होती है। शायद यह फ़िल्म अपने समय से बहुत आगे थी, जो कि शाहरुख़, जूही और अज़ीज का पहला प्रोडक्शन थी, जो उन्होंने नई निर्माण कंपनी ड्रीम्ज़ अनलिमिटेड के तहत बनाई थी, और बॉक्स ऑफ़िस पर ज़्यादा कामयाब नहीं रही।

इस साल की सबसे बड़ी हिट फ़िल्म ऋतिक रोशन की पहली फ़िल्म *कहो न... प्यार है* थी, जबकि मंसूर ख़ान ने भी *जोश* फ़िल्म बनाई जो कि ऐसी पहली फ़िल्म थी, जिसमें उनके चचेरे भाई आमिर ख़ान नहीं थे। इस फ़िल्म में शाहरुख़ ख़ान और ऐश्वर्या राय थे, लेकिन रोमांटिक जोड़ी के रूप में नहीं, बल्कि भाई-बहन के रूप में। आदित्य चोपड़ा *दिलवाले दुल्हनिया ले जाएंगे* के बाद मल्टी स्टारर फ़िल्म मोहब्बतें लेकर आए, लेकिन समीक्षकों ने इसकी तीखी आलोचना की। अभिषेक बच्चन और करीना कपूर ने जे.पी. दत्ता की *रिफ़्यूजी* के साथ अपने अभिनय की पारियों की शुरुआत की, लेकिन यह फ़िल्म बॉक्स ऑफ़िस पर नाकाम रही। इस साल का समापन विधु विनोद चोपड़ा की मिशन कश्मीर के साथ हुआ, जिसकी पटकथा पुलित्ज़र पुरस्कार के फ़ाइनलिस्ट सुकेतु मेहता ने लिखी थी। फ़िल्म में आतंकवाद के जटिल मुद्दे को उठाया गया था, जो ख़ासकर कश्मीर के संबंध में था, और तेज़ी से ख़त्म होते जा रहे कश्मीरियत के विचार को बचाने की कोशिश थी।

लगातार हिंसा में फंसा कश्मीर मुसीबत के मोर्चे पर आगे बना हुआ था, क्योंकि करगिल युद्ध और कंधार विमान अपहरण कांड के कारण भारत और पाकिस्तान के संबंध ख़राब हो गए थे। इससे पहले, इसी साल में प्रधानमंत्री वाजपेयी ने पाकिस्तान को आतंकवादी राष्ट्र घोषित करने की मांग की थी और आरोप लगाया था कि कंधार विमान अपहरण के पीछे पाकिस्तान का ही हाथ था। जब अमेरिकी राष्ट्रपति बिल क्लिंटन संबंध सुधारने के लिए भारत की यात्रा पर आए तो कश्मीर में छत्तीसिंहपुरा गांव में छत्तीस सिखों का सामूहिक क़त्ल कर दिया गया। लश्कर-ए-तैयबा को इस नरसंहार के लिए जिम्मेदार माना गया, लेकिन भारत के इस आरोप पर अमेरिका की चुप्पी ने भारत में काफ़ी नाराज़गी पैदा कर दी। क्लिंटन की विदेश मंत्री मेडेलिन अलब्राइट ने अपनी 2006 की किताब *द माइटी ऐंड द अलमाइटी : रिलेक्शंस ऑन अमेरिका, गॉड ऐंड वर्ल्ड अफ़ेयर्स* में इस क़त्लेआम के पीछे 'हिंदू आतंकवादियों' का हाथ होने का आरोप लगाया। आगे के पुनर्मुद्रित संस्करणों में 'हिंदू आतंकवादी' शब्द हटा दिया गया।

हालांकि क्लिंटन की यात्रा उनके भारत में किए काम के कारण नहीं, बल्कि पाकिस्तान में दिए बयान के कारण महत्त्वपूर्ण बनी। अमेरिका का व्यवहार पाकिस्तान के साथ वही रहता था, जो व्यवहार उसका भारत के साथ रहता था, लेकिन क्लिंटन पांच दिन की भारत यात्रा के अंत में अपने गिने-चुने साथियों के साथ एक सामान्य विमान से बिना किसी पूर्व निर्धारित कार्यक्रम के पाकिस्तान पहुंच गए। टेलिविजन पर सीधे प्रसारण में उन्होंने पाकिस्तानी जनता से कहा कि 'लोकतंत्र को अगर लगातार उखाड़ा जाता रहे तो वह पनप नहीं सकता...', जबकि उन्होंने कई मसलों पर पाकिस्तान के सैन्य तानाशाह जनरल परवेज़ मुशर्रफ़ के साथ निजी तौर पर बातचीत भी की थी। पाकिस्तान में छह घंटे से कम समय बिताने के बाद वे वहां से चले आए, लेकिन अपने अनुवर्तियों के लिए उन्होंने ऐसी परंपरा डाल दी, जो भारत की यात्रा के समय पाकिस्तान की यात्रा का दिखावा तक नहीं कर सकते।

भारत की पाकिस्तान के साथ कूटनीतिक लड़ाई के साथ-साथ वाजपेयी ने कश्मीरी संगठनों के साथ बातचीत के कई रास्ते खोलने की कोशिश की। जुलाई में एक साहसिक क़दम उठाते हुए सरकार ने हिज़बुल मुजाहिदीन के साथ युद्धविराम की घोषणा की। हालांकि यह केवल पंद्रह दिन ही चल सका, क्योंकि हिज़बुल मुजाहिदीन ने आरोप लगाया था कि सरकार ने उसके कुछ सदस्यों पर फ़ायरिंग की है। जम्मू-कश्मीर विधानसभा ने राज्य के 1953 से पूर्व के दर्जे की बहाली का प्रस्ताव पारित किया, लेकिन केंद्र ने इसे एकदम ख़ारिज कर दिया और इस पर संसद में चर्चा कराने तक से इंकार कर दिया। 19 नवंबर को वाजपेयी ने इस्लाम के पाक महीने रमज़ान का सम्मान करते हुए एक माह के लिए जम्मू-कश्मीर में आतंकवादियों के ख़िलाफ़ हर तरह के अभियानों पर एकतरफ़ा रोक लगा दी। पाकिस्तान ने भी जवाब में संयम बरतने की कार्रवाई की और नियंत्रण रेखा से अपने कुछ सैनिक हटा लिए। यह 'युद्धविराम' बाद में तीन बार बढ़ाया गया, और फिर मई, 2001 में इसे ख़त्म कर दिया गया। युद्धविराम ख़त्म करने के ऐलान के साथ ही मुशर्रफ़ को बातचीत के लिए भारत आने का निमंत्रण भी दिया गया।

जून में बिहार के औरंगाबाद जिले में उच्च जाति की रणवीर सेना द्वारा चौंतीस यादवों के सामूहिक क़त्ल कर देने की घटना से राज्य में क़ानून और व्यवस्था की बिगड़ती स्थिति फिर से उजागर हो गई। तब तक राज्य सरकार इसके दक्षिणी हिस्से को अलग करके नए झारखंड राज्य के निर्माण पर पहले ही सहमत हो चुकी थी, जो कि इस क्षेत्र के आदिवासियों की बहुत पुरानी लंबी मांग थी। जुलाई में पटना एक बार फिर चर्चा में आया, क्योंकि इसके रिहाइशी इलाक़े में बोइंग 737 विमान दुर्घटनाग्रस्त हो गया और पचास से ज़्यादा लोग मारे गए थे। बिहार में राज्य पुलिस की अप्रत्याशित हड़ताल भी देखने को मिली। हड़ताली पुलिसकर्मियों की मांग थी कि

मारे गए पुलिसकर्मियों के परिवारों को बेहतर मुआवज़ा दिया जाए, और उनके काम में 'राजनीतिक दख़लंदाजी' कम से कम हो।

वयोवृद्ध कन्नड़ फ़िल्म स्टार राजकुमार को चंदन तस्कर वीरप्पन ने कुछ लोगों के साथ अगवा कर लिया था। जनता के शोरगुल मचाने पर राज्य सरकार पर राजकुमार की रिहाई के लिए बातचीत करने का दबाव पड़ा, लेकिन सर्वोच्च न्यायालय ने हाथियों के शिकार तथा चंदन तस्करी करने वाले वीरप्पन के जेल में बंद साथियों की रिहाई के समझौते पर रोक लगा दी। नवंबर में, तमिलनाडु और कर्नाटक की राज्य सरकारों के तीन माह तक शर्मिंदगी झेलने के बाद, वीरप्पन ने अचानक वयोवृद्ध अभिनेता राजकुमार को रिहा कर दिया। इस रिहाई का सटीक कारण कभी पता नहीं चल पाया, हालांकि कर्नाटक सरकार ने गिरोह की कुछ मांगें मान ली थीं।

बांग्लादेश में बेनापोल से पश्चिम बंगाल में पेट्रापोल तक की यात्री रेलवे लाइन की बहाली से भारत और बांग्लादेश के बीच संबंधों में सुधार की झलक मिली। व्यावसायिक हितों की कमी के कारण यह लाइन 1974 में बंद कर दी गई थी। भारत ने रूस और दक्षिण अफ्रीका के साथ समझौतों पर भी हस्ताक्षर किए, और यूरोपीय संग के साथ व्यापार वार्ताएं शुरू कर दीं।

अंतरराष्ट्रीय क्रिकेट का सबसे काला दौर शुरू हुआ, जब दिल्ली पुलिस ने दक्षिण अफ्रीकी टीम के कप्तान हैंसी क्रोन्ये पर मैच फ़िक्सिंग का आरोप लगाया। शुरुआत में इंकार करने के बाद क्रोन्ये ने आरोप स्वीकार किया, जो कि दक्षिण अफ्रीका में जांच आयोग ने साबित कर दिया था। क्रोन्ये पर आजीवन प्रतिबंध लगा दिया गया, जबकि कुछ अन्य दक्षिण अफ्रीकी खिलाड़ियों पर भी पाबंदी लगाई गई। भारत के दो पूर्व क्रिकेटरों–मोहम्मद अज़हरुद्दीन और अजय जडेजा के नाम भी इस मामले में सामने आए।

नवंबर में तीन नए राज्य–उत्तरांचल, झारखंड और छत्तीसगढ़ अस्तित्व में आ गए। पश्चिम बंगाल के मुख्यमंत्री और दुनिया के सर्वाधिक समय तक निर्वाचित रहे कम्युनिस्ट नेता ज्योति बसु ने राजनीति से संन्यास लेते हुए पद त्याग दिया। उनकी जगह बुद्धदेव भट्टाचार्य को पश्चिम बंगाल का मुख्यमंत्री बनाया गया। इस बीच कांग्रेस अध्यक्ष पद के लिए हुए चुनाव में सोनिया गांधी को जितेंद्र प्रसाद ने चुनौती दी। सोनिया 94 के मुक़ाबले 7,448 मतों से विजयी रहीं।

सौंदर्य प्रतियोगिताओं में भारत इस साल हावी रहा। लारा दत्ता मिस यूनिवर्स चुनी गईं, तो प्रियंका चोपड़ा ने मिस वर्ल्ड का ख़िताब जीता। इनके साथ ही दिया मिर्ज़ा मिस एशिया पेसिफ़िक और अदिति गोवित्रिकर मिसेज़ वर्ल्ड चुनी गईं। हालांकि ग्लैमर की दुनिया से अलग देश में पड़े सूखे से दस करोड़ लोग प्रभावित हुए। यह स्थिति कठोर हक़ीक़त को ग्लैमर से ढंकने वाले इस गीत से मेल खाती थी, 'फिर भी दिल है हिंदुस्तानी।'

2001 : राधा कैसे न जले

मधुबन में जो कन्हैया किसी गोपी से मिले
कभी मुस्काए, कभी छेड़े, कभी बात करे
राधा कैसे न जले, राधा कैसे न जले
आग तन मन में लगे
राधा कैसे न जले, राधा कैसे न जले

मधुबन में भले कान्हा किसी गोपी से मिले
मन में तो राधा के ही प्रेम के हैं फूल खिले
किस लिए राधा जले, किस लिए राधा जले

गीत : जावेद अख़्तर
संगीत : ए.आर. रहमान
गायन : उदित नारायण, आशा भोंसले, वैशाली और साथी
फ़िल्म : *लगान*

'*राधा कैसे न जले'* उन्नीसवीं सदी की कहानी वाली *लगान* फ़िल्म का हिस्सा था। हालांकि कार्तिक की पूर्णिमा पर खेली जाने वाली रासलीला पर आधारित यह गीत श्रीकृष्ण जन्माष्टमी के मौक़े पर गाया जाता है। ए.आर. रहमान का संगीत परंपरागत है, जबकि जावेद अख़्तर ने उस दौर की लोकभाषा का रंग देने की कोशिश की थी। जावेद को गीत के लिए तो रहमान को संगीत के लिए राष्ट्रीय पुरस्कार मिला। इस फ़िल्म को ऑस्कर में सर्वश्रेष्ठ विदेशी फ़िल्म के वर्ग में शॉर्टलिस्ट किया गया था।

'राधा कैसे न जले' की कोरियोग्राफ़ी में सरोज ख़ान ने परंपरागत डांडिया और शास्त्रीय नृत्य के मिश्रण किया था। इस हल्के-फुल्के गाने में राधा कृष्ण (या कान्हा, उनका प्यार का नाम) को हमेशा गोपियों के साथ रास रचाते देख, ईर्ष्या महसूस करती है, जबकि कृष्ण अपने प्यार का भरोसा दिलाते हुए उसे मनाने की कोशिश करते हैं। इस गाने में फ़िल्म की नायिका अपने नायक, आमिर ख़ान के प्रति असुरक्षा का भाव दिखाती है, क्योंकि जिस तरह से कान्हा अन्य गोपियों के साथ रास रचाते हैं, उसी तरह से नायक की भूमिका निभा रहे आमिर ख़ान एक अंग्रेज़ी बाला के प्रति आकर्षित होते हैं। भारत में ब्रिटिश उपनिवेशवाद के संदर्भ में क्रिकेट पर आधारित क्लाइमेक्स के इर्द-गिर्द बुनी गई इस फ़िल्म का यह रोमांटिक हिस्सा है। उन दिनों बनने वाली फ़िल्मों से एकदम हटकर यह फ़िल्म बनाना आमिर ख़ान के लिए जोखिम भरा था। 222 मिनट लंबी इस फ़िल्म की सफलता ने उन्हें अलग तरह के अभिनेता-निर्माता-निर्देशक के रूप में स्थापित कर दिया, जो अलग तरह की कहानियों को व्यावसायिक सिनेमा के रूप में सफलता से पेश करते हैं।

अगर *लगान* ग्रामीण और अतीत की कहानी थी, तो आमिर ख़ान की इसी साल की एक और फ़िल्म *दिल चाहता है* शहरी और समकालीन कहानी पर आधारित थी। जावेद अख़्तर के बेटे फ़रहान अख़्तर के निर्देशन वाली यह फ़िल्म तीन उच्चवर्गीय लड़कों और अपने वजूद की चिंता के भावनात्मक पहलू के बारे में थी। फ़िल्म की भाषा, व्याकरण, विवरण, और कथावस्तु मूल रूप से आधुनिक थीं, और युवाओं को आकर्षित करने वाली शहरी फ़िल्म-निर्माण की ताज़ा शैली की शुरुआत करने वाली थी।

जब हिंदी फ़िल्म जगत बेहद ऊंचाइयों को छू रहा था, तभी देश ने भी इस साल कुछ असली ऊंचाइयां और कुछ वास्तविक गहराइयां देखीं। 9/11 के अमेरिका में आतंकी हमले ने पश्चिमी जगत को उस आतंक की पीड़ा से परिचित कराया, जिससे भारत गुज़र रहा था। न्यूयॉर्क में दो जुड़वां इमारतों पर भयावह आतंकी हमले के कुछ ही महीनों के अंदर भारत की संसद पर भी पाकिस्तान स्थित आतंकी संगठनों-लश्कर-ए-तैयबा और जैश-ए-मोहम्मद के छह आतंकवादियों ने हमला कर दिया। 13 दिसंबर को हुए इस नाटकीय आत्मघाती हमले में शीर्ष राजनीतिक नेतृत्व तो सौभाग्य से सकुशल बच गया, लेकिन इसमें छह सुरक्षाकर्मी मारे गए। इसके बाद 1 अक्टूबर को जम्मू-कश्मीर विधानसभा पर भयंकर हमला हुआ, जिसमें जैश-ए-मोहम्मद के पाकिस्तानी आत्मघाती बम ने अड़तीस लोगों की जान ले ली। उसने विधानसभा की इमारत के प्रवेश द्वार पर विस्फोटकों से भरी एक सरकारी जीप को बम से उड़ा दिया, जबकि बाक़ी आतंकवादियों ने पुलिस के वेश में परिसर में घुसकर गोली चलाना शुरू कर दिया। दोनों घटनाओं, ख़ासकर संसद पर हुए हमले ने वाजपेयी सरकार को क्रोधित कर दिया और उसने पाकिस्तान से हमले में शामिल

आतंकवादी संगठनों के ख़िलाफ़ कड़ी कार्रवाई करने को कहा। साल के अंत में युद्ध की आशंका बनी हुई थी।

इस साल का आरंभ ही गणतंत्र दिवस पर गुजरात राज्य में भारी भूकंप की दुखद घटना से हुआ था। इस पश्चिमी राज्य में आए इस भीषण भूकंप से क़रीब दस लाख लोग बेघर हो गए और कच्छ क्षेत्र में 12,300 लोगों अपनी जान गंवाई। भूकंप के केंद्र से महज़ 20 किलोमीटर दूर स्थित भुज पूरी तरह ध्वस्त हो गया और अहमदाबाद में अनेक इमारतों को नुक़सान पहुंचा। राहत और पुनर्वास कार्य संभालने के लिए भारतीय सशस्त्र सेना रवाना हुईं, और रेडक्रॉस समेत अनेक अंतरराष्ट्रीय एनजीओ भी उनकी मदद में जुटे। अन्य देशों से भी राहत सामग्री और मदद आई, जिनमें तेरह टन राहत सामग्री पाकिस्तान से भी आई थी। नष्ट इलाक़े को फिर से बसाने के लिए राज्य सरकार ने विस्तृत पुनर्निर्माण और पुनर्वास नीति का ऐलान किया।

जब देश गुजरात की इस मानवीय गंभीर मानवीय त्रासदी से उबर रहा था, तभी एक समाचार वेबसाइट ने राजनीतिक भूकंप पैदा कर दिया। 13 मार्च को, तहलका ने एक स्टिंग ऑपरेशन का वीडियो जारी किया, जिसमें राजनेता और सैन्य अधिकारी हथियार विक्रेता और बिचौलिए के वेश में आए पत्रकारों से रिश्वत लेते दिखाई दिए। भाजपा के राष्ट्रीय अध्यक्ष बंगारू लक्ष्मण भी कैमरे के सामने नक़द रुपये लेते दिखाई दिए, और उन्हें अपने पद से त्यागपत्र देना पड़ा। रक्षामंत्री जॉर्ज फ़र्नांडीस और उनकी समता पार्टी की राष्ट्रीय अध्यक्ष जया जेटली ने भी इस्तीफ़े दिए। भाजपा सरकार की तरफ़ से भी बदले की कार्रवाई तुरंत हुई, और *तहलका* के ख़िलाफ़ आईपीसी की कई धाराओं में मुकदमे दर्ज किए गए। आयकर विभाग, प्रवर्तन निदेशालय और इंटेलिजेंस ब्यूरो को भी तहलका के पीछे लगा दिया गया, लेकिन किसी ग़लत काम का सबूत नहीं मिल सका। तहलका के फ़ाइनेंसर शंकर शर्मा को बिना किसी आरोप के जेल में डाल दिया गया, और स्टिंग ऑपरेशन करने वाले पत्रकारों को भी सलाखों के पीछे कर दिया गया। नवंबर में जॉर्ज फ़र्नांडीस अपने पद पर वापस आ गए।

म्यांमार में सैन्य जुंटा के सरकार पर काबिज़ होने के बाद वहां की यात्रा पर जाने वाले पहले विदेश मंत्री जसवंत सिंह बने, लेकिन बांग्लादेश के साथ भारत के संबंधों में तब काफ़ी गिरावट आ गई, जब बांग्लादेश बॉर्डर गार्ड्स के साथ गोलीबारी में बीएसएफ़ के 16 जवान मारे गए। झड़प का कारण दोनों देशों के सीमा सुरक्षा कर्मियों के बीच बढ़ता तनाव था, लेकिन तात्कालिक कारण दोनों देशों के बीच अंतरराष्ट्रीय सीमा के सही तरह से चिह्नित नहीं होने के कारण होने वाला विवाद था। मेडिकल रिपोर्ट की ख़बरें आईं कि बीएसएफ़ के मारे गए सोलह जवानों में से कई को मारने से पहले उनके अंग-विच्छेद किए गए और उन्हें बुरी तरह से प्रताड़ित किया गया था। इससे देश भर में फैले गुस्से के कारण भारतीय सरकार दबाव में आ गई। हालांकि

तनाव तो क़ायम रहा, लेकिन दोनों देशों के शीर्ष राजनीतिक नेतृत्व के दख़ल के कारण यथास्थिति बहाल कर दी गई।

भाजपा को असम, केरल और पांडिचेरी में कांग्रेस से; तमिलनाडु में एआईएडीएमके और कांग्रेस गठबंधन से; और पश्चिम बंगाल में विधानसभा चुनावों में करारी हार का सामना करना पड़ा। पश्चिम बंगाल में वाममोर्चा सत्ता में वापस आ गया, और इस तरह से दुनिया की सर्वाधिक लंबी निर्वाचित कम्युनिस्ट सरकार के रूप में इसका रिकॉर्ड क़ायम रहा।

जुलाई में पाकिस्तान के राष्ट्रपति परवेज़ मुशर्रफ़, वाजपेयी के निमंत्रण पर शिखर स्तर की वार्ता के लिए भारत आए, लेकिन आगरा में बिना किसी सफलता के बातचीत टूट गई। वार्ता की संभावना में जम्मू-कश्मीर में नियंत्रण रेखा पर कुछ प्रवेश द्वार खोल दिए गए थे। आगरा में मुशर्रफ़ ने भारतीय संपादकों के बीच लाइव टीवी प्रसारण पर प्रेस कॉन्फ्रेंस की, जिससे वार्ता काफ़ी कटुतापूर्ण माहौल में ख़त्म हुई। परमाणु परीक्षणों के तीन साल बाद, और 9/11 के बाद अंतरराष्ट्रीय समर्थन जुटाने के लिए अमेरिका सरकार ने भारत और पाकिस्तान पर लगाए प्रतिबंध हटा लिए।

इस बीच, 2001 की जनगणना के अस्थाई आंकड़ों से पुष्टि हो गई कि देश की आबादी एक अरब से ज़्यादा हो चुकी है। तीन टेस्ट मैचों की श्रंखला के साथ भारत और ऑस्ट्रेलिया के बीच क्रिकेट प्रतिद्वंद्विता शुरू हुई, जिसमें मेजबान भारत ने पहला टेस्ट हारने, और कोलकाता में दूसरे टेस्ट में फ़ॉलो ऑन करने के बाद नाटकीय अंदाज़ में जीत हासिल की। कई लोगों की राय में सबसे अच्छे इस टेस्ट मैच में वी.वी.एस. लक्ष्मण और राहुल द्रविड़ ने ऐतिहासिक पारियां खेलीं और हरभजन सिंह ने हेट्रिक पूरी करके भारत को असंभव लगने वाली जीत दिला दी। लगान के रिलीज़ वाले साल में यह जीत एकदम मेल खा रही थी, क्योंकि लगान में भी ऐसे ही असंभव लगने वाले मैच में भारत ने जीत हासिल की थी, और सारा देश गुनगुनाने लगा था, *'राधा कैसे न जले...'*

2002 : *साथिया साथिया*

पीली धूप पहन के तुम
देखो बाग़ में मत जाना
भंवरे तुमको सब छेड़ेंगे
फूलों में मत जाना

गीत : गुलज़ार
संगीत : ए.आर. रहमान
गायन : सोनू निगम
फ़िल्म : *साथिया*

1993 से ही अल्ला रक्खा रहमान 2001 तक हर साल सर्वश्रेष्ठ संगीत निर्देशन के लिए फ़िल्मफ़ेयर पुरस्कार दक्षिण जीतते रहे। लगातार नौ बार सुपर हिट तमिल फ़िल्म संगीत के लिए पुरस्कार पाने वाले रहमान 2002 में यह पुरस्कार दसवीं बार पाने से चूक गए, लेकिन इसके बदले उन्होंने हिंदी फ़िल्म संगीत के लिए पांचवीं बार फ़िल्मफ़ेयर पुरस्कार जीता। यह पुरस्कार *साथिया* फ़िल्म के लिए था। इसका शीर्षक गीत सोनू निगम ने गाया था, जो बहुत ज़्यादा लोकप्रिय हुआ था। गीत के बोल गुलज़ार के थे।

साथिया मौलिक फ़िल्म नहीं थी, और ना ही उसका संगीत मौलिक था। यह मणि रत्नम की 2000 में रिलीज़ हुई तमिल फ़िल्म अलाइपायुते का रीमेक थी। फ़िल्म में रोमांटिक कहानी थी, जिसमें एक प्यार के रिश्ते के शादी में बदलने और युगल के बीच तनाव बढ़ने की घटनाएं हैं। अलाइपायुते के नौ गानों में से हिंदी रीमेक में सात गाने रखे गए। हरिहरन का गाया गाना *'पचाई निरामे'* उसी मधुरता और भाव के साथ

हिंदी में *'साथिया साथिया'* बन गया। साथिया में रहमान गुलज़ार के साथ, दूसरी बार काम कर रहे थे। पहली बार दोनों ने 1998 में *दिल से* के बाद एक साथ काम किया था और फ़िल्म अपेक्षाओं पर खरी उतरी थी।

2002 में एक और फ़िल्म बनी, जो हिंदी में तीसरी बार की रीमेक थी। यह थी संजय लीला भंसाली के निर्देशन वाली *देवदास*। बीसवीं सदी के आरंभ की यह कहानी, बांग्ला लेखक शरदचंद्र चट्टोपाध्याय के 1917 में लिखे उपन्यास पर आधारित थी। इस रोमांटिक पीरियड कहानी में संगीत इस्माइल दरबार का था। अगर *साथिया* का संगीत आधुनिक था, तो *देवदास* भारतीय शास्त्रीय संगीत पर आधारित थी। नुसरत बद्र की कल्पनाशील शायरी के साथ, दरबार ने अपनी धुनों और संगीत संयोजन में जादू कर दिखाया। गायन ने धुनों को और निखार दिया। मंत्रमुग्ध कर देने वाले *'बैरी पिया'* से श्रेया घोषाल ने अपने करियर का आगाज़ किया। श्रेया को इसके लिए राष्ट्रीय पुरस्कार मिला। *देवदास* भंसाली और दरबार दोनों के लिए महत्त्वाकांक्षी परियोजना थी, लेकिन वे विविधता और ताज़गी, दोनों से युक्त एलबम तैयार करके इसे सफल बना सके। जहां उदित नारायण और विनोद राठौड़ ने *'छलक छलक'* गाया, जिसमें शराब की मस्ती से दुख भरी तड़प तक दिखाई गई है। नृत्यगुरु बिरजू महाराज ने *'काहे छेड़ छेड़ मोहे'* का आरंभिक हिस्सा गाया, जिसे बाद में कविता कृष्णमूर्ति आगे बढ़ाती हैं और इस ठुमरी को बेहद ऊंचाइयों तक ले जाने में सफल होती हैं।

रामगोपाल वर्मा की क्राइम थ्रिलर *कंपनी* भी 2002 में ही रिलीज़ हुई थी। मोटे तौर पर गैंगस्टर दाऊद इब्राहीम की कहानी पर आधारित इस फ़िल्म में दिखाया गया कि किस तरह से एक आपराधिक दिमाग़ का व्यक्ति अंडरवर्ल्ड को आराम से काम करने वाले कॉरपोरेट सेट-अप में बदल देता है। अगर रामगोपाल वर्मा की सत्या एक पात्र के अंडरवर्ल्ड में शामिल होने की कहानी थी, *कंपनी* उसके मज़बूत होने की कहानी कहती है।

भारत के लिए यह साल शांति भरा नहीं था। 13 दिसंबर, 2001 को भारतीय संसद पर हुए आतंकवादी हमले के असर को देश अब भी महसूस कर रहा था। भारत सरकार ने दिसंबर में भारतीय सशस्त्र सेनाओं की लामबंदी के आदेश दे दिए थे, और जनवरी तक तीनों सशस्त्र डिवीजनों के 500,000 सैनिक कश्मीर में नियंत्रण रेखा पर जमा हो चुके थे। पाकिस्तान ने इसके जवाब में अपने 300,000 सैनिक सीमा पर जमा कर दिए। सैनिकों की इस तैनाती को ऑपरेशन पराक्रम नाम दिया गया, जो क़रीब ग्यारह माह तक चला, और इसमें 1,874 भारतीय सैनिकों को जान गंवानी पड़ी।

दो परमाणु शक्तियों के बीच सेना की तैनाती के कारण दुनिया पर युद्ध का साया तो मंडरा रहा था, लेकिन 2002 में भारत में हुई यह सबसे ज़्यादा भयावह घटना नहीं थी। गुजरात में जो हुआ, वह तो सबसे ज़्यादा भयानक था। शुरुआत गुजरात में गोधरा रेलवे स्टेशन पर 27 फ़रवरी, 2002 की सुबह हुई एक भयावह घटना से हुई। गुजरात

सरकार द्वारा गठित आयोग के अनुसार, गोधरा स्टेशन पर साबरमती एक्सप्रेस पर भीड़ ने हमला कर दिया और चार डिब्बों को आग लगा दी। ट्रेन में बड़ी संख्या में श्रद्धालु थे, जो अयोध्या में विवादित राम जन्मभूमि पर हुए धार्मिक कार्यक्रम में हिस्सा लेकर लौट रहे थे। उनसठ लोग मारे गए। इस घटना के बाद हुई घटनाओं की गूंज आज तक सुनी जाती है।

गोधरा ट्रेन आगजनी कांड की ख़बर से राज्य भर में हिंदुओं के बीच मुस्लिम समुदाय के ख़िलाफ़ गुस्सा भड़क उठा, क्योंकि ट्रेन के डिब्बों में आग लगाने का आरोप अल्पसंख्यक मुस्लिम समुदाय के सदस्यों पर ही लगाया जा रहा था। इसके बाद तीन दिन तक राज्य भर में मुस्लिमों को निशाना बनाया जाता रहा और उनके घर जलाए जाते रहे। राज्य सरकार पर इस मारकाट में शामिल होने और पुलिस को शांत रहने के लिए कहने का आरोप रहा। मुख्यमंत्री नरेंद्र मोदी से जब उनकी निगरानी में राज्य में हिंसा होने के बारे में पूछा गया तो उन्होंने इस सबके लिए न्यूटन के सिद्धांत का हवाला दिया। उन्होंने कहा, 'हर क्रिया की प्रतिक्रिया होती ही है।' इन दंगों में सरकारी आंकड़ों के अनुसार क़रीब 1,050 लोग और ग़ैर सरकारी आंकड़ों के अनुसार क़रीब 2,000 लोग मारे गए।

गुजरात में हुई हिंसा का अध्ययन करने वाले विद्वानों और टीकाकारों ने आरोप लगाया कि राज्य मशीनरी इसी साल होने जा रहे विधानसभा चुनावों में भाजपा की चुनावी सफलता सुनिश्चित करने के लिए मुस्लिम बस्तियों में मारकाट करने के लिए भीड़ को उकसा रही थी। सरकार पर भी आरोप रहा कि राज्य में बेघर हुए मुस्लिमों को उसने राहत नहीं पहुंचाई। प्रधानमंत्री अटल बिहारी वाजपेयी गुजरात गए और जब मीडिया ने उनसे पूछा कि वे मुख्यमंत्री को क्या सलाह देना चाहेंगे, तो उन्होंने कहा था, 'मैं मुख्यमंत्री को यही सलाह दूंगा कि वे ''राजधर्म'' का पालन करें। शासक को जनता के बीच जाति या धर्म के आधार पर भेद नहीं करना चाहिए।' यह प्रधानमंत्री द्वारा राज्य सरकार के बारे में एक चुभने वाली बात थी, क्योंकि प्रधानमंत्री भी उसी दल के थे, जिसकी सत्ता गुजरात में थी। मुस्लिम समुदाय के ख़िलाफ़ छिटपुट हिंसा कई महीनों तक चलती रही।

इस बड़े पैमाने पर हुई हिंसा का टीवी न्यूज़ मीडिया ने व्यापक कवरेज किया। हिंसा के लिए देशभर की आलोचना झेल रहे नरेंद्र मोदी ने जुलाई, 2002 को, विधानसभा का कार्यकाल पूरा होने से आठ महीने पहले ही त्यागपत्र दे दिया। चुनावों का ऐलान हो गया। मोदी ने अपने विरोधियों पर गुजरात की और गुजरातियों की छवि ख़राब करने का आरोप लगाया और अक्टूबर में होने वाले चुनावे से कुछ ही समय पहले, सितंबर में गुजरात गौरव यात्रा निकाली। 182 के सदन में 127 सीटें जीतकर भाजपा फिर से सत्ता में आ गई, और मोदी फिर से गुजरात के मुख्यमंत्री बन गए।

गुजरात में जिस बड़े पैमाने पर हिंसा हुई थी, उसे याद करके देश अब भी स्तब्ध रह जाता है। हालांकि उसके लिए कुछ पल ख़ुशी के लिए भी रहे। इंग्लैंड की यात्रा पर गई भारतीय क्रिकेट टीम ने त्रिकोणीय नेटवेस्ट श्रंखला के फ़ाइनल में इंग्लैंड को हरा दिया। लॉर्ड्र्स में 13 जुलाई को हुए फ़ाइनल में 326 के मुश्किल लक्ष्य का पीछा करते हुए भारत ने ठोस शुरुआत की, लेकिन पंद्रह ओवरों के बाद जब फ़ील्डिंग के प्रतिबंध हटाए गए तो उसकी पारी लड़खड़ा गई। 146 रन पर उसके आधे खिलाड़ी आउट हो चुके थे। सभी अनुभवी बल्लेबाज ड्रेसिंग रूम में लौटकर आराम फरमा रहे थे। युवराज़ सिंह और मोहम्मद कैफ़ की युवा जोड़ी ने परिपक्वता दिखाते हुए भारतीय पारी को संभाला। भारत ने इंग्लैंड को हराने में सफलता पाई और मोहम्मद कैफ़ नाबाद रहे।

जुलाई, 2002 में एक भारत का बेटा भी बिछुड़ गया। धीरूभाई हीराचंद अंबानी एडेन में क्लर्क की नौकरी करते थे। वह यह नौकरी छोड़कर भारत आए, जहां उन्होंने बंबई में आयात-निर्यात का व्यवसाय शुरू किया। उनकी उम्र तब केवल छब्बीस साल की थी और अगले चालीस सालों में अंबानी ने रिलायंस इंडस्ट्रीज़ लिमिटेड की स्थापना की। पूरी ज़िंदगी धीरूभाई पर नियमों का पालन नहीं करने, और अपने हिसाब से नियमों को तोड़ने-मरोड़ने का आरोप लगता रहा, लेकिन भारतीय औद्योगिक परिदृश्य और शेयर बाज़ार पर रिलायंस के असर की अनदेखी नहीं की जा सकती, जहां अंबानी छोटे निवेशकों के लिए मसीहा माने जाते थे। 2002 में जब वे उनहत्तर साल की अवस्था में मरे, तब रिलायंस की कुल संपत्ति 55,000 करोड़ रुपये की भारी-भरकम रक़म के बराबर थी।

दिल्ली में 25 दिसंबर को तीस हजारी और शाहदरा के बीच दिल्ली मेट्रो के पहले चरण के रूप में महानगर में अधोसंरचना के नए युग का सूत्रपात हुआ। जापानी सहायता से निर्मित दिल्ली मेट्रो रेल कॉरपोरेशन ने 1995 में काम करना शुरू किया था, लेकिन निर्माण कार्य 1998 में ही शुरू हो सका था।

भारत के लिए 2002 का साल अनिष्टकारी घटना से शुरू हुआ था और इसका गंभीर प्रभाव पड़ना ही था। पूरे देश के लिए, इसकी राजनीति के लिए, सभी नागरिकों के लिए राष्ट्र की निष्पक्षता में विश्वास के लिए यह साल काफ़ी कठिन रहा। इस साल के समापन में उम्मीद से भरी यही लाइनें गाई जा सकती थीं –

मौसम मौसम हंसते रहना
मद्धम मद्धम हंसते रहना

2003 : *हर पल यहां, जी भर जियो*

हर पल यहां, जी भर जियो
जो है समा, कल हो ना हो
हर घड़ी बदल रही है रूप ज़िंदगी
छांव है कभी, कभी है धूप ज़िंदगी

गीत : जावेद अख़्तर
संगीत : शंकर-अहसान-लॉय
गायन : सोनू निगम
फ़िल्म : *कल हो न हो*

कभी ख़ुशी कभी गम में शाहरुख़ ख़ान के लिए *'सूरज हुआ मद्धम'* गाने के बाद सोनू निगम ने *कल हो न हो* फ़िल्म के लिए भी शाहरुख़ ख़ान के लिए शीर्षक गीत गाया। शंकर, अहसान और लॉय की तिकड़ी ने जावेद अख़्तर के बोलों की धुन बनाई थी, जिसमें ज़िंदगी की क्षणभंगुरता के बारे में बताया गया था और श्रोताओं से ज़िंदगी के हर पल का आनंद लेने को कहा गया था। यह सु-मधुर गीत 2003 के साल का सबसे ज़्यादा हिट गीत था और इसके लिए गायक तथा गीतकार दोनों को कई पुरस्कार मिले थे, जिनमें फ़िल्मफ़ेयर पुरस्कार भी शामिल थे। इस बार न्यूयॉर्क के एनआरआई परिवार के इर्द-गिर्द घूमती करन जौहर की इस एक और फ़िल्म में मुख्य भूमिकाएं शाहरुख़ ख़ान, प्रीति जिंटा, सैफ़ अली ख़ान और जया बच्चन की थीं। इसका निर्देशन करन जौहर के सहायक रहे निखिल आडवाणी ने किया था।

हालांकि *कल हो न हो* बेहद सफल रही थी, लेकिन इस साल और भी फ़िल्मों के गाने हिट हुए थे। शाहरुख़ ख़ान की एक और फ़िल्म *चलते चलते* के गानों ने भी

काफ़ी धूम मचाई थी, जिसमें शाहरुख़ के साथ रानी मुखर्जी की जोड़ी थी। इसका संगीत जतिन-ललित और आदेश श्रीवास्तव ने दिया था, और यह मधुर रोमांटिक गानों से भरपूर थी, जो कि इनकी विशेषता मानी जाती थी। इसी साल संगीतमय कॉमेडी फ़िल्म झंकार बीट्स के गानों के साथ विशाल-शेखर की जोड़ी ने भी पदार्पण किया था। इसका संगीत और फ़िल्म प्रतिभाशाली आर.डी. बर्मन के लिए श्रद्धांजलि थी। हालांकि इस फ़िल्म के गानों की धुनें तो नई थीं, लेकिन थीं ये आर.डी. बर्मन की धुनों और उनकी शैली से प्रेरित। इस साल इस फ़िल्म को और इसके संगीत को चौंकाने वाली सफलता मिली थी।

वर्ष 2003 संजय दत्त और अरशद वारसी के अभिनय वाली एक और उल्लेखनीय फ़िल्म के लिए भी ख़ास था। दोनों की जोड़ी ने निर्देशक राजकुमार हीरानी की पहली फ़िल्म मुन्नाभाई एमबीबीएस में नेक बदमाशों की भूमिकाएं निभाई थीं। यह कॉमेडी फ़िल्म बहुत हिट रही और इससे राजकुमार हीरानी एक बेहतरीन निर्देशक के रूप में स्थापित हुए थे।

फ़िल्म जगत से बाहर देखें, तो 2003 के साल में भारत ने 2002 की कटुता को पीछे छोड़ते हुए आगे बढ़ने का निश्चय किया। जहां 2002 को भारत और पाकिस्तान के गतिरोध के लिए जाना गया, वहीं 2003 में दोनों देश बदले-बदले दिखे और विश्वास बहाली के उपायों पर केंद्रित हुए। मई में दोनों देशों के बीच राजनयिक संबंध बहाल हुए। जुलाई में लाहौर-दिल्ली बस सेवा शुरू हुई और इस बस में एक ढाई साल की बच्ची नूर फ़ातिमा ने यात्रा की। नूर फ़ातिमा पाकिस्तान से भारत ओपन हार्ट सर्जरी के लिए आई थी। उसके माता-पिता बंगलौर के एक अस्पताल में उसकी सर्जरी कराना चाहते थे। नन्ही नूर फ़ातिमा भारत-पाकिस्तान के संबंधों में नए मोड़ का प्रतीक बन गई थी। दोनों देशों के बीच विश्वास बहाली के उपायों के तहत नियंत्रण रेखा पर युद्ध विराम लागू किया गया।

जब भारत अपने पश्चिमी पड़ोसी के साथ संबंधों में गर्मजोशी ला रहा था, उसी दौरान 2003 में चीन के साथ संबंध भी फिर से सजीव हो रहे थे, और प्रधानमंत्री वाजपेयी ने जून में इस कम्युनिस्ट देश की यात्रा की। इस यात्रा में भारत ने तिब्बत को चीन का हिस्सा माना तो चीन ने सिक्किम को भारत के हिस्से के रूप में मान्यता दी। इस यात्रा से दोनों देशों के बीच व्यापार को काफ़ी प्रोत्साहन मिला, जो कि 2003 में 6 अरब डॉलर तक पहुंच गया था।

भारत का बाह्य सुरक्षा पर ज़ोर मज़बूत होता जा रहा था, लेकिन बाक़ी चुनौतियां भी बनी हुई थीं। 25 अगस्त, 2003 को देश की वित्तीय राजधानी मुंबई में दो बम विस्फोट हुए, जिनमें 54 लोगों की मौत हुई और 244 घायल हुए। पहला विस्फोट गेटवे ऑफ़ इंडिया पर, और दूसरा मुंबादेवी मंदिर के पास झावेरी बाज़ार में हुआ

था। बाद में तीनों आरोपियों को मौत की सज़ा सुनाई गई, और 2012 में बंबई उच्च न्यायालय ने इस फ़ैसले को बरकरार रखा।

जहां भारत, पाकिस्तान और चीन से अपने संबंध सुधार रहा था, वहीं उस पर इस साल अलग तरह का बाहरी दबाव पड़ रहा था। मार्च, 2003 में अमेरिकी राष्ट्रपति जॉर्ज डब्ल्यू. बुश ने ऐलान किया कि गठबंधन की सेना सद्दाम हुसैन को हटाने के लिए इराक पर हमला करेगी। हमले को सही ठहराने के लिए दावे किए गए कि इराक के पास व्यापक नरसंहार के हथियार हैं। अमेरिका ने भारत से अनुरोध किया कि मध्य पूर्व देश इराक में हमले के लिए सैनिक भेजकर सहयोग करे। भारत में आंतरिक रूप से इस पर चर्चा हुई कि क्या भारत को इराकी हमले के लिए सेना भेजनी चाहिए, वहीं अमेरिका ने उस पर दबाव बढ़ा दिया। गृहमंत्री लालकृष्ण आडवाणी की अगुवाई में वाजपेयी सरकार के सदस्य चाहते थे कि भारत इराक में अमेरिकी गठबंधन के प्रयासों में योगदान दे। सामरिक मामलों के भारतीय टीकाकारों का मानना था कि भारत को 'मौक़ा नहीं चूकना' चाहिए, लेकिन लोकसभा ने प्रस्ताव पारित किया कि भारत को सेना नहीं भेजनी चाहिए।

2003 का साल भारतीय क्रिकेट प्रेमियों के लिए खट्टी-मीठी यादों वाला रहा। फ़रवरी में एक दिवसीय विश्वकप खेलने के लिए दक्षिण अफ़्रीका जाने के पहले भारतीय क्रिकेट टीम द्विपक्षीय क्रिकेट दौरे पर न्यूज़ीलैंड गई। इस श्रंखला की योजना काफ़ी पहले इसलिए बनाई गई थी कि भारत तेज़, उछालदार पिच पर खेलने का अभ्यस्त हो जाए ताकि विश्वकप के दौरान ऐसी ही पिचों पर उसे सुविधा हो। न्यूज़ीलैंड का दौरा भारतीय टीम के लिए विनाशकारी साबित हुआ, जिसमें वह एक दिवसीय मैचों की श्रंखला सात-एक से, और टेस्ट मैचों की श्रंखला 5.2 से हारी। केवल वीरेंद्र सहवाग दो शतक बना पाए, और बाक़ी सारे बल्लेबाज आत्मविश्वासविहीन दिखे।

जब भारतीय टीम ने विश्वकप का अभियान शुरू किया, तो भारतीय बल्लेबाज़ पहले दो मैचों में मुश्किल में नज़र आए और भारत ऑस्ट्रेलिया से हार गया। इससे भारत के अंदर इस बात को लेकर गुस्सा फैल गया और कुछ भारतीय क्रिकेटरों के घरों पर हिंसक हमले किए गए, तो कुछ के पुतले जलाए गए। इंग्लैंड और अपने पुराने प्रतिद्वंद्वी पाकिस्तान के ख़िलाफ़ यादगार जीत हासिल करके भारत ने टूर्नामेंट में वापसी की। बदले हालात में भारत फ़ाइनल में पहुंच गया। फ़ाइनल एंटीक्लाइमेक्स से भरा साबित हुआ और ऑस्ट्रेलियाई टीम ने दिखा दिया कि उस समय वो सर्वश्रेष्ठ टीम क्यों है? पूरे टूर्नामेंट में अपराजेय रही ऑस्ट्रेलियाई टीम ने फ़ाइनल में भारतीय टीम को बुरी तरह से शिकस्त दी।

बाद में इसी साल जब भारतीय टीम चार टेस्ट मैचों की द्विपक्षीय श्रंखला खेलने ऑस्ट्रेलिया गई, तो भारत ने विश्वकप की हार का बदला लिया। मेजबान टीम के

ख़िलाफ़ भारत ने टेस्ट श्रंखला में मज़बूती दिखाई और पहला मैच सौरभ गांगुली के शतक की मदद से ड्रॉ कराने में सफल रही। इसके बाद राहुल द्रविड़ के शानदार प्रयासों की बदौलत एडिलेड के टेस्ट मैच में उसने यादगार जीत हासिल की।

2003 में भारत को कोई नाटकीय सफलता नहीं मिली, लेकिन साथ ही कोई बहुत दुखद उथल-पुथल भी नहीं झेलनी पड़ी। भले ही हालिया अतीत की घटनाओं से उसे पूरी तरह से छुटकारा नहीं मिला था, लेकिन 2002 के तनाव की स्थिति एकदम पलट चुकी थी। यह साल जावेद अख़्तर के इन बोलों से एकदम सहमत लग रहा था –

हर घड़ी बदल रही है रूप ज़िंदगी
छांव है कभी, कभी है धूप ज़िंदगी
हर पल यहां, जी भर जियो
जो है समा, कल हो न हो

2004 : *ये जो देस है तेरा, स्वदेस है तेरा*

नई नई राहों में, दबी दबी आहों में
खोए खोए दिल से तेरे, कोई यह कहेगा
ये जो देस है तेरा, स्वदेस है तेरा

गीत : जावेद अख़्तर
संगीत : ए.आर. रहमान
गायक : ए.आर. रहमान
फ़िल्म : *स्वदेस*

2001 की *लगान* में ए.आर. रहमान और आशुतोष गोवारीकर की भागीदारी सफल रही थी। जब गोवारीकर की दूसरी फ़िल्म *स्वदेस* के लिए फिर से दोनों साथ आए, तो अपेक्षाएं ज़्यादा होनी ही थीं। *स्वदेस* पीरियड फ़िल्म नहीं थी, लेकिन *लगान* के विपरीत, इसके गानों ने निराश नहीं किया। रहमान ने शीर्षक गीत *'ये जो देस है तेरा'* ख़ुद ही गाया। जावेद अख़्तर के बोलों में व्यक्ति के देश के साथ अटूट बंधन के बारे में बताया गया है। मधुकर धूमल की बजाई शहनाई की नर्म लय ने इस गाने को अनोखा बना दिया। इस गाने में वे सारे गुण थे, जिनके लिए रहमान जाने जाते हैं। इसने पश्चिमी संगीत के प्रभाव वाले भारतीय आधार का सुंदर मिश्रण तैयार किया, गीत और संगीत का ऐसा मेल हुआ, जिसमें दोनों एक दूसरे के अंदर-बाहर बहते रहते हैं। समूह स्वर आत्मा को झिंझोड़ देने वाले शहनाई के वादन के साथ इस गाने का मुख्य भाग है। इस गाने के लिए जावेद अख़्तर को एक और फ़िल्मफ़ेयर पुरस्कार मिला, हालांकि ए.आर. रहमान सर्वश्रेष्ठ संगीतकार का पुरस्कार जीतने में अनु मलिक से पिछड़ गए।

वर्ष 2004 में हिंदी फ़िल्मों की दो पुरानी हस्तियों की अनोखी भागीदारी देखने को मिली; इनमें से एक यश चोपड़ा जीवित थे, जबकि दूसरे थे मदन मोहन, जिनका देहांत 1975 में हो गया था। यश चोपड़ा ने शाहरुख़ ख़ान, प्रीति जिंटा और रानी मुखर्जी अभिनीत *वीर ज़ारा* के ज़रिए फ़िल्म निर्देशन में वापसी की। मदन मोहन का 1975 में इक्यावन साल की उम्र में निधन हो गया था। एस.डी. बर्मन के सहायक रहे मदन मोहन हिंदी फ़िल्म संगीत में किसी बड़े ब्रेक के लिए संघर्ष करते रहे थे। वे प्रतिभाशाली संगीतकार माने जाते थे, लेकिन उन्हें अपेक्षित सम्मान नहीं मिला। ग़ज़लों की धुन बनाने में उनकी प्रवीणता थी, और लता मंगेशकर तो उन्हें *ग़ज़ल का शहज़ादा* कहती थीं, जबकि कैफ़ी आज़मी उनकी उर्दू पर महारत की प्रशंसा करते थे। जब यश चोपड़ा अपने निर्देशन की फ़िल्म में कुछ ख़ास संगीत चाहते थे, तो मदन मोहन के बेटे और संगीत उद्योग के एक्जीक्यूटिव संजीव कोहली ने उन्हें अपने परिवार के कुछ राज़ बताए। उन्होंने मदन मोहन की घर पर की गई कुछ रिकॉर्डिंग्स के बारे में बताया, जिन्हें वो गाते तो थे, लेकिन कभी किसी फ़िल्म में उनका इस्तेमाल नहीं कर पाए। उनकी रिकॉर्डिंग की ग्यारह धुनें इस फ़िल्म का संगीत तैयार करने में इस्तेमाल की गईं। संगीत संयोजन आर.एस. मणि ने किया था और निर्माण ख़ुद संजीव कोहली ने किया था। यश चोपड़ा की पसंदीदा गायिका लता मंगेशकर ने गानों में आवाज़ दी, जो कि बेहद लोकप्रिय हुए।

रहमान जिस देस के बारे में *स्वदेस* में गा रहे थे, वो 2004 में शाइनिंग कर रहा था। सत्तारूढ़ पार्टी भाजपा का यही दावा था, जबकि भारत में 2004 के पूर्वार्ध में चुनावी माहौल तैयार हो चुका था। इंडिया शाइनिंग या भारत उदय का नारा भाजपा ने यह दिखाने के लिए किया था कि भारत आख़िरकार उभर रहा है और हर तरफ़ आशावाद की व्यापक भावना है। प्रधानमंत्री अटल बिहारी वाजपेयी के नाम पर भाजपा दोबारा सत्ता में आना चाहती थी। राजनीतिक खेल के पुराने महारथी, कुशल वक्ता और लोकप्रिय नेता वाजपेयी के सामने कोई राजनीतिक चुनौती दिख ही नहीं रही थी। वाजपेयी ने निर्धारित समय से पहले ही लोकसभा भंग करने और चुनाव कराने का कह दिया था।

भाजपा ने इस अभियान को व्यापक बनाया और सुनिश्चित किया कि आशावाद का यह संदेश पूरे देश में जाए। इस अभियान के पीछे राजनीतिक दिमाग़ भाजपा के महासचिव प्रमोद महाजन का था। यहां तक कि एक कॉल सेंटर भी बनाया गया था, जिसमें रिकॉर्डेड आवाज़ में वाजपेयी लोगों से भाजपा के पक्ष में मतदान करने का आग्रह करते थे। भाजपा और उसके गठबंधन एनडीए की चुस्त मशीनरी के मुक़ाबले सोनिया गांधी की अगुवाई वाली भारतीय राष्ट्रीय कांग्रेस और विपक्ष का प्रचार अभियान बिखरा हुआ था।

जहां वाजपेयी लोकप्रिय नेता थे, वहीं सोनिया गांधी के विदेशी मूल की होने का भाजपा निशाना बनाते हुए उन्हें देश का नेतृत्व करने के लिए अनुपयुक्त बताने में लगी थी। सोनिया का जन्म इटली में हुआ था, लेकिन राजीव गांधी से विवाह के बाद उन्होंने भारत की नागरिकता ले ली थी, और फिर उसके बाद राजीव देश के प्रधानमंत्री बने थे। भाजपा ने सोनिया के विदेशी मूल पर, उनके ठीक से भाषण नहीं देने पर, हमला जारी रखा, और उनके व्यापक जनसंपर्क कार्यक्रम का मज़ाक़ बनाती रही, और संयोग की बात रही कि जनता की तरफ़ से इसे अच्छी प्रतिक्रिया मिल रही थी।

सभी सर्वेक्षणों में भाजपा की आसान जीत के संकेत मिल रहे थे, लेकिन 13 मई, 2004 को आए चुनावी नतीजे चौंकाने वाले थे। एनडीए को केवल 181 सीटें मिलीं, जबकि कांग्रेस के गठबंधन ने 218 सीटें जीतकर उसे पीछे छोड़ दिया था। वाममोर्चा ने उनसठ सीटें जीती थीं, और उसने सोनिया गांधी के नेतृत्व वाले यूपीए को समर्थन देने का ऐलान कर दिया था। आरएसएस और भाजपा के तीखे अभियान के बावजूद सोनिया गांधी भारत की प्रधानमंत्री बनने वाली थीं। 1999 में कर्नाटक की बेल्लारी से सोनिया गांधी के ख़िलाफ़ चुनाव लड़कर हारने वाली भाजपा नेता सुषमा स्वराज ने विदेशी मूल के व्यक्ति के भारत का प्रधानमंत्री बनने का खुला विरोध शुरू कर दिया था। उन्होंने कहा कि अगर सोनिया गांधी प्रधानमंत्री बनती हैं, तो वे विरोधस्वरूप अपना सिर मुंड़ा लेंगी, सफ़ेद कपड़े पहनेंगी। इस तरह से उन्होंने सोनिया के विरोध में जनांदोलन शुरू कर दिया।

समूचे विपक्ष को अपने प्रधानमंत्री बनने के विरोध में एकजुट होते देख, सोनिया गांधी ने अकल्पनीय फ़ैसला लेते हुए प्रधानमंत्री का पद स्वीकार नहीं करने का ऐलान किया। उनकी पार्टी ने, उनके सहयोगी दलों ने, और पार्टी समर्थकों ने मुखर विरोध किया, लेकिन उन्होंने अपना फ़ैसला नहीं बदला, और पूर्व वित्तमंत्री मनमोहन सिंह देश के प्रधानमंत्री बन गए।

भारत की राजनीति में तो अच्छी-खासी नौटंकी चल ही रही थी, लेकिन बाक़ी जगह भी तमाशे में कोई कमी नहीं थी। भारत के उद्योग जगत में 2004 में दो तीखी लड़ाइयां देखने को मिलीं। नवंबर 2004 में धीरूभाई अंबानी के बेटे मुकेश अंबानी ने एक इंटरव्यू में माना कि कंपनी के स्वामित्व को लेकर उनके और उनके छोटे भाई अनिल के बीच मतभेद हैं। यह रिलायंस के मालिकाना हक़ की लड़ाई की शुरुआत थी, जिसमें बाद में कई अन्य लोग भी कूद पड़े। एक और भारतीय कंपनी में उत्तराधिकार को लेकर विवाद शुरू हो गया। बिड़ला कॉरपोरेशन की अध्यक्ष प्रियंवदा बिड़ला का 2004 में निधन हो गया। उनके पति माधव प्रसाद बिड़ला ने बिड़ला कॉरपोरेशन की स्थापना की थी, जो मूल रूप से जूट और सीमेंट का कारोबार करती थी। माधव प्रसाद के बाद कंपनी का स्वामित्व प्रियंवदा को मिला था। उनकी कोई संतान नहीं थी, और वृहद बिड़ला परिवार की अपेक्षाओं के विपरीत उन्होंने अपने

शेयर और संपत्ति की वसीयत अपने चार्टर्ड एकाउंटेंट राजेंद्र सिंह लोढ़ा के नाम कर दी थी, जो कि बिड़ला कॉरपोरेशन के सह-उपाध्यक्ष भी थे। जहां कॉरपोरेशन का सामान्य मुनाफ़ा 41 करोड़ रुपये का ही था, वहीं प्रियंवदा के निधन के समय, 2004 में उनकी संपत्ति का मूल्य 5,000 करोड़ रुपये था। बिड़ला परिवार ने इस वसीयत को मानने से इंकार कर दिया और उसे अदालत में चुनौती दे दी।

जहां भारत के राजनीतिक जगत और कॉरपोरेट जगत में तेज़ लड़ाइयां छिड़ी थीं, वहीं खेल जगत में भी कुछ बड़े युद्धों की तैयारी हो रही थी। मार्च, 2004 में सुरक्षा के बारे में काफ़ी बहस के बाद आख़िरकार भारतीय क्रिकेट टीम पंद्रह साल के अंतराल के बाद पाकिस्तान के पूर्ण दौरे पर गई। भारत ने एक दिवसीय मैचों की श्रंखला 3.2 से, और टेस्ट श्रंखला 2.1 से जीती। भारतीय टीम की पाकिस्तानी ज़मीन पर टेस्ट श्रंखला में यह पहली जीत थी। इस श्रंखला का मुख्य आकर्षण मुल्तान के पहले टेस्ट मैच में वीरेंद्र सहवाग का तिहरा शतक था। सहवाग बेहतरीन फ़ॉर्म में थे और उन्होंने पाकिस्तानी गेंदबाज़ी को ध्वस्त करके रख दिया था। तिहरा शतक बनाने वाले पहले भारतीय बल्लेबाज बनने से ठीक पहले सहवाग ने सकलैन मुश्ताक की गेंद को मिड-विकेट से ऊपर उछालते हुए छक्का मारा और अपने 300 रन पूरे किए। भारत ने मैच तो जीत ही लिया था, लेकिन यह जीत विवाद से मुक्त नहीं थी। सौरभ गांगुली के घायल होने के कारण कप्तानी कर रहे राहुल द्रविड़ ने पहली पारी 675 रनों पर समाप्त घोषित कर दी। द्रविड़ चाहते थे कि दूसरे दिन का खेल समाप्त होने के पहले एक घंटे तक पाकिस्तानी बल्लेबाज भारतीय गेंदबाज़ों का सामना करें। विवाद का कारण यह था कि सचिन तेंदुलकर उस समय दूसरे सिरे पर 194 रन बनाकर खेल रहे थे। भारतीय टीम ने दो बार सचिन के पास संदेश पहुंचाया कि वह रन बनाने की गति बढ़ाएं, लेकिन जब लगा कि समय बीतता जा रहा है तो द्रविड़ आगे आए और उन्होंने पारी समाप्ति की घोषणा कर दी। कुछ लोगों ने इसे निजी गौरव के बजाय टीम की जीत के लिए भारत की प्रतिबद्धता बताते हुए एक अच्छा फ़ैसला करार दिया, तो कुछ ने इसे ज़्यादती बताते हुए नाराज़गी ज़ाहिर की, क्योंकि उन्हें इसमें भारत के सबसे बड़े बैटिंग स्टार की बेइज़्ज़ती महसूस हुई।

भारतीय टीम को सचिन तेंदुलकर को दोहरा शतक पूरा करने का मौक़ा देना चाहिए था या नहीं, इस बहस ने भारत की हक़ की भावना को लेकर बनी भ्रम की स्थिति को उजागर किया। कुछ हद तक यह अनोखी बात थी, और कुछ हद तक अनुपयुक्त भी थी, लेकिन जो कुछ भी था, वह पूरी तरह से भारतीय था, जिसे जावेद अख़्तर की इस पंक्ति में बहुत अच्छी तरह से कहा गया था – *'ये जो देस है तेरा, स्वदेस है तेरा।'*

2005 : कैसी पहेली ज़िंदगानी

नई नहीं ये बातें
ये बातें हैं पुरानी
कैसी पहेली है ये
कैसी पहेली ज़िंदगानी

गीत : स्वानंद किरकिरे
संगीत : शांतनु मोइत्रा
गायिका : सुनिधि चौहान
फ़िल्म : *परिणीता*

जैज़ के दिग्गज लुइस आर्मस्ट्रॉन्ग ने गीत *'अ किस टू बिल्ड अ ड्रीम ऑन'* 1951 में फ़िल्म द *स्ट्रिप* के लिए गाया था। यह आर्मस्ट्रॉन्ग की अपनी बनाई धुन नहीं थी। इसकी धुन 1935 में बर्ट केमर, हैरी रूबी और ऑस्कर हैमरस्टाइन II ने तैयार की थी। हालांकि 2005 की फ़िल्म *परिणीता* का गीत *'कैसी पहेली ज़िंदगानी'* आर्मस्ट्रॉन्ग के गाने से ही प्रेरित थी। शरत चंद्र चट्टोपाध्याय के बांग्ला उपन्यास *परिणीता* में बीसवीं सदी के आरंभ के कलकत्ता की कहानी दिखाई गई है, लेकिन प्रदीप सरकार के निर्देशन की पहली फ़िल्म परिणीता में 1960 के दशक की कहानी है। इस फ़िल्म के ज़रिए इस उपन्यास को कोई पहली बार सिल्वर स्क्रीन पर पेश नहीं किया गया था। विमल राय 1953 में ही अशोक कुमार और मीना कुमारी को लेकर इस पर फ़िल्म बना चुके थे। इसके कुछ बांग्ला संस्करण भी थे। 1960 के दशक के लिए आर्मस्ट्रॉन्ग का गीत एकदम उपयुक्त बैठा। सुनिधि चौहान के गाए और पर्दे पर रेखा पर फ़िल्माए गए इस गाने में संगीतकार शांतनु मोइत्रा ने संगीत में बदलाव करके इसे जैज़ी कैबरे गीत

बना दिया। *परिणीता* ने दर्शकों का परिचय विद्या बालन से कराया और शांतनु मोइत्रा और गीतकार स्वानंद किरकिरे को भी बड़ा ब्रेक दिया।

परिणीता से पहले प्रदीप सरकार एक एड-फ़िल्म और म्यूजिक़ वीडियो डायरेक्टर के रूप में अपना नाम बना चुके थे। यूफ़ोरिया बैंड के साथ उनके सहयोग से बने म्यूजिक वीडियो काफ़ी लोकप्रिय हुए थे और विधु विनोद चोपड़ा का ध्यान उनकी तरफ़ गया था। शांतनु मोइत्रा और स्वानंद किरकिरे *परिणीता* से पहले भी, *हज़ारों ख्वाहिशें ऐसी* के गीत *'बावरा मन देखने चला एक सपना'* में साथ में काम कर चुके थे, जो 2005 में रिलीज़ हुई थी। किरकिरे ने यह गीत गाया भी था। मोइत्रा का संगीत को समीक्षकों की प्रशंसा मिली और वे काफ़ी लोकप्रिय हो गए थे।

इसी साल ऐश्वर्या राय, अभिषेक बच्चन और अमिताभ बच्चन को भी भारतीयों ने फ़िल्म *बंटी और बबली* में *'कजरारे'* गाने पर एक साथ नाचते देखा। गुलज़ार ने इस मज़ाक़िया गाने को लिखा था। इस गीत ने पूरे भारत में धूम मचा दी थी, और 2005 के लिए इस फ़िल्म के संगीत को फ़िल्मफ़ेयर पुरस्कार भी मिला था। *'कजरारे'* को इस फ़िल्म में *'आइटम सॉन्ग'* के रूप में शामिल किया गया था, और मूल कहानी से उसका कोई संबंध नहीं था। शंकर-अहसान-लॉय की धुन पर अलीशा चिनाय के गाए इस गीत ने धमाल मचा दिया था। गुलज़ार ने इसे फ़िल्म की सेटिंग को ध्यान में रखते हुए लिखा था और इसमें कोई बेहतरीन कविता डालने की कोशिश उन्होंने नहीं की थी। हालांकि यह गीत गुलज़ार की शायरी की अनोखी शैली से अलग नहीं था। बाद में एक साक्षात्कार में गुलज़ार ने इस गाने के बारे में बताया, 'मुझे नहीं लगता कि *''तेरी बातों में किमाम की ख़ुशबू है, तेरा आना भी तो गर्मियों की लू है''* में कोई ओछापन है। गंभीर विचार वाली कविता का यह मतलब नहीं है कि वह गंभीर मानसिकता की ही हो।'

2005 के साल में संगीत निर्देशक हिमेश रेशमिया का उभरना भी संगीत की दुनिया की एक और बड़ी घटना रही। वह कुछ समय से सक्रिय तो थे, लेकिन इमरान हाशमी अभिनीत *आशिक बनाया आपने* के संगीत के रूप में उन्हें बड़ी सफलता इसी साल मिली। इस एलबम में सूफ़ी और पश्चिमी संगीत शैलियों का मिश्रण था और यह बेहद लोकप्रिय हुआ; रेशमिया स्टार संगीतकार के रूप में स्थापित हो गए।

जब भारत में *'कैसी पहेली ज़िंदगानी'* गाया जा रहा था, तब दुनिया को चकित करते हुए भारत-पाकिस्तान के संबंध भी यही सवाल पूछ रहे थे। दोनों परमाणु ताक़तों के संबंध मज़बूत से और मज़बूत होते जा रहे थे और जम्मू-कश्मीर से पाकिस्तान अधिकृत कश्मीर की राजधानी मुज़फ़राबाद के लिए बस सेवा शुरू की जा चुकी थी। यह पाकिस्तान के राष्ट्रपति परवेज़ मुशर्रफ़ के प्रशासन और प्रधानमंत्री द्वय अटल बिहारी वाजपेयी और मनमोहन सिंह की सरकारों के प्रयासों का नतीजा था। 7 अप्रैल, 2005 को शुरू हुई इस सेवा की बस ने 170 किलोमीटर की दूरी तय की और नियंत्रण

रेखा के दोनों ओर विभाजित कश्मीरियों के परिवारों को आपस में मिलने का मौक़ा दिया।

अब भारत के हिसाब से विदेशी मोर्चे पर तो सब ठीक लग रहा था, लेकिन अंदर कई चुनौतियां बाक़ी थीं। बंबई महानगर के लिए भारी बारिश कोई नई बात नहीं है, क्योंकि मॉनसून के मौसम में शहर में मूसलाधार बारिश होती ही है, लेकिन 26 जुलाई, 2005 को जो हुआ, वह अप्रत्याशित था। सुबह 8.30 बजे से शुरू होने वाली बारिश 24 घंटों में 99.4 सेंटीमीटर दर्ज की गई। ट्रेनें, सड़कें, हवाई अड्डे, मोबाइल नेटवर्क सब गड़बड़ हो गए और इस बारिश में पूरा शहर अस्त-व्यस्त हो गया। कई लोग तो बारिश के कारण चौबीस घंटे से ज़्यादा समय तक ट्रैफ़िक में फंसे रहे। महाराष्ट्र प्रांत के अन्य हिस्सों में भी इस भारी बारिश के कारण बाढ़ आ गई। राज्य में 1,000 से ज़्यादा लोगों की मौत हो गई, जिनमें से ज़्यादातर बंबई में ही मरे। पानी से लबालब सड़कों पर कारें फंसी रहीं और अनेक लोगों की मौत करंट लगने से हो गई। सभी सेवाएं बाधित हो गईं और सरकार को अगले दो दिन की सरकारी छुट्टी का ऐलान करना पड़ गया।

मॉनसून आया और चला गया, और भारत इससे उबरकर अक्टूबर में दीवाली मनाने की तैयारी में जुट गया। दीवाली के दो दिन बाद, 29 अक्टूबर को दिल्ली में रेलवे स्टेशन पर, एक बस में, और एक व्यस्त बाज़ार में, कुल तीन बम विस्फोट हुए, जिससे दिल्ली स्तब्ध रह गई। तीनों विस्फोटों में बासठ लोग मारे गए। पाकिस्तान स्थित आतंकवादी संगठन इस्लामिक इंकलाब महाज़ ने इस आतंकवादी हमले की जिम़्मेदारी ली।

2005 में तीन भारतीय राज्यों में विधानसभा चुनाव हुए। हरियाणा में सत्तारूढ़ ओमप्रकाश चौटाला सरकार को कांग्रेस ने भारी जीत के साथ ही सत्ता से उखाड़ फेंका। हालांकि बिहार और झारखंड में त्रिशंकु विधानसभाएं बनीं। फ़रवरी में हुए चुनावों में बिहार में कोई भी सरकार बनाने की स्थिति में नहीं आ पाया था, इसलिए अक्टूबर-नवंबर में दोबारा चुनाव कराए गए। इस बार जेडी(यू)-भाजपा गठबंधन नीतीश कुमार के नेतृत्व में सत्ता में आने में सफल रहा।

पाकिस्तानी क्रिकेट टीम रिटर्न श्रंखला के लिए भारत के दौरे पर आई। तीन टेस्ट मैचों और छह एक दिवसीय अंतरराष्ट्रीय मैचों की श्रंखलाएं दोनों परंपरागत प्रतिद्वंद्वियों की बीच खेली गईं। टेस्ट मैच मोहाली, कलकत्ता, और बंगलौर में हुए। मोहाली टेस्ट अनिर्णीत रहा, जबकि कलकत्ता में खेले गए दूसरे टेस्ट में राहुल द्रविड़ ने दोनों पारियों में शतक बनाकर भारतीय टीम को मेहमान पाकिस्तानी टीम पर विजय दिला दी। बंगलौर का तीसरा टेस्ट पाकिस्तान ने जीत लिया और श्रंखला 1.1 से बराबर रही। छह एक दिवसीय अंतरराष्ट्रीय मैचों की श्रंखला पाकिस्तान ने 4.2 से जीती।

इसी साल बीस वर्षीय पंकज आडवाणी पॉइंट और टाइम दोनों प्रारूपों में जीतकर विश्व बिलियर्ड्स चैंपियन बने। यह विशिष्ट उपलब्धि पाने वाले वह पहले भारतीय थे।

जनवरी, 2005 में, भारत ने पूर्व विदेश सचिव और मनमोहन सिंह सरकार के राष्ट्रीय सुरक्षा सलाहकार (एनएसए) ज्योतिंद्रनाथ दीक्षित को खो दिया। अपने मित्रों के बीच 'मणि' के नाम से मशहूर दीक्षित ने राजनयिक के रूप में अपना करियर शुरू किया था और भारत के विदेश सचिव के पद तक पहुंचे थे और 1994 में रिटायर हुए थे। असाधारण याददाश्त के धनी और मामलों पर अच्छी पकड़ रखने वाले बेहतरीन राजनयिक दीक्षित, मनमोहन सिंह सरकार में राष्ट्रीय सुरक्षा सलाहकार के पद पर केवल सात माह तक रह पाए और उनका निधन हो गया। उनकी जगह एम.के. नारायणन नए एनएसए बनाए गए।

उतार-चढ़ाव से भारा 2005 का साल, भारत के लिए मिला-जुला रहा, जो बहुत कुछ इन पंक्तियों में व्यक्त होता है -

पल में हंसाए
और पल में रुलाए ये कहानी
कैसी पहेली है ये
कैसी पहेली ज़िंदगानी

2006 : रू-ब-रू रोशनी है

धुआं छटा खुला गगन मेरा
नई डगर नया सफ़र मेरा
जो बन सके तू हमसफ़र मेरा
नज़र मिला ज़रा
रू-ब-रू रोशनी है

गीत : प्रसून जोशी
संगीत : ए.आर. रहमान
गायक : ए.आर. रहमान/नरेश अय्यर
फ़िल्म : *रंग दे बसंती*

2015 तक म्यूजिक़ चैनल रहे चैनल वी ने 2004 में एक टैलेंट हंट शो, *चैनल वी सुपर सिंगर* शुरू किया था, जिसमें निर्णायक थे - गायक अदनान सामी, और इसके एक एपिसोड में मेहमान के रूप में ए.आर. रहमान भी आए थे। रहमान के सामने गाने वाले एक गायक नरेश अय्यर ने रहमान को इतना ज़्यादा प्रभावित किया कि उन्होंने अय्यर से अपने साथ काम करने को कहा। अय्यर शो तो नहीं जीत पाए, लेकिन चेन्नई में रहमान के साथ उनके करियर की शुरुआत हो गई। 2006 में उन्होंने *रंग दे बसंती* फ़िल्म के लिए 'रू-ब-रू' गाया और जाना-पहचाना नाम बन गए। 1996 में शुरू किया गया, उभरते संगीतकार का फ़िल्मफ़ेयर आर.डी. बर्मन अवार्ड भी उन्हें दिया गया। इस पुरस्कार को पाने वाले पहले कलाकार ख़ुद रहमान ही थे, जो उन्हें 1995 में रिलीज़ हुई रंगीला के हिंदी गानों की सफलता के लिए मिला था।

रंग दे बसंती का संगीत रहमान ने कुछ सालों में दिया – यह अब तक का सबसे ताज़ा संगीत था और नरेश अय्यर, मोहित चौहान और हर्षदीप कौर जैसी नई आवाज़ों में लोक तथा पश्चिमी संगीत का मिश्रण होने के कारण पसंद किया गया। रहमान को रंग दे बसंती के लिए संगीत का छठा फ़िल्मफ़ेयर पुरस्कार मिला। 'रू-ब-रू' गाना एक इंसान के अपना मूल्य पहचानने, जाग्रत होने के बारे में है। इस गाने का उपयोग फ़िल्म में उस पल को दिखाने के लिए किया गया है, जब युवा पात्र अपनी ख़ुद की क्षमता से अवगत होते हैं, और जिसे वो सही मानते हैं, उसके लिए उठ खड़े होते हैं। नरेश अय्यर को इस गाने के लिए राष्ट्रीय पुरस्कार भी मिला था।

हिमेश रेशमिया की क़िस्मत पिछले साल से ही बुलंद होनी शुरू हो गई थी। 2006 में उन्होंने भी अक्सर जैसी फ़िल्म का संगीत दिया, जो सर्वाधिक हिट संगीत में शुमार किया गया। इसका गाना *'झलक दिखला जा'* अपनी धुन और बोलों में बार-बार *'झलक दिखला जा'* की रट के कारण भीड़ की पसंद बन गया। शुद्धतावादियों ने हिमेश रेशमिया की संगीत शैली का मज़ाक़ तक उड़ाया, लेकिन उन्होंने इन आकर्षक और दोहराने वाली लाइनों के कारण अपने गानों को दमदार बनाया, जो उनके श्रोताओं ने बहुत पसंद किया। शादी-विवाह के मौक़ों पर, क्लबों में और युवाओं के बीच *'झलक दिखला जा'* हद से ज़्यादा लोकप्रिय हुआ। यह गीत इतना पॉपुलर हुआ कि जब बीबीसी के मशहूर शो *स्ट्रिक्टली कम डांसिंग* का भारतीय संस्करण 2006 में शुरू हुआ तो उसका नाम *झलक दिखला जा* ही रखा गया। इस शो के अब तक 9 सीज़न हो चुके हैं।

2006 में आमिर ख़ान की फ़िल्म फ़ना के संगीत को भी भारी सफलता मिली थी, जिसमें जतिन-ललित ने संगीत दिया था। इस फ़िल्म के लिए इस जोड़ी को सोलह साल के करियर में ग्यारहवीं बार फ़िल्मफ़ेयर पुरस्कार के लिए नामांकित किया गया। हालांकि पुरस्कार वे एक भी बार नहीं जीत पाए। यहां तक कि सबसे ज़्यादा हिट *दिल वाले दुल्हनिया ले जाएंगे* के लिए भी उन्हें यह पुरस्कार नहीं मिल सका था। फ़ना में यह जोड़ी आख़िरी बार साथ आई थी।

जहां *रंग दे बसंती* के युवा जाग्रत हो रहे थे और ख़ुद से *'रू-ब-रू'* हो रहे थे, वहीं भारत सरकार कल्याणकारी राज्य की स्थापना की महत्त्वाकांक्षी पुनर्स्थापना शुरू कर रही थी। 2005 के अंत में पारित, राष्ट्रीय ग्रामीण रोज़गार गारंटी योजना अधिनियम (नरेगा) को फ़रवरी, 2006 में देश के 200 जिलों में शुरू किया गया। बाद में इसका नाम महात्मा गांधी राष्ट्रीय ग्रामीण रोज़गार गारंटी योजना अधिनियम (मनरेगा) कर दिया गया। इसके तहत सभी भारतीयों को 'काम के अधिकार' के तहत लाया गया। इसमें एक वित्तीय वर्ष में हर परिवार के अकुशल हस्तश्रम करने के इच्छुक सभी वयस्क सदस्यों को कम से कम 100 दिन के गारंटीड रोज़गार की व्यवस्था की गई। कामगारों को उनके निवास के 5 किलोमीटर दूरी के दायरे के अंदर न्यूनतम मज़दूरी

के साथ रोज़गार दिलाया जाना था। मनरेगा को स्व-लक्षित योजना के रूप में तैयार किया गया था, जिसमें न्यूनतम मज़दूरी के बदले केवल ग़रीबों को शारीरिक श्रम के लिए चुना गया।

इसे ग्रामीण भारत के सबसे निर्धन तबकों को आर्थिक सुरक्षा देने के लिए तैयार किया गया था, और आने वाले सालों में इसका बजट 35,000 करोड़ रुपये से 40,000 करोड़ रुपये हो गया। 2014 में विश्व बैंक ने इसे 'ग्रामीण विकास का उत्कृष्ट उदाहरण' बताया। इस कार्यक्रम की सबसे बड़ी सफलता इसमें अनुसूचित जाति, अनुसूचित जनजाति और महिलाओं की भागीदारी थी। इसका सबसे बड़ा योगदान देश में ग्रामीण खपत को बढ़ावा देने का रहा, क्योंकि इससे ग्रामीण मज़दूरी को ऊपर उठने में मदद मिली, जिससे शहरों की ओर होने वाले पलायन में कमी आई। नेशनल काउंसिल फ़ॉर अप्लाइड इकोनॉमिक रिसर्च (एनसीएईआर) के एक अध्ययन में बताया गया कि इसकी शुरुआत से लेकर 2011-12 तक इससे ग़रीबी क़रीब 32 प्रतिशत कम करने में मदद मिली और एक करोड़ चालीस लाख लोगों को ग़रीबी का शिकार होने से बचाया गया। इन आंकड़ों के अलावा, मनरेगा की सफलता इस बात में भी रही कि इससे भारत में ग्रामीण निर्धनों को उदारीकरण के लाभ मिलने लगे। इसका एकल योगदान आर्थिक वृद्धि को अधिक समावेशी बनाना रहा, क्योंकि इसने देश के निर्धनतम लोगों को मदद पहुंचाई।

2006 में तीन राज्यों में चुनाव हुए - पश्चिम बंगाल, तमिलनाडु और केरल। यह साल कम्युनिस्ट पार्टियों के लिए काफ़ी अच्छा साबित हुआ, क्योंकि वे पश्चिम बंगाल और केरल दोनों राज्यों में जीत गईं। पश्चिम बंगाल में जून, 1977 से लगातार सत्ता में बने वाममोर्चा ने ममता बनर्जी की तृणमूल कांग्रेस को परास्त किया और बुद्धदेव भट्टाचार्य के नेतृत्व में उसने फिर से सत्ता हासिल की। तमिलनाडु में एम. करुणानिधि की डीएमके ने जयललिता की ऑल इंडिया अन्ना द्रविड़ मुनेत्र कड़गम को हराकर फिर से सत्ता हासिल की, तो केरल में वाम लोकतांत्रिक मोर्चा ने कांग्रेस की अगुवाई वाले संयुक्त लोकतांत्रिक मोर्चा को हराकर सत्ता हासिल की।

2004 में केंद्र में सत्ता पाने के बाद जहां कांग्रेस पार्टी मज़बूत थी, तो वहीं विपक्ष बिखरा हुआ लगता था। यहां तक कि 2004 की अप्रत्याशित हार के सदमे से भाजपा को भी उबरने में दिक़्क़त हो रही थी। भाजपा पर एक और मुसीबत आ पड़ी - भाजपा नेतृत्व की दूसरी पीढ़ी में सबसे बड़े नेता और पार्टी महासचिव प्रमोद महाजन की हत्या हो गई। भाजपा में अपने प्रबंध कौशल के लिए मशहूर प्रमोद महाजन 2004 में चुनाव अभियान के प्रभारी थे, जिसमें पार्टी को नाकामी मिली थी। महाराष्ट्र के प्रमोद महाजन की उनके छोटे भाई प्रवीण महाजन ने 22 अप्रैल, 2006 को बंबई में उनके आवास पर गोली मारकर हत्या कर दी। प्रवीण, प्रमोद महाजन के घर गए और उनसे तीखी बहस के बाद उन्हें अपनी लाइसेंसी रिवॉल्वर से उन्हें गोली मार दी। बाद में

उन्होंने ख़ुद पुलिस थाने जाकर आत्म-समर्पण कर दिया। छप्पन वर्षीय प्रमोद महाजन की तीन दिन बाद बंबई के एक अस्पताल में मौत हो गई।

11 जुलाई, 2006 को जब बंबई में उपनगरीय ट्रेनों में सात प्रेशर कुकर बम फटे, तो शहर एकदम भय का केंद्र बन गया। बंबई उपनगरीय रेल नेटवर्क की पश्चिमी लाइन पर डर अपनी चरम सीमा पर पहुंच गया और इन विस्फोटों में 209 लोगों की मौत हुई और 700 से ज़्यादा लोग घायल हुए। भारतीय सुरक्षा अधिकारियों ने दावा किया कि 7/11 की इस घटना के पीछे पाकिस्तानी ख़ुफ़िया एजेंसी आईएसआई का हाथ है। राष्ट्रीय सुरक्षा सलाहकार एम.के. नारायणन ने कहा कि भारत के पास इन विस्फोटों में आईएसआई का हाथ होने के पर्याप्त सबूत हैं।

2006 के साल में हिंदी फ़िल्मों के दिग्गज नौशाद और ऋषिकेश मुखर्जी का देहावसान भी हुआ। नौशाद अली लखनऊ के थे और हिंदुस्तानी शास्त्रीय संगीत में बनाई धुनों से भारतीय फ़िल्म प्रेमियों को लंबे समय तक मंत्रमुग्ध किए रहे। *गंगा जमुना, पाकीज़ा, मुगले-ए-आजम* और *बैजू बावरा* जैसी अनेक फ़िल्मों में उनका कालातीत संगीत श्रोताओं को वश में किए रहा। ऋषि-दा के नाम से लोकप्रिय ऋषिकेश मुखर्जी ने बयालीस फ़िल्मों का निर्देशन किया था, जिनमें *अनाड़ी, सत्यकाम, आनंद, अभिमान, चुपके-चुपके* और *गोलमाल* जैसी हिंदी क्लासिक्स फ़िल्में भी शामिल हैं। उन्होंने मुख्य धारा के व्यावसायिक सिनेमा और कला सिनेमा के बीच का रास्ता चुना था।

इसी साल केंद्र सरकार ने उच्च शैक्षणिक संस्थाओं में ओबीसी के लिए 27 प्रतिशत आरक्षण देने का निश्चय किया, तो उच्च शिक्षण संस्थानों में विरोध-प्रदर्शन शुरू हो गए। इनमें भारतीय प्रौद्योगिकी संस्थान (आईआईटी), भारतीय प्रबंधन संस्थान (आईआईएम), राष्ट्रीय प्रौद्योगिकी संस्थान (एनआईटी) जैसे संस्थान भी शामिल थे। दिल्ली में सवर्ण छात्रों के विरोध प्रदर्शन के बावजूद, सरकार अपने फ़ैसले पर अडिग रही और उसने संसद में सर्वसम्मति से संविधान संशोधन पारित करा दिया, जिसमें केवल दो सांसद अनुपस्थित रहे। सर्वोच्च न्यायालय ने 2008 में इस क़ानून को बहाल रखा, लेकिन इसमें 'क्रीमी लेयर' को बाहर रखने को कह दिया।

क्या आरक्षण से देश के युवाओं का भला हुआ? क्या इससे उन्हें ख़ुद का मूल्य समझने में मदद मिली?

उजाले मैं, पी गया
रोशन हुआ, जी गया
क्यूं सहते रहें
रू-ब-रू रोशनी है

2007 : *आओ मिलो चलें*

आओ खो जाएं हम, हो जाए गम यूं लापता
आओ मिलो चलें, जाना कहां न हो पता
हम जो चलने लगे, चलने लगे हैं ये रास्ते
आ हा हा हा मंज़िल से बेहतर लगने लगे हैं ये रास्ते

गीत : इरशाद कामिल
संगीत : प्रीतम चक्रवर्ती
गायन : शान और उस्ताद सुल्तान
फ़िल्म : *जब वी मेट*

उस्ताद सुल्तान ख़ान (1940-2011) अपने एलबम *पिया बसंती* के ज़रिए संगीत प्रेमियों की उस पीढ़ी में लोकप्रिय हुए, जो शताब्दी के मोड़ के क़रीब बड़ी हुई है। मशहूर सारंगी वादक तो वे थे ही, साथ ही *पिया बसंती* के बाद हिंदी फ़िल्मी गानों की धुनों का असर बढ़ाने के लिए उनकी सहज आवाज़ की भी बहुत मांग थी। फ़िल्म *जब वी मेट* में संगीतकार प्रीतम चक्रवर्ती ने *'आओ मिलो चलें'* गाने के लिए सुल्तान ख़ान की सारंगी, और उनकी आवाज़, दोनों का इस्तेमाल करने का फ़ैसला किया था। फ़िल्म की मुख्य जोड़ी पर फ़िल्माए गए इस गाने में बताया गया है कि विपरीत स्वभाव का जोड़ा किस तरह परिस्थितिवश साथ आ गया और अपनी यात्रा का लुत्फ़ लेना शुरू कर देता है। मधुरता और लय के ललचाने वाले मेल के इस गाने में सुल्तान ख़ान के लोकवत अंश, शान की आधुनिक आवाज़ के साथ उसी तरह से मिलते हैं, जैसे कि परंपरागत सारंगी की ध्वनि सिंथेसाइज़र के ज़्यादा आधुनिक ध्वनियों से

मिलती है। इरशाद कामिल के गीत में दोनों लोगों के उद्देश्यहीन यात्रा और एक दूसरे की संगत का आनंद लेने का ब्यौरा बताया गया है।

जब वी मेट बॉक्स ऑफ़िस पर भी सफल रही और इसका संगीत भी सफल रहा और इसके गाने बहुत लोकप्रिय हुए। हिंदी फ़िल्म संगीत के लिए 2007 का साल काफ़ी अच्छा रहा, क्योंकि इस बार कई अच्छे गाने सुनने को मिले। प्रीतम की एक और फ़िल्म *लाइफ़ इन अ... मेट्रो* का संगीत भी काफ़ी सफल रहा, जबकि गुरू के साथ मिलकर दिग्गज ए.आर. रहमान सारे पुरस्कार बटोर ले गए। इसके अलावा, मोंटी शर्मा भी थे, जिन्होंने रणवीर कपूर के अभिनय की पहली फ़िल्म सांवरिया में संगीत दिया था, जिसका निर्देशन संजय लीला भंसाली ने किया था।

जब शान ने *'आओ मिलो चलें'* गाया तो ऐसा लगा जैसे वह इक्कीसवीं सदी के सातवें साल के भारत और उसकी स्वतंत्रता के साठवें साल के बारे में गा रहे हों। इसमें सफ़र का मज़ा भी शामिल था। वित्तीय वर्ष 2006-07 में भारतीय अर्थव्यवस्था में 9.6 प्रतिशत की बढ़ोतरी हुई, और प्रति व्यक्ति आय भी 14 प्रतिशत बढ़ी। ये आंकड़े अप्रैल, 2007 में सामने आए थे, तभी भारत एक खरब डॉलर की अर्थव्यवस्था वाले दस देशों के संभ्रांत क्लब में शामिल हुआ था।

मुद्रास्फीति का स्तर 6.7 प्रतिशत तक बढ़ गया, लेकिन भारतीय उद्योग जगत पर इसका कोई असर पड़ता नहीं दिखा; ऐसा लगा जैसे उद्योग जगत *जब वी मेट* का *'मौजा ही मौजा'* गाना गा रहा हो। और यह बात टाटा स्टील के लिए भी बेशक सही थी। टाटा ग्रुप कंपनी अपने कारोबार का सौवां साल मना रहा था, और इस मौक़े पर उसने यूरोप की सबसे बड़ी स्टील कंपनी कोरस स्टील के अधिग्रहण करने का फ़ैसला किया, जिसकी क़ीमत 12 अरब डॉलर थी। जब कोरस का अधिग्रहण किया गया, तब उसका आकार टाटा स्टील से चार गुना बड़ा था, और अधिग्रहण के बाद टाटा स्टील दुनिया की पांचवीं सबसे बड़ी स्टील कंपनी बन गई। यह एक बड़ा अधिग्रहण था, जिसने दुनिया को भारतीय अर्थव्यवस्था और उद्योग जगत की ताक़त के बारे में बता दिया।

तीन भारतीय व्यवसायी महिलाएं, एचएसबीसी की नैना लाल किद्‌वई, आईसीआईसीआई की चंदा कोचर, और बायकॉन की किरण मज़ूमदार-शॉ भी *'मौजा ही मौजा'* गाती लग रही थीं, क्योंकि *फ़ॉर्च्यून* पत्रिका ने उनके नाम दुनिया की पचास सबसे ताक़तवर महिला व्यवसायियों की सूची में शामिल किए थे।

2007 का साल एक और भारतीय महिला तथा भारतीय लोकतंत्र के लिए ख़ास साबित हुआ। 25 जुलाई, 2007 को भारत के मुख्य न्यायाधीश ने प्रतिभा देवी सिंह पाटिल को भारत गणराज्य के बारहवें राष्ट्रपति के रूप में शपथ दिलाई। इसके साथ ही, प्रतिभा पाटिल सर्वोच्च पद पर आसीन होने वाली पहली (और अब तक की

एकमात्र) महिला बन गईं। 2004 से वे राजस्थान की राज्यपाल थीं और पूर्णकालिक राजनेता रही थीं।

हालांकि प्रतिभा पाटिल सत्तारूढ़ यूपीए के लिए पहली उम्मीदवार नहीं थीं। कांग्रेस पार्टी ने कई नाम सुझाए थे, जिनमें तत्कालीन गृहमंत्री शिवराज पाटिल का नाम भी शामिल था, लेकिन सीपीआई (एम) महासचिव प्रकाश करात के नेतृत्व वाले वाममोर्चा ने किसी नाम पर सहमति नहीं दी। आख़िरकार प्रतिभा पाटिल को उम्मीदवार बनाया गया और उन्होंने राष्ट्रपति पद के लिए हुए चुनाव में राजस्थान के पूर्व मुख्यमंत्री और वरिष्ठ भाजपा नेता भैरों सिंह शेखावत को हराया।

जहां प्रतिभा पाटिल राष्ट्रपति भवन पहुंच गईं, वहीं उत्तर प्रदेश के मतदाताओं ने इस बार मायावती को राज्य का नेतृत्व करने का मौक़ा दिया। बहुजन समाज पार्टी की नेता मायावती ने राज्य में अपने दलित वोटों के साथ ब्राह्मणों के वोट मिलाने की चतुर रणनीति अपनाई। उनकी रणनीति बेहद कामयाब रही और वे 402 सदस्यों की विधानसभा में 206 सीटें जीतने में सफल रहीं। गुजरात में नरेंद्र मोदी ने विधानसभा चुनावों को गुजराती अस्मिता का मुद्दा बनाया और दोबारा जीत हासिल की।

2007 में जहां मायावती और मोदी के अच्छे दिन आ चुके थे, वहीं पश्चिम बंगाल के मुख्यमंत्री बुद्धदेव भट्टाचार्य ने राज्य में औद्योगीकरण को बढ़ावा देने की कोशिश में अपना नुक़सान कर लिया। केंद्र सरकार ने कोलकाता से 160 किलोमीटर दूर नंदीग्राम में, एक पेट्रोकेमिकल हब बनाने का प्रस्ताव भेजा। स्थानीय लोगों को लगा कि इसके लिए उनकी ज़मीन अधिग्रहीत की जाएगी। गुस्साए स्थानीय लोगों ने प्रदर्शन किया और पुलिस ने भीड़ पर गोली चला दी, जिसमें चौदह लोगों की मौत हो गई। पुलिस ने कहा कि माओवादियों ने स्थानीय लोगों को उन पर हमला करने के लिए भड़काया था। तीस साल से राज्य में सत्तारूढ़ वाममोर्चे के लिए यह सबसे बड़ी चुनौती थी। नंदीग्राम राज्य में राजनीतिक विपक्ष के लिए तड़ित चालक बन गया और बकौल बुद्ध बाबू, अपने राजनीतिक जीवन में वे सबसे कठिन स्थिति में फंस गए थे।

फ़रवरी, 2007 में, पाकिस्तान के विदेश मंत्री की वार्ता के लिए प्रस्तावित भारत यात्रा से एक दिन पहले, नई दिल्ली और लाहौर के बीच चलने वाली समझौता एक्सप्रेस में बम विस्फोट हो गए। दो विस्फोटों में सत्ताइस यात्री मारे गए और पंद्रह घायल हुए।

खेल जगत में 2007 में भारत क्रिकेट के एक नए प्रारूप को ज़्यादा गंभीरता से लेने का फ़ैसला किया। यह प्रारूप ट्वेन्टी-ट्वेन्टी (टी-20) क्रिकेट का था, और भारत ने दक्षिण अफ़्रीका में हुए पहले आईसीसी टी-20 क्रिकेट विश्वकप में ना केवल जीत हासिल की, बल्कि उसने नई टी-20 क्रिकेट लीग की भी घोषणा कर दी, जिसने हमेशा के लिए क्रिकेट के अर्थशास्त्र को बदलकर रख दिया। टी-20 क्रिकेट विश्वकप

भारतीय टीम के लिए सांत्वना की तरह रहा, क्योंकि इसी साल वेस्ट इंडीज़ में हुए एक दिवसीय अंतरराष्ट्रीय क्रिकेट विश्वकप में वह बुरी तरह से नाकाम रही थी और ग्रुप स्तर से आगे नहीं बढ़ पाई थी।

टी–20 विश्वकप क्रिकेट में भारतीय टीम ने रोमांचक फ़ाइनल मैच में अपनी चिरप्रतिद्वंद्वी पाकिस्तान को हराकर ट्रॉफ़ी जीती थी। इसके बाद भारतीय क्रिकेट कंट्रोल बोर्ड ने 2008 से हर साल 35 करोड़ रुपये की पुरस्कार राशि वाली इंडियन प्रीमियर लीग (आईपीएल) कराने का ऐलान कर दिया। आईपीएल की घोषणा अपने आप में बहुत महत्त्वपूर्ण थी, और किसी को अनुमान नहीं था कि घरेलू टी–20 क्रिकेट लीग का भविष्य में क्या होने जा रहा है।

इसी साल भारत सरकार ने सरकारी एयरलाइन्स के सामने मौजूद चुनौती का सामना करने के लिए एयर इंडिया और इंडियन (पूर्वनाम इंडियन एयरलाइन्स) का विलय करने का निश्चय किया। क्या इन दोनों कंपनियों के विलय से बनी कंपनी के लिए, और आमतौर पर भारत के लिए भविष्य *मौजा ही मौजा* हो पाएगा?

2008 : हौले हौले हो जाएगा प्यार

तू सबर तो कर मेरे यार
ज़रा सांस तो ले दिलदार
चल फ़िकर नू गोली मार
यार है दिन जिंदड़ी ते चार

गीत : जयदीप साहनी
संगीत : सलीम-सुलेमान
गायन : सुखविंदर सिंह
फ़िल्म : *रब ने बना दी जोड़ी*

नई सहस्राब्दी के आगमन के समय हिंदी फ़िल्म उद्योग में एक नई लहर आई। यह लहर थी गैर-फ़िल्मी पृष्ठभूमि के मध्यम वर्ग से आए गीतकारों, लेखकों और फ़िल्मकारों की। उत्तर भारत के अलग-अलग कस्बों से आने वाले ये कलाकार आधुनिक शब्दावली, नए रूपकों, और विभिन्न विचारधाराओं से युक्त थे। इन कलाकारों के आगमन से हिंदी सिनेमा में ताज़गी आ गई। ऐसे ही एक कलाकार थे - दिल्ली के जयदीप साहनी। वह इंजीनियरिंग स्नातक थे, जो अपने लेखन के शौक के कारण फ़िल्मी दुनिया में कूद पड़े थे। साहनी ने नई सहस्राब्दी के पहले दशक में कुछ बेहद यादगार हिंदी फ़िल्मों के गाने लिखे।

चाहे वो बंबई अंडरवर्ल्ड के मैनेजमेंट कार्यों को *कंपनी* में दिखाना हो या मध्यमवर्गीय परिवार की अपनी ज़मीन को अवैध कब्ज़े से छुड़ाने की कोशिश को दिखाने वाली *खोसला का घोंसला* हो या फिर *चक दे इंडिया* में टीम से निकाले गए हॉकी खिलाड़ी द्वारा महिला टीम को कोचिंग देना और खेल की दुनिया में ऊंचाई तक

पहुंचाने की कहानी हो, साहनी के लेखक और गीतकार के रूप में काम ने सबका ध्यान खींचा। आदित्य चोपड़ा के निर्देशन की पहली फ़िल्म *रब ने बना दी जोड़ी* में साहनी के गीत विपरीत स्वभाव की जोड़ी सुरिंदर और तानी के बीच बढ़ते प्यार का आसानी से इज़हार करते हैं, और जो स्वभाव के नहीं, बल्कि परिस्थितियों के कारण एक दूसरे के निकट आ जाते हैं। मुखड़े *'हौले हौले हो जाएगा प्यार'* में नायक-नायिका को बताया जाता है कि प्यार होगा, लेकिन धीरे-धीरे होगा।

गीत के बोलों में हिंदी और पंजाबी अभिव्यक्तियों का मिश्रण है, जो कि बिलकुल उचित है, क्योंकि फ़िल्म की कहानी अमृतसर की है। एक अंतरा में साहनी प्यार के बारे में पुरानी शायरी को याद करते हैं, *'क्या कह के गया था शायर वो सयाना, आग का दरिया डूब के जाना।'* इस फ़िल्म के गानों की धुन सलीम और सुलेमान मर्चेंट ने बनाई थी, जो पहले *इक़बाल*, *डोर* और *चक दे इंडिया* में अपने मधुरता भरे संगीत के लिए पहचान बना चुके थे। *'हौले हौले '* में सलीम-सुलेमान ने हारमोनियम के एक तरह के असंबद्ध आधार के साथ परंपरागत संयोजन का इस्तेमाल किया और फिर प्रतिभाशाली सुखविंदर सिंह को अपने सुरों का कमाल दिखाने का मौक़ा दिया। जब 'साधारण' सुरिंदर (शाहरुख़ ख़ान) पर्दे पर गाने में अभिनय करता है, तो संगीतकार ने इसे सहज बनाने के लिए अतिरिक्त प्रयास किया और इसी वजह से यह गाना विशिष्ट बन गया।

आदित्य चोपड़ा *रब ने बना दी जोड़ी* में एक सामान्य जोड़ी के लिए एक अलग तरह की प्रेम कहानी तलाश रहे होंगे, लेकिन भारत 2008 में किसी तरह के असाधारण के लिए प्रयास करता नहीं दिख रहा था। वह जो भी था, साधारण नहीं था। 2006 में मनमोहन सिंह सरकार केंद्रीय शैक्षणिक संस्थान (प्रवेश में आरक्षण) अधिनियम, 2006 लाई, जिसमें सरकारी धन से चलने वाली संस्थाओं में अन्य पिछड़े वर्गों (ओबीसी) के लिए 27 प्रतिशत आरक्षण का प्रावधान था। इस अधिनियम को सर्वोच्च न्यायालय में चुनौती दी गई और अप्रैल, 2008 में सर्वोच्च न्यायालय ने अधिनियम को वैध ठहरा दिया। अदालत ने अल्पसंख्यक संस्थाओं को इस ओबीसी आरक्षण से अलग रखने को भी सही ठहराया। सरकारी नौकरियों में ओबीसी आरक्षण 1990 में वी.पी. सिंह की सरकार ने लागू किया था, और जिस साल शैक्षणिक संस्थाओं में ओबीसी कोटा लागू हुआ। यह वही साल था, जिसमें वी.पी. सिंह का निधन हुआ। उनके निधन की ख़बर को पर्याप्त महत्त्व नहीं दिया गया, जबकि उनका कार्यकाल काफ़ी उथल-पुथल और उतार-चढ़ाव वाला रहा था।

मनमोहन सिंह सरकार को जुलाई में बेहद मुश्किल झेलनी पड़ी, क्योंकि उसने पिछले साल जिस भारत-अमेरिका परमाणु सौदे पर हस्ताक्षर किए थे, उसे आगे बढ़ाया, और बचाव समझौते के साथ अंतरराष्ट्रीय परमाणु ऊर्जा एजेंसी से संपर्क किया। यूपीए सरकार को मार्क्सवादी कम्युनिस्ट पार्टी का समर्थन हासिल था, लेकिन

महासचिव प्रकाश करात की अगुवाई वाली सीपीआई (एम) अमेरिका के साथ इस तरह के समझौते पर हस्ताक्षर करने के कड़े विरोध में थी। कांग्रेस ने पीछे हटने से इंकार कर दिया, तो सीपीआई (एम) ने सरकार से समर्थन वापस ले लिया।

जुलाई, 2008 में मनमोहन सिंह सरकार के ख़िलाफ़ अविश्वास प्रस्ताव लाया गया। लोकसभा में अपने भाषण में मनमोहन सिंह ने वामपंथी दलों के नेताओं से पूछा कि क्या बाबरी मस्जिद ढहाने के सूत्रधार लालकृष्ण आडवाणी उन्हें प्रधानमंत्री के रूप में स्वीकार्य हैं? सरकार उन्नीस वोटों से लोकसभा में अविश्वास मत को हराने में सफल रही। अविश्वास मत पर मतदान तब सनसनीखेज़ हो गया, जब कुछ भाजपाई सांसद लोकसभा के गर्भगृह में कूद पड़े और अपने हाथों में नोटों की गड्डियां लहराने लगे। इनका कहना था कि उन्हें समाजवादी पार्टी के नेता अमर सिंह ने यूपीए सरकार के पक्ष में मतदान करने के लिए रिश्वत का प्रस्ताव दिया था। यूपीए सरकार वामपंथी दलों का समर्थन खो देने के बाद भी बहुमत साबित करने में सफल रही और सत्ता में बनी रही।

इसके पहले, इसी साल भारत और अमेरिका ने अपने सबसे बड़े हथियार सौदे पर हस्ताक्षर किए थे, जो तक़रीबन एक अरब अमेरिकी डॉलर का था। इसके तहत सैनिकों की आवाजाही में सुधार करने के लिए छह सी–130 जे सुपर हर्क्युलस विमानों की ख़रीद होनी थी। इसी साल भारतीय वायुसेना ने देश के सुदूर उत्तर में ठंडे रेगिस्तान में अपनी हवाई पट्टी फिर से खोल दी। दौलत बेग ओल्डी (इसका नाम यारकंडी दार्शनिक दौलत बेग के नाम पर है, और इसका शब्दश: अनुवाद होता है – दौलत बेग का देहांत हो गया) नाम की इस हवाई पट्टी का आख़िरी बार इस्तेमाल 1960 के दशक में हुआ था और यहां का तापमान सर्दियों में शून्य से 55 डिग्री सेल्सियस तक नीचे हो जाता है।

व्यापार जगत के लिए 2008 चाहे जैसा रहा, लेकिन था साधारण ही। टाटा परिवार ने आख़िरकार अपनी लखटकिया कार, टाटा नैनो लॉन्च कर दी। ज़मीन अधिग्रहण के उग्र विरोध के कारण पश्चिम बंगाल से बाहर निकलने पर मजबूर हुई नैनो की शुरुआत आख़िर में गुजरात में साणंद में हो सकी। नैनो अपनी लॉन्चिंग के समय दुनिया की सबसे सस्ती कार थी और अपेक्षा की जा रही थी कि यह भारतीयों के यात्रा करने के तरीक़े में क्रांतिकारी बदलाव ला देगी। इसी साल मुख्य भारतीय दवा कंपनी रेनबैक्सी को जापानी दिग्गज दाइची सेन्क्यो ने 4 अरब 60 करोड़ डॉलर नक़द में ख़रीद लिया।

नवंबर में हुई घटनाओं ने वर्ष को और ज़्यादा असाधारण बना दिया। शुरुआत हुई 26 नवंबर को रात के 8 बजे से, जब लश्कर-ए-तैयबा के दस आतंकवादी समुद्री रास्ते से हवा वाली नौकाओं पर सवार होकर बंबई के कोलाबा में उतरे, और इसके बाद वित्तीय राजधानी के हृदयस्थल में विभिन्न स्थानों पर हमला करने के लिए

निकल पड़े। इन स्थानों में छत्रपति शिवाजी महाराज टर्मिनल, ताज महल प्लेस होटल, ओबेरॉय ट्राइडेंट और नरीमन हाउस शामिल थे। सुरक्षा तंत्र चौकस नहीं था और ग़ायब मिला। हमलावर पाकिस्तान में उसकी विशेषज्ञ निगरानी में महीनों से इसका मंसूबा बना रहे थे और अधिकतम नुक़सान कर चुके थे। हमले 29 नवंबर तक चले, जिनमें 164 लोगों की मौत हुई और 308 लोग घायल हुए। नौ हमलावर मारे गए और एक हमलावर अजमल कसाब को गिरफ़्तार कर लिया गया। मारे गए लोगों में दस देशों से आए अट्ठाइस विदेशी नागरिक भी थे। महाराष्ट्र के एंटी टेररिस्ट स्क्वॉड के प्रमुख हेमंत करकरे भी मारे गए।

हमलावरों का भारतीय टीवी समाचार चैनलों पर सीधा प्रसारण भी हुआ, जबकि ऐसे आतंकवादियों को मार गिराने के लिए चलाए जाने वाले सुरक्षा अभियानों के लिए ऐसे प्रसारण आमतौर पर हानिकारक होते हैं। जब हमले जारी थे, उसी दौरान गुजरात के मुख्यमंत्री नरेंद्र मोदी मुंबई पहुंचे और उन तीन स्थानों पर गए जहां सुरक्षा बल उस समय भी घेरे जा चुके आतंकवादियों से लड़ रहे थे। एक जगह पर पत्रकारों को संबोधित करते हुए मोदी ने मनमोहन सिंह सरकार के संकट से निपटने के तरीक़े की आलोचना की। देश के अप्रत्याशित चुनौती का सामना करने के समय मुख्यमंत्री द्वारा ऐसे अशिष्ट व्यवहार की कड़ी निंदा हुई। 26/11 का हमला बंबई शहर में हुए पूर्व के आतंकवादी हमलों से एकदम अलग था। यह शहर के असुरक्षित नागरिकों पर क्रूर हमला था।

इसी साल जून में, एक फ़िल्म आई *आमिर*, जिसमें बंबई शहर पर हुए आतंकवादी हमले के शिकार हुए डॉ. आमिर अली की ज़िंदगी का एक दिन दिखाया गया था। आतंकवादियों के सफ़ाए की वास्तविक अभियान के अगले दिन जब बंबई शहर जागा, तो लोग आमिर की फ़िल्म का अमिताभ भट्टाचार्य का लिखा यही गीत गुनगुना रहे होंगे –

आनी जानी है कहानी, बुलबुले सी है ज़िंदगानी
बनती कभी, कभी बिगड़ती, तेज़ हवा से लड़ती-भिड़ती
हा रहम, हा रहम, फरमा ऐ ख़ुदा, महफ़ूज़ हर क़दम करना ऐ ख़ुदा

2009 : *ऑल इज़ वैल*

कोई न जाने अपना फ़्यूचर क्या होगा
होंठ घुमा, सीटी बजा, सीटी बजा के बोल
भैया ऑल इज़ वैल, अरे भैया ऑल इज़ वैल

गीत : स्वानंद किरकिरे
संगीत : शांतनु मोइत्रा
गायन : शान, सोनू निगम और स्वानंद किरकिरे
फ़िल्म : *3 ईडियट्स*

गीतकार और गायक स्वानंद किरकिरे ने सबसे पहली बार 2005 में हज़ारों ख़्वाहिशें ऐसी फ़िल्म के गाने *'बावरा मन देखने चला एक सपना'* गाने में सबका ध्यान खींचा था। यह गीत उन्होंने दिल्ली में अपने थियेटर के दिनों में लिखा था। संगीतकार शांतनु मोइत्रा ने इस गाने को किरकिरे की आवाज़ में ही रिकॉर्ड करने का निश्चय किया था। मोइत्रा और किरकिरे ने टीम बनाई और मिलकर कई फ़िल्मों के गीत-संगीत तैयार किए। 2009 की सर्वाधिक हिट फ़िल्म 3 ईडियट्स में फ़िल्म निर्माता राजू हिरानी के साथ इन दोनों ने तीसरी बार साथ काम किया था। जोशीला और फलसफ़ा भरा गाना *'ऑल इज़ वेल'* हिट रहा था।

वर्ष 2009 हिंदी फ़िल्मों के लिए और हिंदी फ़िल्म संगीत के लिए भी बढ़िया रहा। जहां *3 ईडियट्स* ने हास्य के कारण दर्शकों को लुभागा, तो दिल्ली-6 में ए.आर. रहमान ने एक बार फिर धुन और सुर का जादू बिखेरने में सफलता पाई। इस एलबम में लोक, शास्त्रीय और आधुनिक संगीत का शानदार मिश्रण था, जिस कारण यह तब तक कि रहमान की सर्वश्रेष्ठ फ़िल्मों में शामिल की गई – *'मसकली'* जैसे

चटपटे गाने से लेकर धीरे-धीरे सुलगाने वाला गीत *'रहना तू'* (इसमें गाने के भाव को दमदार बनाने के लिए रहमान ने की बोर्ड का निरंतर उपयोग किया) ख़ासतौर पर लोकप्रिय हुए। इस साल विशाल भारद्वाज ने अपनी फ़िल्म *कमीने* के लिए फिर से गुलज़ार को साथ लिया और हिंदी फ़िल्म संगीत में कुछ यादगार गाने शामिल करने में दोनों सफल रहे।

जहां ए.आर. रहमान, विशाल भारद्वाज और प्रीतम से शानदार संगीत रचना की अपेक्षा थी, वहीं इस साल एक और सितारे ने फ़िल्म संगीत के आसमान पर चमकना शुरू किया। यह थी फ़िल्म *देवदास* जो कि पुरानी बांग्ला और हिंदी क्लासिक का आधुनिक रूपांतरण थी। अमित त्रिवेदी 2008 में अपनी पहली फ़िल्म *आमिर* के ज़रिए चर्चा में आए थे, लेकिन 2009 में *देव डी* में उन्होंने संगीत जगत में वाकई धमाका कर दिखाया था।

देव डी हिंदी फ़िल्म संगीत के लिए 'ताज़ा हवा का झोंका' बनकर आई, जिसमें अमित त्रिवेदी ने अपनी आधुनिक संवेदनशीलता और संगीत की समझ का शानदार प्रदर्शन किया था। उन्होंने अपने पुराने मित्र और सहयोगी अमिताभ भट्टाचार्य के गीतों को संगीत दिया और एलबम में जादू पैदा कर डाला। देव डी ने एक नया चलन शुरू किया और इसका संगीत एक दशक बाद भी पॉपुलर बना हुआ है। अमित त्रिवेदी और अमिताभ भट्टाचार्य का गाया विचित्र, शादी के बैंड से प्रेरित *'इमोशनल अत्याचार'* गाना बेहद हिट हुआ। अमिताभ भट्टाचार्य गायक बनने के लिए बंबई आए थे, और बड़ी अनिच्छा से उन्होंने (2008 में आमिर के बाद) *देव डी* के गाने लिखे थे।

'रहना तू' या *'मसकली'* या *'परदेसी'* शायद 2009 की सबसे शानदार संगीत रचनाएं थीं, लेकिन उस समय मनमोहन सिंह सरकार, ख़ासतौर पर मई में हुए पंद्रहवीं लोकसभा चुनावों के नतीजों के बाद जो महसूस क्रर रही थी, उसको सही तरह से *'ऑल इज़ वेल'* ने व्यक्त किया था। 2009 के चुनावों में भारत में 71.4 प्रतिशत मतदाताओं ने अपने मताधिकार का इस्तेमाल किया था। देश भर के 8.28 लाख मतदान केंद्रों पर इलेक्ट्रॉनिक वोटिंग मशीनों का इस्तेमाल किया गया था। जब भारतीय राष्ट्रीय कांग्रेस के नेतृत्व वाला संयुक्त प्रगतिशील गठबंधन और भारतीय जनता पार्टी के नेतृत्व वाला राष्ट्रीय जनतांत्रिक गठबंधन चुनाव में उतरे तो परिणामों के बारे में कोई अनुमान नहीं था। एनडीए की तरफ़ से प्रधानमंत्री पद के दावेदार लालकृष्ण आडवाणी ने यह कहकर प्रधानमंत्री मनमोहन सिंह पर हमला करने का फ़ैसला किया कि उन्होंने प्रधानमंत्री पद की गरिमा गिराई है। एनडीए के अनुसार, प्रधानमंत्री को कांग्रेस अध्यक्ष सोनिया गांधी रिमोट से संचालित करती हैं।

कांग्रेस पार्टी ने ए.आर. रहमान के लोकप्रिय गाने *'जय हो'* के अधिकार ख़रीद लिए और इसे अपने अभियान का थीम सॉन्ग बना लिया। यूपीए पिछले साल संकट झेल चुका था, क्योंकि तब वामदलों ने अमेरिका के साथ परमाणु सौदे को लेकर

अपना समर्थन वापस ले लिया था। हालांकि आम चुनावों के परिणामों ने यूपीए के विरोधी दलों की चिंता बढ़ा दी, क्योंकि मतदाताओं ने मनमोहन सिंह के नेतृत्व में दोबारा विश्वास जता दिया था। कांग्रेस पार्टी ने अपनी सीटें 2004 की 145 से बढ़ाकर 206 करने में सफलता पाई। यूपीए को कुल 262 सीटें मिलीं, जो कि बहुमत के आंकड़े से कुछ ही कम थीं। सीपीआई (एम) नेता प्रकाश करात ने माना कि पिछले साल यूपीए छोड़ने का उनका दांव उलटा पड़ा था, क्योंकि ख़ुद उनकी पार्टी को चुनाव नतीजों में भारी शिकस्त मिली और राष्ट्रीय राजनीति में वामदलों की भूमिका सीमित हो गई।

संसद में 2009 का साल शिक्षा के अधिकार अधिनियम के लिए जाना गया। यूपीए सरकार ने अगस्त में यह क़ानून पारित कराया। इसके तहत छह से चौदह साल के सभी बच्चों के लिए शिक्षा मौलिक अधिकार बन गई। इस क़ानून से, केंद्र और राज्य सरकारों के लिए बच्चों के इस बुनियादी अधिकार को लागू करना संविधान के अनुच्छेद 21A के तहत क़ानूनी रूप से बाध्यकारी हो गया।

जहां सरकार बच्चों की स्थिति सुधारने में व्यस्त थी, वहीं अदालतें भी पीछे नहीं रहीं। एक ऐतिहासिक निर्णय में दिल्ली उच्च न्यायालय ने देश के लेस्बियन, गे, बाइ-सेक्सुअल और ट्रांसजेंडर (एलजीबीटी) समुदाय को नया जीवन देते हुए फ़ैसला दिया कि सहमति से बनाए गए समलैंगिक संबंधों को अपराध बताना जीवन और स्वतंत्रता के बुनियादी अधिकार और समानता के अधिकार का उल्लंघन करता है, जिनकी गारंटी संविधान ने दी हुई है। एलजीबीटी समुदाय के लिए यह बहुत बड़ी राहत थी और प्रगतिशील मूल्यों की बड़ी जीत थी।

जहां कांग्रेस ने चुनाव अभियान में *'जय हो'* का इस्तेमाल किया, वहीं इस गाने ने ए.आर. रहमान को भी अंतरराष्ट्रीय स्तर पर बड़ा सम्मान दिलाया। विकास स्वरूप की किताब - *क्यू ऐंड ए* पर आधारित डेनी बॉयल की अंग्रेज़ी फ़िल्म *स्लमडॉग मिलियनर* के लिए उन्हें दो ऑस्कर अवॉर्ड मिले। उन्हें सर्वश्रेष्ठ मौलिक संगीत और सर्वश्रेष्ठ गीत के लिए ये पुरस्कार मिला। दो दशकों से हिंदी और तमिल फ़िल्म जगत पर राज कर रहे रहमान की प्रतिभा को अब अंतरराष्ट्रीय स्तर पर मान्यता मिली थी। *स्लमडॉग मिलिनेयर* ने दुनिया भर में सनसनी फैला दी थी और रहमान अब ग्लोबल सेलिब्रिटी बन चुके थे।

कॉरपोरेट जगत के लिए ऑल इज़ वेल नहीं था, क्योंकि भारत को तब बड़ा झटका लगा जब हैदराबाद स्थित, सूचना प्रौद्योगिकी की बड़ी कंपनी सत्यम कंप्यूटर्स के अध्यक्ष ने क़बूल किया कि कंपनी के खातों में हेराफेरी की गई थी। यह हेराफेरी बहुत बड़े पैमाने पर की गई थी। अध्यक्ष बी. रामलिंग राजू ने बताया कि कंपनी के खातों में एक अरब 47 करोड़ अमेरिकी डॉलर की हेराफेरी की गई। इसमें ऑडिटरों की भी ग़लती पाई गई। भारत का आईटी उद्योग देश की उदारीकृत अर्थव्यवस्था के लिए

आदर्श सफलता वाला रहा था और सत्यम घोटाले ने इस उद्योग में देश के विश्वास को छिन्न-भिन्न कर दिया। इस घोटाले के कारण दुनिया भर में 50,000 कर्मचारियों को अपनी नौकरियां गंवानी पड़ी। सरकार ने कंपनी लॉ बोर्ड के ज़रिए स्थिति का नियंत्रण हाथ में लिया और कुछ ही महीने में सत्यम का टेक महिंद्रा ने अधिग्रहण कर लिया, जो कि महिंद्रा ऐंड महिंद्रा ग्रुप का हिस्सा थी।

इसी साल, सीमा सुरक्षा बल, बीएसएफ़ ने भारत की अंतरराष्ट्रीय सीमाओं की सुरक्षा के लिए 178 महिलाओं की भर्ती की। यह पहला मौक़ा था, जब बीएसएफ़ में महिलाओं को प्रवेश मिला था। इसी साल भारतीय नौसेना ने भी पहली बार लड़ाकों की भूमिका में दो महिलाओं की भर्ती की।

भारतीय क्रिकेट टीम के लिए भी 'ऑल इज़ वेल' रहा - भारत दुनिया की सर्वश्रेष्ठ टेस्ट टीम बनी। कुल मिलाकर, 2009 देश के लिए अच्छा साल रहा। इस दशक के अंतिम साल में प्रवेश करते हुए देश दिल्ली-6 के रहमान की धुन पर बने प्रसून जोशी के गीत को गुनगुना रहा था - *'रहना तू, है जैसा तू।'*

2010 का दशक : वाट्सएप का समय

जो भी मैं कहना चाहूं

तीस सालों में भारत को पहली बार पूर्ण बहुमत की सरकार मिली, देश भर में फैल गए स्मार्टफ़ोन ने संचार क्रांति में भारी उछाल ला दिया, जनगणना से पता चला कि युवाओं की संख्या बुज़ुर्गों की संख्या से ज़्यादा हो चुकी है, अधिकतर राजनीतिक दलों में पीढ़ीगत बदलाव हुआ।

1. फिर से विश्व चैंपियन : 2011 में महेंद्र सिंह धोनी के नेतृत्व में भारतीय क्रिकेट टीम एक बार फिर से विश्वकप चैंपियन बनी।

2. बुलबुला फूट गया : अन्ना हजारे का भ्रष्टाचार विरोधी आंदोलन आरंभिक सफलता के बाद 2011 के अंत तक ठप पड़ गया।

3. 2012 के क्रूर सामूहिक बलात्कार के बाद दिल्ली में कैंडल मार्च और जनाक्रोश की अभिव्यक्ति। इसके बाद बलात्कार निरोधक कड़े क़ानून बनाए गए।

4. 2014 के आम चुनावों में भाजपा के नेतृत्व वाले एनडीए की जीत के बाद प्रधानमंत्री बने नरेंद्र मोदी पाकिस्तान के प्रधानमंत्री नवाज़ शरीफ़ का अभिनंदन करते हुए।

5. आमिर ख़ान चीन में छा गए : *दंगल* फ़िल्म ने चीन में धूम मचा दी।

1.

2.

3.

4.

5.

2010 : *गीत में ढलते लफ़्ज़ों में*

गीत में ढलते लफ़्ज़ों में
ताल पे चलती नब्ज़ों में
नया, कुछ नया तो ज़रूर है

गीत : अमिताभ भट्टाचार्य
संगीत : अमित त्रिवेदी
गायन : अमित त्रिवेदी और अमिताभ भट्टाचार्य
फ़िल्म : *उड़ान*

जब अमिताभ भट्टाचार्य अपने गृहनगर लखनऊ से बंबई पहुंचे, तो वह हिंदी फ़िल्मों में पार्श्वगायक ही बनना चाहते थे। साहित्य, कविता या लेखन में उनकी कोई दिलचस्पी नहीं थी। बाहर से आने वाले सभी लोगों की तरह भट्टाचार्य ने भी इस प्रतिस्पर्धात्मक और कठोर फ़िल्म उद्योग में जगह बनाने के लिए सालों संघर्ष करना पड़ा। ओम द फ़्यूज़न बैंड के सदस्य अमित त्रिवेदी से इत्तफ़ाक से हुई मुलाक़ात के बाद दोनों की लंबी भागीदारी शुरू हुई। शुरुआत में भट्टाचार्य, त्रिवेदी को उनकी धुनों के लिए डमी शब्द सुझाते थे, जिनके ज़रिए वे धुनें दूसरों के सामने पेश करते थे।

जब त्रिवेदी ने आमिर और *देव डी* के लिए अकेले संगीतकार के रूप में काम करना शुरू किया, तो उनका यह काम अधिक गंभीर हो गया। अमिताभ भट्टाचार्य के दिमाग़ में तो गायक बनने का भूत सवार था और गीत लिखने का काम वे बे-मन से करने लगे। *देव डी* के उदास, देसी और भ्रमकारी संगीत को लोगों ने सराहा और त्रिवेदी को इसके लिए राष्ट्रीय पुरस्कार भी मिला। 2010 में *उड़ान* के साथ दुनिया के सामने यह साबित हो गया कि *देव डी* की सफलता अनायास नहीं थी। *उड़ान* का

गीत-संगीत *देव डी* से सुरों, अभिव्यक्तियों और विधा के हिसाब से एकदम अलग था। यह एलबम आशा और स्वतंत्रता के बारे में था। अमिताभ भट्टाचार्य के इस एलबम के गीतों ने गीत लेखन में उनकी महारत सामने ला दी। बेमन से गीतकार बने अमिताभ ने कुछ ताज़ा रूपकों के इस्तेमाल के ज़रिए श्रोताओं को कुछ आधुनिक क्लासिक्स दिए, तो त्रिवेदी ने परंपरागत माधुर्य के वैकल्पिक रॉक साउंड (हिंदी फ़िल्मों में पहली बार) का मेल करके इसे इस दशक के सर्वश्रेष्ठ एलबमों में से एक बना दिया। *उड़ान* ने अमित त्रिवेदी को माहिर संगीतकार के रूप में स्थापित कर दिया।

1990 के दशक के आरंभ में, जब से ए.आर. रहमान संगीत जगत में प्रकट हुए थे, तभी से महान फ़िल्म संगीतकारों की सूची में अमित त्रिवेदी सर्वाधिक मौलिक संगीतकार थे। यह कोई इत्तफ़ाक नहीं था कि त्रिवेदी को *देव डी* के लिए 2010 में फ़िल्मफ़ेयर पुरस्कार समारोह में आर.डी. बर्मन अवॉर्ड फ़ॉर न्यू म्यूजिक़ टैलेंट दिया गया, जबकि 1995 में पहली बार का यही पुरस्कार ए.आर. रहमान ने जीता था।

जब यह नई प्रतिभा संगीत में नई लहरें पैदा कर रही थी, तभी प्रतिभाशाली गीतकार गुलज़ार *इश्किया* के लिए युवा दिल और नटखटपने के बारे में *'दिल तो बच्चा है जी'* लिख रहे थे, जो कि विशाल भारद्वाज के साथ उनकी एक और फ़िल्म थी। इस नर्म, मधुर, रोमांटिक गीत को विशाल भारद्वाज के सरल ध्वनि संयोजन और राहत फ़तेह अली ख़ान के असामान्य रूप से मधुर गायन ने और बेहतर बना दिया।

जहां *उड़ान* और *इश्किया* मसाला हिंदी फ़िल्म संगीत की विधा से अलग थीं, वहीं *दबंग* इसका एकदम प्रतीक थी। निर्णायक रूप से इस 'फ़िल्मी' एलबम में संगीतकार साजिद-वाजिद और ललित पंडित ने कुछ यादगार गाने भी तैयार किए। जहां आइटम सॉन्ग *'मुन्नी बदनाम हुई'* सबसे ज़्यादा लोकप्रिय हुआ, वहीं कुछ अन्य गाने भी उल्लेखनीय रहे। *'हमका पीनी है'* में साजिद-वाजिद शराब पीने के बारे में एक मस्ती भरा गाना तैयार करने में सफल हुए, जिसके मूल में सादा ध्वनि और मास्टर सलीम, वाजिद तथा शबाब साबरी का गायन था।

उड़ान स्वतंत्रता, राहत और आने वाले दौर के बारे में रही होगी, लेकिन 2010 की भारतीय राजनीति ऐसी नहीं थी। यूपीए सरकार के लिए यह साल भयानक रहा, क्योंकि इस साल उजागर हुए एक और घोटाले ने इसकी प्रतिष्ठा और ज़्यादा धूमिल कर दी। नक़ाब तो मार्च में ही उतरने लगा था, जब महानियंत्रक और लेखा परीक्षक (सीएजी) ने आरोप लगाया कि 2007-08 में टू जी स्पेक्ट्रम आवंटन और लाइसेंस देने में बड़े भारी पैमाने पर अनियमितताएं हुई थीं। सीएजी रिपोर्ट में बताया गया कि सरकारी ख़जाने को हुए अनुमानित नुक़सान की राशि बहुत ही ज़्यादा है। सीएजी विनोद राय ने सरकार द्वारा बनाई गई नीतियों पर सवाल खड़े किए। घोटाला सामने आने पर दूरसंचार मंत्री ए. राजा ने त्यागपत्र दे दिया।

जहां टू जी घोटाले ने सरकार को चोट पहुंचाई, वहीं नई दिल्ली में एक और तूफ़ान उमड़-घुमड़ रहा था। यह तूफ़ान 2010 में दिल्ली में हुए राष्ट्रमंडल खेलों के आयोजन से जुड़ा था। इन खेलों की तैयारियां समय पर पूरी नहीं हो पाई थीं, जिससे इन खेलों का आयोजन कुप्रबंधन का शिकार रहा। अधोसंरचना तैयार नहीं थी और मीडिया में हो रही आलोचनाओं को बढ़ते देख, आयोजक काम तेज़ी से पूरा करने में जुट गए। बड़े पैमाने पर भ्रष्टाचार के आरोप लगे और केंद्रीय सतर्कता आयोग ने खेलों से जुड़ी विभिन्न परियोजनाओं में गड़बड़ियों को उजागर करने वाली रिपोर्ट जारी की। खेल संपन्न होने के अगले ही दिन भारत सरकार ने आयोजकों के ख़िलाफ़ लगे भ्रष्टाचार के आरोपों की जांच के लिए समिति गठित कर दी। भ्रष्टाचार के आरोपों के कारण सरकार के प्रति जनता के विश्वास में भारी कमी आई।

जहां मीडिया में सरकार की छवि ख़राब होती जा रही थी, वहीं वह कुछ सकारात्मक क़दम उठाने में भी कामयाब हुई। राज्यसभा ने मार्च में महिला आरक्षण विधेयक पारित किया। इस विधेयक में संसद और राज्य विधानसभाओं में एक तिहाई सीटें महिलाओं के लिए आरक्षित करने का प्रावधान था। दिल्ली में, इंदिरा गांधी अंतरराष्ट्रीय हवाई अड्डे पर शानदार नया इंटरनेशनल टर्मिनल टी-3 का उद्‌घाटन हुआ। राजधानी में इस अंतरराष्ट्रीय हवाई अड्डे पर संकरे रास्तों में यह काफ़ी बड़ा सुधार था। अगस्त में, नालंदा विश्वविद्यालय विधेयक, 2010 संसद के दोनों सदनों से पारित हो गया, जिसके तहत प्राचीन नालंदा विश्वविद्यालय के पुनर्जीवन का काम शुरू हुआ।

पाकिस्तानी आतंकवादियों के दो साल पहले के 26/11 के हमले के घाव भी भरने लगे थे। हमले का मुख्य केंद्र रहा ताज महल होटल दोबारा खुल गया। यह ऐतिहासिक होटल 1903 में बना था, और हमले में इसे काफ़ी ज़्यादा नुक़सान पहुंचा था और कई कर्मचारियों और मेहमानों को जान भी गंवानी पड़ी थी। 3 मई, 2020 को ट्रायल कोर्ट ने पकड़े गए एकमात्र आतंकवादी अजमल कसाब को अस्सी मामलों में दोषी पाया, जिनमें हत्या और भारत के ख़िलाफ़ युद्ध छेड़ने के जुर्म भी शामिल थे। इसके बाद उसे फांसी की सज़ा सुना दी गई।

लालकृष्ण आडवाणी, उमा भारती और मुरली मनोहर जोशी को इलाहाबाद उच्च न्यायालय ने बाबरी मस्जिद विध्वंस मामले में साजिश के आरोपों से दोषमुक्त कर दिया। उच्च न्यायालय ने बासठ साल पुराने ज़मीन विवाद पर भी अपना फ़ैसला सुनाया। इलाहाबाद उच्च न्यायालय ने विवादित फ़ैसले में कहा कि ज़मीन तीन पक्षों में बांट दी जाए - तीनों पक्षों को एक-एक तिहाई हिस्सा दिया जाए। ये तीन पक्ष थे - रामलला विराजमान, निर्मोही अखाड़ा और सुन्नी वक़्फ़ बोर्ड।

जहां 2008 में पाकिस्तान से चलने वाले आतंकवाद ने भारत को नुक़सान पहुंचाया, वहीं 2010 में माओवादी हिंसा ने यही काम किया। 2006 में प्रधानमंत्री मनमोहन सिंह ने वामपंथी आतंकवादियों को 'आंतरिक सुरक्षा के लिए एकमात्र

सबसे बड़ी चुनौती' बताया था। इन नक्सलियों ने अलग-अलग कई घटनाओं में भारतीय सुरक्षा बलों पर हमले किए और जान-माल का बहुत भारी नुक़सान किया। अप्रैल में, माओवादियों ने छत्तीसगढ़ के दंतेवाड़ा में घात लगाकर किए एक हमले में सीआरपीएफ़ के छिहत्तर जवानों की हत्या कर दी। इस साल का माओवादियों का यह एकमात्र हमला नहीं था। इसी साल 1967 के नक्सलबाड़ी आंदोलन के संस्थापकों में से एक कानू सान्याल ने आत्महत्या कर ली। वह अपने निवास पर फांसी पर लटके पाए गए। अपने जीवन के अंतिम दिनों में कानू सान्याल माओवादी उग्रवादियों के हिंसक तरीक़ों की आलोचना करने लगे थे।

2010 में भारत एक विचित्र स्थिति में था। वह ना तो ख़ुश था, और ना उदास। शायद उसमें कुछ खीझ दिख रही थी। अपनी कहानी में हर दिन एक नया पन्ना जोड़ते हुए वह गुनगुना रहा था - *'नया कुछ नया तो ज़रूर है।'*

2011 : *जो भी मैं कहना चाहूं*

जो भी मैं कहना चाहूं
बरबाद करे अल्फाज़ मेरे
कभी मुझे लगे के जैसे
सारा जहां ही है जादू

गीत : इरशाद कामिल
संगीत : ए.आर. रहमान
गायन : मोहित चौहान
फ़िल्म : *रॉकस्टार*

इस गाने की शुरुआत इलेक्ट्रिक गिटार जैसी धुन से होती है। बाद में गायक निकटता के साथ उसके अनुसरण करते हुए समूह स्वर के साथ उसमें शामिल होता है। यह ध्वनि आपको एक कन्सर्ट में ले जाती है। यह सब गीत के बोल शुरू होने से पहले होता है। बाद में सबके साथ ड्रम भी अपनी मधुर लय के साथ शामिल होता है और श्रोता तक़रीबन अनजाने ही झूमने लगते हैं। इसके बाद मोहित चौहान धीरे से गीत के बोल आपके दिमाग़ में डालना शुरू करते हैं, और आप आंख बंद किए किसी दूसरी ही दुनिया में चले जाते हैं।

रॉकस्टार के साथ *'मद्रास के मोज़ार्ट'* ए.आर. रहमान ने हिंदी फ़िल्म संगीत में धमाकेदार वापसी की थी। यह एक नया रहमान था; जो इस बार रॉक म्यूजिक़ पर सवार था। इम्तियाज़ अली की *रॉकस्टार* में उनके पुराने दोस्त इरशाद कामिल ने नायक जनार्दन जाखड़ या जॉर्डन की भूमिका निभा रहे रणवीर कपूर की अपने मन की बातें

अभिव्यक्त करने में उसकी असमर्थता की पुकार के रूप में *'जो भी मैं कहना चाहूं'* लिखा था। अगर 2010 में उड़ान 'आल्ट-रॉक' थी, तो रहमान की रॉकस्टार सूफ़ी संगीत के मिश्रण के साथ और ज़्यादा 'अनौपचारिक' या ग्रंज थी। इसके गाने तुरंत लोकप्रिय हो गए। नर्म गाने *'जो भी मैं'* और चिंतायुक्त *'साड्डा हक़'* से लेकर मस्ती भरे गीत *'शहर में'* और यादगार कव्वाली *'कुन फाया कुन'* में इरशाद कामिल ने अपने सशक्त अभिव्यक्तिपूर्ण गीतों से रहमान की संगीत प्रतिभा का साथ दिया।

पंजाब के हिंदी साहित्य के छात्र कामिल कहते हैं कि व्यवसाय ने कला को हिंदी गीत लेखन से दूर कर दिया और रॉकस्टार (या इसके पहले *चमेली, जब वी मेट और लव आज कल*) में अपने गीतों के ज़रिए उन्होंने ये दिखाया कि गीत लेखन की कला को व्यवसाय के लिए नीलाम करने की ज़रूरत नहीं है। इसके ज़्यादातर गाने मोहित चौहान ने गाए थे। रहमान ने एक और शानदार फ़िल्म संगीत तैयार किया था। उनके काम के बारे में बात करते हुए इम्तियाज़ अली ने बताया कि वह किस तरह से रहमान की विचित्र कार्यशैली से चिंतित थे। रहमान की शैली भले ही विचित्र हो, लेकिन उसके परिणाम चमत्कारी रहे। कामिल बताते हैं कि *'हवा हवा'* को लिखने की कोशिश उनके गीत लेखन का सबसे कठिन अनुभव था। विचित्र तरह से रचे गए इस गाने में एक चेक परी कथा है, जिसमें हिंदी गीत परंपरा का मुखड़ा या अंतरा नहीं है।

अगर जॉर्डन अपने आप का इज़हार करने के लिए जूझ रहा था और *'जो भी मैं'* उसके लिए उचित था, तो इस गाने की स्थिति प्रधानमंत्री मनमोहन सिंह के नेतृत्व वाली यूपीए सरकार की स्थिति भी सही तरह से दर्शा रहा था। सरकार कई तरह के भ्रष्टाचार के आरोपों में घिरी थी, और अख़बारों तथा टीवी समाचार चैनलों में हर दिन इनकी चर्चा होती थी। सरकार के पास कहने को कुछ नहीं था। प्रधानमंत्री का जो स्वाभाविक मौन कभी उनके ईमानदारी से चुपचाप काम करने का प्रतीक था, वह जल्द ही सरकार के लिए बोझ बन गया।

सीएजी विनोद राय के असाधारण दावों के बारे में भले ही सरकार का नज़रिया अलग हो, लेकिन जनता के सामने अपनी बात रखने से इंकार करने से, और मीडिया में लगातार नकारात्मक ख़बरों से, सरकार चारों तरफ़ से घिर गई। पूर्व दूरसंचार मंत्री ए. राजा तथा तमिलनाडु के मुख्यमंत्री एम. करुणानिधि की बेटी और डीएमके सांसद कनिमोझी को गिरफ़्तार किया गया। सीएजी के आरोप सरकार के नीतिगत चयनों से संबंधित थे, और यह मीडिया के सामने उन चयनों का बचाव कर पाने में असमर्थ थी। इस 'टू जी घोटाले' की जांच के लिए संयुक्त संसदीय समिति का गठन किया गया।

फ़रवरी से अप्रैल, 2011 तक, भारत ने एक दिवसीय अंतरराष्ट्रीय मैचों के आईसीसी क्रिकेट विश्वकप की मेजबानी की। पिछली बार भारत ने 1983 में विश्वकप जीता था, और आख़िरी बार फ़ाइनल में 2003 में दक्षिण अफ़्रीका में पहुंचा था। अपने घर में खेलते हुए भारत लाभ की स्थिति में था और जैसे-जैसे टूर्नामेंट आगे बढ़ा,

उसकी स्थिति मज़बूत होती गई। जो हुआ, वह 1996 के भारतीय उपमहाद्वीप में हुए विश्वकप का दोहराव लग रहा था। भारत ने मोहाली में हुए सेमीफ़ाइनल में पाकिस्तान को हरा दिया (इस मैच के साथ ही भारत और पाकिस्तान के प्रधानमंत्री क्रिकेट कूटनीति करते भी दिखे)। 1996 की ही तरह, भारत का अगला मैच श्रीलंका से था, जो कि इस बार फ़ाइनल ही था। बंबई में खेले गए फ़ाइनल में भारत ने 'पसंदीदा' टीम की तरह आचरण किया, और श्रीलंका को हरा दिया। भारतीय कप्तान महेंद्र सिंह धोनी ने छक्का मारकर मैच का ख़ात्मा किया। भारत ने दूसरी बार विश्वकप की ट्रॉफ़ी जीत ली थी। यह विश्वकप सचिन तेंदुलकर का आख़िरी विश्वकप रहा। युवराज सिंह ना केवल फ़ाइनल में शानदार तरीक़े से चमके, बल्कि पूरे टूर्नामेंट में उनका प्रदर्शन बेहद असाधारण रहा। उन्हें मैन ऑफ़ द सीरीज़ का ख़िताब दिया गया। समूचा देश ख़ुशी से झूम उठा और लोग ख़ुशी मनाने सड़कों पर निकल आए।

यह साल देश के लिए लगातार निराशावादी होता गया, क्योंकि सरकार राजनीतिक विपक्ष की नई और पुरानी, दोनों तरह की चुनौतियों से अपना बचाव करने में असमर्थ थी। इसी साल भारत को अपने कुछ महान सपूतों को भी खोना पड़ा। देव आनंद, भीमसेन जोशी, भूपेन हज़ारिका, सुल्तान ख़ान और मंसूर अली खां पटौदी ने 2011 में दुनिया को अलविदा कहा।

2008 में क्रूर आतंकवादी हमला झेल चुके बंबई में 13 जुलाई को फिर अलग-अलग जगहों पर तीन बम विस्फोट हुए, जिनमें छब्बीस लोग मारे गए।

अदालत ने 2002 में गोधरा में ट्रेन में आग लगाने के मामले में इकत्तीस लोगों को दोषी घोषित किया। ग्यारह को फांसी की सज़ा सुनाई गई, जबकि बीस को आजीवन कारावास की सज़ा सुनाई गई। इसी साल, नवगठित राष्ट्रीय जांच एजेंसी (एनआईए) ने 2007 के समझौता एक्सप्रेस विस्फोट मामले में स्वामी असीमानंद के ख़िलाफ़ चार्जशीट दायर की। एनआईए ने एक अमेरिकी डेविड हैडली, हाफिज़ सईद और 2 पाकिस्तानी सैन्य अधिकारियों के भी ख़िलाफ़ 26 नवंबर, 2008 के मुंबई आतंकवादी हमले के मामले में चार्जशीट दायर की।

रॉकस्टार का *'कुन फाया कुन'* चौदहवीं सदी के संत हज़रत निजामुद्दीन औलिया की तारीफ़ में क़व्वाली थी। कुरान से लिए गए ये शब्द ईश्वर की रहस्यात्मक रचनात्मक ताक़त के बारे में बताते हैं। इसका शब्दश: अनुवाद होता है, *'हो जा! और हो गई!'* इसमें इस बात का महत्त्व बताया गया है कि ख़ुदा ने किस तरह से बस फ़रमान जारी करके यह दुनिया बना दी। अगर *'जो भी मैं'* में यूपीए सरकार की स्थिति दर्शाई गई तो *'कुन फाया कुन'* में इसी साल राजनीतिक जगत की एक और घटना दर्शाई गई। यह 'सिविल सोसाइटी संगठनों' के बैनर तले एक बेचैन संगठन के अप्रत्याशित ढंग से प्रकट होने की थी, जो देश में राजनीतिक भ्रष्टाचार के ख़िलाफ़ जंग छेड़ना चाहता था। कांग्रेस पार्टी से सहानुभूति रखने वालों का कहना था कि ये विरोध-प्रदर्शन 'गैर

राजनीतिक संगठनों' के ज़रिए अप्रत्यक्ष रूप से राष्ट्रीय स्वयं सेवक संघ (आरएसएस) ही करवा रहा है। बाबा रामदेव, श्रीश्री रविशंकर जैसे कई अन्य लोगों की उपस्थिति से भी आंदोलन की विश्वसनीयता बढ़ी।

रालेगण सिद्धि के बुज़ुर्ग अन्ना हजारे अनशन करके इन विरोध-प्रदर्शनों के प्रतीक बन गए। टीवी चैनलों पर पल-पल की कवरेज के कारण इन प्रदर्शनों ने जनता की उस नाराज़गी को और ज़्यादा बढ़ा दिया, जो उसके अंदर पिछले डेढ़ साल से पनप रही थी। यूपीए इन गैर-राजनीतिक लोगों के समूह से निपटने में असमर्थ पा रहा था, जो सोशल मीडिया का बख़ूबी इस्तेमाल करता था और टीवी चैनलों से भी उसे पूरी मदद मिल रही थी। स्थिति तब और बिगड़ गई जब सरकार ने एक तरफ़ अन्ना हजारे और उनकी टीम से, तो दूसरी ओर बाबा रामदेव से बात करने के लिए मंत्रियों को लगा दिया। इस प्रक्रिया में यूपीए ने अपना राजनीतिक औचित्य घटा दिया, और साथ ही इन 'गैर-राजनीतिक' लगने वाले लोगों को भी कुछ वैधता दे दी, जबकि लग रहा था कि ये लोग छद्म रूप में विपक्ष की तरफ़ से ही हमला कर रहे हैं।

आंदोलनकारियों ने मांग की कि भारतीय संसद भ्रष्टाचार विरोधी निगरानी संस्था 'लोकपाल' के गठन के लिए क़ानून बनाए, ताकि देश से भ्रष्टाचार को उखाड़ फेंका जा सके। अन्ना हजारे के अनशन के साथ ये आंदोलन पूरे साल तीन चरणों में – अप्रैल, अगस्त और दिसंबर में किया गया। दिसंबर में भीड़ कुछ कम होने लगी, जिससे अन्ना हजारे ने तीन दिनों में ही अनशन ख़त्म कर दिया।

हालांकि इससे यूपीए सरकार को बहुत ज़्यादा राहत नहीं मिली और इसने कामिल के गीत के बोलों को ही साकार करते हुए, लड़खड़ाते हुई अवस्था में अगले साल में प्रवेश किया, *'बरबाद करें अल्फ़ाज़ मेरे।'*

2012 : *अभी मुझ में कहीं बाक़ी थोड़ी सी है ज़िंदगी*

अभी मुझ में कहीं
बाक़ी थोड़ी सी है ज़िंदगी
जगी धड़कन नई
जाना ज़िंदा हूं मैं तो अभी

गीत : अमिताभ भट्टाचार्य
संगीत : अजय-अतुल
गायन : सोनू निगम
फ़िल्म : *अग्निपथ*

1990 में बनी इसी नाम की फ़िल्म की रीमेक *अग्निपथ* में गीत *'अभी मुझ में कहीं'* बिछुड़े भाई-बहन के भावनात्मक मेल के समय पार्श्व में बजता है। गीत पियानो की हल्की धुन से शुरू होता है, और फिर इसमें संतूर के तार भी शामिल हो जाते हैं। इसके बाद सोनू निगम मधुरता लाने के लिए धीरे से गीत गाना शुरू करते हैं। हर शब्द के साथ सोनू निगम सुर ऊंचा करते जाते हैं, और पहले अंतरे के अंत की ओर बढ़ते हुए चरम पर पहुंच जाते हैं, और फिर गीत अचानक नीचे; शुरुआत वही रफ़्तार और नर्मी पर आ जाता है। इसके बाद पियानो के आधार पर वायलिन के समस्वर के अंतराल शुरू हो जाते हैं। गाने में समस्वर के अंतरालों से संतूर और तबला के ऊंचे भारतीय अंतरालों तक, मधुर गुनगुनाहट से ऊंचे स्वर का संमिश्रण जारी रहता है।

इस गाने ने सोनू निगम को हिंदी फ़िल्मों के पार्श्वगायन के प्रमुख कलाकारों में फिर से स्थापित कर दिया। अमिताभ भट्टाचार्य के गीत में ऋतिक रोशन के निभाए मुख्य पात्र विजय के उन भावों को बख़ूबी वर्णित किया गया है, जिनसे वह इस दृश्य में गुज़र रहा होता है। और अंत में, गीत हिंदी फ़िल्म संगीत जगत में एक नई प्रतिभा के आगमन की उद्घोषणा करता है। यह प्रतिभा थी अजय और अतुल की संगीतकार जोड़ी।

गोगावले बंधु, अजय और अतुल का जन्म ऐसे परिवार में हुआ था, जिसकी फ़िल्मों या संगीत में कोई दिलचस्पी नहीं थी। उनके पिता महाराष्ट्र सरकार के राजस्व विभाग में काम करते थे। दोनों ने संगीत की कोई औपचारिक तालीम नहीं ली। कमल हसन की अप्पू राजा में संगीतकार इलैयाराजा के संगीत की धुन ने उन्हें प्रेरित किया था। स्कूल की कविताओं को अपनी धुनों में पेश करने से शुरू करते हुए, दोनों भाई महाराष्ट्र के छोटे कस्बों में धार्मिक कार्यक्रमों में काम पाने लगे। उनका परिवार संगीत के विभिन्न यंत्र ख़रीदने की स्थिति में नहीं था, इसलिए ये दोनों ऐसे लोगों से दोस्ती करते थे, जिनके पास वाद्य यंत्र होते थे, और इस बहाने उन्हें बजाना सीखते थे।

दोनों के लिए बहुत बड़ी बात तब हुई, जब उनके पिता एक लाख रुपये में उनके लिए एक 'की-बोर्ड' दिलाने पर सहमत हो गए। *द इंडियन एक्सप्रेस* को दिए साक्षात्कार में दोनों भाइयों ने उन दिनों को याद करते हुए बताया था कि उन्हें उस रात नींद नहीं आ पाई थी, क्योंकि उन्हें चिंता हो रही थी कि अगर उन्हें काम नहीं मिला तो इतने रुपये बेकार चले जाएंगे। अपने मौलिक काम के ज़रिए उन्होंने मराठी फ़िल्म उद्योग में नाम कमाने के लिए कड़ी मेहनत की। 2006 की मराठी फ़िल्म जात्रा का 'कोंबाड़ी पलाली' काफ़ी हिट हुआ था। इस गीत की धुन *अग्निपथ* में *'चिकनी चमेली'* में इस्तेमाल की गई और यह एलबम का सबसे हिट गाना रहा।

जहां अजय-अतुल *अग्निपथ* में अपने ज़्यादा परंपरागत हिंदी फ़िल्म संगीत के ज़रिए चमके, वहीं स्नेहा खानवलकर ने *गैंग्स ऑफ़ वासेपुर* और *गैंग्स ऑफ़ वासेपुर 2* में ज़्यादातर परंपराएं तोड़कर नाम कमाया। दो भागों में रिलीज़ हुई अनुराग कश्यप की पैंतीस गानों वाली पांच घंटे की महानकृति के संगीत के लिए विचित्र शब्द काफ़ी हल्का है। कश्यप संगीत में बिहारी लोक संगीत का अहसास चहाते थे और इसके लिए उन्होंने स्नेहा खानवलकर को पूरी कलात्मक स्वतंत्रता दी। इस संगीत को तैयार करने में उन्हें दो साल लगे और बिहार, झारखंड तथा त्रिनिडाड और टोबेगो की कई यात्राएं उन्हें करनी पड़ीं। 'चटनी संगीत' के अनुसंधान के लिए वह त्रिनिडाड और टोबेगो गईं। बिहार और आसपास के इलाक़ों से गए लोगों के भारत-कैरेबियाई वंशजों ने विभिन्न विधाओं के मिश्रण से चटनी संगीत तैयार किया। *'हंटर'* गाना इन्हीं यात्राओं का नतीजा था। गीतकार वरुण ग्रोवर ने बताया कि फ़िल्म में दिखाई दुनिया के लिए प्रामाणिक होना उनके लिए चुनौती थी, जो भाषा के इस्तेमाल में हिंदी फ़िल्म संगीत

की रूढ़ियों से मुक्त हो, और साथ में भारतीय लोक की संगीतमय संवेदनशीलता को पाने की कोशिश भी करनी थी। *'भूस के ढेर में...'* और *'कहके लूंगा'* गानों में वे यह हासिल करने में सफल रहे।

जहां *'अभी मुझ में कहीं'* गाना 2012 में यूपीए सरकार के लिए उम्मीद के ही बारे में था, वहीं गीत इस बारे में भी था कि ज़िंदगी कितनी कम बची है। नक़ली विपक्ष के हाथों सरकार अपनी विश्वसनीयता गंवा चुकी थी और इस पूरे साल वह नींद में चलती दिखी। फ़रवरी में जब सर्वोच्च न्यायालय ने यूपीए सरकार द्वारा आवंटित 122 टू जी टेलीकॉम लाइसेंस निरस्त कर दिए तो यह विश्वसनीयता और कम हो गई। इससे यही सोच मज़बूत हुई कि यूपीए सरकार भ्रष्ट है।

जहां भारतीय अर्थव्यवस्था मंद हुई और सरकार कड़े राजनीतिक विरोध के साथ बहुत सारे घोटालों में फंस गई, वहीं उसने जवाब देने के बजाय और ज़्यादा चुप्पी साध ली। अर्थव्यवस्था के जानकार और उद्योग जगत, वित्तमंत्री की आलोचना कर रहा था। हालांकि तृणमूल कांग्रेस की ममता बनर्जी और समाजवादी पार्टी के मुलायम सिंह यादव के बीच हुए नाटकीय घटनाक्रम के बाद वित्तमंत्री प्रणव मुखर्जी यूपीए की तरफ़ से राष्ट्रपति पद के उम्मीदवार घोषित हो गए। जब वे राष्ट्रपति बने, तो गृहमंत्री पी. चिदंबरम ने उनकी जगह वित्तमंत्री का पद संभाला।

इस साल केवल भ्रष्टाचार के घोटालों के कारण ही यूपीए सरकार को नुक़सान नहीं हुआ। थल सेनाध्यक्ष जनरल वी.के. सिंह के साथ भी वह घटिया लड़ाई में फंस गई। वी.के. सिंह ने साबित करने की कोशिश की कि उनकी उम्र ग़लत दर्ज हो गई थी (जबकि भर्ती के दस्तावेज़ों में उन्होंने ही इसे दर्ज कराया था) और इसे लेकर उन्होंने सरकार को अदालत में खींच लिया। वह अपनी जन्मतिथि बदलवाना चाहते थे, ताकि उन्हें थल सेनाध्यक्ष पद पर कुछ अधिक समय तक काम करने का मौक़ा मिल जाए। सर्वोच्च न्यायालय ने उनसे विनम्रता से कह दिया कि वह किसी तरह की शर्मिंदगी से बचने के लिए केस वापस ले लें। जहां सरकार के लिए यह जीत थी, वहीं मीडिया पूरी तरह से सरकार के पीछे पड़ गया था और सरकार के सिद्धांत रूप में सही होने के बावजूद उसकी आलोचना जारी रही। मई, 2012 को रिटायर होने के बाद वी.के. सिंह ने उन्हीं 'गैर-राजनीतिक' लोगों से हाथ मिला लिया, जो सरकार के ख़िलाफ़ आंदोलन कर रहे थे, और भ्रष्टाचार तथा काले धन के ख़िलाफ़ दिल्ली में बाबा रामदेव के आंदोलन में शामिल हो गए।

नवंबर, 2012 में, भ्रष्टाचार विरोधी आंदोलनकारियों के एक तबके ने घोषणा की कि वे राजनीतिक दल बनाएंगे और दिल्ली विधानसभा का चुनाव लड़ेंगे। इसके बाद पूर्व 'गैर-राजनीतिक' भ्रष्टाचार विरोधी कार्यकर्ता अरविंद केजरीवाल के नेतृत्व में आम आदमी पार्टी का गठन हुआ। इसी साल देश के पश्चिमी हिस्से में गुजरात के

मुख्यमंत्री नरेंद्र मोदी ने भाजपा को फिर से जीत दिलाई। मोदी ने सघन प्रचार अभियान चलाया और केंद्र की यूपीए सरकार को अपना राजनीतिक विरोधी बताया। मोदी के गुजरात अभियान को 2014 में होने वाले लोकसभा चुनावों की तैयारी के रूप में देखा गया। विधानसभा चुनावों में उनकी लगातार तीसरी जीत से उन्हें राष्ट्रीय स्तर पर खुद को दावेदार के रूप में पेश करने में मदद मिली।

इसी साल शुरुआत में भारत के महानतम क्रिकेटरों में से एक राहुल द्रविड़ ने फ़रवरी में ऑस्ट्रेलिया के ख़िलाफ़ टेस्ट मैच खेलने के बाद अंतरराष्ट्रीय क्रिकेट से संन्यास ले लिया। 'दीवार' के नाम से लोकप्रिय राहुल द्रविड़ ने टेस्ट मैचों में 13,288 रन और एक दिवसीय अंतरराष्ट्रीय मैचों में 10,000 से ज़्यादा रन बनाए। ठोस तकनीक और खिलाड़ी भावना के लिए मशहूर द्रविड़ मैदान और मैदान के बाहर अपने शानदार व्यवहार के लिए युवा खिलाड़ियों के लिए आदर्श बने रहे।

इसी साल मार्च में, एक और महान क्रिकेटर सचिन तेंदुलकर ने एक दिवसीय क्रिकेट से संन्यास लेने की घोषणा की। उन्होंने अपना आख़िरी मैच पाकिस्तान के साथ खेला। विश्वकप विजेता टीम का हिस्सा होने का अपना लक्ष्य वे पिछले साल ही हासिल कर चुके थे। सचिन ने अपने एक दिवसीय अंतरराष्ट्रीय मैचों के करियर में शानदार 18,426 रन बनाए। इनमें 49 शतक भी शामिल थे।

2012 में संगीत जगत को एक महान क्षति हुई। दिसंबर में महान सितार वादक रविशंकर का बानवे वर्ष की उम्र में निधन हो गया। भारतीय संगीत को वैश्विक स्तर पर लोकप्रिय बनाने वाले प्रमुख संगीतकार रविशंकर ने अमेरिका के सेन डिएगो में अपनी आख़िरी सांस ली। कुछ महीने पहले फ़िल्म निर्माता यश चोपड़ा ने भी दुनिया को अलविदा कहा, जो हिंदी सिनेमा के लिए बड़ी क्षति थी। ये दोनों दिग्गज भले ही हमारे बीच नहीं रहे, लेकिन उनका काम हमेशा बाक़ी रहेगा, उनके बाद भी ज़िंदगी बाक़ी रहेगी।

2013 : *सुलझा लेंगे उलझे रिश्तों का मांझा*

रूठे ख़्वावों को मना लेंगे
कटी पतंगों को थामेंगे
हा हा है जज़्बा हो हो है जज़्बा
सुलझा लेंगे उलझे रिश्तों का मांझा

गीत : स्वानंद किरकिरे
संगीत : अमित त्रिवेदी
गायन : अमित त्रिवेदी
फ़िल्म : *काय पो चे*

जब अभिषेक कपूर रॉक ऑन!! (2008) के बाद अपनी दूसरी फ़िल्म बना रहे थे, तब वह अमित त्रिवेदी के संपर्क में आए और उन्होंने इन्हें संगीतकार के रूप में साइन किया। उनकी नई फ़िल्म *काय पो चे* चेतन भगत की किताब द *3 मिस्टेक्स ऑफ़ माइ लाइफ़* (2008) पर आधारित थी, जिसमें तीन गुजराती मित्रों की कहानी है, जो उस समय वयस्क हुए, जब राज्य मुस्लिम विरोधी दंगों में जल रहा था। अभिषेक कपूर को तब थोड़ा आश्चर्य हुआ, जब दो दिन बाद ही त्रिवेदी ने उन्हें फ़ोन किया और तीन धुनें सुनाकर उनमें से चुनने को कहा। उन्हें लगा कि अमित त्रिवेदी उनके लिए पूरी मेहनत नहीं कर रहे हैं। तीन दिन बाद उन्होंने पाया कि वे खुद सुबह *'मांझा'* की धुन गुनगुना रहे थे, और यही उनका अंतिम निर्णय था।

यह गाना गिटार के साथ शुरू होता है और उसके साथ इसराज की जुगलबंदी होती है। लय सेट होने पर अमित त्रिवेदी, स्वानंद किरकिरे के शब्द पिरोना शुरू कर देते हैं, जो कि आशा, आकांक्षा और दोस्ती के बारे में हैं, और आशावाद से भरे

हैं। जब गीत आपको ऊपर ले जाता है तो पार्श्व में तालियों की मद्धम आवाज़ आती है। इसराज का अंतराल याद दिलाने वाले पैटर्न को बुनता है, जबकि गीत का टेक आपको वापस उसकी लय में लाता है। अपने उलझने की सहज प्रवृत्ति के साथ मांझा दोस्ती का प्रतीक बन जाता है और स्वानंद किरकिरे की गीत रचना की प्रतिभा का प्रदर्शन करता है, जबकि अमित त्रिवेदी की सुर और मधुरता पर महारत इस ज़िंदगी के गीत को यादगार बना देती है।

काय पो चे के संगीत की सबसे बड़ी कमी यह थी कि इस एलबम में केवल तीन गाने हैं। तीनों में से हरेक गाने का अपना अलग रंग और अलग ध्वनि है; हर गाना अपनी यादों और प्रभावों को पीछे छोड़ जाता है। अगर मिली नायर और अमित त्रिवेदी का गाया अलौकिक गीत *'मीठी बोलियां'* नर्म धारा प्रवाहित करता है, तो श्रुति पाठक और दिव्य कुमार का गाया *'शुभारंभ'* आपको गुजराती समारोह का हिस्सा होने का अहसास कराता है। 'मीठी बोलियां' में शानदार तरीक़े से लगातार इस्तेमाल होने वाला हल्का रॉक था; *'शुभारंभ'* में बैग-पाइप के साथ शहनाई और ढोल का उत्सव और लोक संगीत था।

2013 हिंदी फ़िल्म संगीत के लिए अच्छा साल था। अगर *काय पो चे* में कुछ कमी रह गई थी, तो अमित त्रिवेदी और अमिताभ भट्टाचार्य उसे पूरा करने के लिए *लुटेरा* में फिर साथ आए। इस संगीत ने 1950 के दशक की यादें ताज़ा करने की कोशिश की, क्योंकि यह फ़िल्म उसी दौर की कहानी पर थी। इसकी सादा और मधुर धुनें, और अमिताभ भट्टाचार्य के बोलों ने इसे क्लासी एलबम बना दिया। इस तरह यह इस साल के सर्वश्रेष्ठ एलबमों से एक बन गया।

जहां *काय पो चे* पर्दे पर 2002 के घटनाक्रम को दोबारा प्रस्तुत कर रही थी, तो उस साल की घटनाओं के मुख्य नायक नरेंद्र मोदी राष्ट्रीय स्तर पर अपना स्वयं का नाटक लिख रहे थे। क़रीब एक दशक से सत्ता से बाहर चल रहे भाजपा और आरएसएस 2014 में होने वाले आम चुनावों में अच्छा प्रदर्शन करने को बेताब थे। गुजरात में पिछले साल अपना तीसरा विधानसभा चुनाव जीतने वाले नरेंद्र मोदी ने अपने आपको राष्ट्रीय स्तर पर पेश करने का निश्चय किया। जून में भाजपा ने उन्हें 2014 के चुनावों के लिए अपने प्रचार अभियान समिति का प्रमुख बना दिया। अतीत में पार्टी के राष्ट्रीय महासचिव के रूप में काम कर चुके मोदी के लिए यह राष्ट्रीय राजनीति में वापसी थी।

मोदी का उभार उन्हें सुयोग्य प्रशासक के तौर पर प्रचारित करने के लंबे अभियान का नतीजा था। इसे धन संपन्न जनसंपर्क तंत्र के जरिये किया गया था। इससे मोदी को चुनाव प्रचार अभियान समिति का अध्यक्ष बनने के लिए पार्टी के अंदर अपने विरोधियों को परास्त करने में मदद मिली। हालांकि उनका उभार एकदम आसान नहीं रहा, क्योंकि वरिष्ठ नेता लालकृष्ण आडवाणी और सुषमा स्वराज ने गोवा में हुई

भाजपा की राष्ट्रीय कार्यकारिणी की बैठक का बहिष्कार करने का निर्णय किया था। संदेह किया जा रहा था कि मोदी को भाजपा के सहयोगी स्वीकार नहीं करेंगे और यह आशंका सही साबित हुई, क्योंकि एक सप्ताह बाद ही बिहार के मुख्यमंत्री नीतीश कुमार के जनता दल (यूनाइटेड) ने एनडीए से अलग होने का ऐलान कर डाला।

जुलाई में *वॉल स्ट्रीट जर्नल* ने राजेश जैन और बी.जी. महेश के बारे में ख़बर छापी, जो कि इंटरनेट पर मोदी के अभियान को बढ़ाने के लिए एक बड़ी टीम के साथ काम कर रहे थे। पिछले साल राजेश जैन ने एक ब्लॉग में लिखा था, जिसमें भाजपा को 2014 में विजेता के रूप में उभरने के लिए एक वेब इलेक्शन (जिसमें पार्टी को काफ़ी फ़ायदा होता है) कराने की ज़रूरत बताई थी। मोदी का डिजिटल अभियान, ख़ासतौर पर सोशल मीडिया पर चलाए अभियान ने भारत में तूफ़ान ला दिया, और चुनाव अभियानों में प्रौद्योगिकी के इस्तेमाल के संदर्भ में यह अग्रणी बन गया। तीन माह बाद सितंबर में मोदी की और पदोन्नति हो गई और उन्हें भाजपा की तरफ़ से प्रधानमंत्री पद का उम्मीदवार घोषित कर दिया गया। मोदी को भारत के अगले प्रधानमंत्री के रूप में प्रचारित करने के लिए बड़ा तंत्र पहले से ही काम कर रहा था।

जहां बड़े चुनावों के लिए भाजपा का अभियान तैयार हो रहा था, वहीं यूपीए सरकार धीमी गति से संघर्ष में लगी थी। जन समर्थन के अभाव और भ्रष्टाचार पर मीडिया के अभियानों ने सरकार की राजनीतिक वैधता ख़त्म कर दी थी और आर्थिक मंदी ने इस स्थिति को और बिगाड़ दिया। 2013 में भारतीय अर्थव्यवस्था की वृद्धि दर 5 प्रतिशत से नीचे आ गई, जो कि इस पूरे दशक में सबसे कम थी।

गुजरात के सक्षम मुख्यमंत्री की छवि के साथ मोदी अभियान लड़खड़ाती यूपीए सरकार से तुलना कर रहा था। मोदी की यह छवि उनके जनसंपर्क ने पिछले कुछ सालों में मेहनत करके तैयार की थी। आर्थिक गिरावट से देश में उम्मीद गंवाने की भावना पैदा हो गई। मोदी की टीम ने अमेरिका में बराक ओबामा के राष्ट्रपति चुनाव अभियान से सीख लेने का निश्चय किया और आशा तथा परिवर्तन को मुद्दा बनाया।

यूपीए सरकार राजनीतिक तौर पर तो कमज़ोर हो चुकी थी, लेकिन उसने संसद में अपना विधायी एजेंडा बढ़ाने की कोशिश की। सितंबर में संसद में राष्ट्रीय खाद्य सुरक्षा अधिनियम, 2013 पारित किया गया, जिसमें भारत की दो तिहाई आबादी को सब्सिडी पर खाद्यान्न उपलब्ध कराने का प्रावधान था। दिसंबर में सर्वोच्च न्यायालय ने दिल्ली उच्च न्यायालय के 2009 के फैसले को पलट दिया और 1860 में लागू की गई भारतीय दंड संहिता (IPC) की धारा 377 का समर्थन करके व्यक्तिगत स्वतंत्रता को एक झटका दिया और समलैंगिकता को फिर से अपराध घोषित कर दिया। अदालत का तर्क था कि संसद विधायी कार्य के ज़रिए इस क़ानून को निरस्त कर सकती है।

2011 से शुरू हुआ 'गैर-राजनीतिक' भ्रष्टाचार विरोधी आंदोलन आख़िरकार राजनीतिक हो गया और इस आंदोलन के कुछ नेताओं द्वारा गठित आम आदमी पार्टी ने दिसंबर में दिल्ली विधानसभा चुनावों में सत्तर सदस्यों के सदन में अट्ठाइस सीटें जीत लीं। अरविंद केजरीवाल ने दिल्ली के मुख्यमंत्री पद की शपथ ली। मज़े की बात यह रही कि यह सरकार उसी कांग्रेस के ही सहयोग से बनी, जिसके ख़िलाफ़ आंदोलन की अगुवाई केजरीवाल कर रहे थे।

राज्यसभा ने भी लोकपाल और लोकायुक्त विधेयक इसी माह पारित कर दिया। इस तरह से भ्रष्टाचार विरोधी आंदोलन की एक बड़ी मांग पूरी हो गई।

यह साल कुछ विदाइयों का भी रहा। अक्टूबर, 2013 में महानतम गायकों में से एक, मन्ना डे के नाम से लोकप्रिय प्रबोध चंद्र डे ने चौरानवे साल की उम्र में दुनिया को अलविदा कह दिया। मन्ना डे ऐसे शास्त्रीय हिंदी गीत गाने के लिए मशहूर थे, जिन्हें अन्य गायक गाने में कठिनाई महसूस करते थे। मोहम्मद रफ़ी ने एक बार कहा था कि लोग उनके गाने सुनते हैं, लेकिन वे केवल मन्ना डे के गाए गाने सुनते हैं।

जहां मन्ना डे इस दुनिया से विदा हुए, वहीं एक दूसरे तरह की विदाई ने भी भारत को इस साल उदास कर दिया। 14 से 16 नवंबर के बीच सचिन रमेश तेंदुलकर ने अपना दोसौवां और अंतिम टेस्ट मैच बंबई के वानखेड़े स्टेडियम में खेला। अपनी अंतिम पारी में उन्होंने 74 रन बनाए। उनके चौबीस साल के करियर का समापन हो गया। क्रिकेट लेखक पीटर रोबक ने तेंदुलकर को उदात्त और सटीक का मिश्रण बताया था। भारतीय क्रिकेट, उसकी आकांक्षा और सफलता का प्रतीक बन गए तेंदुलकर का करियर सौ अंतरराष्ट्रीय शतकों के साथ ख़त्म हुआ। राष्ट्रीय नायक ने अपने लाखों प्रशंसकों की आंखों में आए आंसुओं के बीच क्रिकेट से संन्यास ले लिया था। भारत के लिए 2013 का समापन हो चुका था और 2014 आने वाला था, तथा आशा की जा रही थी कि इस साल में - *सुलझा लेंगे उलझे रिश्तों का मांझा।*

2014 : *ओ जुगनी हो, पटाखा गुड्डी ओ*

नशे में उड़ी जाए रे हाय रे
सज्जे खब्बे धब्बे किल्ली हो
पटाखा गुड्डी ओ
नशे में उड़ी जाए रे हाय रे
सज्जे खब्बे धब्बे किल्ली हो

गीत : इरशाद कामिल
संगीत : ए.आर. रहमान
गायन : सुल्ताना नूरां और ज्योति नूरां
फ़िल्म : *हाईवे*

रॉकस्टार में अपनी सफल भागीदारी के बाद निर्देशक इम्तियाज़ अली, संगीतकार ए.आर. रहमान और गीतकार इरशाद कामिल की टीम 2014 में *हाईवे* में फिर से साथ आए। *'पटाखा गुड्डी'* अपनी मुक्त–जीवंतता के कारण इस संगीत का केंद्र बिंदु बन गया। मुख्य रूप से पंजाबी में, और कुछ हिंदी शब्दों के मिश्रण से लिखा गया ये गीत विद्रोह, आज़ादी, जीवंतता और एक खानाबदोश लड़की के बारे में है। गीत एक भारी तकनीकी अंदाज़ से शुरू होता है और आगे बढ़ता हुआ यह ज़्यादा से ज़्यादा पारंपरिक होता जाता है। नूरां बहनों के पूरे गले से और जानबूझकर, अपरिष्कृत गायन यही प्रबलित करता है कि यह गीत बग़ावत और आज़ादी के बारे में है।

रहमान ने आवाज़ पर अपनी महारत और ऐसे गाने बुनने की अपनी क़ाबिलियत दिखाई, जिनकी कोई निश्चित संरचना नहीं होती और जिनको श्रोता की औसत से

ज़्यादा भागीदारी की ज़रूरत पड़ती है। बांसुरी की धुन के साथ गाना उसी तरह बहता है, जिस तरह से नदी में प्रभावशाली ढंग से नाव बहती है। इरशाद कामिल ने लड़की को *'पटाखा गुड्डी'* और *'जुगनी'* कहकर गीत में कमाल किया है। गाना मुख्य नायिका को अस्थिर रूप में चित्रित करता है, ऐसी खुली पतंग की तरह आसमान में उड़ते दिखाता है, जिसकी डोर सर्वशक्तिमान के हाथों में है।

जहां रहमान एक मुक्त-जीवंत लड़की के बारे में गानों की धुन बना रहे थे, वहीं विशाल भारद्वाज *इश्किया* (2010) की सीक्वेल डेढ़ *इश्किया* में रसिक दिल के लिए ज़िंदगी के नर्म गाने की धुन बना रहे थे। अगर यह दिल इश्किया के *'दिल तो बच्चा है जी'* के छोटे बच्चे की तरह था, तो *'दिल का मिजाज़ इश्किया'* में इसकी प्रकृति रोमांटिक थी। राहत फ़तेह अली ख़ान ने बेहतरीन प्रदर्शन किया और ज़्यादातर गाने को नीची आवाज़ में गाया, और कुछ ख़ास जगह ऊंची आवाज़ के हिस्सों की भी सैर कर डाली। विशाल भारद्वाज जिस ट्रेडमार्क शांत संगीत संयोजन के लिए मशहूर है, उसने गुलज़ार के बोलों में उभार ला दिया और इसे बढ़िया रोमांटिक गाना बना दिया।

विशाल भारद्वाज और गुलज़ार हैदर में भी साथ आए, जिसका निर्देशन विशाल भारद्वाज ने ही किया था। शेक्सपियर के *हेमलेट* से प्रेरित *हैदर* में डेढ़ *इश्किया* की तुलना में उदास विषय उठाया गया और यह संगीत में झलका। अगर डेढ़ *इश्किया* रोमांटिक और शांत फ़िल्म थी, तो हैदर ज़्यादा उदास और कठोर। जहां डेढ़ *इश्किया* ने श्रोता को आंख बंद करने और रोमांटिक मूड के साथ बहने पर मजबूर किया, वहीं हैदर ने अपनी रॉक-म्यूजिक़ थीम, सशक्त संयोजन और कविता के ज़रिए उठ बैठने पर मजबूर किया। विशाल ददलानी के गाए रॉक सॉन्ग *'आओ न'* इसका सर्वश्रेष्ठ उदाहरण था। इस गीत का एक उदास रूप *'सो जाओ'* भी है, जिसमें किसी क़ब्र में चिरनिद्रा के बारे में कहा गया है।

2014 में भारतीय गणराज्य एक अलग तरह के संगीत को भी सुन रहा था। यह था आम चुनावों का संगीत; जो कभी-कभी मधुर, अक्सर कर्कश और हमेशा दिलचस्प रहा है। सोलहवीं लोकसभा के अप्रैल और मई में हुए चुनावों का इंतज़ार लंबे समय से हो रहा था। क़रीब दो सालों से जो हो रहा था वह अपने चरम पर पहुंच चुका था और राजनीतिक दल तथा उम्मीदवार भारत में सघन प्रचार कर रहे थे। नरेंद्र मोदी अभियान, भारत का पहला अभियान था, जिसे अमेरिका के राष्ट्रपति चुनाव अभियान की तर्ज पर चलाया गया। पूरे भारत में कथित रूप से क़रीब 25 लाख स्वयं सेवक काम कर रहे थे, और मोदी अभियान का तंत्र भारत भर में सर्वव्यापी और प्रभावी मुद्दा बनाने में सफल हो रहा था। जहां यूपीए को भ्रष्टाचार से घिरे हुए और नेतृत्व विहीन रूप में पेश किया जा रहा था और कहा जा रहा था कि उसकी सरकार पॉलिसी पेरालिसिस से पीड़ित है, वहीं मोदी को देश की सारी समस्याओं के रामबाण के रूप में; अच्छे दिन लाने वाले मसीहा के रूप में पेश किया गया। दावेदार मोदी के

पास देश और उसके नागरिकों के सामने मौजूद हर कल्पनीय बीमारी का इलाज था। चाहे वह राष्ट्रीय सुरक्षा से जुड़े मुद्दे हों, रोज़गार सृजन, आर्थिक विकास या खेती की बदहाली हो, मोदी ने देश भर में अपनी प्रचार सभाओं में इन मुद्दों के समाधान प्रस्तुत किए। इसका एक उदाहरण यह था कि जब एक टेलिविजन साक्षात्कार में उनसे पूछा गया कि प्रधानमंत्री मोदी की सरकार किसी तरह के सीमा विवाद की स्थिति में चीन जैसे दुश्मनों से कैसे निपटेग? उनका उत्तर था कि उनकी सरकार 'चीन की ओर लाल आंखें करके देखेगी।'

मोदी ने क़रीब 500 रैलियों के लिए 300,000 किलोमीटर की यात्रा की। मोदी शक्ति केवल एक राजनीतिक अभियान नहीं था, बल्कि संभावित मतदाताओं पर चौबीसों घंटे होने वाली चौतरफ़ा बमबारी थी। चाहे टेलिविजन हो, रेडियो हो या समाचार पत्र हों, मोदी और भाजपा ही समाचार कवरेज और विज्ञापनों में छाए थे। सोशल मीडिया के क्षेत्र में उनका दबदबा तो निरंकुश था और मोदी को मसीहा के तौर पर पेश करना उसकी सफलता थी। 16 मई को जब मतगणना हुई, तो इस भारी प्रचार अभियान की बदौलत भाजपा ने 282 लोकसभा सीटों पर जीत हासिल कर डाली। तीस सालों में पहली बार किसी पार्टी को अपने दम पर बहुमत मिला था। मतदाताओं ने भारतीय पतंग की डोर नरेंद्र मोदी के हाथों में सौंपने का निश्चय किया था।

कांग्रेस पार्टी घटकर केवल चवालीस सीटों पर सिमट गई। मनमोहन सिंह का भारत के प्रधानमंत्री के रूप में दस साल के कार्यकाल का अंत हो चुका था। जहां उनकी सरकार अपने कार्यकाल के अंतिम समय में निर्णायक रूप से इतनी अलोकप्रिय हो चुकी थी कि वह अपनी कई सारी उपलब्धियों का भी फ़ायदा नहीं ले सकी। 2004 और 2014 के बीच की अवधि देश में बढ़ती समृद्धि और तुलनात्मक शांति की थी। भारतीय कृषि में तेज़ी से वृद्धि हुई और क़रीब 140 मिलियन भारतीय इस अवधि में ग़रीबी रेखा से ऊपर उठे थे। जहां सरकार ने जन समर्थन खो दिया था, वहीं इस नुक़सान ने यह तथ्य छिपा दिया कि भारत का जीडीपी मनमोहन सिंह के नेतृत्व में तिगुना हो गया था। इस दशक में औसत जीडीपी वृद्धि 7.7 प्रतिशत रही थी।

अनेक टीकाकारों ने सरकार की उसकी कल्याणकारी क़दमों के लिए आलोचना की, लेकिन इसमें इस तथ्य की अनदेखी कर दी गई कि राष्ट्रीय ग्रामीण रोज़गार गारंटी अधिनियम के कार्यक्रमों ने ग्रामीण भारत के कमज़ोर तबके को संरक्षण देना सुनिश्चित किया था। जब मिहिर शर्मा ने 11 मई, 2014 के *बिज़नेस स्टैंडर्ड* में अपने लेख में लिखा कि यह दशक स्वतंत्र भारत के स्वर्ण युग का प्रतिनिधित्व करता है, लेकिन यूपीए सरकार के अंतिम सालों में मीडिया के मुद्दों में इसकी अनदेखी की गई। जब मनमोहन सिंह से पूछा गया कि इन मुद्दों में उनकी सरकार और निजी तौर पर उन्हें किस तरह से पेश किया गया, तो इस साल जनवरी में उनका जवाब था कि इतिहास उनके प्रति, मीडिया की तुलना में अधिक उदार होगा।

जहां मोदी जन समर्थन हासिल करने में सफल हो चुके थे, वहीं दिल्ली राज्य में एक और राजनेता जन समर्थन खोता दिख रहा था। दिल्ली के मुख्यमंत्री की शपथ ले चुके अरविंद केजरीवाल ने केवल 49 दिन में ही इस्तीफ़ा दे दिया। आंदोलनकारी राजनीति पर सवार होकर सत्ता में आए आम आदमी पार्टी के नेता ने मुख्यमंत्री बनने के बाद भी अपने तरीक़े में बदलाव करने से इंकार कर दिया। दिल्ली विधानसभा में जनलोकपाल विधेयक पर उनकी सरकार भाजपा से भिड़ गई और कांग्रेस का भी समर्थन उसने खो दिया। काफ़ी संघर्ष के बाद सत्ता में आए केजरीवाल ने आम आदमी पार्टी को नए तरह के राजनीतिक आंदोलन के रूप में पेश किया था। उन्होंने फ़रवरी, 2014 में इसे रोक देने का निश्चय किया।

दक्षिण भारत में आंध्र प्रदेश आख़िरकार 2 जून को दो भागों में बंट गया और तेलंगाना राज्य अस्तित्व में आ गया। तेलंगाना राज्य का निर्माण लंबे संघर्ष का नतीजा था और राज्य का विभाजन कटुता से अछूता नहीं रहा। दोनों राज्यों के बीच शांति बनाए रखने के लिए तय किया गया कि हैदराबाद दस सालों तक दोनों राज्यों की राजधानी बनी रहेगी और इस दौरान आंध्र प्रदेश अपनी नई राजधानी का निर्माण कर लेगा।

जहां भारत पूरे साल बड़े राजनीतिक बदलावों का सामना कर रहा था, वहीं इसका अंतरिक्ष कार्यक्रम लगातार ऊंचाइयां छू रहा था। नवंबर, 2013 में इसरो द्वारा प्रक्षेपित मंगल कक्षित्र उपग्रह मिशन (The Mars Orbiter Mission) आख़िरकार 24 सितंबर, 2014 को मंगल ग्रह की कक्षा में प्रवेश कर गया। भारत और भारतीय वैज्ञानिकों के लिए यह गर्व का पल था, क्योंकि भारत के मंगल मिशन ने पहली ही बार में सफलता हासिल की थी। यह पटाखा गुड्डी यहां-वहां नहीं जा रही थी, बल्कि इसकी डोर नियंत्रण में थी और भारतीय वैज्ञानिक इसे सर्वाधिक ऊंचाई पर उड़ा रहे थे।

2015 : *मोह मोह के धागे*

ये मोह मोह के धागे
तेरी अंगुलियों से जा उलझे
कोई टोह टोह न लागे
किस तरह गिरह यह सुलझे

गीत : वरुण ग्रोवर
संगीत : अनु मलिक
गायन : पापोन और मोनाली ठाकुर
फ़िल्म : *दम लगा के हइशा*

शरद कटारिया के निर्देशन वाली फ़िल्म *दम लगा के हइशा* में 1990 के दशक की कहानी है। यह एक बेमेल जोड़े प्रेम प्रकाश तिवारी और संध्या की कहानी है, जिनकी भूमिका आयुष्मान खुराना और भूमि पेडनेकर ने निभाई है। इनकी अरेंज मैरिज हुई थी, और दोनों के बीच कोई प्यार नहीं था। प्रेम कैसेट की एक दुकान चलाता है और पार्श्व गायक कुमार सानू का बड़ा भारी प्रशंसक है, जिनके गाने 1990 के दशक के पर्याय हैं। फ़िल्म निर्माताओं ने 1990 के दशक के हरिद्वार को फिर से पेश करने की कोशिश की और उन्होंने संगीत के लिए संगीतकार अनु मलिक को चुना। अनु मलिक सफल संगीतकार हैं, लेकिन प्रमुख संगीतकार के रूप में उनके दिन बीत चुके थे। 1990 के दशक में उन्होंने बड़ी सफलताएं हासिल की थीं और इस लिहाज़ से वे इस फ़िल्म के लिए एकदम सही थे। गीत के बोल लेखक और गीतकार वरुण ग्रोवर ने लिखे थे। मलिक और ग्रोवर ने कुमार सानू से '*दर्द करारा*' और '*तू...*' जैसे गाने

गवाकर '1990 के दशक का गाना' फिर से बनाने की कोशिश की, लेकिन एलबम का सबसे हिट गाना रहा *'मोह मोह के धागे।'*

इस गाने में मुख्य जोड़ी के बीच रिश्तों के विकास को दर्शाया गया है, जो कि परिस्थतिवश साथ आ जाते हैं, लेकिन आख़िरकार अपने प्यार को पा लेते हैं। जहां आमतौर पर अनु मलिक से फ़िल्मी और आकर्षक धुनों की अपेक्षा होती है, वहीं इस गाने में उन्होंने अर्ध-शास्त्रीय तरीक़ा अपनाया। गाने की शुरुआत राग यमन कल्याण पर आधारित धुन से होती है, और फिर राग बदलकर अंतरे में प्रवेश करता है। जहां ये गीत बांसुरी, शहनाई और गिटार की नर्म अन्योन्य क्रिया के साथ ख़ूबसूरती से संयोजित किया गया है, वरुण ग्रोवर के बोलों ने इस गाने में जान डाल दी है। इस गाने के लिए उन्हें सर्वश्रेष्ठ गीतकार का राष्ट्रीय पुरस्कार मिला। पापोन ने अपनी भारी आवाज़ से और मोनाली ठाकुर ने भावोत्तेजक गायन से गीत को और भी दमदार बना दिया। वरुण ग्रोवर की तरह ही, मोनाली ठाकुर को भी इस गीत के लिए सर्वश्रेष्ठ पार्श्वगायिका का राष्ट्रीय पुरस्कार दिया गया।

वरुण ग्रोवर के लिए, *'मोह मोह के धागे'* इस साल की अनेक महत्त्वपूर्ण उपलब्धियों में से एक रहा। अगर *दम लगा के हइशा* के उनके गानों ने 1990 के दशक के हरिद्वार को प्रस्तुत किया तो मसान की उनकी पटकथा ने वाराणसी शहर की असली तसवीर रुपहले पर्दे पर पेश की। नए निर्देशक नीरज घेवाण की पहली फ़िल्म मसान में आधुनिक वाराणसी की कहानी है, जिसमें दो अल-अलग कहानियां एक साथ चलती हैं और अंत में दोनों मिल जाती हैं। इस फ़िल्म में वरुण ने मनमोहक कहानी कहते हुए अपने उन अनुभवों को भी इसमें उड़लने में सफलता पाई, जो उन्होंने इस शहर में पढ़ाई करने के दौरान हासिल किए थे।

'तू किसी रेल सी गुज़रती है' में वरुण ग्रोवर ने मशहूर हिंदी कवि दुष्यंत कुमार से प्रेरणा ली है। गाने की शुरुआत दुष्यंत कुमार के विचार से होती है, जिसमें वरुण एक नायक के एक लड़की के प्यार में पड़ने की कहानी कहने के लिए अपने विचार मिलाते जाते हैं। एक और गीत में, वरुण अपने शब्दों के साथ दार्शनिक उड़ान भरते हैं, और दिल को चैन नहीं मिलने की बात कहते हैं। गीत *'मन कस्तूरी रे'* में कस्तूरी मृग बेचैन दिल का रूपक बन जाता है। गानों की धुन रॉक बैंड इंडियन ओशन ने बनाई थी।

जहां *'मोह मोह के धागे'* गाना प्यार में उलझ जाने के बारे में है, वहीं 2015 में भारत नफ़रत में उलझा हुआ था। नरेंद्र मोदी यूपीए सरकार को लताड़ते रहते थे कि वो 'पिंक रेवोल्यूशन यानी गुलाबी क्रांति को बढ़ावा' दे रही है। इसका मतलब भारत से मांस के निर्यात को बढ़ावा देने से था। आरएसएस परिवार का प्रतिनिधि होने के नाते, गौ-संरक्षण मोदी और उनकी सरकार का मुख्य उद्देश्य था। दिल्ली और भारत के बड़े हिस्से में भाजपा के मज़बूती से सत्ता में आने के साथ ही, ख़ासकर हिंदी भाषी इलाक़ों

में संघ परिवार के समर्थकों और सदस्यों की हिम्मत बढ़ गई और उन्हें लगने लगा कि गायों पर होने वाले इस अत्याचार के ख़िलाफ़ कुछ करने का वक्त आ गया है।

गौरक्षकों के गिरोहों ने जगह-जगह हमले शुरू कर दिए थे। 29 सितंबर, 2015 को पूरा भारत तब सचमुच स्तब्ध रह गया, जब उत्तर प्रदेश के दादरी के पास बिसरा गांव से ख़बर आई कि गांव वालों की भीड़ ने एक और ग्रामीण मोहम्मद अखलाक़ के घर में घुसकर, उसके घर में गौमांस होने के शक में उसकी पीट-पीटकर हत्या कर दी। अखलाक़ का बाइस साल का बेटा दानिश बुरी तरह से घायल हो गया। अखलाक़ का एक और बेटा भारतीय वायुसेना में काम करता था। इस मॉब लिंचिंग से भी ज़्यादा स्तब्धकारी बात पुलिस और निर्वाचित जनप्रतिनिधियों की प्रतिक्रिया थी। पुलिस ने उसके फ्रिज से मीट के सैंपल लिए ताकि जांच कराई जा सके कि यह गौमांस था या नहीं। भाजपा सांसद और केंद्रीय मंत्री महेश शर्मा हत्यारों के समर्थन में आए।

राजनीति की दुनिया में सत्तारूढ़ भाजपा को इस साल दो बड़े झटके लगे। पहला झटका दिल्ली विधानसभा के चुनावों में लगा जहां अरविंद केजरीवाल के नेतृत्व में आम आदमी पार्टी ने फ़रवरी में हुए चुनावों में तक़रीबन सारी सीटें झटक लीं। सत्तर सदस्यों के सदन में आम आदमी पार्टी ने सड़सठ सीटें जीतीं, जबकि बाक़ी तीन सीटें भाजपा को मिलीं। दूसरा और ज़्यादा बड़ा झटका बिहार में नवंबर में लगा जहां नीतीश कुमार के जनता दल (यूनाइटेड), लालू प्रसाद यादव के राष्ट्रीय जनता दल और कांग्रेस पार्टी के महागठबंधन ने भाजपा के नेतृत्व वाले एनडीए को बुरी तरह से पीट दिया। महागठबंधन ने 243 सदस्यों की विधानसभा में 178 सीटें जीतीं, जबकि एनडीए को केवल 58 सीटें मिल सकीं। प्रधानमंत्री नरेंद्र मोदी की यह निजी हार थी, क्योंकि उन्होंने इन चुनावों में अपनी निजी प्रतिष्ठा दांव पर लगाते हुए सघन प्रचार किया था। प्रचार के दौरान उन्होंने महागठबंधन पर गौरक्षा करने में नाकाम होने तक का आरोप लगाते हुए हमला बोला था। मतदान दिवस से ठीक एक दिन पहले, बिहार के अख़बारों में पहले पेजों पर भाजपा का विज्ञापन छपा था, जिसमें मुख्यमंत्री नीतीश कुमार पर आरोप लगाया गया था कि जब उनके सहयोगी गायों का अपमान कर रहे थे, तो वह चुप्पी साधे थे।

जम्मू-कश्मीर राज्य में विधानसभा चुनावों के परिणाम तो दिसंबर, 2014 में ही घोषित हो गए थे, लेकिन सरकार कई महीनों तक नहीं बन पाई। एक अप्रत्याशित क़दम के तहत हिंदुत्ववादी पार्टी भाजपा और कश्मीरी मुसलमानों की उसकी विरोधी पार्टी जम्मू-कश्मीर पीपल्स डेमोक्रेटिक पार्टी (पीडीपी) सरकार बनाने के लिए एक साथ आ गईं। दोनों के बीच समझौता हुआ और पीडीपी के अध्यक्ष मुफ़्ती मोहम्मद सईद ने 1 मार्च, 2015 को मुख्यमंत्री पद की शपथ ली। दोनों दलों के लिए यह ख़तरनाक प्रयोग था, क्योंकि राजनीति के मैदान में दोनों एक दूसरे के एकदम विरोध

में थीं, और अगर बात बिगड़ती तो दोनों को ही अपने-अपने वोट बैंक को खोने का ख़तरा था।

खेल जगत में भारत ने बड़ी सफलता हासिल की। टेनिस में लिएंडर पेस और सानिया मिर्ज़ा ने ग्रांड स्लेम टूर्नामेंट में ट्रॉफ़ियां जीतीं। विंबलडन में महिला युगल वर्ग में सानिया की मार्टिना हिंगिस के साथ जोड़ी ने जीत हासिल की और इस तरह से सानिया ग्रांड स्लेम जीतने वाली पहली भारतीय महिला बनीं। इसी साल इसी जोड़ी ने बाद में अमेरिकी ओपन टूर्नामेंट भी जीता। हिंगिस ने मिश्रित युगल में लिएंडर पेस के साथ भी जोड़ी बनाई और दोनों ने मिश्रित युगल वर्ग में विंबलडन, अमेरिकी ओपन और ऑस्ट्रेलियाई ओपन में जीत हासिल की। सानिया मिर्ज़ा को भारत सरकार ने इस साल देश का सर्वोच्च खेल सम्मान राजीव गांधी खेल रत्न पुरस्कार प्रदान किया।

साल का समापन प्यार के सभी धागों के घिसने के साथ हुआ, जैसे कि देश सोच रहा हो, किस तरह गिरह ये सुलझे?

2016 : हानिकारक बापू

अपनी क़िस्मत की गाड़ी की खस्ता हालत है
और हमारे बापू इस गाड़ी के वाहन चालक हैं
बापू सेहत के लिए तू तो हानिकारक है

गीत : अमिताभ भट्टाचार्य
संगीत : प्रीतम
गायन : सरवर ख़ान और सरताज ख़ान बरना
फ़िल्म : *दंगल*

आमिर ख़ान की बनाई *दंगल* फ़िल्म मोटे तौर पर हरियाणा के चरखी दादरी के गांव बलाली के महावीर सिंह फोगाट की ज़िंदगी पर आधारित है। महावीर सिंह फोगाट एक शौकिया पहलवान और कोच थे, जो समाज के क़ायदों के ख़िलाफ़ गए और अपनी बेटियों गीता और बबीता को उन्होंने कुश्ती सिखाई। बाद में दोनों लड़कियों ने अंतरराष्ट्रीय प्रतियोगिताओं में हिस्सा लिया और पदक भी जीते। फ़िल्म में आमिर ने महावीर फोगाट की भूमिका निभाई है, जो एक दिन अपनी छोटी बच्चियों को कुश्ती लड़ना सिखाना शुरू करता है। *'बापू सेहत के लिए तू तो हानिकारक है'* गाने में दोनों अनिच्छुक बच्चियों से उनकी इच्छा के विरुद्ध उनके पिता द्वारा कड़ी मेहनत कराने के विरोध को दर्शाया गया है।

संगीतकार प्रीतम ने फ़िल्म की इस सिचुएशनल सॉन्ग में अमिताभ भट्टाचार्य के अजीब शब्दों को धुन में पिरोया। जहां गाने में तकलीफ़देह स्थिति के बारे में बताया गया है, वहीं शब्द और मस्ती भरे गायन ने इसे चटपटा गाना बना दिया। प्रीतम ने इस गाने के लिए राजस्थान में क़रीब बीस बच्चों के ऑडिशन लिए थे और तब बारह

साल के सरवर ख़ान और ग्यारह साल के सरताज ख़ान बरना का उन्होंने चुनाव किया। दोनों बच्चे मंगणियार समुदाय के हैं, जो कि राजस्थानी लोक संगीत पर महारत के लिए जाना जाता है।

इस गाने में हानिकारक बापू अपनी बेटियों की इच्छा के विपरीत काम करता है, लेकिन उसके इस दबाव के कारण वे लड़कियां विश्वस्तरीय पहलवान बन जाती हैं। 2010 में राष्ट्रमंडल खेलों में गीता फोगाट ने स्वर्ण पदक जीता, तो उसकी बहन बबीता ने रजत पदक।

जहां एक पिता के कड़े दबाव का खेल जगत में सकारात्मक परिणाम निकला, वहीं असल दुनिया में यह बात सच साबित नहीं हो रही थी। जब 8 नवंबर, 2016 को रात को प्रधानमंत्री ने देश को संबोधित किया तो यह हानिकारक मोड़ साबित हुआ। जब से मोदी ने अच्छे दिनों के वादे के बल पर प्रधानमंत्री पद की शपथ ली थी, तभी से उनकी सरकार आर्थिक सुधारों के मामले में साहस की कमी के लिए आलोचना की शिकार हो रही थी। इस दिन प्रधानमंत्री ने एक अप्रत्याशित निर्णय लेकर बड़े सुधारों की कमी के लिए हो रही इस आलोचना का जवाब देने का निश्चय किया। उन्होंने ऐलान किया कि आधी रात के बाद से 500 और 1000 रुपये के नोट नहीं चलेंगे, और लोगों को पुराने नोट बदलवाने के लिए पचास दिनों का समय दिया गया। अपने भाषण में प्रधानमंत्री ने दावा किया कि अर्थव्यवस्था में काले धन को ख़त्म करने के लिए यह फ़ैसला किया गया है। लोगों को नोट जमा कराने के लिए बाध्य करके, सरकार ने सोचा था कि मौजूदा काले धन की समस्या से छुटकारा मिल जाएगा। भारत में कुल नक़दी में 500 और 1000 रुपये के नोटों का हिस्सा 86 प्रतिशत था। देश की ज़्यादातर अर्थव्यवस्था, ख़ासकर अनौपचारिक सेक्टर, व्यापार तथा आजीविका अर्जित करने के लिए नक़द लेन-देन पर ही निर्भर था, और रातों-रात उसे ख़तरे में डाल दिया गया। भारतीय बैंकों की सभी शाखाओं पर अभूतपूर्व दबाव आ गया, क्योंकि लोग अपने 500 और 1000 रुपये के नोटों को बदलवाने के लिए बैंकों की ओर दौड़ पड़े। सबसे ज़्यादा बुरी मार पड़ी दिहाड़ी मज़दूरों पर जिन्हें काम के समय बैंकों के बाहर लंबी-लंबी लाइनों में घंटों खड़े रहना पड़ा और उनकी कमाई मारी गई।

इस नोटबंदी की व्यापक आलोचना हुई, क्योंकि इससे ज़िंदगी अस्त-व्यस्त हो गई थी। अमर्त्य सेन और कौशिक बसु जैसे कई अर्थशास्त्रियों ने इस फ़ैसले के पीछे दिए जा रहे तर्क पर सवाल किए तो पूर्व प्रधानंत्री मनमोहन सिंह ने इसे 'संगठित लूट और क़ानूनी डाका' बताया। उन्होंने कहा कि इससे भारत की जीडीपी को 2 प्रतिशत का नुक़सान होगा। कई सारे कारकों से समस्या और बिगड़ गई। बुवाई के मौसम के बीच किसानों पर मार पड़ी और बीज ख़रीदने के लिए उनके पास नक़दी नहीं बची। शादियों का मौसम होने से माता-पिता भी मुसीबत में फंस गए। भारतीय रिज़र्व बैंक अर्थव्यवस्था के पुराने और बेकार हो चुके नोटों को बदलने के लिए नए नोट पर्याप्त

संख्या में छाप सकने में सक्षम नहीं था। देशभर में नोटबंदी से पैदा संकट हर तरफ़ दिख रहा था तो सरकार अपनी आंखें बंद किए थी। सरकार इस कठोर क़दम को सही ठहराने के लिए अलग-अलग तरह के कारण देती रही।

सुरक्षा के लिहाज़ से यह साल बहुत अच्छा नहीं रहा। आतंकवादियों ने 2 जनवरी को वायुसेना के पठानकोट हवाई अड्डे पर हमला किया। सुरक्षा के हिसाब से बेहद चाक-चौबंद हवाई अड्डे में आतंकवादी बिना किसी ख़ास कठिनाई के घुस आए और सेना सतर्क नहीं पाई गई। सफ़ाई अभियान भी ठीक से नहीं चलाया गया और इलाक़े से आतंकवादियों को हटाने में तीन दिन लग गए। सात सुरक्षाकर्मी, एक नागरिक और चार आतंकवादी मारे गए। सुरक्षा बलों को 18 सितंबर को एक और हमला झेलना पड़ा। चार आतंकवादियों ने जम्मू-कश्मीर में उरी में सेना के ब्रिगेड हेडक्वार्टर पर हमला कर दिया। इस हमले में सत्रह सुरक्षाकर्मियों को जान गंवानी पड़ी और छह घंटे चली गोलीबारी में चारों आतंकवादी मारे गए। 29 नवंबर को तीन आतंकवादियों ने जम्मू-कश्मीर के नगरोटा में सेना के ठिकाने पर हमला किया, जिसमें सात सैनिक मारे गए। आतंकवादी हमलों से साबित हो गया कि जम्मू-कश्मीर में भारतीय सुरक्षा बलों के सामने चुनौतियां बहुत ज़्यादा बढ़ चुकी थीं। स्थिति तब और विस्फोटक हो गई, जब हिज़बुल मुजाहिदीन का एक कमांडर, बाइस साल का बुरहान वानी 8 जुलाई, 2016 को सुरक्षा बलों के हाथों मारा गया। बुरहान वानी की हत्या के विरोध में कश्मीर घाटी में हज़ारों लोग सड़कों पर उतर आए और हिंसा फैल गई। राज्य में भाजपा-पीडीपी सरकार के गठन के बाद से स्थिति और ख़राब हो गई थी, तथा मुख्यमंत्री और पीडीपी के वरिष्ठ नेता मुफ़्ती मोहम्मद सईद के सात जनवरी को हुए निधन के बाद तो हालत और ज़्यादा बिगड़ गए। भाजपा के साथ गठबंधन करके मुफ़्ती मोहम्मद सईद ने कश्मीर घाटी में जन समर्थन गंवा दिया था और उनकी बेटी महबूबा मुफ़्ती ने मुख्यमंत्री बनने के लिए कई महीने इंतज़ार किया और फिर 4 अप्रैल, 2016 को उन्होंने शपथ ली।

बाक़ी देश में गौरक्षक दलों द्वारा शुरू की गई सांप्रदायिक नफ़रत लगातार फैलती रही। अगर 2015 में अखलाक़ की उसके घर में ही हत्या की गई थी, तो झारखंड में लातेहार में दो पशु व्यापारियों की लाशें पेड़ से लटकी मिलने की तसवीरों ने देश को फिर से स्तब्ध कर दिया। गौरक्षकों ने पैंतीस साल के मोहम्मद मज़लूम और बारह साल के इनायतउल्ला ख़ान को पेड़ से लटकाकर मार दिया था।

इस साल हरियाणा राज्य में भी दंगे देखने को मिले, क्योंकि राज्य सरकार प्रदर्शनकारी जाट समुदाय को हिंसक होने से रोकने में नाकाम रही। जाट अपने लिए ओबीसी का दर्जा चाहते थे और राज्य सरकार उनकी इस मांग का समाधान करने में नाकाम रही। चेतावनियों के बावजूद, सरकार समय पर सुरक्षा बलों को भेजने में

नाकाम रही और राज्य के कई हिस्सों में हिंसा फैल गई और हिंसक भीड़ ने कई शहरों में सरकारी और निजी संपत्ति को आग के हवाले कर दिया।

जहां *दंगल* में हानिकारक बापू खेल प्रतिभा तैयार करने की कोशिश कर रहा था, वहीं भारतीय महिला खिलाड़ी दुनिया में अपनी पहचान बना रही थीं। पी.वी. सिंधु ने रिओ ओलिंपिक खेलों में बैडमिंटन में महिला एकल वर्ग का रजत पदक जीतकर देश का गौरव बढ़ा दिया। ऐसा लग रहा था कि जब पी.वी. सिंधु बैडमिंटन कोर्ट में अपने करतब दिखा रही थीं, तब पार्श्व में *दंगल* फ़िल्म का एक और गाना बज रहा हो। पी.वी. सिंधु के कोच, और अनुशासन के लिए कठोर माने जाने वाले पूर्व बैडमिंटन स्टार पुलेला गोपीचंद की उन्हें विश्वस्तरीय खिलाड़ी बनाने में अहम भूमिका रही। 2016 में भारत *'हानिकारक बापू'* गाना गाते हुए भी इन महान कोचों के प्रति आभारी था।

2017 : *सफ़र का ही था मैं सफ़र का रहा*

जब से गांव से मैं शहर हुआ
इतना कड़वा हो गया कि ज़हर हुआ
सफ़र का ही था मैं सफ़र का रहा

गीत : इरशाद कामिल
संगीत : प्रीतम
गायन : अरिजीत सिंह
फ़िल्म : *जब हैरी मेट सेजल*

जब इम्तियाज़ अली कोई फ़िल्म बनाते हैं, तो कुछ ख़ास बातों की अपेक्षा रहती ही हैं; मसलन – जटिल रिश्ते वाली मुख्य जोड़ी, जिसके रिश्ते को परिभाषित करना कठिन हो; यात्रा; और गीतकार के रूप में इरशाद कामिल। 2017 की *जब हैरी मेट सेजल* इन्हीं सब बातों का मिश्रण थी और अपनी पिछली तीन फ़िल्मों से अलग, इस बार इम्तियाज़ अली ने अपनी फ़िल्म के संगीत के लिए प्रीतम को चुना और उन्होंने निराश नहीं किया।

'*सफ़र*' में इरशाद कामिल ने एक विचारशील और दार्शनिक गीत लिखा, जिसकी संरचना आम फ़िल्मी गीत की तरह नहीं थी। स्थाई '*सफ़र का ही था मैं, सफ़र का रहा*' यही श्रोता को जोड़े रखता है, क्योंकि कामिल इंसान की कभी ख़त्म नहीं होने वाले सफ़र के आंतरिक डर को ज़ाहिर करते हैं। जब कामिल शानदार तरीक़े और आसानी से '*जब से गांव से मैं शहर हुआ, इतना कड़वा हो गया कि ज़हर हुआ*' पंक्तियां बुनते हैं, तो उनका कौशल झलकता है। संगीतकार प्रीतम उनके विचारों को इस गाने में निर्बाध रूप से बहने देते हैं और वह गिटार के साथ हल्की सी ध्वनि

देते हैं। तब अरिजीत सिंह मदहोशी में डूबे बोल गाते हैं और यह गाना युगों के लिए अमर हो जाता है।

भारत के लिए 2017 का साल स्तब्धता के साथ ही शुरू हुआ था, क्योंकि देश अभी 500 और 1000 रुपये की नोटबंदी के प्रभावों से पीड़ित था, जिसकी घोषणा 8 नवंबर, 2016 को की गई थी। इस फ़ैसले के दुष्प्रभावों के सबूत बढ़ते जा रहे थे, लेकिन नरेंद्र मोदी सरकार नए-नए कारण देने में लगी रही। पहले काले धन और भ्रष्टाचार से निपटने का उद्देश्य बताया गया, फिर सरकार आतंकवादियों से लड़ने, कर आधार का विस्तार करने, कैशलेस अर्थव्यवस्था को बढ़ावा देने, अनौपचारिक अर्थव्यवस्था को औपचारिक बनाने, बैंकिंग सिस्टम में तरलता बढ़ाने और नक़ली नोटों की बुराई से निपटने के तर्क देने लगी। अगस्त में भारतीय रिज़र्व बैंक ने आंकड़े जारी करके कहा कि नोटबंदी के 99 प्रतिशत नोट बैंकों में जमा हो चुके हैं।

इस कवायद का उद्देश्य तो अस्पष्ट था, लेकिन इसके दुष्प्रभाव स्पष्ट थे। लंबे समय के लिए अर्थव्यवस्था से नक़दी हटा ली गई थी, जिससे सभी आर्थिक गतिविधियां रुक गईं या मंद हो गईं। भारत की जीडीपी वृद्धि में भी यह ज़ाहिर हुआ, जो कि 2016-17 के वित्तीय वर्ष की चौथी तिमाही में केवल 6.1 प्रतिशत रह गई। सबसे बुरा असर पड़ा देश में निवेश मांग पर, जो कि पिछली तिमाही में 2.1 प्रतिशत सिकुड़ गया। भारतीय अर्थव्यवस्था को गंभीर और मानव-निर्मित झटका लगा था, जिसके नकारात्मक प्रभाव हर जगह महसूस किए गए।

इस साल देश के कई राज्यों में महत्त्वपूर्ण चुनावी मुक़ाबले भी हुए। उत्तर प्रदेश, उत्तराखंड, पंजाब और गोवा में फ़रवरी में तो हिमाचल प्रदेश और गुजरात में दिसंबर में चुनाव हुए।

उत्तर प्रदेश में सत्तारूढ़ समाजवादी पार्टी ने कांग्रेस के साथ गठबंधन किया, तो भाजपा और बसपा अकेले चुनाव मैदान में उतरे। पंजाब में सत्तारूढ़ शिरोमणि अकाली दल-भाजपा गठबंधन, आम आदमी पार्टी और कांग्रेस पार्टी के बीच त्रिकोणीय मुकाबला हुआ। उत्तराखंड और गोवा में असली जंग कांग्रेस और भाजपा के बीच हुई। उत्तर प्रदेश में प्रधानमंत्री नरेंद्र मोदी ने आक्रामक तरीक़े से प्रचार किया और भाजपा ने भारी बहुमत से विजय हासिल की। गोरखपुर के सांसद और गोरखनाथ मठ के महंत आदित्यनाथ देश की सबसे ज़्यादा आबादी वाले राज्य उत्तर प्रदेश के मुख्यमंत्री बने। उत्तराखंड में भी भाजपा ने सत्तारूढ़ कांग्रेस पार्टी को बुरी तरह से शिकस्त दी।

हालांकि पंजाब और गोवा में कहानी थोड़ी अलग रही। अनुमानों के विपरीत पंजाब में कांग्रेस ने कड़ी मेहनत के बल पर आम आदमी पार्टी पर भारी जीत हासिल की, जबकि गोवा में चालीस सदस्यों की विधानसभा में सत्रह सीटें जीतकर वह सबसे बड़ी पार्टी के रूप में उभरी, लेकिन उसे सरकार बनाने का मौक़ा नहीं दिया गया। तेरह

सीटों वाली भाजपा को सरकार बनाने का निमंत्रण दिया गया। रक्षामंत्री मनोहर पर्रिकर राज्य की राजनीति में लौटे और गोवा के मुख्यमंत्री बन गए।

जहां भाजपा अपने खाते में राज्यों की संख्या बढ़ाती जा रही थी, वहीं अन्य राजनीतिक दलों को अपने भविष्य के बारे में दोबारा सोचने पर मजबूर होना पड़ रहा था। सबसे बड़ा उदाहरण स्थापित किया बिहार के मुख्यमंत्री नीतीश कुमार ने। जुलाई में नीतीश कुमार ने राष्ट्रीय जनता दल और कांग्रेस के साथ गठबंधन तोड़ दिया। मुख्यमंत्री के पद से उन्होंने इस्तीफ़ा दे दिया और भाजपा से हाथ मिला लिया। भाजपा के साथ मिलकर उन्होंने दोबारा सरकार बनाई और अपने मंत्रिमंडल में भाजपा को भी शामिल किया। अगले आम चुनावों से महज़ दो साल पहले नीतीश कुमार के पलटी मारने से विपक्षी दलों को यह बड़ा झटका लगा था।

सालों के नियोजन, बहस, मोल-तोल के बाद भारत में आख़िरकार जुलाई में वस्तु एवं सेवा कर (जीएसटी) लागू हो गया। जीएसटी पर लंबे समय से काम चल रहा था। मज़े की बात यह रही कि विपक्ष में रहते हुए भाजपा इसको लागू करने का विरोध करती थी, और सत्ता में आने पर नरेंद्र मोदी के नेतृत्व की उसी की सरकार ने इसे लागू किया। जीएसटी लागू करने का उद्देश्य देश में अप्रत्यक्ष कर प्रणाली को सरल बनाना था, जिसे दुनिया की सबसे जटिल कर प्रणाली माना जाता था। जीएसटी से टैक्स रिटर्न जमा करना आसान होने की अपेक्षा थी, जिससे प्रक्रिया आसान होनी थी। लेकिन ऐसा नहीं हुआ, क्योंकि सरकार ने बाक़ी दुनिया में मौजूद कर प्रणालियों से भी ज़्यादा जटिल, जीएसटी कर प्रणाली लागू कर दी। विशेषज्ञों ने चेतावनी दी थी कि सुचारू अनुपालन के लिए ज़रूरी आईटी सिस्टम उपलब्ध नहीं है, और कर संरचना को समझना भी काफ़ी जटिल है, लेकिन सरकार ने इन विरोधों पर ध्यान देना ठीक नहीं समझा। व्यापारियों ने नई प्रणाली को अपनाने की कोशिश की तो नतीजे में सब कुछ गड़बड़ाने लगा। भारतीय अर्थव्यवस्था नोटबंदी के झटके से अब तक नहीं उबर पाई थी और अब जीएसटी के जल्दबाज़ी में लागू करने से उसे एक और झटका लगा था। छोटे और मध्यम उद्योगों को सबसे ज़्यादा नुक़सान हुआ।

जून माह में भारत को चीन के साथ सीमा विवाद में फंसना पड़ा। गतिरोध तब शुरू हुआ, जब चीन ने डोकलाम के पठार पर सड़क निर्माण शुरू कर दिया। इस क्षेत्र को लेकर चीन और भूटान के बीच विवाद था।

चीन को सड़क निर्माण से रोकने के लिए भारतीय सैनिक उस इलाक़े में पहुंच गए। चीन ने दावा किया कि यह ज़मीन उसकी है और भारत से उसने सैनिकों को वापस बुलाने को कहा।। तिहेत्तर दिनों के तनावपूर्ण गतिरोध के बाद भारत और चीन ने उस स्थान से हट जाने का ऐलान किया। भारतीय सैनिक भारतीय भूमि पर वापस आ गए और चीनी सैनिकों ने उस इलाक़े में कुछ किलो मीटर का अस्थाई और अर्ध-स्थाई अधोसंरचना का निर्माण शुरू कर दिया। क्षेत्र में भारतीय और चीनी सैनिकों की

मौजूदगी के अधिक स्थाई समझौते की राह बनाने के लिए ही गतिरोध ख़त्म किया गया था।

'सफ़र' गाने में 'इतना कड़वा हो गया कि ज़हर हुआ' पंक्तियां इसी बारे में लिखी गई होंगी कि भारत कितना कड़वा हो चुका था। 2015 में उत्तर प्रदेश में दादरी में मोहम्मद अखलाक़ की मॉब लिंचिंग के बाद सामने आई नफ़रत 2017 में भी बार-बार अपना बद्सूरत चेहरा दिखाती रही। हरियाणा के नूह जिले के डेरी किसान पचपन वर्षीय पहलू ख़ान को राजस्थान में बेहरोर में गौरक्षकों ने मार डाला। वह जयपुर से गायें ख़रीदकर अपने गांव जा रहा था। छह लोग घायल भी हुए। पुलिस ने पीड़ितों पर ही गौ-तस्करी का आरोप लगाया। जून में सत्तर साल के जुनैद और उसके दो चचेरे भाइयों पर हरियाणा में पलवल के पास ट्रेन में हमला किया गया। ट्रेन में मीट लेकर चलने के विवाद में जुनैद की मौत हो गई। ऐसी घटनाओं में पीड़ित ज़्यादातर मुसलमान थे। दलितों पर होने वाले अत्याचारों में बढ़ोतरी हुई। सांप्रदायिक और जातिगत हिंसा की घटनाएं बढ़ने पर अल्पसंख्यकों और समाज के वंचित तबकों के बीच बेचैनी और असुरक्षा की भावना बढ़ गई थी।

भारत के लिए एक और साल समाप्त हो गया, और इसके लंबे इतिहास में एक और अध्याय जुड़ चुका था। अब नए अध्याय का इंतज़ार था, नई आशाओं, नई आकांक्षाओं और नई चुनौतियों का इंतज़ार था। यादों को पीछे छोड़ते हुए, 2017 का समापन शायद इन्हीं शब्दों के साथ हुआ था – *'सफ़र का ही था मैं सफ़र का रहा।'*

उपसंहार

2010 की *उड़ान* में अमिताभ भट्टाचार्य के गाने *'गीत में ढलते लफ़्ज़ों में, ताल पे चलती नब्ज़ों में, नया कुछ नया तो ज़रूर है'* में उन्होंने हिंदी फ़िल्म संगीत और भारत के भी बारे में लिखा होगा। सुरों के ज़रिए, गाने तैयार किए गए; ऐसे गाने तैयार किए गए, जिनमें भिन्न और परिवर्तनशील भारत और भारतीयों के बारे में बताया गया।

हिंदी फ़िल्म संगीत की अहमियत बताने के लिए किसी सबूत की ज़रूरत नहीं है, लेकिन जब मौलिक कला में इसके योगदान की बात आती है, तो इसे संभवत: और ज़्यादा श्रेय देने की ज़रूरत है। हर साल सैकड़ों नई फ़िल्में बनती हैं, इसलिए कहानियां, विषय-वस्तु, परिस्थितियां बार-बार दोहराई जाती हैं और ऐसे में संगीत संयोजकों को उन्हें नए संगीत के ज़रिए नए तरीक़े से पेश करने की ज़रूरत होती है, और गीतकारों को उन भावनाओं के इजहार के लिए शब्द देने की ज़रूरत होती है। संगीतकारों और गीतकारों के मूल विचारों और प्रयास का यही सबूत है, जो उन्हें दशकों से एक ही परिस्थितियों के लिए नए-नए गाने देने में सक्षम बनाता है। पुराने या लोकगीतों के फटाफट कवर वर्जन या रीमिक्स निकालने के बजाय ये कलाकार कला का सृजन करते हैं, जो पीढ़ियों का मनोरंजन करती है, और उनके गहन विचारों को बाहर निकालती है।

अपने 'कई परतों के प्राचीन विवरण' के बयान में नेहरू ने अनजाने में ही हिंदी फ़िल्म संगीत की घटनाओं का जिक्र कर दिया है। हिंदी फ़िल्मी गाने और फ़िल्म संगीत हर मोड़ पर, अलग रफ़्तार के साथ हर कोने में रंग बदलते हुए; 1947 से ही नदी की तरह प्रवाहित होते आ रहे हैं। फ़र्क़ यही है कि यह नदी किसी समुद्र से नहीं मिलती और केवल बहती रहती है। हालांकि नेहरू की कल्पना के विवरण की तरह, हिंदी फ़िल्मी गाने भी हर नई परत के साथ बदले हैं, और कुछ पिछले गानों से लेकर भी चले हैं। निरंतरता के साथ बदलाव होता रहा है।

हिंदी फ़िल्मी गाने उस दौर से आगे बढ़े हैं, जब सभी संगीतकारों और गायकों को एक ही समय, एक ही स्टूडियो में एक साथ मौजूद होना पड़ता था। और, अब वह दौर भी आया है, जब ए.आर. रहमान ऑर्केस्ट्रा के साथ जर्मनी में परफ़ॉर्म करने के लिए एक गाने में धुन दे सकते हैं, जबकि गायक अपने हिस्से की रिकॉर्डिंग कराने के लिए एक सप्ताह बाद पहुंच सकता है।

2017 में हिंदी फ़िल्मी गानों की भाषा 1947 के गानों की तुलना में अलग हो सकती है, और पश्चिमी संगीत का प्रभाव भी काफ़ी बढ़ा है, लेकिन इसमें ऐसे भी गाने हैं, जो हिंदुस्तानी शास्त्रीय संगीत और गायन में डूबे हैं।

अगर 1947 में श्रोता हिंदी फ़िल्मी गानों का आनंद ग्रामोफ़ोन से लेते थे, तो अब वे मोबाइल में हेडफ़ोन लगाकर गानों का मज़ा लेते हैं। तरह-तरह के म्यूजिक़ एप चौबीसों घंटे संगीत उपलब्ध कराते रहते हैं। हिंदी फ़िल्म संगीत के एलबम देखने के तरीक़ों में भी इसी तरह का बदलाव आया है। कई सालों से, म्यूजिक एलबम के बजाय अलग-अलग गानों पर ध्यान जाने लगा है। इससे भी हिंदी गानों में अलग तरह का बदलाव आएगा और इससे कुछ नया निकलेगा।

हिंदी फ़िल्मी गानों ने केवल वही दिखाया, जो एक युवा संवैधानिक गणराज्य भारत ने किया। 1947 के बाद से ही बंबइया सिनेमा ने भारत को राष्ट्र होने की भावना को आकार देने में अहम भूमिका निभाई है। इसके शब्दों, धुनों और भारतीय जनता के बीच का संबंध हमारी सोच से कहीं ज़्यादा गहरा है। यह किताब इसी बात को सुर दर सुर, और पेज दर पेज, समझाने का एक छोटा-सा प्रयास है। भारत ने अपने कई अतीतों को पीछे छोड़कर, 1947 में एक नई राह चुनी और 1950 में इस संकल्प को दोहराया। उसने एक नया सफ़र शुरू किया, लोगों को इसमें शामिल होने के लिए बुलावा दिया, और लोग ख़ुशी-ख़ुशी इस प्रयोग में शामिल हुए। 1950 के दशक के आशा भरे दिनों से 1960 के दशक के काले बादलों में घिरे दिनों तक, और 1970 के दशक की बेचैनी से 1980 के उथल-पुथल तक, और फिर 1990 की उन्मादी ऊर्जा से नई सदी के आत्मविश्वास तक, भारतीय प्रयोग टिका रहा और भारतीय जनता ने बदलाव को स्वीकार किया।

अपने प्रगतिशील संविधान के साथ, भारत के संस्थापकों ने हमारे लिए कुछ निर्णय किए और शायद अपूर्णता से, ना तो पूरी तरह से और ना पूरे दम से, बल्कि पर्याप्त रूप से हमने इस वादे को निभाने की कोशिश की है। भारत टिका हुआ है। भारत क़ायम रहेगा।

आभार

बच्चे को बड़ा होने के लिए गांव की ज़रूरत होती है। यह पुस्तक अपने जीवन के लिए हमारे समय के गांव की ऋणी है। हम अपने मित्रों, सहयोगियों (ख़ासतौर पर *इंडियन एक्सप्रेस* और *बिज़नेस स्टैंडर्ड* के अपने मालिकों) को और परिवारों को धन्यवाद देते हैं, जिन्होंने उस दौर में हमें सहन किया, जब हम इसके विचार और इसको पूरा करने के लिए जूझ रहे थे।

कृष्ण चोपड़ा और एंटोनी थॉमस को हमेशा से विनम्रता से प्रेरित करते रहने के लिए बहुत ख़ास शुक्रिया।

हिंदी फ़िल्म और हिंदी फ़िल्म संगीत बहुत विशाल विषय हैं और इनमें इतनी विविधता है कि इन पर लिखने के लिए, हमें राह दिखाने के लिए, ऐसे व्यक्ति की ख़ास ज़रूरत पड़ती है, जो इस उद्योग का हिस्सा रहा हो। यही बात भारतीय राजनीतिक इतिहास के बारे में भी है, जहां हमें ऐसे लोगों से मदद मिली, जो या तो ख़ुद ही इससे जुड़े थे या कम से कम इसके बारे में अच्छा अध्ययन कर चुके थे। दोनों की क्षेत्रों में ऐसे बहुत सारे लोग हैं, जिनके प्रति आभार व्यक्त करना चाहिए, और यह संभव नहीं है कि सबके नाम यहां दिए जा सकें। हालांकि वे लोग अच्छी तरह से जान गए होंगे कि वे कौन लोग हैं। हार्दिक धन्यवाद!

इस जैसी किताब कभी संपूर्ण हो ही नहीं सकती। सारी ग़लतियों और चूकों की जिम़्मेदारी हमारी और केवल हमारी है।

इस किताब के लिखने के दौरान हमने बहुत कुछ सीखा – अपने बारे में, हिंदी फ़िल्म संगीत के बारे में, और स्वतंत्र भारत के बारे में। हमें आशा है कि हम कुछ न कुछ, कम से कम इतिहास की लय से संगीत की ताल तक – इस पुस्तक के माध्यम से आप तक पहुंचाने में सक्षम हुए होंगे।